"十四五"国家重点出版物出版规划项目

国家社会科学基金重大项目结项成果

百年中国古籍整理
与古文献学科发展研究

总主编◎周少川

第二卷

古籍整理与古文献学的渐进
（1949—1979）

本卷主编◎诸伟奇

中国社会科学出版社

本卷主编：诸伟奇

作　　者：诸伟奇　周挺启　阮东升　李纬怡
　　　　　敖　堃　程美华　王伟丽

前　言

　　1911—2011 年百年中国古籍整理与古文献学科发展，从社会形态上看，可以分为 1911—1949 年和 1949—2011 年两个历史时期；第二个历史时期，又可分为 1949—1979[①] 年和 1979—2011 年两个阶段，即中华人民共和国成立后的前三十年和后三十余年。中华人民共和国前三十年是一个重要的历史时期，是国家政权从建立到巩固再到向上发展的时期，其间经历了曲折和艰辛；古籍整理作为文化事业的组成部分，也和共和国一道经历了从起步到逐渐发展的曲折前行的过程。本卷旨在客观地反映这一过程，论述这段历史，从而体现中华传统文化的博大精深和古籍整理事业及古文献学科建设的重要价值、历史意义，同时也彰显当代古籍整理工作者无论在顺境还是逆境中所表现的执着、坚韧和美好。

　　本卷分七章，第一章是综论，论述中华人民共和国前三十年古籍整理与古文献学发展的艰辛历程，这也是本卷的总纲和综述；如果说第一章是纵的写法，那后几章就是专题式横的论述：第二章详细论述这三十年古籍整理的成果；第三章着重载述"二十四史"及《清史稿》的点校过程，分析、论说了点校本"二十四史"及《清史稿》的成就和价值；第四章论述这个时期古籍整理在方法上所取得的进步，阐释其规范和特点；第五章论述北京大学古典文献专业成立、古文献学科建设和古籍整理出版人才队伍培养建设的状况、成就和意

---

　　① 这里的"1949—1979"是指 1949 年到 1979 年这个历史阶段，不包括 1979 年全年时间。以下论述皆如此。

义；第六章论述这个时期古文献学研究的状况、特点及成就；第七章介绍这个时期古籍整理和古文献学科领域的代表人物，有古籍整理工作的组织者、重要古籍的整理者、编辑者和古文献学的研究者。

古籍整理和古文献学，无论作为一门专业还是学问，都既古老而又年轻，它们既历代相沿，又因时而异，都具有鲜明的历史延续性和时代差异性。这种延续性，主要表现在整理与研究的对象、目的和内容上。古籍整理和古文献学研究的对象，都是前代的古籍文本；研究的基本目的，都是通过对古籍的整理和研究，使这些文本更接近于本来面貌，并使整理研究者所在的那个时代的人能顺利而准确地阅读和理解；在主体内容上，则是使用同时代人所能接受的阅读方式和阅读符号（断句或标点），进行某种程度的整理加工（或注释或编选）。相较于1949年之前，1949年到1979年这三十年，古籍整理及古文献学研究的差异和进步也是非常明显的，这主要表现在三个方面：一是强调古籍整理的指导思想是"批判继承，古为今用"，古籍整理和古文献学研究，都是党和国家教育、文化、出版事业的一部分，必须符合党和国家的方针、政策和法规。二是加强了国家层面对这项工作的领导、规划和人才的教育培养，如全国古籍整理出版规划小组的建立，全国古籍整理出版规划的制定和实施，北京大学古典文献专业的建立。三是整理方式、整理方法，能更多地符合当代人的需求，如除影印外，几乎全部古籍出版物都施加了新式标点符号；一些重要古籍，或进行注释，或加以选注和今释；古籍简化字本和普及读物的编刊和推广。

这种延续性和差异性是交织在一起的，不同时期、不同阶段二者发挥的作用和能量是不同的。正是这种延续性和差异性交织发展的态势，造就了这个时期古籍整理事业和古文献学科发展的曲折前行。在名为三十年，实际投入这项工作不到二十年的日子里，通过一代古籍整理人的不懈努力，共整理出版了各类古籍二千余种。这些成果，在类别上，既有文学、历史、哲学、语言文字、目录版本校勘、宗教、艺术、科技，又有类书、丛书等综合类古籍；在整理方式方法上，既有点校、校注，又有汇编、选辑和今译，还有影印；在政策导向上，既重视基本古籍的整理，又重视普及读物的编刊。这个时期，无论是整理范围、整理数量，还是整理质量，都取得了显著成绩，达到了相当的高度，尤其是前后历时二十年的"二十四史"及《清史稿》的整理出版。"二十四史"及《清史稿》的点校，是这个时期投入最多、历时最长、价值最大的项目，是 20 世纪古籍整理最伟大的成就之一，也是古文献学研究和学科发展的成功实践。

这个时期，古文献学研究和古文献学科发展，较之民国时期，也有着崭新的进步。北京大学古典文献专业的建立，是 20 世纪中国古籍整理和高等教育事业的一件大事，它适应了古籍整理人才培养和古文献学科发展的需要，培养了一批古籍整理、研究和出版的专门人才，初步形成了古文献学科新型教学体系，为新时期的古籍整理事业的繁荣做出了开拓性贡献。

虽然，这个时期传统目录、版本、校勘之学受到不同程度的忽视，一般已不见于高校讲坛，但随着古籍整理工作的陆续开展，特别是全国古籍整理出版规划小组的建立及其后一系列工作的推动，加上图书馆事业的发展，也促进了古籍目录学和版本学的深入研究。其中古籍书目的编纂（如《中国丛书综录》）和有关论著的问世，标志了古籍目录研究的重大进展；一批版本图录（如《中国版刻图录》）的编刊和版本学论著的发表，特别是 20 世纪 70 年代中后期《中国古籍善本书目》编纂的启动，使古籍版本学研究在实践中更趋完善；而各类别古籍的整理，特别是"二十四史"及《清史稿》的点校，促进了古籍校勘学的研究，使校勘学理论与方法得到了更切实际的归纳和补充，从而更趋形成当代古籍整理的规范。同时，对辑佚、辨伪、注释、今译的研究，也在古籍整理实践及其他涉古专业的研究中，有了不同程度的进展，其中对古籍注释的研究，取得的成就尤为突出。

　　"文革"时期，古籍整理和文献学科发展势头被截然打断，古籍整理和古文献学科很多专家学者遭到残酷迫害，成果遭到批判和毁坏；其间，因运动（如"评法批儒"等）而刊印的古籍读物，多数不符合古籍整理规范，评论内容更被严重歪曲。司马迁曾说："戴盆何以望天？"一批古籍整理专家学者，在极其艰难的情况下，仍然竭尽所能，戴盆以鉴天，坚持着整理古籍、研究古籍。正是他们的坚守和奉献，才使中华优秀传统文化不绝如缕，生生不息！这也是本卷第七章撰写的初衷。

　　本卷在撰写中阅读了数百种文献资料，研究了相关内容，去伪存真，由表及里，并结合我们自己多年古籍整理及古文献学研究的实践体会，努力做到：能比较真实、客观地记载这三十年古籍整理与古文献学科发展的概况，写好这段尚未有人系统论述的专门史。撰写中，我们尽量使用第一手资料，比较、辨析，表达自己的考察和思辨，从而使读者诸君与我们一起感受当年的那些事、那些人，并尽可能地从中体味出历史的境况和规律。尽管本卷只是全书的子课题之一，撰写又时停时续，前后稽时过久，短板和不足在所难免；但撰写中我们还是争取有所发明、有所创获，比如我们对中国共产党与中华传统文化关系的论述，对新中国初期领导同志为古籍整理工作所做贡献的论述，对"二十四史"点校中一些文件的爬梳和分析，对古文献学研究概况和成就的论述，以及为一代古籍整理人的立传。"主要参考文献"按全书体例，分"古籍""古文献学著作""其他著作""论文"四类，每类以文献出版时序先后排列。

　　全稿撰写历时七年，繁难不尽一一。其中，诸伟奇承担了第一、三、五、七章和第六章第一、二、三、四节及前言、结语的撰写；阮东升承担了第二章的撰写，敖堃、诸伟奇、李纬怡也参与此章部分内容的撰写；周挺启承担了第四章和第六章第五、六节的撰写；敖堃、程美华分别撰写了第六、七章部分初稿；王伟丽、周挺启、阮东升、李纬怡、张建等参与了资料采集工作；周挺启、李纬怡编录了"主要参考文献"；诸伟奇修改、审定全稿。撰写中，本书总主编周少川教授制定体例，商议章节，审改初稿。本卷的前期录排由戴欢欢、杨玉菡、唐玲珑承担，后期录排由李纬怡、张建承担，值此一并致谢。

目　　录

第 一 章

曲折与前行：新中国前三十年古籍整理与古文献学发展历程

1949 年 10 月 1 日，中华人民共和国中央人民政府宣告成立，在中国共产党的领导下，中国的历史揭开了新的一页。在这翻天覆地的巨变中，作为文化学术事业一部分的古籍整理和古文献学的发展也进入全新的阶段。

第一节　党和政府对古籍工作的方针政策

从 1949 年到 1979 年这三十年，中国古籍整理经历了起步、发展、重创和前行的曲折过程，古文献学科建设也经历了从创建到践行的阶段。其间，取得了丰硕的成果，也有着深重的教训。在 1949 年后的 70 余年中，中国的古籍整理工作始终是在党和政府的规划领导下进行的。对古籍整理的指导思想和方针政策是与党的各个时期总的路线、方针相一致的。党和政府对古籍整理高度重视，除 "文革" 时期外，"批判继承，古为今用" 的指导方针是一以贯之的。

一　1949 年前党对中华传统文化的论说

为了更准确地认识主流意识形态对古籍整理的导向作用，有必要先对 1949 年以前党关于传统文化的论说进行梳理和回顾。

　　由于党在各个历史时期有不同的目标和任务，也由于党章所具有的章程文本性质，中国共产党从一大到六大的党章中对中华传统文化的内容几乎没有涉及；但在党的一些文件和领导人的报告和文章中，多次论述到中国历史文化的内容。

　　1938 年，全面抗战刚刚开始，毛泽东在党的第六届中央委员会扩大的第六次全体会议报告中多次提到学习历史知识、研究历史遗产的重要，他说："一切有相当研究能力的共产党员，都要研究马克思、恩格斯、列宁、斯大林的理论，都要研究我们民族的历史……指导一个伟大的革命运动的政党，如果没有革命理论，没有历史知识，没有对于实际运动的深刻的了解，要取得胜利是不可能的。"① 报告中还用较大篇幅论述了对文化遗产批判和继承的关系："学习我们的历史遗产，用马克思主义的方法给以批判的总结，是我们学习的另一任务。我们这个民族有数千年的历史，有它的特点，有它的许多珍贵品。对于这些，我们还是小学生。今天的中国是历史的中国的一个发展；我们是马克思主义的历史主义者，我们不应当割断历史。从孔夫子到孙中山，我们应当给以总结，承继这一份珍贵的遗产。"②

　　1939 年冬季，由毛泽东和其他几个在延安的同志合作撰写了一个课本，题名《中国革命和中国共产党》，文中在论述中华民族时，指出："在中华民族的开化史上，有素称发达的农业和手工业，有许多伟大的思想家、科学家、发明家、政治家、军事家、文学家和艺术家，有丰富的文化典籍。"③

　　在 1940 年 2 月《中国文化》创刊号上发表的《新民主主义论》中，毛泽东在论述"民族的科学的大众的文化"时，进一步分析了

---

　　① 毛泽东：《中国共产党在民族战争中的地位》，《毛泽东选集》第二卷，人民出版社 1991 年版，第 532—533 页。
　　② 毛泽东：《中国共产党在民族战争中的地位》，《毛泽东选集》第二卷，人民出版社 1991 年版，第 533—534 页。
　　③ 毛泽东：《中国革命和中国共产党》，《毛泽东选集》第二卷，人民出版社 1991 年版，第 622 页。

对传统文化的批判继承与发展新文化的关系："中国的长期封建社会中，创造了灿烂的古代文化。清理古代文化的发展过程，剔除其封建性的糟粕，吸收其民主性的精华，是发展民族新文化提高民族自信心的必要条件；但是决不能无批判地兼收并蓄。"他强调："中国现时的新文化也是从古代的旧文化发展而来，因此，我们必须尊重自己的历史，决不能割断历史。"① 在其后的"整风运动"中，毛泽东再次强调了学习研究历史的重要，将之与"研究现状""学习国际的革命经验"列为"改造我们学习"的三大内容，严厉批判了党内"对于自己的历史一点不懂，或懂得甚少，不以为耻，反以为荣"的现象。②

　　1945 年 4 月 24 日，毛泽东在中国共产党第七次全国代表大会政治报告中，论述了抗日战争后组成联合政府的一些纲领，表明"中国应当建立自己的民族的、科学的、人民大众的新文化和新教育"，强调"对于中国古代文化，同样，既不是一概排斥，也不是盲目搬用，而是批判地接收它，以利于推进中国的新文化"。③ 同年 6 月 11日通过的七大党章，也在《总纲》中声明："中国共产党以马克思主义的辩证唯物主义与历史唯物主义为基础，批判地接收中国的与外国的历史遗产。"④

　　随着新民主主义革命的胜利，党对传统文化的认知越发清晰。1949 年 5 月 16 日，周恩来在北平对南下工作团讲话时说："须知旧文化也有可用的，可以批判地接受，'五四'时期不知道这个道理，所以很幼稚"；"我们不要否定旧的一切，而要把旧文化里的可用的

---

　　① 毛泽东：《新民主主义论》，《毛泽东选集》第二卷，人民出版社 1991 年版，第 707—708 页。

　　② 毛泽东：《改造我们的学习》，《毛泽东选集》第三卷，人民出版社 1991 年版，第 796—798 页。

　　③ 毛泽东：《论联合政府》，《毛泽东选集》第三卷，人民出版社 1991 年版，第 1083 页。

　　④ 《中国共产党党章》（1945 年 6 月 11 日中国共产党第七次全国代表大会通过），《中国共产党章程汇编》（一大—十八大），中共中央党校出版社 2013 年版，第 42 页。

部分接受下来，即批判地接受"。①

当时，中国共产党不论在理论上还是在革命实践中都对中华传统文化表现出高度重视。例如，1942 年春夏，日军发动"五一大扫荡"，危及举世珍籍《赵城藏》（即《金版大藏经》）的安全，八路军太岳军区遂派部队将《赵城藏》抢救出来，辗转避藏，最后终于千辛万苦运回北京图书馆。

纵观中国共产党成立以来的前二十八年，特别是进入"延安时代"以后的历史，我们清楚地看到，随着党的不断壮大和成熟，党对中华传统文化的认知亦愈加完整和全面，一个以历史唯物主义指导的对传统文化"批判继承"的方针正在逐渐形成，新中国成立后对古籍整理乃至传统文化的指导方针和政策举措正是在这个基础上确定的。

二　中华人民共和国前三十年党和政府对古籍工作的方针政策

1949 年 9 月 21 日，中国人民政治协商会议第一届全体会议召开。9 月 29 日通过了《中国人民政治协商会议共同纲领》，纲领的第五章"文化教育政策"中规定："中华人民共和国的文化教育为新民主主义的，即民族的、科学的、大众的文化教育"；"提倡用科学的历史观点，研究和解释历史、经济、政治、文化及国际事务"。② 这个《共同纲领》在当时起着临时宪法的作用，其后，包括古籍工作在内的所有涉古文化的研究和宣讲，都是在这个大的政策框架下实施的。

1951 年 3 月下旬，毛泽东为中国戏曲研究院成立题词："百花齐放，推陈出新。"③ 这个口号的提出，不仅对新中国成立初期戏曲艺术的革新发展及其后的空前繁荣起到了重要的促进作用，也为几年后

---

　　① 周恩来：《对旧文化要批判地继承》，《周恩来文化文选》，中央文献出版社 1998 年版，第 49 页。

　　② 《中国人民政治协商会议共同纲领》，人民出版社 1952 年版，第 14、15 页。

　　③ 中共中央文献研究室编：《毛泽东年谱（1949—1976）》第一卷，中央文献出版社 2013 年版，第 322 页。

"双百"方针的制定发挥了肇启之功。同年 7 月 29 日，中央人民政府政务院文史研究馆成立，"文史研究馆"馆名由毛泽东确定，文史馆工作的宗旨主要是"存史资政，敬老崇文"。①

随着经济建设高潮的到来，一个文化建设的高潮也在到来。这个文化建设的高潮，首先是文化和思想建设。1953 年 7 月，中央组织了中国历史研究委员会、文字改革委员会和语文教学委员会。在历史研究委员会主任向毛泽东请示关于学术界的路线和方针时，"主席提了一个'百家争鸣'"②。同年 9 月，中共中央宣传部副部长周扬在全国第二次文代会上说："一切作者、艺术家都必须认真学习自己民族的文学艺术遗产，把继承并发扬民族遗产的优良传统引为己任。系统地整理和研究民族的文学艺术遗产的工作，就成为我们文学艺术事业上最重要的任务之一。"③

1953 年 12 月，毛泽东在听取卫生部汇报时说："我们中国如果说有东西贡献全世界，我看中医是一项。""这是一大笔遗产，必须批判地接受，把其积极的一面吸收过来加以发挥，使它科学化；另一面，对不合理的要研究，分析批判。"④ 1954 年 6 月，毛泽东在谈发展中医问题时又指出："对中医问题，不只是给几个人看好病的问题，而是文化遗产问题。""要尊重我国有悠久历史的文化遗产"，"要建立研究机构。不尊重，不学习，就谈不上研究。不研究，就不能提高。总是有精华和糟粕的嘛"⑤。中医是中华传统文化的宝贵遗

---

① 中共中央文献研究室编：《毛泽东年谱（1949—1976）》第一卷，中央文献出版社 2013 年版，第 364 页。

② 中共中央文献研究室编：《毛泽东年谱（1949—1976）》第二卷，中央文献出版社 2013 年版，第 571 页。

③ 周扬：《为创造更多的优秀的文学艺术作品而奋斗——一九五三年九月二十四日在中国文学艺术工作者第二次代表大会上的报告》，《周扬文集》第二卷，人民文学出版社 1985 年版，第 237 页。

④ 中共中央文献研究室编：《毛泽东年谱（1949—1976）》第二卷，中央文献出版社 2013 年版，第 205 页。

⑤ 中共中央文献研究室编：《毛泽东年谱（1949—1976）》第二卷，中央文献出版社 2013 年版，第 245 页。

产，它对中国乃至世界人民的健康福祉做出了重要贡献。这里，毛泽东对中医做了科学辩证的评价，也指出了对待中医在内的文化遗产应该采取的态度，即要尊重、学习和研究，要区分精华和糟粕，要有新的提高。在不到半年的时间内，毛泽东对中医问题两次讲话，表达了他对中医的高度重视，其中也反映了他对卫生职能部门的不满。① 之后，中医的各项工作都得到了应有的重视，中医古籍的整理出版也出现了蓬勃的态势，其成果之丰硕在共和国前三十年科技类古籍整理中最为突出。

1954 年初，时任中共中央宣传部部长兼政务院（后改为国务院）秘书长的习仲勋在对出版总署关于成立古籍出版社的报告中明确批示：要保存与整理我国文化遗产。这个批示和中央有关部门的系列文件及举措，标志了新中国古籍整理事业新的开端。②

1956 年 4 月 28 日，在中共中央政治局扩大会议上，毛泽东正式提出了"双百方针"。他说："艺术问题上的百花齐放，学术问题上的百家争鸣，我看这个问题应该成为我们的方针。"③ 5 月 2 日，在最高国务会议第七次会议上，毛泽东再一次强调："在艺术方面的百花齐放的方针，学术方面的百家争鸣的方针，是有必要的。"④ 在其后公开发表的《关于正确处理人民内部矛盾的问题》中，又为"双百方针"规定了六条标准："（一）有利于团结全国各族人民，而不是分裂人民；（二）有利于社会主义改造和社会主义建设，而不是不利于社会主义改造和社会主义建设；（三）有利于巩固人民民主专政，

---

① 毛泽东在 1954 年 6 月 5 日与北京医院院长周泽昭讲话时，还说："这项工作，卫生部没有人干，我来干。"见中共中央文献研究室编《毛泽东年谱（1949—1976）》第二卷，中央文献出版社 2013 年版，第 245 页。

② 对此，下文将有详细论述。

③ 中共中央文献研究室编：《毛泽东年谱（1949—1976）》第二卷，中央文献出版社 2013 年版，第 570—571 页。

④ 中共中央文献研究室编：《毛泽东年谱（1949—1976）》第二卷，中央文献出版社 2013 年版，第 574 页。

而不是破坏或者削弱这个专政；（四）有利于巩固民主集中制，而不是破坏或者削弱这个制度；（五）有利于巩固共产党的领导，而不是摆脱或者削弱这种领导；（六）有利于社会主义的国际团结和全世界爱好和平人民的国际团结，而不是有损于这些团结。这六条标准中，最重要的是社会主义道路和党的领导两条。"强调"这六条政治标准对于任何科学艺术的活动也都是适用的"①。"双百方针"及"六条标准"是中国共产党在社会主义这个历史时期，为促进社会主义科学、文化、艺术的发展和繁荣而提出的方针政策，其后的几十年，除"文革"那样的非常时期外，古籍整理及古文献学科发展在内的中国科学、文化事业正是在这个方针政策的轨道内前行的。

1958 年 1 月，国务院副秘书长齐燕铭就古籍整理和出版工作向中宣部报告；2 月，中宣部就加强古籍整理出版工作向中共中央书记处报告；报告经中央书记处书记彭真、中共中央副主席刘少奇、胡乔木（以毛泽东主席秘书的身份）先后审阅并同意，国务院科学规划委员会古籍整理出版规划小组（简称古籍小组）成立。从此，中国古籍整理事业进入一个有领导、有组织、有规划和出成果的崭新阶段。

其后，虽然古籍规划的制定和执行受到一些干扰，但是大的方针政策没有改变。当时古籍小组办公室负责人金灿然在《人民日报》发表文章，强调："在批判地继承我们文化遗产的工作中，整理我国古典文献是一项不可缺少的基本工作。"② 时任中宣部部长陆定一代表中共中央和国务院在全国第三次文代会上的祝词也再一次强调了要"对我国和外国的文艺遗产采取批判地继承和吸收，取其精华，去其糟粕，推陈出新的政策"③。凡此，都使从事古籍整理的专家学者打

---

① 毛泽东：《关于正确处理人民内部矛盾的问题》，人民出版社 1964 年版，第 30、31 页。
② 金灿然：《谈谈古典文献整理与出版的问题》，《人民日报》1959 年 8 月 5 日第 7 版。
③ 陆定一：《在全国文学艺术工作者第三次代表大会上的祝词》，《人民日报》1960 年 7 月 23 日第 1 版。

消了思想上的疑虑，促进了古籍整理工作和古文献学研究的发展。

为了保持政策的延续性，周恩来 1963 年 4 月又在中宣部召开的文艺工作会议和中国文联三届全会二次扩大会议上重申"双百方针"，强调："我觉得可以把这四句话结合在一起：百花齐放，推陈出新，百家争鸣，薄古厚今。""应当在六条政治标准的基础上，坚持贯彻这个方针。"① 1964 年 9 月，毛泽东在看了《群众反映》摘登的中央音乐学院学生来信后，批示："古为今用，洋为中用。"再一次确认了对待古代和外国文化遗产的方针。

只是随着"文革"的爆发，全国古籍整理出版规划小组工作的停顿，无论是"双百方针"，还是"批判继承，古为今用"，在"文化大革命"中都难以实行了。

通过以上回顾和总结，结合中华人民共和国前几十年的历程，我们可以得出这样的结论：党和政府对古籍和古籍整理是高度重视的；"批判继承，古为今用"的指导方针是马克思主义与中国实际（这个实际就是中华民族五千多年的文明史和浩如烟海的古籍）相结合的结果，也是马克思主义中国化的体现；这个方针及相关政策，符合中国实际，适应社会需要，具有长期的指导意义和实施价值。

第二节 古籍整理工作的起步与新变（1949—1957）

1949 年至 1952 年，中国处于经济恢复时期，百废待兴，整理和重印的文史类古籍数量很少，主要是北京、上海的一些出版社延续新中国成立前的业务。四年时间，古籍整理出版只有 29 种，分别为1949 年（10 月以后）2 种，1950 年 7 种，1951 年 16 种，1952 年 4种，其中，王沂暖译本元福幢《西藏王统记》、王重民编纂的《敦煌

---

① 周恩来：《关于文艺工作的几个问题》，《周恩来文化文选》，中央文献出版社 1998 年版，第 271 页。

曲子词》（该本 3 卷，辑成于 1940 年，至 1950 年方由商务印书馆出版）、周祖谟《广韵校本》及中科院所编的《明清史料》（丁编）价值较高。

随着教育文化事业对古籍需求的增长及专家学者对古文献学的应用，尤其是人民文学出版社、古籍出版社的相继成立及中华书局、商务印书馆对古籍出版的重视，使中国古籍整理事业在起步阶段即取得良好的成绩，在古籍整理内容和方法上，既承继了民国期间的良好风尚，又结合时代发展有新的创获。

一　人民文学出版社和《水浒》七十一回本

（一）人民文学出版社成立

人民文学出版社是新中国诞生后最早成立的中央一级出版社之一，它成立于 1951 年 3 月。当时，冯雪峰任社长兼总编辑，聂绀弩任副总编辑兼古典文学编辑室（简称古辑室）主任。冯雪峰明确提出，从《诗经》《楚辞》直至清末的文学名著，一切优秀的古代诗词、散文、小说、戏曲等都要系统地整理出版，向广大读者提供可靠的读本。在整理方法上，他强调要有朴学家的精神，即版本须择优，校注要严谨。他还从全国各地广泛延纳一批专家学者，充实古籍整理编辑骨干，许多著名学者专家如顾学颉、张友鸾、黄肃秋、汪静之、钱南扬、陈迩冬、王利器、童第德、文怀沙、赵其文、王庆淑、冯都良、严敦易、舒芜、周汝昌、王士菁、林辰、周绍良、麦朝枢等，都曾在古辑室工作过。①

人民文学出版社古辑室对新中国成立初期古籍（特别是文学古籍）整理路径的探索、方法的完善以及学术质量的提高，都做出了重要的贡献。1951 年 8 月，《人民日报》发表了郑振铎的《关于〈永

---

① 陈建根：《人民文学出版社古典文学编辑室概况》，《古籍整理出版情况简报》1993 年总第 267 期。

乐大典〉》，文中介绍了《永乐大典》卷帙、字数、编纂过程、主要内容、价值及命运，强调了要"十分重视这些文化、艺术遗产，而且会十分珍重地保存、管理、供给人民大众加以应用与参考研究"①。郑振铎时任文化部文物局局长，他也是国内外著名的文学家和古文献学家，是新中国古籍整理事业杰出领导人之一。该文是1949年后党报发表的第一篇关于古籍和古籍整理的文章。

（二）《水浒》七十回本的出版

聂绀弩就任人民文学出版社副总编辑兼古辑室主任后，所做的第一件工作，就是整理校订七十一回本《水浒》，该书于1952年10月出版。该本以金圣叹批改删订的明贯华堂刊七十回本为底本，删除金圣叹全部评语，并对金氏所改文字依照《水浒传》的百回本和百二十回本恢复原样，并改金本的楔子为第一回。为便于普及，整理者还对书中一些现已不习见的词语，做了注释。由于时代的原因，该本在整理方式上有明显不足。作为新中国成立后由国家级出版社最早整理出版的古典文学作品，它标志着新中国古籍整理出版工作的起步。《水浒》的出版也受到了党和国家的高度重视，《人民日报》还为之发表短评《庆贺〈水浒〉的重新出版》。短评中说：

> 《水浒》在中国民间广泛流传，并有多个版本。人民文学出版社研究了各种不同的版本，为了照顾读者阅读方便，以明末清初（公元十七世纪）金圣叹批改的七十回本为底本，慎重订正后加以重印。……《水浒》的校订出版，是人民文学出版社研究和整理我国古典文学的成绩之一。中国古典文学的研究、整理工作，是千万人所期望的工作，是具有历史意义和世界意义的事情。②

① 郑振铎：《关于〈永乐大典〉》，《郑振铎全集》第十四卷，花山文艺出版社1998年版，第263—268页。

② 《庆贺〈水浒〉的重新出版》，《人民日报》1952年10月27日第3版。

1953 年 10 月，《人民日报》发表郑振铎《为做好古典文学的普及工作而努力》一文，文中提出"我们将怎样把那么丰富的古典文学遗产加以普及"的问题，并就古籍版本的选择、真伪的考证、原文的注释及研究、批判等问题提出自己的见解。他指出做好古典文学遗产的注释工作乃是一切古典文学研究者所必须用全心全意来从事的长期的事业，强调要做好注释工作，必须首先具备版本知识和技能，"第二是把许多异本加以整理、研究，去其妄者，伪者，存其善者、真者。不尽信古，也不完全疑古。第三是不仅注释其文句，也应该研究、批判其内容"[①]。

《水浒》出版后，接着《三国演义》《西游记》《红楼梦》《儒林外史》《东周列国志》《封神演义》《聊斋志异选》等一大批读者喜闻乐见的古典小说相继整理出版。

二 习仲勋的批示与古籍出版社的成立

1954 年 2 月，中宣部部长兼政务院秘书长习仲勋对出版总署关于成立古籍出版社的报告做了批示。批示指出："为了保存与整理中国文化遗产，团结一部分学术研究工作者，建立这样一个出版社是很必要"；根据需要和条件，"工作可由少到多"。

1954 年 3 月 1 日，时任出版总署副署长（之前曾任中宣部宣传处处长）陈克寒根据习仲勋批示，对成立古籍出版社的宗旨、要求、任务、机构、人员等，向"仲勋同志并中央宣传部"做了详细的书面汇报。汇报信首先确定了成立古籍出版社的宗旨，就是为了保存、整理中华优秀文化遗产，团结学者、促进学术研究。继而分析了古籍整理出版的状况，指出："抗战以前，商务印书馆、中华书局都曾出版古籍，但抗战后就很少出版这类书了。解放以后，古籍的出版在全国来说几乎完全停顿了，即令有个别国营或私营出版社出版一点古籍

---

① 郑振铎：《为做好古典文学的普及工作而努力》，《人民日报》1953 年 10 月 21 日第 3 版。

与整理古籍的成果的书……但出版的种类既少，而且没有通盘打算。"强调："由于文化建设与学术研究的开始与开展，古籍的需要逐渐增加，不少学校、图书馆、文化学术团体、干部、教师要求供应一些古籍，作研究参考或阅读欣赏之用……另一方面，也有不少学者与专家，逐渐要求出版一些他们研究中国古代文化的作品，或者把他们以前出版过的这方面的作品重新修正出版。"所以出版管理层面也希望："在这方面的出版工作上作些努力，但终因其他任务繁重，且没有一个编辑出版的班底子可作依靠（商务、中华可以作这种工作的人有的死了，有的转业了），因而迟迟未能下手。现在看来，再不下手就更加落后于需要了，的确如仲勋同志批示上所说的那样，'工作可由少到多'，如果一味等待，不从现在开始做起，将来是不会大起来的。"汇报信还讲到了汉文字典与辞典的需要，强调其"在读者需要的迫切的程度与涉及人数之广上来说，更甚于古籍"。最后提出三条意见："一、建立一个古籍出版社，负责编辑出版中国古籍与汉文字典、辞典……由齐燕铭同志主持。二、古籍与字典、辞典的编辑出版工作，必须与学术研究工作相配合，因此，古籍出版社应该受中宣部科学处的领导。三、为了建立古籍出版社，首先需要解决房屋问题。今年初成立时以 100 人计，约需要办公室 1450 平方米（计算方法：平均每人需 14.5 平方米），宿舍 3800 平方米（因作这些工作的人，在生活上不能不照顾得好些，所以每个家庭住房单位面积就要大些）。"①

这三条意见，确定了古籍出版社的任务、归属和领导人，最后一条关于办公用房和专业人员住房的安排，体现了当时务实的工作作风和对知识分子的关怀。

1954 年 3 月 12 日，中共中央宣传部召开部署会议，讨论了上述

---

① 《陈克寒关于建立古籍与汉文字典编辑机构致习仲勋并中央宣传部的信》，《中华人民共和国出版史料 1954 年》，中国书籍出版社 1999 年版，第 135—137 页。

报告，会议决定："（1）在中华书局内设编辑所，但用古籍出版社名义出书，由小到大，从影印古籍工作做起，整理古籍工作放在第二步。（2）《辞源》、《辞海》可以把对当前政治不好的内容删掉，其他不动，然后再整理提高。不要作得很快，并与学术研究工作配合起来，搞一个委员会。"①

1954 年 9 月 17 日，国家出版总署向中共中央宣传部并政务院文教委员会党组呈请示报告，报告对拟成立的古籍、语文、辞书出版社的"方针、任务、组织机构和筹建步骤等"提出以下意见：

一、方针任务：

古籍、语文、辞书出版社的方针是：保存和整理民族文化遗产，传播语文及一般知识。为此目的，必须组织社会力量，进行整理古典著作和出版研究古典的著作，编辑各种语言、文字方面的著作和各类字典、辞书，以供应各方面研究参考之用。

二、组织机构和领导关系：

在编辑出版方针上受中共中央宣传部领导，并就有关业务与中国科学院建立联系，受其指导；在行政、出版业务和企业管理上受文化部领导。

三、与其他有关出版社之间的分工：

与其他有关出版社之间的分工基本上按下列原则进行，如有不易划分的，则以经常的调整选题计划予以解决：

（一）重新加工整理的古典文学作品由人民文学出版社出版；

（二）古代艺术作品由人民美术出版社出版；

（三）中医书籍由人民卫生出版社出版；

---

① 《陈克寒关于建立古籍与汉文字典编辑机构致习仲勋并中央宣传部的信》，《中华人民共和国出版史料 1954 年》，中国书籍出版社 1999 年版，第 135 页。

（四）古代农业书籍由财政经济出版社出版；

（五）古代一般科学著作由科学出版社出版；

（六）除直接研究古籍的著作外，一般近代学术著作由三联书店出版；

（七）历代碑帖、字画和一部分近代研究古籍的学术著作由上海的古籍出版单位出版。

四、关于筹建步骤：

古籍、语文、辞书出版社原应分开为古籍与语文、辞书两个出版社，但因人力、物力条件限制，暂时采用一套机构两块招牌的方式，俟条件成熟时，再分设为两个专业出版社。这个出版社先成立筹备委员会，由叶圣陶（主任委员）、傅彬然、郭敬、徐伯昕、金灿然、恽逸群、王淑明、徐调孚等八人组成，先行开始工作。第一步先设古籍编辑室，调王淑明、徐调孚、谢兴尧、丁晓先等立即参加工作。第二步……成立古籍编审委员会，邀请这方面的专家，参与顾问。

五、目前的主要工作：

协助我署统盘筹划全国古籍的出版，及近人研究古籍的有价值的著作的重印，分配、调整和督促各专业出版社有关古籍的出版工作，同时拟订一部分选题计划，自行组织专家进行一些断句和必要的校勘工作。①

1954 年 12 月 10 日文化部党组就古籍整理和近现代学术著作出版问题向中共中央宣传部请示报告，报告首先汇报了文化部属出版社落实中宣部指示的情况，接着就"这个工作上还有一些原则问题需要确定"提出意见，说明"出版古籍和近代、现代学术著作的目的，

---

① 《出版总署党组关于筹建古籍、语文、辞书出版社问题的请示报告》，《中华人民共和国出版史料 1954 年》，中国书籍出版社 1999 年版，第 514—516 页。

主要地在于供给我国学术工作者和一部分文化水平较高的读者以研究参考资料，以便于开展学术研究，帮助学校教学工作，并保存我国古代及近代的有价值的著作；同时，也应适当地照顾一般读者"。指出"古籍和近代旧的学术著作大部分都有或多或少的错误……如果要求过于严格，就几乎不能出版。因此，出版古籍和近代、现代旧的学术著作，应与出版新书不同，要求一般应该从宽"。"在出版方法上，基本可分两类，一是选择较好版本，简单地重印一下；一是经过加工整理（加标点、加序、加注）以后重新出版。"

文化部的这个请示报告较长，全文有4000多字，其中很大篇幅是确定古籍和近现代（旧人）学术著作的入选出版标准，即哪些人可以选，哪些书可以出，哪些人不可以选，哪些书不可以出。对于古籍（文化部这个文件把它界定为"鸦片战争以前的著作"），"因著作本身都不涉及现实政治问题……主要可从学术价值、艺术价值、资料价值如何和读者需要如何两方面来考虑"。文件要求，对"读者范围很广的古籍、旧书，例如古典文学名著，在重印时应尽可能写一序言，介绍该书的基本精神和主要内容，指导读者阅读"。文件强调了这项工作的计划性："我们初步选出各类图书700余种"，今后将"征求意见，准备加以修改补充，分别先后缓急，按照上述办法，由有关出版单位逐批重印"。文件最后提出"拟成立古籍出版委员会，以叶圣陶为主任委员，郑振铎、范文澜、翦伯赞、向达、尹达、侯外庐、金灿然、曾彦修、王任叔、傅彬然、恽逸群、武剑西、王寅生为委员"①。

习仲勋对成立古籍出版社的批示，是中华人民共和国成立后党和国家领导人层面关于古籍整理工作的第一个批示。这个批示和中宣部等有关部门的系列文件（包括陈克寒报告、中宣部部务会议决定、出版总署［54］出党字第11号文件、文化部［54］文部党字第1号

---

① 《文化部党组关于重印古籍及近代、现代学术著作向中央宣传部的请示报告》，《中华人民共和国出版史料1954年》，中国书籍出版社1999年版，第597—601页。

文件），以及其后为落实这些文件的一系列举措，在新中国古籍整理史上具有开创性意义，为新中国古籍整理事业的发展奠定了重要基础；标志着中国古籍整理事业新的开端，即自古以来特别是晚清以降主要由个体（或少数团体）所从事的古籍整理，已进入政府层面的有组织、有计划、有章法的阶段；体现了党和政府对中华优秀传统文化的重视和对古籍工作者的关怀；也反映出当时政治的清明和领导者的远见卓识。

古籍出版社社长兼总编辑由出版总署副署长叶圣陶兼任，日常工作由副社长郭敬主持，郭敬调离后，由王乃夫接任副社长，章锡琛、恽逸群任副总编辑，王春任党支部书记；编辑部则由一批对古籍文献素有研究的专家和资深出版家组成，主要成员除章、恽两位副总编外，还有张静庐、曾次亮、徐调孚、陈乃乾、王叔铭、童第德、冯都良、侯岱麟等。随着古籍出版社、文学古籍刊行社（北京）、古典文学出版社（上海）、文物出版社的相继成立，尤其是公私合营后的中华书局作为古籍专业出版社的定位及《资治通鉴》等一批古籍整理著作的陆续出版，中国古籍整理出版事业已经绽放出新春的气息。

三 《资治通鉴》的整理与古籍整理体例的制定

古籍出版社成立后，出版的最重要的古籍是《资治通鉴》。《资治通鉴》，中国古代史学名著，是北宋司马光及其助手历时十九年完成的一部编年体通史。全书294卷，又"考异""目录"各30卷。分十六纪，仿效《左传》体例与笔法，记载周威烈王二十三年至后周世宗显德六年（前403—959）共1362年的历史。取材除"十七史"外，并及野史、传状、谱录、文集等220种。内容以政治、军事为主，有关经济、文化等记载较为简略。目的在于供统治者从历代治乱兴亡中取得借鉴，故名《资治通鉴》。此书范围广博，繁简适宜，结构精密，条理清晰，为历代所重。元初胡三省有《资治通鉴音注》，精审宏博，对书中所涉典章制度多做考订。该书和许多重要古籍一样之前一直没有标点本，现代读者阅读十分不便。1954 年，全国人民代表大会第一次会议期间毛泽东面示吴晗，要他商同范文澜组织专家，整理标点此书。① 1954 年 11 月组成"标点《资治通鉴》委员会"，并有顾颉刚、王崇武、聂崇岐、齐思和、张政烺、何兹全、郑天挺、贺昌群、邓广铭、周一良、容肇祖、章锡琛 12 人分工负责标点工作，以王崇武为召集人，顾颉刚任总校。

把这么多素负盛名的文史专家集中在一起标点一部古书，可见当时对这项工作的高度重视。为便于工作，北京市还提供北海公园画舫斋内的得性轩等作为办公场所。1955 年 1 月，顾颉刚撰成《〈资治通鉴〉标点凡例》，凡例首先确定标点底本"是根据清胡克家翻刻的元刊胡注本"，然后就标点、分段、校勘，司马光的考异、胡三省的注释、章钰的校记、附录等诸项体例做了说明；对标点符号（尤其是最难掌握的专名号、书名号）的标点更做了细致的规定；之后又协同出版社撰成《〈资治通鉴〉排版凡例》，由顾颉刚、王崇武、聂崇岐、容肇祖组成校阅小组，负责全书复校。由于"标点委员会"人员齐整，学养深厚，工作积极，合作默契，整理工作进展很快。1955 年冬天，全书即完成校点初稿。与此同时，古籍出版社又密切配合，投入主要编辑、印制力量，安排当时印制条件最好的上海中华印刷厂和新华印刷厂承担排印，由徐调孚、高克辛专程前往上海负责编刊事务。该书付印前，又由章锡琛审阅全稿，再由聂崇岐审看全书校样，并做了若干改正。1956 年 6 月，《资治通鉴》标点本出版。收到样书后，毛泽东叫秘书打电话给古籍出版社"表示满意"②。《人民日报》

---

① 王春：《古籍出版社与〈资治通鉴〉标点本》，《北京文史资料》第 58 辑，北京出版社 1998 年版，第 124—128 页；顾潮编著：《顾颉刚年谱·一九五四年十一月》，中华书局 2011 年版，第 413 页。

② 王春《古籍出版社与〈资治通鉴〉标点本》："出版社将此书的精装本 10 册送给毛主席审阅。当时毛主席的秘书逄先知打电话给我们说，毛主席看了，对该书的及时出版表示满意；但对装订有意见，他风趣地说，这是给大力士看的（大意）。"（《北京文史资料》第 58 辑，北京出版社 1998 年版，第 127 页）

发表长文对《资治通鉴》予以评介，对该书的整理出版表示祝贺。①

《资治通鉴》的出版，是新中国成立初期古籍整理事业的一件大事。虽然由于时间过于急迫（用于全书校点的时间仅 10 个月），该书校点难免存在一些讹误，但无论究之原著的价值和意义，还是整理人员的水平和能力，抑或是全书的整理质量和进度，都堪称一时之最。尤其是其"标点凡例"，精审简明，基本揽括了校点工作的要点，对当时古籍整理业务乃至之后"二十四史"点校等大型项目的运作，都有着重大的示范和参考意义。

四　良好的开端，喜人的成果

从 1954 年 2 月习仲勋关于古籍出版社成立的批示，到 1958 年 2 月国务院古籍整理出版规划小组的成立，这四年是新中国古籍整理事业的草创阶段。在这个阶段，从事古籍整理的专家学者比较能够潜心专业，古籍出版机构得以调整和重组，成果也比较丰硕，古籍整理事业处于向上发展的趋势。

在机构方面，除中华书局、商务印书馆、人民文学出版社外，还先后成立了文学古籍刊行社、古典文学出版社和中华书局上海编辑所等专业出版社，更组建了由出版总署直属的古籍出版社。其后，文化部"根据周恩来总理和陈云副总理的指示，拟加强中华、商务的出版工作"②，古籍出版社于 1957 年 3 月并入中华书局。

在规划方面，文化部党组于 1956 年 5 月就古籍整理出版的管理与规划向中宣部提交报告。报告肯定了这段时期古籍整理出版成绩，分析了古籍工作在社会主义文化事业中的"重要性和迫切性"，重申了整理出版古籍的方针和标准，强调了古籍工作人才的重要，同时也指出了这几年古籍工作中的问题。报告提出了古籍整理出版 12 年计

---

①　王崇武：《我国古典历史巨著——资治通鉴》，《人民日报》1956 年 8 月 30 日第 7 版。

②　中华书局编辑部编：《中华书局百年大事记（1912—2011）》，中华书局 2012 年版，第 168 页。

划。要"用各种加工整理方法有步骤地分批地出版较重要的古籍1500 种左右……计：学术思想类 160 种，历史地理类 400 种，文学艺术类 185 种，语言文字类 40 种，总类 115 种"。报告要求应根据不同类别的古籍实行不同的整理方法，"每种古籍的出版均应加上出版说明，并尽可能有一篇批判性的序言"。强调"加强古籍整理工作，必须动员各方面的力量"。报告的最后提出："为加强对古籍出版工作的统一领导并使之与学术研究工作密切结合，拟吸收各方面负责人和专家（如科学院、北大、文化行政部门、出版机构的负责人，以及对古籍有研究的专家），组成古籍编审委员会。"编审委员会的职责是"统一掌握古籍的出版方针，审定选题计划和重要稿件"。报告建议齐燕铭担任编审委员会主任委员。①

　　这个时期，从事古籍整理和古文献学研究的人员，主要由高校、社科研究院所的学者和出版社及其他部门的专家组成，前者如杨树达、刘文典、顾颉刚、王伯祥、邓之诚、王欣夫、王重民、高亨、邓广铭、周祖谟、钱仲联，后者如郑振铎、张静庐、赵万里、徐森玉、徐调孚、章锡琛、陈乃乾、顾廷龙、张友鹤等。虽然作为古籍整理队伍而言，此时尚未形成，而且年龄也偏大，但这些老辈学人在经历了近半个世纪的动荡岁月后，都期盼着能在晚年得以从事所钟爱的古籍整理工作，他们有的拿出尘封多年的未竟书稿，有的重上讲台，讲起久违的目录版本校勘之学，表现出精深的功力和执着的情感。如刘文典除董理历年校订所得、着手撰写《群书校补》外，并修改完善其抗战时期的旧稿《大唐西域记校注》《大唐三藏法师传校注》《杜甫年谱》和《王子安集注》；邓之诚广泛收集明末清初的典籍，仅顺、康间的集部书即达四百余种，并增补《清诗纪事初编》，还同意为出版社影印的《太平御览》断句；顾

---

　　① 《文化部党组关于我国古籍出版工作规划的请示报告》（5 月 15 日），《中华人民共和国出版史料 1956 年》，中国书籍出版社 2001 年版，第 94—99 页。

颉刚正在整理《史记》及三家注，他在日记中感叹："予久涸尘嚣，今乃得斯静境，讶为奇福。"①

20 世纪 50 年代中期，随着国内政治、经济、文化事业的欣欣向荣，古籍整理事业也出现了可喜的态势。这个时期全国出版的古籍达 1000 余种，② 其中人文类古籍，1954 年 39 种，1955 年 95 种，1956 年 81 种，1957 年 188 种，合计 403 种；其余为科技类古籍，成果堪称丰硕。这些古籍的整理出版，适应了当时社会特别是高校发展和人文研究的迫切需求，展现了新中国古籍整理的风貌。这些书以基本古籍居多，如《资治通鉴》《续资治通鉴》、纪事本末类和会要类等史书，《诸子集成》《二十五史补编》等丛书，《红楼梦》等新版古典小说，《十驾斋养新录》《癸巳类稿》《助字辨略》等学术笔记和工具书，还有《四库全书简明目录》《清代禁毁书目》等书目题跋。还不以人废言，出版了叶德辉的《书林清话》。为配合文字改革，当时的文字改革出版社及时地影印出版了一套《拼音文字史料丛书》。

一些知名学者承担起古籍整理任务，为学术界贡献了一批优秀成果，如马叙伦《老子校诂》、高亨《周易古经今注》《重订老子正诂》、任继愈《老子今译》、周祖谟《方言校笺》、杨树达《盐铁论要释》、范祥雍《古本竹书纪年辑校订补》、唐长孺《唐书兵志笺证》、胡道静《梦溪笔谈校证》、马茂元《古诗十九首探索》、钱仲联《韩昌黎诗系年集释》、王仲闻《南唐二主词校订》、邓广铭《稼轩词编年笺注》、马廉《录鬼簿新校注》等校证、笺释、今译；刘永济《唐代歌舞剧曲录要》、王重民《敦煌变文集》、钱南扬《宋元戏文辑佚》、赵景深《宋元杂剧钩沉》、王古鲁《明代徽调戏曲散出辑佚》等辑录、叙录、汇编；王伯祥《黄书 噩梦》、章锡

---

① 顾潮编著：《顾颉刚年谱》，中华书局 2011 年版，第 410 页。当时政府安排其在北京北海公园画舫斋内之得性轩校书。

② 《齐燕铭关于古籍整理和出版工作加强领导全面规划问题给中央宣传部的报告》（1 月 21 日），《中华人民共和国出版史料 1957—1958 年》，中国书籍出版社 2004 年版，第 336 页。

琛《原善 孟子字义疏证》等校点。

1957 年发生了"反右运动"。在这场政治风暴中及其后的岁月里，古籍整理、古文献研究乃至从事这些工作的专家学者，都受到了巨大的影响。由于古籍整理的特点，即其与其他文化工作相比所具有的滞后性，这种负面影响也是相对滞后的。因为 1957 年出版的古籍图书是在一年前甚至几年前即列入出版计划和编校运作的，所以这一年古籍整理成果倒是十分突出。全年共出版古籍图书近 190 种，是新中国前三十年整理出版古籍数量最多的一年。

第三节 古籍整理的初步繁荣和古文献学科的创建 （1958—1966）

从 1958 年到 1964 年，是中国古籍整理事业和古文献学科发展的重要时期，国务院科学规划委员会古籍整理出版规划小组的成立和北京大学古典文献专业的建立，这两件大事在中国当代古籍整理史及古文献学科发展史上都具有极其重要的意义。这个时期，制定了全国古籍整理出版规划，并整理出版了一大批有价值有影响的成果，形成了新中国古籍整理初步繁荣的态势。

一 成立古籍整理出版规划小组

1958 年 1 月 21 日，齐燕铭就古籍整理出版的加强领导和全面规划向中共中央宣传部呈送报告。报告首先肯定了"几年以来，我国古籍的整理和出版工作是有成绩的"。"这些古籍的出版供应了研究工作、教学工作和社会一般读者的需要。"并举出例子，说明"经过整理出版的古籍中，有一些是质量优秀的"。同时指出："目前的古籍整理和出版工作，无论在数量上和质量上，都远不能适应我国社会主义文化发展的需要。"分析了中国古籍藏量的现状和广大读者对古籍整理工作的需求。强调："目前对于古籍整理和出版工作必须加强领导，全面规划。因为不进行全面规划，就无法做到有计划有系统把我国浩如烟海的古籍按照我们的需要分期分批的整理和出版；就不可能分好缓急先后满足各方面读者的需要；不全面规划，也不能把全国有限的整理古籍的专业人材，合理组织起来进行工作；不全面规划，就不能使古籍整理和出版工作提高质量、迅速发展，在党的百花齐放方针指导下，适应社会主义科学文化建设事业日益发展的需要。"为此，建议在国务院科学规划委员会下面建立古籍整理和出版规划小组，"负责总揽全国古籍的整理和出版工作"。并就小组的任务和近期工作及小组的组成人员提出建议。报告还从历史的角度强调了人才的重要性："古籍的整理是一件长期的工作。按照中国具体情况，在三十年后，培养出五百乃至一千个程度不同古籍整理的专门人材是必要的。"为此，将与高教部协商，计划在北京大学开办古文献专业学科。①

齐燕铭的报告正确地论述了古籍整理出版工作的宗旨、意义、方针、内容、规划及类别、方法等一系列重要问题，无论在当时还是其后的几十年，这都是一份具有重要的指导意义的文件。

中共中央宣传部于 1958 年 2 月 7 日就加强中国"古籍整理出版工作"向中央书记处报告。报告全文如下：

　　为了加强中国古籍整理和出版工作的领导和计划性，经国务院科学规划处委员会批准，在科学规划委员会下面建立古籍整理和出版规划小组，负责总揽全国古籍整理和出版工作。小组的主要任务是：一、确定整理和出版古籍的方针；二、领导和制订整理和出版古籍的长远规划和年度计划，并且检查这些计划的执行情况；三、拟定培养整理古籍人材的方案。小组拟由以下十九人组成：叶圣陶、齐燕铭、何其芳、吴晗、杜国庠、陈垣、陈寅

---

① 《齐燕铭关于古籍整理和出版工作加强领导全面规划问题给中央宣传部的报告》（1 月 21 日），《中华人民共和国出版史料 1957—1958 年》，中国书籍出版社 2004 年版，第 336—341 页。

恪、罗常培、金灿然、金兆梓、范文澜、郑振铎、赵万里、徐森玉、黄松龄、张元济、冯友兰、潘梓年、翦伯赞，并由齐燕铭负责。这个名单已经聂荣臻同志同意。是否妥当，请予批示。①

报告经中央书记处书记彭真批示"拟同意"，又经刘少奇、胡乔木（当时任毛泽东秘书）核阅同意。

1958 年 2 月 9 日至 11 日，国务院科学规划委员会古籍整理出版规划小组在北京召开成立会议。出席会议的有小组成员、学术文化界人士和有关部门的人员共 90 余人。中共中央政治局候补委员康生、中宣部副部长周扬出席会议并讲话。会议着重讨论了整理出版古籍的方针任务和制订长远规划的问题。

齐燕铭在会上就古籍整理出版规划小组筹备经过、小组的工作任务和今后的方针、计划要点做了说明。周扬等在讲话中指出："几年来古籍的整理和出版工作是有成绩的，缺点是缺乏通盘计划和目的不够明确。"古籍整理出版规划小组的设立，"对整理出版古籍的方针和计划作通盘的考虑和安排，是很必要和很及时的"。"整理和出版古籍，必须贯彻毛主席在《新民主主义论》中所指示的用批判的态度清理我国文化遗产的方针。清理我们古代文化遗产是建立社会主义新文化的重要条件。"强调"我们不是无批判的兼收并蓄"。周扬还以建设社会主义文化为题，就整理出版古籍的方针、对象、方法谈了他的认识，并提出五点希望："第一，希望有一个切合需要的规划。""第二，希望有几套基本名著丛书。""第三，希望有几个好选本。""第四，希望有一些好的辞书、工具书。""第五，希望有一个研究古代文化的队伍。"②

---

① 《中央宣传部关于古籍整理出版规划小组的主要任务和组成人员名单向中共中央书记处的请示报告》（2 月 7 日），《中华人民共和国出版史料 1957—1958 年》，中国书籍出版社 2004 年版，第 347 页。

② 《继承文化遗产　发展社会主义新文化——科学规划委员会成立古籍整理出版规划小组》，《人民日报》1958 年 2 月 25 日第 7 版。

　　会上，文、史、哲三个分组的召集人郑振铎、翦伯赞、潘梓年分别就三个分组草拟计划的情况和问题做了发言。发言的还有冯友兰、杜国庠、徐森玉、魏建功、吴晗、邢赞亭、金兆梓、章士钊、嵇文甫，他们一致赞成对中国古籍进行有计划地整理和出版，并对此提出了许多宝贵意见。

　　《人民日报》1958 年 2 月 25 日以《继承文化遗产，发展社会主义新文化》为题，对古籍整理出版规划小组成立会议做了报导。国务院科学规划委员会古籍整理出版规划小组组成，小组成员 19 人；下设文学、历史、哲学三个分组，三组成员共 81 人（按姓氏笔画排列）。

　　组长：齐燕铭

　　小组成员：叶圣陶、齐燕铭、何其芳、吴晗、杜国庠、陈垣、陈寅恪、罗常培、范文澜、郑振铎、金兆梓、金灿然、赵万里、徐森玉、张元济、冯友兰、黄松龄、潘梓年、翦伯赞

　　下设文学、历史、哲学三个分组，分组成员如下：

　　一、文学组

　　召集人：郑振铎、何其芳

　　成　员：王任叔、王伯祥、王瑶、余冠英、邢赞亭、吴晓铃、林庚、阿英、孙楷第、徐嘉瑞、徐调孚、章行严、陈翔鹤、冯至、冯沅君、游国恩、杨晦、叶圣陶、隋树森、赵万里、钱锺书、魏建功、罗常培、谭丕模

　　二、历史组

　　召集人：翦伯赞

　　成　员：于省吾、尹达、白寿彝、吴晗、吴泽、汪篯、周予同、周云青、周谷城、邵循正、金兆梓、金毓黻、范文澜、徐中舒、徐炳昶、徐森玉、翁独健、夏鼐、宿白、张政烺、陈垣、曾次亮、贺昌群、傅乐焕、齐思和、邓广铭、邓拓、顾颉刚、阎文儒、聂崇岐

三、哲学组

召集人：潘梓年、冯友兰

成　员：王维庭、石峻、朱谦之、李达、李俨、吴则虞、吴泽炎、杜国庠、汪奠基、林宰平、林涧青、侯外庐、胡曲园、孙人和、唐钺、容肇祖、陈乃乾、嵇文甫、杨荣国、赵纪彬、刘盼遂、谢无量

以上是中国第一届古籍整理出版规划小组全部成员名单，几乎囊括了当代文、史、哲领域最杰出的大家、名家。古籍小组由金灿然兼小组办公室主任，中华书局为小组办事机构。为了反映古籍整理出版的有关政策、计划、工作经验、工作成果以及相关学术活动情况，古籍小组于 1958 年 12 月创办了《古籍整理出版动态》，以中华书局的名义编印第一期。1959 年 11 月 25 日改称《古籍整理出版情况简报》，由齐燕铭题写刊名。

国务院科学规划委员会古籍整理出版规划小组的建立，是新中国前三十年古籍整理工作最重要的一件大事，它标志中国古籍整理事业正式进入了一个有领导、有组织、有规划的崭新阶段；从此古籍整理出版工作有了全面的安排和统一的部署，计划性、目的性大大增强。同时，也部分地消解了"反右派运动"的不良影响，增强了古籍工作者的信心和干劲，使古籍整理出版事业出现了初步繁荣的趋势，不过后来因为"文革"的爆发，这样短期的繁荣戛然而止。

二　协调、重组古籍出版专业机构

为了加强和规范古籍整理出版工作，中央有关部门为调整、重组古籍出版机构做了一系列重要部署。

1958 年 2 月 9 日，在古籍整理出版规划小组成立大会上，齐燕铭宣布："我们规划小组把中华书局作为依托的工作机构。中华书局的主要任务，经中宣部同意是出版文、史、哲的古籍和文、史、哲方面的今人的研究著作。规划小组的日常工作，将委托中华书局

去做。"① 1958 年 3 月文化部发文，决定中华书局属文化部领导，为整理出版古籍和当代文史哲研究著作的专业出版社；金灿然任中华书局总经理兼总编辑，傅彬然任副总经理兼副总编辑，刘子章任副总经理，金兆梓任副总编辑。中华书局编审委员会主任舒新城，副主任金灿然、傅彬然、金兆梓，委员章锡琛、卢文迪、徐调孚、姚绍华、曾次亮、张静庐、陈乃乾、张兆辰。编辑部下设古代史、近代史、古典文学、哲学等四个编辑组，组长分别由姚绍华、张静庐、徐调孚、傅彬然担（兼）任。

1958 年 4 月，中华书局上海办事处改组为两个编辑所：一为中华书局《辞海》编辑所，专事修订中华书局旧版《辞海》，舒新城为主任，杭苇为副主任。二为中华书局上海编辑所，负责中华书局在上海印制书籍及联络作者的工作，同时也承担一些文史古籍的出版项目，主要侧重于古典文学方面，金兆梓任主任，李俊民任副主任、总编辑，由上海市出版局和中华书局双重领导。原来设在上海的古典文学出版社并入中华书局上海编辑所。是年 9 月，中华书局《辞海》编辑所与中华书局上海编辑所合署办公，分设古籍和《辞海》两个编辑部。

为了进一步整合资源，更好地落实古籍整理出版规划，1959 年 3 月，中华书局总公司和中华书局上海编辑所商定出版分工办法。初步确定以下原则：（一）古典文学方面：总集和大型的资料书、类书，由总公司出版；单本的古典戏剧、小说、散曲等以及有关古代民间文学的资料，由上海编辑所出版；总公司基本上不出选注本和选译本；关于古典文学基本丛书的整理出版，要和人民文学出版社分担。原则上总公司以唐宋人别集为主，上海编辑所以元明清人别集为主。（二）哲学和历史方面：古典哲学和历史古籍主要由总公司出

① 《齐燕铭在古籍整理出版规划小组成立会上的讲话》（2 月 9 日），《中华人民共和国出版史料 1957—1958 年》，中国书籍出版社 2004 年版，第 352 页。

版，唯关于宋末、明末、晚清的部分历史资料和有关辛亥革命初期的若干历史文献和专著，由上海编辑所出版。上海编辑所如愿意出版其他哲学和历史古籍，可提出选题与总公司协商。（三）凡属影印版画、手迹类图书，由上海编辑所出版。5 月 26 日，中华书局总公司和上海编辑所就出版分工原则，又做了如下补充规定：（一）凡属有关古典文学的总集、类书，原则上由总公司出版，上海编辑所如有条件、有必要时亦可出版，但应事先与总公司联系。（二）诗文集旧注及诗词纪事均由上海编辑所出版，总公司计划整理出版时，应事先与上海编辑所联系。（三）中国古典文学基本丛书，总公司和上海编辑所均可整理出版，但不以朝代划分，具体书目，每年制定统一选题，协商确定。统一选题外可随时协商补充。（四）历代笔记均由总公司出版，上海编辑所拟整理出版时，应事先与总公司联系。① 这些措施对加强古籍出版的计划性，避免选题重复有着重要意义。

党和政府一直关心中华书局和商务印书馆这两家在海内外最有影响的出版社。公私合营前后，周恩来、陈云等领导人多次关心询问过中华书局和商务印书馆的情况，文化部曾根据周恩来、陈云的指示，对这两家出版社的经营做过明确的部署。鉴于这两家出版社长期以来都出版古籍图书，1959 年 5 月 22 日，两家出版社协商议定了《商务印书馆、中华书局出版分工的协议事项》。要点如下：（一）商务印书馆不再出版古籍（古医书除外），以及今人的古籍整理著作和关于中国古代文史哲的研究著作。商务新中国成立前后已出上述书籍的重版，由中华处理。（二）中华书局不再出版哲学、社会科学翻译书籍，以及用外文编写的关于中国古代文化的研究著作译本。中华新中国成立前后已出上述书籍的重版，由商务出版。（三）中国历史地理著作及有关外国历史地理的中国书籍，由中华出版；外国历史地理著作及

---

① 中华书局编辑部编：《中华书局百年大事记（1912—2011）》，中华书局 2012 年版，第 177—178 页。

关于中国历史地理的外文著作译本，由商务出版。（四）语文书稿：古汉语部分（包括今人对古汉语的研究著作）由中华出版，现代汉语部分由商务出版。（五）商务资料室现有古籍（包括线装书和排印本），如有复本，以一份转移中华；中华资料室现有外国哲学社会科学著作的译本，如有复本，以一份转移商务。中华资料室的外国哲学社会科学外文书，如商务有需要的，转移商务。①

　　人民文学出版社作为新中国成立后由出版总署直属的出版社，一直都是古籍（特别是文学古籍）出版重镇，为了加强合作，协调出版，1960 年 5 月 14 日，人民文学出版社、中华书局、中华书局上海编辑所就文学古籍的整理出版分工原则进行会谈。人文社许觉民、王士菁，中华书局金灿然、徐调孚，中华上编所陈向平参加协商，一致达成以下分工原则：（一）"中国大作家集"，即中国历代最重要的古典文学作者的全集或文集的新注本，三年内计划整理出版屈原、司马迁、曹植、陶潜、李白、杜甫、韩愈、柳宗元、白居易、苏轼、王安石、辛弃疾、陆游、关汉卿、汤显祖、龚自珍 16 家。此项工作主要由人文社负责，其中李白、白居易、王安石、陆游、龚自珍 5 家由中华上编所负责。（二）古典文学的选注本（"中国古典文学读本丛书"），由人文社负责；普及性的选注本（"古典文学普及读物"），由中华上编所负责。这两套选注本，均于三年内出齐。在此两套以外的其他形式的选注本，经协商各家均可出版。（三）古典文学总集的整理、作家与作品资料汇编，由中华负责。古典文学别集的整理，唐以前的由中华负责，自唐以后的由中华上编所负责。"中国古典文学理论批评专著选辑""中国历代文论选"由人文社负责。（四）有关作家作品研究的专著，各家均可出版，但尽可能避免重复。中华（包括上编所）出版的这类著

---

　　① 中华书局编辑部编：《中华书局百年大事记（1912—2011）》，中华书局 2012 年版，第 178 页。

作，凡水平较高的，出至一定时期，人文社可以选拔。古典文学讨论集及研究论文集的出版，由中华负责。（五）工具书，除已在进行的外，还有许多工作要进行，要做一个通盘规划。（六）如以后情况发展，须有补充事项，经协商同意后增补。

为了加强整理出版文学古籍分工协作的计划性，还一致同意采取以下措施：（一）以中华书局为中心，统一规划，共同协作。建立经常联系，每年集会两次，共同研究选题、组稿工作，每月相互交换组稿、发稿、出书的情况，遇有重复，随时协商调整。会议的召集及调整工作均由中华负责。（二）联合组稿。组到稿件，按分工范围分配。（三）检查已组、已发稿件，有必要调整的，按上述分工原则调整。

对于以上会议纪要，文化部于 1960 年 8 月 31 日发文 "同意备案"①。

对外地的古籍出版机构，古籍整理出版规划小组要求 "在组织上不必完全统一，但工作还是要配合，按统一的计划分工合作"②。

1962 年 1 月 4 日，中华书局举行成立 50 周年纪念会，胡愈之、陈叔通、叶圣陶、翦伯赞、吴晗、魏建功等出席，文化部副部长、古籍整理出版规划小组组长齐燕铭在会上讲话。他在讲话中希望中华书局不仅是一个出版社，还要把整理古籍的力量团结起来。要把眼光放远些，团结全国对古籍有素养的人们，形成一个全国整理古籍的中心。③ 他和郭沫若还分别题诗祝贺，④ 表达了对古籍整理出版

---

① 《文化部同意 "人民文学出版社、中华书局、中华书局上海编辑所关于出版分工的会谈纪要" 的函》（8 月 31 日），《中华人民共和国出版史料 1959—1960 年》，中国书籍出版社 2005 年版，第 324—326 页。

② 《齐燕铭在古籍整理出版规划小组成立会上的讲话》（2 月 9 日），《中华人民共和国出版史料 1957—1958 年》，中国书籍出版社 2004 年版，第 352 页。

③ 《齐燕铭同志在中华书局成立五十周年纪念会上的讲话》，《古籍整理出版情况简报》1962 年第 1 号。

④ 郭沫若《为中华书局五十周年》：五十年间天地改，中华文运迎辉煌。梯航学海通今古，鼓扇雄风迈宋唐。齐燕铭《中华书局五十周年纪念》：五十年来负盛名，当时共许椠刊精（中华书局出版物夙以校对精审著称于世）。人民作主开新纪，文采风流迈旧型。校理坟籍千载业，切磋疑义百家鸣。社会主义光芒大，夕秀朝华启后生。

事业发展的殷切期盼和意气风发的心情。

三　制订古籍整理出版规划

古籍整理出版规划小组的主要任务是：（一）确定整理和出版古籍的方针；（二）领导制订整理出版古籍的长远规划和年度计划，并检查这些计划的执行情况；（三）拟订培养整理古籍人材的方案。小组最初打算搞"一个整理和出版文、史、哲古籍十年到十五年的长远规划和一个较具体的五年规划。在规划和计划的初稿拟出后，并拟利用寒假期间，召集一个十五人左右的会议，对规划草案进行研究讨论，然后定案，报请科学规划委员会批准执行"①。

根据齐燕铭的讲话和当时的文件，对古籍整理出版的长期规划和年度出版计划的制订，有这样几个原则：一是必须服从国家古籍工作方针。二是必须与客观需要相结合，要考虑不同的读者对象。古籍的读者对象大体有三类，第一是专家，主要是供给参考资料，标准可宽些，但要精选版本，认真校勘，分别先后缓急出版。印数不宜过多，发行的方法也因书而异。第二是一般研究工作者、教育工作者，可以选择历史上各方面有价值的代表性著作，应有计划地就文、史、哲分别出版几套名著丛书。这些书要精选版本，做较多的整理加工工作，卷首必须有出版说明。第三是一般读者（即中等以上文化水平者），需要对古籍进行选编，做浅近的注解，有的要译成白话，有些书还要有导读性的序言。三是长期规划必须有具体实施步骤，分别缓急，与年度计划相结合。四是必须与有关研究机构和教学机构结合，把各方面的专家动员起来。②

---

①《齐燕铭关于加强中国古籍整理和出版工作给周扬并中央宣传部的报告》（1958 年 1 月 21 日），文化部出版事业管理局办公室编《出版工作文件选编（1958—1961）》，文化部出版事业管理局办公室 1982 年版，第 83—84 页。

②《继承文化遗产 发展社会主义新文化——科学规划委员会成立古籍整理出版规划小组》，《人民日报》1958 年 2 月 25 日第 7 版。

为便于讨论，在古籍整理出版规划小组成立会议上，印发了文、史、哲三个分组提交的待整理出版的书目。会上确定了整理出版古籍的六个重点：（一）整理出版中国古代名著基本读物；（二）出版重要的古籍集解；（三）整理出版总集和丛书；（四）出版古籍的今译本；（五）重印影印古籍；（六）整理出版阅读和研究古籍的工具书。小组将整理出版"二十四史"列为重点规划项目，责成中华书局制定整理出版的具体方案，着手工作。①

1958 年 4 月至 6 月，古籍整理出版规划小组文、史、哲三个分组分别制定了规划草案，共收入古籍 6791 种，其中文学部分 3383 种，历史部分 2095 种，哲学部分 1313 种，基本囊括了中国历代重要典籍。这个规划草案随即印发全国有关学术研究机构、教育机构和专家征求意见。有关部门和专家对这个规划很重视，提供了许多宝贵意见。规划在执行中也不断修改补充。

中国古籍整理已经有一千多年的历史，但制订全国性的整理与出版规划还从未有过。对此，一些专家学者倍感鼓舞，决心做好规划，多出成果。目录版本学家赵万里兴奋地说："我们的规划要做到前无古人！"周扬说："整理中国文化遗产是会激起民族自尊心的"，"'前无古人'是可以做到，而且应该做到的"。② 在此后的几年里，各地专家学者表现了很大积极性，例如：治文字音韵学四十余年的武汉大学中文系教授刘赜已修订完成《说文古音谱》；四川大学任半塘教授继《敦煌曲初探》《敦煌曲校录》《唐戏弄》后，又在撰写《唐声诗》；孙人和、杨伯峻正着手整理《左传》和《国语》；于省吾教授正在修订其训诂考证旧作《诸子新证》；苏继顾撰成了《岛夷志略考释》（《岛夷志略》为元代汪大渊所撰。汪氏

---

① 中华书局编辑部编：《中华书局百年大事记（1912—2011）》，中华书局 2012 年版，第 172 页。

② 《周扬在古籍整理出版规划小组成立会上的讲话》（2 月 9 日），《中华人民共和国出版史料 1957—1958 年》，中国书籍出版社 2004 年版，第 355、357 页。

年青时曾两次浮海远游，至印度洋北岸）；华南农学院准备整理
《徐光启集》和《徐光启年谱》；山西省成立了傅山著作整理委员
会，拟组织力量整理傅山《霜红龛集》等著作；对梁启超、王国维
著作的整理和编刊也进入了日程。

　　但是，由于当时国内的政治形势，古籍规划的制订和执行还是
受到了一些干扰。"反右"以后，加强了政治思想战线的斗争，"在
学术上，知识分子中红与专问题，工作中政治与业务结合问题，一
切工作要以政治统帅问题，学术研究要厚今薄古问题"，时时都在制
约着古籍工作，从事古籍工作的专家学者在思想上不能不有所顾虑，
甚至产生动摇情绪，因为搞古籍是被"薄"的对象。为了消减这种
疑虑，防止方兴未艾的古籍整理事业遭受挫折，齐燕铭、金灿然等
古籍小组领导做了不少工作。齐燕铭曾于1958年6月7日和17日分
别在北京中华书局和上海市出版局讲话，他在讲话中强调："历史遗
产也是新文化的凭借，新文化要吸收历史东西，才能使新文化培养
得更好。""一个国家的文化，不能把历史上的东西吸取，发扬光大，
基础就不会很雄厚。""一个新的东西完全脱离旧的东西，也是不可
能的，割断历史就毫无凭借，也是不可想像的。"①1959年8月5日，
金灿然在《人民日报》发表了《谈谈古典文献整理与出版的问题》
一文，从理论和实践上就如何批判地继承文化遗产，整理古典文献
的必要性和重要性，古籍整理的现状和前景等问题做了论述。文中
再次强调："在批判地继承我们文化遗产的工作中，整理我国古典文
献是一项不可缺少的基本工作。我国的古典文献数量很大……这样
丰富的遗产，假使付出了一定的力量，以正确的方法加以整理，肯
定的说，对于马克思主义的科学宝库，必须有很大的贡献"，"是一
项建设社会主义文化所必须完成的光荣任务"。②

---

　　① 《齐燕铭关于整理出版古籍问题的两次讲话》（6月7日、17日），《中华人民共和国
出版史料1957—1958年》，中国书籍出版社2004年版，第450、454页。
　　② 金灿然：《谈谈古典文献整理与出版的问题》，《人民日报》1959年8月5日第7版。

1959 年 3 月，齐燕铭主持召开全国古籍整理出版规划小组第二次会议，讨论 1959—1962 年古籍整理出版计划要点。为了落实规划，中华书局与中国科学院文学研究所签定《关于编辑出版工作的协议书》。《协议书》中，近年内文学所书稿范围拟有七类：（一）中国古典文学作品的整理本（包括经过标点、汇编、辑佚等类加工过的总集、别集、选集、全集和其他作品，不包括新的选注和选译）；（二）古代作家作品评述汇编（包括有关文艺批评的资料性书籍）；（三）古典文学论著汇编（包括解放前和解放后的）；（四）某一专题资料或某一专家撰著的汇编或丛书；（五）古本戏曲丛刊（包括散曲、曲话、曲目等）；（六）古本小说丛刊；（七）其他。①

1960 年，在齐燕铭主持下，中华书局草拟了《三至八年（1960—1967）整理和出版古籍的重点规划（草案）》，提交古籍整理出版规划小组。是年 10 月，古籍整理出版规划小组经过讨论做了修订。"规划"再次明确了古籍整理出版的宗旨、方针、内容、对象和方式，将整理出版的古籍分为甲、乙两大类，甲类为"干部和学术的读物选题"，乙类为"科学研究工作者的参考选题"。两类的书目有不少重复，但针对不同读者对象，在整理要求、方式上有所区别，前者在整理方式上主要是标点、今译、选编；后者在整理方式上除校勘、标点外，还应有校注、集解等，体现了普及与研究并重的原则。这个"规划"提出整理和出版的各种古籍有 1450种，"二十四史"和《清史稿》的点校被列为重中之重。其后，根据古籍整理出版规划小组要求，这个规划草案由中国科学院社会科学部分别下达到全国有关高校和科研单位，并发出"协助整理古籍的通知"，希望他们根据本单位的教学和研究工作的情况，把规划草案中的若干项目纳入他们自己的研究计划中。规划草案发出后，

---

① 中华书局编辑部编：《中华书局百年大事记（1912—2011）》，中华书局 2012 年版，第 179 页。

许多高校和科研单位都很重视，对规划草案提出积极的意见和建议，有的单位还承担了部分项目的整理和编写工作。①

这个"规划"虽然只是草案，但它是在全国古籍整理出版规划小组直接领导下，由当时权威学者和出版专家历经两年反复研究修改后制订的，所以具有很强的指导性和执行力。同时由于它所体现的科学性和规范性，故而对其后相关规划的制订也有着重要的引领作用。

四　整理出版了一批重要古籍

1954 年至 1963 年这十年，是中华人民共和国古籍整理从起步走向发展的十年，是新中国前三十年古籍整理成果最多成就最大的十年，这在数字上体现得最为明显。前三十年（1949—1978）共出版古籍 1243 种（不含科技类古书），1954—1963 年这十年就出版1021 种，占三十年总数的 82% 多，而其余二十年加在一起才出版222 种，仅占三十年总数的 18% 不到。

与民国时期相比，这个时期的古籍工作最大的不同，简言之有五点：一是确立了"批判继承，古为今用"的宗旨；二是具有国家层面的组织和规划；三是整理范围有所扩充和突破；四是整理类型更加多样，有标点、校点、校注、今译、辑佚、选编、汇编、影印等多种；五是整理体例更趋规范严密。

这个时期的古籍整理成果，在数量上相对来说比较多（因为真正出成果的主要是这 10 年），产生了不少传世之作，一大批代表着中华优秀传统文化的基本古籍得到了及时的整理和出版。这些古籍，既为专业人员所应用，又为广大读者所需求，如经部的《周易》《诗经》《左传》《论语》《孟子》《尔雅》《说文解字》等；史部的"二十四史"、《资治通鉴》、历代政书及一些史料等；子部的

---

① 《我国学术界 积极开展古籍整理出版工作》，《人民日报》1960 年 12 月 19 日第 7 版。

《老子》《庄子》《孙子兵法》和一些思想家的著作；集部的《楚辞》《文选》和一些大家名家的别集；此外还有传统类书《艺文类聚》《太平御览》等大型类书的影印和新编丛书如《古本戏曲丛刊》的辑纂。旧时为主流文化所轻视的小说、戏曲和俗文学作品受到重视，四大名著、"三言"、"二拍"、《西厢记》、《牡丹亭》等读者喜闻乐见的作品得以整理出版，达550种，一批专家学者投入其中，他们的整理成果，更能适合当代读者的阅读和欣赏，对专业研究也提供了新的思考和探索，从而使许多文艺古籍成为广大读者喜爱的、历久弥新的精品。

本时期整理出版的成果多具有较高的文献价值和学术价值。这主要是因为参加这项工作的不少人是成名已久的专家学者，所整理的对象，或为他们心之所系，或经他们浸润多年，所以这些成果，既符合古籍整理规范，又不乏创见和魅力，体现了他们的学术涵养。如郭绍虞主编的《中国古典文学理论批评专著选辑》、杨伯峻的《论语译注》、朱谦之的《老子校释》、王明的《太平经合校》、周祖谟的《洛阳伽蓝记校释》、刘永济的《屈赋通笺》、夏承焘的《姜白石词编年校注》及普及类的那些大家小书。各类优秀成果及其学术价值，详见本卷第二章论述。

五　古文献学研究的发展和学科创建

重视古籍整理人才的培养，是全国古籍整理出版规划小组的三项主要任务之一。在齐燕铭、金灿然、翦伯赞等人的努力下，于1959年秋天，经中宣部、高教部批准，在北京大学中文系设置了古典文献专业。从此，中国有了培养古籍整理、研究、出版人才的专业和基地，这在教育史和学术史上都具有开启作用。从课程设置、教学实践和毕业生的践履看，这个专业培养的学生，多具备扎实的功底和开阔的视野，不仅能够胜任古籍整理出版工作，而且可以从事文史哲等领域的涉古研究。

至 1966 年，北京大学古典文献专业先后有三届学生毕业。这些人在改革开放后，多成为古籍整理出版和文史研究领域的重要力量。除了北大古典文献专业之外，齐燕铭、金灿然等还十分注意从高校、出版界乃至社会上寻觅人才，让一些有用之士或集中到中华书局工作，或承担整理、编校任务，以发挥他们的才干。

1962 年 9 月，中共中央召开八届十中全会，毛泽东在会上做了关于阶级、形势、矛盾等问题的讲话，强调"阶级斗争必须年年讲，月月讲，天天讲"。之后，又在全国城乡展开社会主义教育运动（简称"四清运动"）。文化思想领域的批判日益加剧，古籍整理事业也遭受严重打击。1964 年 10 月，齐燕铭调离文化部，任济南市副市长，古籍整理出版规划小组的日常工作陷于停顿。一些专家学者被批判，一些项目被搁置，编好的书籍也不敢发排。古籍的出版数量直线跌落，文、史、哲古籍从 1962 年、1963 年的每年出版八九十种，下跌到 1964 年的 39 种、1965 年的 18 种和 1966 年的 5 种。

第四节　古籍整理的重创与前行（1967—1978）

正当诗人高唱"五十年间天地改，中华文运更辉煌"之际，"文化大革命"爆发了，古籍工作及所有涉及传统文化的学科都遭到"彻底批判"，专家学者受到残酷迫害，已经展现出难得的繁荣气象的古籍整理事业遭到了沉重创击。

一　"文革"爆发，古籍工作全面停顿

1966 年 5 月，中共中央政治局扩大会议召开，"文化大革命"全面发动。16 日，会议通过了毛泽东多次修改的中共中央通知（以后被称为"五一六通知"），要求全党要"高举无产阶级文化大革命的大旗，彻底揭露那批反党反社会主义的所谓'学术权威'的

资产阶级反动立场，彻底批判学术界、教育界、新闻界、文艺界、出版界的资产阶级反动思想，夺取在这些文化领域中的领导权"①。

6月1日，《人民日报》发表社论《横扫一切牛鬼蛇神》。社论以战斗的语言，肯定了"文革"的战绩："在短短的几个月内，在党中央和毛主席的战斗号召下，亿万工农兵群众、广大革命干部和革命的知识分子，以毛泽东思想为武器，横扫盘踞在思想文化阵地上的大量牛鬼蛇神。其势如暴风骤雨，迅猛异常，打碎了多少年来剥削阶级强加在他们身上的精神枷锁，把所谓资产阶级的'专家'、'学者'、'权威'、'祖师爷'打得落花流水，使他们威风扫地。"宣称"无产阶级和一切剥削阶级的意识形态是根本对立的，是不能和平共处的"；"无产阶级文化大革命，是要彻底破除几千年来一切剥削阶级所造成的毒害人民的旧思想、旧文化、旧风俗、旧习惯，在广大人民群众中，创造和形成崭新的无产阶级的新思想、新文化、新风俗、新习惯"。②

在6月8日发表的《人民日报》社论《我们是旧世界的批判者》中，再次宣告："我们批判旧世界，批判帝国主义和一切剥削阶级用来毒害劳动人民的旧思想、旧文化、旧风俗、旧习惯，批判一切非无产阶级思想，批判一切同马克思列宁主义、毛泽东思想相对抗的反动思想。"③

显然，古籍整理属于"五一六通知"中要被"彻底批判"的对象，是"文革"风暴要扫荡的"四旧"。"文革"伊始，中华书局等出版社一切业务工作全部停止，曾经那么多专家学者反复论证、制订的古籍整理出版规划成为批判的靶子，十余年来精心编刊的图书、一系列的工作以及前人的文化成果被彻底否定，在编在制的书稿被无限期地搁置。书局的全体职工于1969年9月被下放湖

---

① 《中国共产党中央委员会通知》，《人民日报》1966年5月17日。
② 《横扫一切牛鬼蛇神》，《人民日报》1966年6月1日第1版。
③ 《我们是旧世界的批判者》，《人民日报》1966年6月8日第1版。

北咸宁文化部五七干校。"文革"中，从事过古籍整理的专家学者大多遭遇非人的迫害：吴晗、翦伯赞早在"文革"发生之际就被抛出，在全国大批特批，最后被迫自杀身亡；齐燕铭、金灿然，这两位新中国古籍整理出版事业的重要推行者，"文革"开始即遭批斗，金灿然身患重病，也不能幸免；高校和社科单位（中科院学部等）更是"文革"重灾区，批判和斗争最为激烈，许多造诣深湛的学者专家被污蔑为"资产阶级反动权威""封建余孽""反共老手""为旧世界招魂""地主阶级孝子贤孙"，遭受无情打击和屈辱。仅"文革"最初几年，因迫害而含恨死去的，除吴晗、翦伯赞外，还有向达、陈寅恪、瞿蜕园、刘永济、刘盼遂、萧项平、傅乐焕、傅惜华、章锡琛、王仲闻……北京大学十位著名历史学教授死去七人，中山大学八大史学教授七人在"文革"中死去。文物、古籍损失也十分惨重，西藏扎什伦布寺的一万多卷轴佛画、十万册佛经以及几百箱档案，被付之一炬。① "九州生铁铸大错"，"文革"给中国人民带来新中国成立后最严重的挫折和损失，使光辉灿烂的中华文明遭受破坏，也使新中国古籍整理事业遭受打击。

二 恢复部分古籍整理工作

（一）周恩来的关心和支持

对于"文革"对全国经济、文化、教育的严重破坏和对中华优秀传统文化的彻底否定，有识之士无不忧心忡忡，盼望有所改变。

1970年9月17日，周恩来总理在同文化教育部门负责人的谈话中说："王云五编的四角号码字典为什么不能用？不要因人废文。一个人有问题，书就不能用了？它总有可取之处嘛！……中华书局、商务印书馆就不能要了？那样做，不叫为群众服务。青年一代

---

① 周林：《发扬民族灿烂文化，培养古籍整理人才》，全国高等院校古籍整理研究工作委员会秘书处编，北京师范大学出版社1983年内部发行，第5页。

着急没有书看，他们没有好书看，就看坏书。……《新华字典》也是从《康熙字典》发展来的嘛！编字典可以创造，但创造也要有基础。要古为今用，推陈出新。新的出不来，旧的又不能用，怎么办？"①周恩来在讲话中对当时的文化政策进行了批评，表达了对当时文化生态的严重不满和焦虑。

1971年2月11日，周恩来针对"文革"中所盛行的文化专制主义，向国务院出版口提出恢复出书的要求，指示恢复"二十四史"点校工作，并针对当时对书稿审查、修改的不合理做法，特别指出：《资治通鉴》还要审查吗？"二十四史"还要修改吗？②

4月2日，周恩来更加明确批示："《二十四史》中除已有标点以外，再加《清史稿》，都请中华书局负责加以组织，请人标点，由顾颉刚先生总其成。"这里的"由顾颉刚先生总其成"，既反映了周总理对顾颉刚等老一辈专家学者的尊重，更多的是表达了对知识分子的信任和对中华历史文化的重视。

4月12日，他又在接见全国出版工作座谈会领导小组成员时说："你们管出版的，要印一些历史书。我们要讲历史，没有一点历史知识不行。""一面说青年没书读，一面又不给他们书读，就是不相信青年人能判断，无怪现在没有书读了，这完全是思想垄断，不是社会主义民主。我看现在要出一批书，要广开言路。"③

5月13日，国务院出版口领导小组的《关于整理出版"二十四史"及〈清史稿〉的请示报告》由毛泽东主席批示"同意"。中华书局借调白寿彝等14位专家集中到中华书局点校，新旧《唐书》、新旧《五代史》和《宋史》则由上海方面组织专家继续点

---

① 周恩来：《不能因人废文》，《周恩来文化文选》，中央文献出版社1998年版，第366—367页。

② 中华书局编辑部编：《中华书局百年大事记（1912—2011）》，中华书局2012年版，第198页。

③ 周恩来：《讲历史，多出书》，《周恩来文化文选》，中央文献出版社1998年版，第369、370页。

校。至此，被迫中断五年的"二十四史"及《清史稿》点校工作得以重新启动，并于其后的几年陆续出版，至 1978 年全部出齐，一代古籍整理工作者倾尽心力的伟大工程终于完成。"二十四史"及《清史稿》的点校，是"文革"期间最重要的几乎也是唯一的重大成果。

（二）部分恢复及《柳文指要》的出版

在毛泽东、周恩来的关心下，以"二十四史"及《清史稿》为代表的部分古籍整理出版得以恢复。由于中华书局和中华上编所主要古籍编辑力量都投入了"二十四史"及《清史稿》的出版工作，即使其后"文禁"稍弛，两家出版机构也无太多力量从事其他书稿的编校，何况 1973 年后，随着"批儒评法"运动的深入，有关机构和人员多忙于"法家著作"的编刊了。

北京大学古典文献专业，自 1966 年被迫停课后，6 年未能招生；1970 年，全国高校恢复招生，但该专业没有招生。直到 1972 年，在社会有识之士的再三呼吁下，该专业才恢复招生，隔年招收每届 20 余人。虽然过程艰难，但古文献学领域总算又有了新的读书种子。可惜的是，那几届的教学不可避免地受到"批林批孔""评法批儒""评《水浒》"及"批邓"等运动的影响。

"文革"十年，中华书局几乎没有出版过古籍研究类著作，不过，有一部书例外，这就是章士钊的《柳文指要》（以下简称《指要》）。

章士钊（1881—1973），字行严，别号孤桐、秋桐、黄中黄等，湖南善化（今长沙）人，近代著名政治活动家。曾留学日本、英国，早年反清、反袁，当过《苏报》主笔，创办过《独立周报》、《甲寅》杂志，做过护国军秘书长、段祺瑞执政时任司法总长兼教育总长，曾从经济上支持过毛泽东等革命者；其后长期执律师业。新中国成立后任全国人大常委会委员、全国政协常委、中央文史研究馆馆长。

20世纪50年代中期，章士钊开始撰写《指要》，历时十年，完成百万字。该书分上下两部，上部卷一至卷四一为"体要之部"，依传世本《柳河东集》原文编次，从评论、考证、校勘等方面，逐篇加以探讨；下部卷一至卷一五为"通要之部"，按专题分类论述有关柳宗元的思想践履、政治主张、人生态度和所涉及的中唐政治、文学及儒释关系。书中从各个方面论证了柳宗元在历史上的进步性，对唐代"永贞之变"和"二王""八司马"冤案等提出了自己的见解。1965年6月，章士钊将书稿送给同样喜爱柳文的毛泽东审阅。毛泽东看后于6月26日写信称赞道："大作收到，义正词严，敬服之至。"① 同时，还提出修改意见，并亲自改了几处。7月18日，毛泽东复信章士钊："各信及指要下部，都已收到，已经读过一遍，还想读一遍。上部也还想再读一遍。另有友人也想读。大问题是唯物史观问题，即主要是阶级斗争问题。但此事不能求之于世界观已经固定之老先生们，故不必改动。……柳文上部，盼即寄来。"② 信中所说"另有友人也想读"的"友人"是指康生，康生当时是中共中央书记处书记，分管意识形态工作。此人在《指要》的评价上表现了典型的机会主义。之前，他曾做了批示，大意是现在纸张很紧张，这本书又有想翻案的内容，不给他出。③ 在给毛泽东的信中，他先说"此书也有缺点，如著者不能用辩证唯物主义的观点去解释柳文，对柳宗元这个历史人物缺乏阶级分析"等等；看到毛泽东称赞此书"义正词严""颇有新义""大抵扬柳抑韩，翻二王、八司马之冤案，这是不错的。又辟桐城而颂阳湖，讥帖括而尊古义，亦有可取之处"后，又转而给予肯定，说书中的缺点"对

---

　　① 毛泽东：《致章士钊》，《毛泽东书信选集》，人民出版社1983年版，第601页。

　　② 中共中央文献研究室编：《毛泽东年谱（1949—1976）》第五卷，中央文献出版社2013年版，第510—511页。

　　③ 郑诗亮等：《傅璇琮、程毅中谈五六十年代的古籍整理与出版》，《东方早报》2014年1月19日之《上海书评》。

于一个没有研究马列主义的人，这是可以理解的"，还说"八十五岁的老先生有精神作此百万巨著，实非易事"①。

于是，《指要》列入出版计划，书稿送到中华书局。"文革"爆发后，章士钊自己提出暂不出版《指要》，"应当撤回重新检查"。毛泽东于1966年5月17日对章的来信做了批示："刘、周、邓阅。送康生同志，与章先生一商。一是照原计划出版；二是照章先生所提，假以一、二、三年时间，加以修改，然后印行。二者择一可也。"②

1970年，也正是毛泽东批示"假以一、二、三年"的三年之后，《柳文指要》再度进入编辑出版流程。中华书局专门调回已被迫退休迁往四川江油的徐调孚担任该书责任编辑。1971年4月12日和6月14日，周恩来两次接见出版工作座谈领导小组成员时，都详细询问《指要》的出版情况，并指示："老年人写古人，算是晚年的一个大著，印好一点，可以。""如这本书出得还像样，可看出我们对旧的东西不是一笔抹杀。""快一点印出来，章士钊还在生病，印出来让他看看，也算是他最后一点贡献。"10月7日，在"林彪事件"突发后的非常日子里，周恩来还为《指要》的出版做了最后的批示："同意，即行付印出版。"

至此，在毛泽东、周恩来的直接关心下，在"横扫一切牛鬼蛇神""摧毁一切旧文化"的"文革"时期，《柳文指要》出版了。全书120余万字，16开本，竖排繁体，14册，线装三函，套有软质硬纸护匣，典雅大方。由于当时已完全取消稿酬，所以只能根据"总理指示"，于1972年6月由出版部门以"赠予"的名义送给章士钊一万元。

---

① 方厚枢、魏玉山：《中国出版通史·中华人民共和国卷》，中国书籍出版社2008年版，第150页。

② 中共中央文献研究室编：《毛泽东年谱（1949—1976）》第五卷，中央文献出版社2013年版，第586页。

三　因运动需要而出版古籍

1973 年 8 月 5 日，毛泽东在同江青谈话时说：历代有作为、有成就的政治家都是法家，他们都主张法治，厚今薄古；而儒家则满口仁义道德，主张厚古薄今，开历史倒车。接着念了新写的《七律·读〈封建论〉呈郭老》一诗："劝君少骂秦始皇，焚坑事业要商量。祖龙魂死秦犹在，孔子名高实秕糠。百代都行秦政法，十批不是好文章。熟读唐人封建论，莫从子厚返文王。"次日，江青在中共中央政治局会议上传达毛泽东有关儒法斗争的谈话及所写七律诗，并要求将此内容写入十大政治报告。周恩来表示：对此需理解、消化一段时间，不必马上公布。8 月 7 日，《人民日报》发表了杨荣国的《孔子——顽固地维护奴隶制的思想家》。这篇文章得到毛泽东的肯定。[①] 此后，一些报刊开始发表批孔、批儒、评法的文章和评论，一场"评法批儒"运动在全国掀起。

1974 年 5 月 24 日，姚文元在国家出版局报送中央的《出版工作情况反映》91 期上批示："毛主席提出要注法家著作问题是需要规划的任务，建议出版局、科教组等能找一些人议一下，搞出一个规划，包含注释方针、著作目录、大体分工、完成时间、对旧注的取舍原则等，报中央审批。"7 月 5 日至 8 月 8 日，国务院科教组和国家出版局在北京召开"法家著作注释出版规划座谈会"，与会有60 余人。会议传达、学习毛泽东关于注释法家著作的指示，就上述5 个问题进行了讨论，拟定了《法家著作注释出版规划（草案）》，落实了分工任务。[②] 于是，一大批评法批儒的书纷纷出笼了。

据国家出版局版本图书馆收到样书的不完全统计，自 1973 年

---

① 以上见中共中央文献研究室编《毛泽东年谱（1949—1976）》第六卷，中央文献出版社 2013 年版，第 490—491 页。

② 方厚枢、魏玉山：《中国出版通史·中华人民共和国卷》，中国书籍出版社 2008 年版，第 193 页。

下半年起到 1976 年底止，全国共出版评法批儒图书 1403 种，总印数 1940 余万册，约占同期出版哲学社会科学类图书的 1/4。在这 1403 种图书中，"批儒"的有 496 种（包括儒家著作批注，如《论语批注》《孟子批注》之类）；"评法"的有 907 种（包括"法家著作注释本"224 种，"法家著作校点"及重印本 34 种，报刊文章汇编 217 种，活页文选 294 种，编写的"儒法斗争史""法家人物评介"及相关资料 138 种）。其中对若干人物的著作注释特别集中重复，如关于商鞅的有 69 种（其中仅《更法》单篇注释就有 11 种）；荀子的 40 种（其中仅《天论》单篇注释就有 10 种）；韩非子的 69 种（其中仅《五蠹》单篇注释就有 13 种）；秦始皇的 63 种；桑弘羊和《盐铁论》的 36 种；曹操的 29 种；柳宗元的 48 种（其中仅《封建论》单篇注释就有 20 种）。这些书、篇出版时往往都署上工、农、兵编写，被宣传为"创造了古籍整理贯彻'古为今用'方针的好经验，打破了工农兵不能整理古籍的迷信，是上层建筑领域革命的新生事物"①。

其实，这些评法批儒读物，完全是配合现实斗争、迎合政治需要的产物，不仅那些批注本毫无学术可言，即便是那些有专家参与的"法家著作点校本"，迫于当时的形势，就古籍整理规范而言，也存在很大不足。②

那些年，因为毛泽东的提议，还出版了一些古籍或古籍中某些篇章的大字本。据《毛泽东年谱（1949—1976）》第六卷中记载，1972 年 12 月至 1975 年 6 月间所印行的大字本古籍注释选篇有六七十种。

这些"大字本"古籍，在一定程度上，反映了毛泽东对这些古籍作品、作者的认知和古为今用的冀望，也折射出当时政治博弈及其

---

① 方厚枢、魏玉山：《中国出版通史·中华人民共和国卷》，中国书籍出版社 2008 年版，第 193—194 页。

② 这些书中有上海人民出版社出版的《商君书》《荀子简注》《盐铁论》《贾谊集》《晁错集注释》《论衡》《刘禹锡集》《王文公文集》，中华书局出版的李贽、王夫之的著作等。

本人在那段时期的生命情状。这些"大字本"在满足毛泽东需要的同时，有少数通过内部发行渠道发行，有时还被作为"国礼"赠送给外国友人。1976 年毛泽东逝世后，这种版本的出版也随之停止了。

四 春回大地：古籍整理蓄势待发

1976 年 10 月，"四人帮"覆灭，"文化大革命"结束，历经艰辛的中国人民迎来了改革开放的春天，中国古籍整理事业和古文献学科发展也进入了一个新的历史阶段。

在拨乱反正的日子里，那些被迫害致死的专家学者得以平反昭雪；一批饱受磨难的专家学者重新回到文化教育队伍，并得以继续从事古籍整理等工作，如张舜徽、白寿彝、邓广铭、杨伯峻、周大璞、程千帆、程俊英、王利器、沈文倬、姚奠中、吴孟复、金性尧、刘乃和、王绍曾、黄永年等。

教育部门是"文革"的重灾区，也是打倒"四人帮"后最具活力、最先迎接改革开放潮流的阵地之一，正反两个方面的大量事实，使人们更加清醒地认识到中华优秀传统文化所具有的宝贵价值和做好古籍整理研究工作的重要而深远的意义。他们本着"救书、救人、救学科"的历史紧迫感，着手抓古籍整理研究和人才的培养。第一，是发挥新老专家的作用。当时高校的状况已不容乐观："文革"前，高校文、史、哲、经、教、法各科，副教授以上的专家 7780 多人；1977 年统计，幸存的只有 5800 多人，年龄大都在 70 岁左右。虽然还是教学、科研（包括古籍整理）的重要力量，但毕竟年事已高；令人可喜的是一批中年学者已经成长为骨干力量，成为新时期古籍整理的专家，如裘锡圭、袁行霈、章培恒、郭在贻、许嘉璐、董治安、楼宇烈、安平秋……还有不在高校的李学勤、傅璇琮、庞朴等。第二，是大力培养古籍整理研究人才。1977 年，恢复高考制度；1978 年，北京大学古典文献专业迎来新时期的第一届本科生。其他几所高校也在积极申办古文献专业，古籍整理队伍"青黄不接"的现象有望改变。第三，是重视学科建设。20 世纪 50 年代初高校院系调整以来，我们在文科涉古专业的学科建设方面，思路较窄，专业内容单调，不能适应对传统文化研究的需要，对古籍整理也缺乏理论和技能的引领作用，有些方面与海外汉学研究尚存在一定的差距。凡此，都是重视古文献学科建设的动因。虽然，限于条件，当时思考、布局并努力实践这些的，只有北大、复旦、南大、武大、北师大等少数高校，但是，随着形势的发展，中央和地方其他高校的古籍整理研究也在逐步前行。

在古籍出版机构方面，1977 年 12 月，国家出版局正式宣布中华书局上海编辑所独立为上海古籍出版社，社长为李俊民。1978 年 3 月，国家出版局党组批准了中华书局、商务印书馆临时党委会的请示报告，恢复中华、商务"文革"前的方针、任务，暂时保持一个机构两块牌子出书。1979 年 8 月，国家出版局宣布商务印书馆、中华书局分立，恢复"文革"前两家出版社建制。

在规划方面，中华书局、上海古籍出版社、人民文学出版社，于 1977 年 12 月底就古籍整理出版分工和规划问题召开了协商会，对古籍出版计划和项目做了分工，协调了相互间的合作。

1978 年春天，点校本"二十四史"及《清史稿》全部出齐，一代古籍整理工作者倾尽心力的伟大工程终于完成。新华社、中国新闻社分别发表电讯；《人民日报》《光明日报》等海内外报刊都做了报道。这一年，新中国最重大的古籍整理成果之一——《甲骨文合集》开始出版。其间，那些因"文革"而被搁置的书稿得以继续编刊，一些老专家的古籍整理研究著作得以陆续完成，如王力的《诗经韵读》《楚辞韵读》、黄焯的《经典释文汇校》及黄侃遗稿整理、游国恩的《离骚纂义》、瞿蜕园与朱金城的《李白集校注》、吴文治的《柳宗元集》、顾学颉的《白居易集》、朱东润的《梅尧臣集编年校注》、邓广铭的《稼轩词笺注》修订本及年谱、唐圭璋的《全金元词》和中国社会科学院文学研究所编的《唐诗选》（该书 1966 年即做出初稿，1977 年才修订完成）等。一些中年学者更厉兵秣马，为新时期古籍整理献上了他们的扛鼎之作，如章培恒的《洪昇年谱》、傅璇琮的《唐代诗人丛考》、庞朴的《公孙龙子研究》、聂石樵的《楚辞新注》、许逸民点校的《庾子山集注》，等等。

虽然，此时全国古籍整理出版规划小组尚未恢复，齐燕铭又于 1978 年 10 月 21 日逝世，古籍整理和出版工作尚缺乏全局性的统筹；对古文献学的研究，也主要存在于古籍整理实践及体会中，尚缺乏论述和总结。但是，从事古籍整理、研究和出版的专业队伍在逐渐凝聚，一股前进的、承上启下的力量在成长壮大。大地回春，万木复苏，经历了三十年曲折前行的中国古籍整理正蓄势待发。

第 二 章

奠基与新变：新中国前三十年
古籍整理成果

从 1949 年到 1979 年这三十年，总体上说古籍整理取得了显著的成就，其中也经历过曲折。这三十年整理的古籍数量，国务院古籍整理出版规划小组编的《古籍整理编目（1949—1981）》著录为 1353 种，国务院古籍整理出版规划小组办公室编的《古籍整理图书目录（1949—1991）》著录为 2015 种，后者较前者多出的 662 种系农书、医书和各种选本，而此类前者未收。从时间上看，1954—1965 年、1978 年这些年份整理的古籍较多，1967 年至 1970 年则无整理，[①]颇与时代环境有关。就古籍整理形式而言，有影印、排印两种。影印者有线装本、仿制本、缩印本，排印者有标点本、点校本、笺校本、新注本、选注本等。

第一节 语言文学及艺术类古籍的整理

1952 年 10 月人民文学出版社《水浒》（七十回本）校注本的出

---

① 据统计，两书所收历年出版种数如下：1949（2；2）、1950（7；9）、1951（16；16）、1952（4；6）、1953（13；28）、1954（39；85）、1955（95；174）、1956（81；161）、1957（188；265）、1958（182；271）、1959（184；292）、1960（50；76）、1961（53；67）、1962（97；114）、1963（88；137）、1964（39；48）、1965（18；34）、1966（5；7）、1971（2；2）、1972（3；3）、1973（9；12）、1974（22；22）、1975（24；29）、1976（13；20）、1977（19；24）、1978（26；33）、1979（75；78）。括号内分别为两个"编目"著录的种数。

版，通常被视为标志着新中国古籍整理工作的起步，此后整理出版的古代小说颇多。古代戏曲整理的最大成就是《古本戏曲丛刊》的印行，其余专书点校整理者亦不少。传统的诗文总集、别集的点校整理本，除去卷帙繁多的著作之外，多数被收入中华书局的《中国古典文学基本丛书》、人民文学出版社的《中国古典文学读本丛书》以及其后上海古籍出版社的《中国古典文学丛书》中。历代诗文评类古籍的整理，则以人民文学出版社的《中国古典文学理论批评专著选辑》成绩最为突出。

一 诗文集的整理

（一）诗文总集的整理

总集系汇集多人诗文而成一书，据其收录方式可分选集与全集两大类，前者旨在去芜存菁如《文选》等，后者旨在网罗散佚如《全唐诗》等；以总集的收录范围而言，还可以有通代、断代、地域等划分，而其他分类方法亦甚多。总集可以使我们了解一定历史时期、一定地区或作家群体的诗文创作情况，还能为校勘、辑佚提供丰富的材料，又为查找历代诗文提供方便。

1. 通代诗文总集

通代诗文总集有诗文兼收者，有专收文者、专收诗者，这一时期整理的通代诗文总集有 10 种，下文择要介绍数种。

诗文兼收的通代诗文总集，有《文选》《文苑英华》2 种。

《文选》30 卷，南朝梁萧统辑。该书是现存最早的一部诗文兼收的通代总集，选录先秦至南朝梁初 130 余家作品 700 余篇，分 38 类。选录标准是只收文学作品，所谓"事出于沉思，义归乎翰藻"。1959 年商务印书馆据 1936 年的《国学基本丛书》本旧纸型重印，原本据宋刻本排印，有简单句读。

《文苑英华》1000 卷，北宋李昉等奉诏编纂。该书体例仿《文选》，收梁至晚唐五代 2200 人诗文近 2 万篇，其中唐代作品约占十分之九，为治唐代文学者之校勘、辑佚的资料宝库。1966 年中华书局以宋刊残本 140 卷和明刊本 860 卷为底本影印，附宋彭叔夏《文苑英华辨证》10 卷、清劳格《辨证拾遗》，并编有作者姓名索引，姓名下列出所收作品篇题。从该书的"出版说明"中可看出整理者在影印该书时所做的整理工作。

首先，在底本选择上，整理者注意到北京图书馆所藏宋刊残本字墨明晰，适合影印；而所见明抄本三部都有残缺，且行款字迹也不尽合于影印的要求；商务印书馆曾将宋刊本和明刊本缩小制版，大部分印样仍保存无缺，利用此印样有其方便之处。所以此次影印除了宋刊本 149 卷以外，其他 865 卷，用明刊本做底本。商务馆印样不足的部分，据北图所藏原本摄照补配，共计配入宋本 20 卷，明本 3000 余页。另外，傅增湘曾据明抄本和部分别集校勘明刊本，然校本不注据校出处且有不少遗漏，而重出新校记又非一时能完成，故此次影印暂不利用。其次，重编新的篇名总目，并参考抄本和其他书籍对原书的错误做了一些校正，改动的地方都有比较确凿的根据，在疑似之间的问题，一律不加改易。最后，对底本版面的墨污做适当修削；藏书图章全部修去；书中文字不加描润；卷次和页次的错误，调整次序而不改误字。书后附宋代彭叔夏的《文苑英华辨证》和清代劳格的《辨证拾遗》，并附有全书的作者姓名索引。

《文苑英华》的影印虽未能尽善，如采用商务印书馆旧印样且校勘记较简等，但此版也做了必要而有益的处理工作，如配补宋本、明本，编制总目、索引，附录《辨证》《拾遗》等。其版面的处理则审慎和便利兼具，如"书中文字不加描润""调整次序而不改误字"等对存原书旧貌皆有贡献；而"藏书图章全部修去"则稍有缺憾之处。总体而言，该书的影印处理体现了追求精善和便于利用的原则，具备较高的学术品位和使用价值，对其后其他古书的影印提供了借鉴作用。

专收文的通代诗文总集，有《全上古三代秦汉三国六朝文》《古文观止》2 种。

《全上古三代秦汉三国六朝文》746卷，清严可均校辑。该书是上古到隋代的一部文章总集，收先秦至隋代单篇文章，作者近3500人，分代编次，无论鸿篇巨制，孤句残文，莫不纂录，历时27年完成。该书的优点为所收资料甚全，缺点则有某些文章不辨真伪、采录标准或不恰当、"佚文"收录存在讹误、重复收采、文章作者著录有误等。1958年，中华书局据清光绪间刻本影印，影印本"出版说明"简要地介绍了该书，并对影印情况做了说明：

> 这部书在严氏在世的时候，并没有写成清稿。原稿本一百五十六册，现在保存在上海图书馆，涂乙满纸，还加上许多校签。直到光绪年间，黄冈王毓藻集合了二十八个文人，经过八年工夫，八次校雠，才把它刻印出来。但其校刻还是不精，错误层见叠出。我们此次依据了这个本子断句重印，因为字数过多，排校费时，而参考者需要甚殷，于是就用原书照相影印，不另作进一步加工，如校勘、补遗等等，也没有来得及把刻本和原稿本覆核一过。只有在遇到显著的错字时，才于核对原引书后在书端注上简略的校记。我们的断句，一般以圈为主，必要时略加逗点，其有疑义费解不易率断的地方，宁付缺如，以免造成错误。①

该书据"原书照相影印""不易率断的地方，宁付缺如"等处理方式皆颇为审慎，不足之处在于没做"进一步加工，如校勘、补遗"。1965年该书重印时，依据原书所载的篇名，新编了目录，又编了作者姓名索引。

《古文观止》12卷，清代吴楚材、吴调侯编选。该书选东周至明末古文222篇，编选体例骈、散兼收，经、史皆录，原是一部供学塾

---

① （清）严可均校辑：《全上古三代秦汉三国六朝文》，中华书局1958年版，"出版说明"第3—4页。

使用的文学读本，其后渐成为一本最为流行的古文选本。1956 年文学古籍刊行社据映雪堂本排印，施以简单句读，1959 年中华书局有重印。此版的排印亦略有不足之处，如采用映雪堂的原版句读未加订正，校勘未精，注音偶误等。①

专收诗的通代诗文总集，有《玉台新咏》等 6 种，皆影印出版。

《玉台新咏》10 卷，南朝梁徐陵辑。该书收集自汉至梁的诗文总集，保存了不少不见于他书的古诗。1955 年文学古籍刊行社据明寒山越氏刊本影印，其中一些明显错误，以清人纪容舒考异本校勘。该书前有《重印文学古籍缘起》，认为在社会主义建设时期，文化建设是"重要一环"，文化建设的基本原则是"社会主义的内容，民族的形式"，必须"批判地继承自己民族文化的遗产"，重印文学古籍即基于这一认识。②

《乐府诗集》100 卷，宋郭茂倩编，辑录汉、魏到唐、五代的乐府歌辞兼及先秦至唐末的歌谣，对各类乐曲的起源、性质及演唱时所使用的乐器等也都做了较详的介绍和说明。1955 年文学古籍刊行社据宋本影印，原本有一些残缺处，由旧收藏者据元刊本或旧抄本增补。

《古诗源》14 卷，清沈德潜编。收上古至隋代的诗歌，各体兼收，于所选各篇都为之疏释大义，并附评语圈点，颇为注意诗歌的发展演变。1957 年中华书局用《四部备要》纸型重印；同年文学古籍刊行社据中华书局聚珍仿宋版本加以校订，并增编目录，1963 年中华书局有新一版；1973 年广东人民出版社据清光绪十七年湖南思贤书局刻本有影印版。

其他如明杨慎《风雅逸篇　古今风谣　古今谣》（古典文学出版社 1958 年版）、清周贞亮《汉魏六朝诗三百首》（中华书局 1962 年

---

① 舒宝璋：《古籍重印的几个问题——〈古文观止〉阅后记》，《出版工作》1980 年第 8 期。

② （南朝梁）徐陵辑：《玉台新咏》，文学古籍刊行社 1955 年版，第 1 页。

版）、丁福保《全汉三国晋南北朝诗》（中华书局1959年版）等，也有或排印或影印的整理。

2. 断代诗文总集

先秦之诗文总集，这一时期整理的有《诗经》《楚辞》两大类。《诗经》类，1957年中华书局据《四部备要》纸型重印有《毛诗正义》。1955年文学古籍刊行社据宋刊本断句影印了朱熹《诗集传》，校正了原刊本的显误，书末附校勘记；1958年中华书局上海编辑所（简称"中华上编所"）出版了该书的排印本。历代的《诗经》研究著作，有清姚际恒《诗经通论》（中华书局1958年版）、清末吴闿生《诗义会通》（中华上编所1959年版）等。其余今人对《诗经》的选注作品亦甚多。《楚辞》类，1957年中华书局据《四部备要》纸型重印汉王逸的《楚辞补注》；1953年人民文学出版社据北京图书馆藏宋端平二年刊本影印朱熹的《楚辞集注》，1963年中华书局有新一版；1962年江苏人民出版社据《古逸丛书》原版整理影印朱熹该书，名《景元刊本楚辞集注》。其余历代关于《楚辞》的研究，如王夫之的《楚辞通释》（中华上编所1959年版；上海人民出版社1975年版，清同治四年《船山遗书》刻本，省去原刊本的旁批，断句排印）、清蒋骥的《山带阁注楚辞》（中华上编所1958年版，该书据原刊本排印）等亦有整理。而今人对《楚辞》的选注作品亦甚多。有关《楚辞》的目录学方面，则有姜亮夫的《楚辞书目五种》（中华上编所1961年版）。

两汉的诗文总集，有隋树森《古诗十九首集释》，1955年中华书局出版。该书分考证、笺注、汇解、评论四卷，用力甚笃。

唐代之诗文总集，这时期整理出版的有《全唐诗》900卷，该书清康熙四十四年（1705）彭定求等10人奉敕编校，曹寅负责校阅刊刻。收唐、五代诗48900余首，作者合计2246人，略依时代先后编排，系以作者小传，间附校注，唐、五代词缀于书末，有康熙四十六年扬州诗局刻本，12函120册。1960年中华书局据扬州诗局刻本校点重印，后附日本上毛河世宁纂辑《全唐诗逸》3卷，末附作者索引。

其余唐代的诗文总集，1958年中华上编所影印出版有《唐人选唐诗》，收敦煌写本《唐写本唐人选唐诗》、元结《箧中集》、殷璠《河岳英灵集》、芮挺章《国秀集》、令狐楚《御览诗》、高仲武《中兴间气集》、姚合《极玄集》、韦庄《又玄集》、韦縠《才调集》《搜玉小集》等10种；宋洪迈辑《万首唐人绝句》、清沈德潜《唐诗别裁集》、清蘅塘退士《唐诗三百首》等，亦有整理出版。

宋代之诗文总集，有元杜本《谷音》，该书辑宋逸民诗101首，计作者30人，1958年中华上编所据汲古阁本断句排印，间校以《四部丛刊》影印本和《粤雅堂丛书》本；清张景星等《宋诗别裁集》，1973年中华书局据清乾隆二十六年诵芬楼初刻本影印，1975年有重印。其余则多今人所选，如钱锺书《宋诗选注》（人民文学出版社1958年版）等。《宋诗选注》选、注俱佳，精义迭出，影响甚大。

辽、金、元之诗文总集的整理，有陈述辑《辽文汇》，1953年中国科学出版社出版；金元好问《中州集》，1959年中华上编所据诵芬室影元本断句排印，用汲古阁本校正错字；元房祺《河汾诸老诗集》，1958年中华上编所据汲古阁本断句排印，用《四部丛刊》本、《粤雅堂丛书》本校勘；元人苏天爵所辑《元文类》，清人张景星所辑《元诗别裁》，皆由商务印书馆于1958年用《国学基本丛书》本纸型重印。

明、清之诗文总集，有清陈济生《天启崇祯两朝遗诗》，1958年中华上编所据上海市历史文献图书馆所藏陈乃乾手订抄补本为底本，并以上海图书馆所藏常熟赵氏旧山楼藏本中抽调差异之页，加以影印；清卓尔堪《明遗民诗》，1961年中华上编所以上海有正书局据原刻本的影印本断句排印；清沈德潜《明诗别裁集》《清诗别裁集》，中华书局分别于1973年、1975年据二书的乾隆本、扫叶山房本影印；清张应昌《清诗铎》，1960 年中华书局据清同治八年永康应氏秀芝堂原刻本断句排印。

在整理出版的过程中，于古籍版本方面也有新的发现，如唐韦庄所撰《又玄集》，原本在国内失传数百年，1957 年夏承焘通过日本京都大学教授清水茂，以日本内阁文库所藏日本享和三年（1803）江户昌平坂学问所官板本摄取照片，1958 年古典文学出版社据此照片影印成书。

（二）诗文别集的整理

别集系一人诗文的汇集，通常认为东汉有别集之实，而南朝始有别集之名。别集的多少及质量，是衡量文学发展、文学史料发展的重要尺度，在文学研究中具有基础性的意义。新中国前三十年所整理的诗文别集除去各种选本不计，共约 70 位作家的诗文别集有整理，本节以时代为序，略举其作者及书目。

三国魏晋南北朝之别集，主要整理有以下 10 家：三国魏曹操撰，《曹操集》（中华书局 1959 年版）；三国魏曹植撰，《曹集铨评》（文学古籍刊行社 1957 年版）；三国蜀诸葛亮撰，段熙仲等编校《诸葛亮集》（中华书局 1960 年版）；三国魏阮籍撰，《阮步兵咏怀诗》（人民文学出版社 1957 年版）；三国魏嵇康撰，鲁迅辑校《嵇康集》（文学古籍刊行社 1956 年版），戴明扬校注《嵇康集校注》（人民文学出版社 1962 年版）；晋陆机撰，郝立权注《陆士衡诗注》（人民文学出版社 1958 年版）；晋陶潜撰，清陶澍集注、戚焕埙校《靖节先生集》（文学古籍刊行社 1956 年版），王瑶编注《陶渊明集》（作家出版社 1956 年版、人民文学出版社 1957 年版）；南朝宋谢灵运撰，黄节注《谢康乐诗注》（人民文学出版社 1958 年版）；南朝宋鲍照撰，黄节注、叶菊生校订《鲍参军诗注》（人民文学出版社 1957 年版），钱仲联增补集校《鲍参军集注》（古典文学出版社 1958 年版、中华上编所 1959 年版）；北周庾信撰，谭正璧、纪让华选注《庾信诗赋选》（古典文学出版社 1958 年版）等。这些整理本融入了整理者的研究内容，如

《曹操集》以丁福保的《汉魏六朝名家集》本《魏武帝集》为底本，校以有关史书和类书，并增补了《孙子注》，还附录了江耦所编《曹操年表》及据姚振宗《三国艺文志》节录而成的《曹操著作考》。又如《鲍参军集注》，6卷，汇辑了钱振伦、黄节和钱仲联本人的校、注，每篇后有集说，卷末附钱仲联所撰《鲍照年表》及诸家评论。

唐人之别集，主要整理有李白、杜甫、韩愈等21家，详见表2-1。

表2-1 唐人别集

书名	出版单位，时间	备注
骆临海集笺注	中华上编所，1961年	清陈熙晋笺注。据清咸丰间陈氏原刻全集笺注本重印。
陈子昂集	中华上编所，1960年	徐鹏校点（断句）。以《四部丛刊》本为底本，校以《全唐诗》、《全唐文》、清道光蜀州本、《世界文库》本，辑补诗文十余篇，书末附陈氏年谱。
孟浩然集	文学古籍刊行社，1954年	该集唐人王士源编。此版以商务印书馆纸型重印。
王右丞集笺注	中华上编所，1961年	清赵殿成笺注。据乾隆原刻本校订断句排印，卷末附叶葱奇的校后记。
李太白全集	中华书局，1957年	清王琦辑注。以《四部备要》纸型重印。
杜工部集	商务印书馆，1957年	宋王洙编。以上海图书馆藏王洙编本照原书尺寸影印。
杜工部诗集	中华书局，1957年	用《四部备要》纸型重印。
钱注杜诗	中华上编所，1958年	清钱谦益笺注。据康熙静思堂原刊本断句排印。
杜少陵集详注	文学古籍刊行社，1955年	清仇兆鳌注。用商务印书馆《万有文库》本纸型校订重印。
杜诗镜铨	四川人民出版社，1957年；中华上编所，1962年	清杨伦笺注。该书二十卷，外附《读书堂杜工部文集注解》二卷，附录传志、年谱、评论等，卷首有郭绍虞写的前言。

续表

书名	出版单位，时间	备注
杜诗散释	东风文艺出版社，1959 年	傅庚生撰。
读杜心解	中华书局，1961 年	清浦起龙撰。将杜诗分体编排，讲解大意，注释史实典故。据雍正间宁我斋自刊本重印。
元次山集	中华上编所，1960 年	孙望校。以《四部丛刊》本为底本，参校《四部备要》本、《全唐诗》《全唐文》等。
孟东野诗集	人民文学出版社，1959 年	华忱之校订。书末附有孟郊年谱及轶事。
王建诗集	中华上编所，1959 年	据南宋陈解元书籍铺刻本断句重印，参照汲古阁本、席氏《唐百家诗》本、《全唐诗》本和清胡氏谷园刊本校勘增补。
张籍诗集	中华上编所，1959 年	据明刻八卷本《唐张司业诗集》重印，参照《四库》本、《唐诗百名家》本、《全唐诗》本、《尊前集》等校补。辑有《上韩昌黎书》《上韩昌黎第二书》佚文二篇。
韩昌黎集	商务印书馆，1958 年	用《国学基本丛书》本旧纸型重印。
韩昌黎文集校注	古典文学出版社，1957 年；中华上编所，1964 年	马其昶校注。据马其昶遗稿编辑而成。
韩昌黎诗系年集释	古典文学出版社，1957 年	钱仲联集释。集合前人对韩诗的校、笺、注、评，注于每首之后，原诗依照写作年月编排，分成十二卷，并将对韩诗评论，辑为诗话一卷列卷首。
柳河东集	商务印书馆，1958 年；中华上编所，1958 年；上海人民出版社，1974 年	商务馆版用《万有文库》本纸型重印；中华上编所、上海人民版据蟫隐庐影印宋刻世彩堂本断句排印，书末附文安礼撰的年谱。
刘宾客文集	陕西人民出版社，1974 年	据北京图书馆所藏明刻本影印。
刘禹锡集	上海人民出版社，1975 年	以清朱澂的《结一庐賸余丛书》中的《刘宾客文集》为底本，参照他本校改。
元氏长庆集	文学古籍刊行社，1956 年	据明弘治元年杨循吉传抄宋本影印。
白香山集	文学古籍刊行社，1954 年	用商务馆《万有文库》本纸型校订重印。
白氏长庆集	文学古籍刊行社，1955 年	据宋本影印。

续表

书名	出版单位，时间	备注
白氏讽谏	中华上编所，1958 年	据清末武进费氏覆宋刻本影印，并据宋本《长庆集》做校正附书后。
三家评注李长吉歌诗	中华上编所，1959 年	包括清王琦汇解《李长吉歌诗》，乾隆间刻本；姚文燮《昌谷诗集注》，清初刻本；方扶南批本《李长吉诗集》。全文断句。
李贺诗集	人民文学出版社，1959 年	叶葱奇编注。
樊川诗集注	中华上编所，1962 年	清冯集梧注。包括《樊川诗》《樊川别集》《外集》《遗收诗补录》。缪钺撰前言，书后有附录。
李义山诗集	四川人民出版社，1957 年	清朱鹤龄笺注，沈厚塽辑评。据同治九年广州倅署原版影印。
皮子文薮	中华上编所，1959 年	萧涤非整理。据《四部丛刊》影印袁氏明刊本排印，参校他本。
聂夷中诗 杜荀鹤诗	中华上编所，1959 年	包括聂夷中诗 36 首，录自《全唐诗》；杜荀鹤《唐风集》三卷 317 首，据贵池刘氏刻本断句排印，参照《全唐诗》校补。
韦庄集	人民文学出版社，1958 年	向迪琮校订。诗集据《四部丛刊》影印明人朱承爵刻本、清康熙席鉴刻本及《全唐诗》等互校排印；词集辑自《花间集》《尊前集》等，并参校《全唐诗》。

从表 2-1 中，我们可以有这样几点归纳：其一，在诗文别集的整理出版中，唐代的别集最多，占全部别集出版数的三分之一，这既延续了古典文学界长期以来对唐代文学的重视，也反映了当时整理出版的倾向和读者的需求。其二，在唐人别集的整理中，重视传统大家名家的著作，如李白、杜甫、王维、韩愈、柳宗元、白居易、刘禹锡、李贺、李商隐。短短数年间，不仅刊行了以上诸家的集子，还整理出版了这些集子的注本，如号称清代三大唐人诗注的赵殿成《王右丞集笺注》、王琦《李太白全集辑注》、仇兆鳌《杜少陵集详注》。

其三，对杜甫的集子尤为重视，共出版了 7 种杜集，占这个时期出版的唐人别集的三分之一，而且集中整理出版了《钱注杜诗》《杜诗详注》《杜诗镜铨》《读杜心解》四种清代著名杜诗注本。这些书也成为出版社几十年经久不衰的畅销书。

宋人之别集，主要整理有王安石、苏轼、陆游等 11 家，详见表 2 - 2。

表 2 - 2 宋人别集

书名	出版单位，时间	备注
欧阳永叔集	商务印书馆，1958 年	用《万有文库》本纸型重印。
苏舜钦集	中华上编所，1961 年	沈文倬校点。以清康熙宋荦校定徐惇复刊印的十六卷本为底本，并参校他本，附新编拾遗一卷，相关资料、评价二卷，校者所撰年谱附书后。
临川先生文集	中华上编所，1959 年	据明嘉靖三十九年抚州覆宋本排印，参校铁琴铜剑楼旧藏宋绍兴刊本、缪氏小岷山馆刊本等，辑诗文补遗一卷。
王文公文集	中华上编所，1962 年	以江安傅氏从食旧德斋原藏本摄存玻璃片影印，书内缺卷以北图藏日本宫内省图书寮藏本照片补足，书前有赵万里题记。
王文公文集	上海人民出版社，1974 年	唐武标校。以影印南宋龙舒本为底本，参校明应云鸑等本。
王荆文公诗笺注	中华上编所，1958 年	宋李壁笺注。据清张宗松清绮斋刊本排印，参校元大德本、《四部丛刊》影印明嘉靖刻《临川先生全集》本。
王荆公诗文沈氏注	中华上编所，1959 年	清沈钦韩注。据 1927 年王秉恩校订本排印。
苏东坡集	商务印书馆，1958 年	以《万有文库》本纸型重印。
经进东坡文集事略	文学古籍刊行社，1957 年	据《四部丛刊》影印郎注本重印，参校他本断句。
李清照集	中华上编所，1962 年	据王延梯、丁锡根和胡文楷的两种辑稿整理编成，末附相关传记资料。

续表

书名	出版单位，时间	备注
漱玉集注	山东人民出版社，1963 年	王延梯注。
陆游集	中华书局，1976 年	包括《剑南诗稿》《渭南文集》，前者以汲古阁本为底本，参校宋版残本；后者以宋嘉定十三年溧阳刻本为底本，参校明活字本、汲古阁本。文集部分加了标点，诗稿部分只做了断句。
范石湖集	中华上编所，1962 年	包括《范石湖诗集》《石湖词》，前者以清顾嗣立刻本为底本，后者以《知不足斋丛书》本为底本，参校他本。书末辑有附录。
辛稼轩诗文钞存	古典文学出版社，1957 年	邓广铭辑校。据稀见资料补辑佚作，旧辑所存皆用原资料校勘，对旧辑的谬误及稼轩奏议的著作年代，做考诠附于书后。
陈亮集	中华书局，1974 年	宋林景熙撰。以清同治退补斋本《龙川文集》为底本，并参校明成化本、清同治重刊本、清光绪崇文书局本。附录辑有相关传记、序跋。
霁山集	中华上编所，1960 年	以《知不足斋丛书》本为底本，参校《永嘉诗人祠堂丛刻》本、明抄冯彬所刻《霁山先生台石樵唱》，断句排印。
友林乙稿	古籍出版社，1957 年	宋史弥宁撰。木版刷印，线装。

以唐、宋别集论，虽面貌各异，但成就皆高。前人把韩愈、柳宗元、欧阳修、苏洵、苏轼、苏辙、曾巩、王安石合称"唐宋八大家"，"八大家"中宋人就占了六家，他们的散文，在中国散文史上具有里程碑式的地位；而宋诗在唐诗这座高峰面前，不仅数量上超过唐代，在诗歌艺术上也求变求新，相异相别，显示了自己的特色。从表 2−2 中可以看出，当时的古籍整理出版界对宋代别集亦予以了足够的重视，"八大家"中出了三家的诗文集，尤其是王安石，在上述 17 种书中，王集就占了 5 种，占比近 30%。究其原因，除王安石所具备的历史地位和诗文价值外，还与当时对"王安石变法"的高度肯定不无关系。

存世的王安石文集主要有"杭本"和"龙舒本"两个版本系统，

这两个本子都有宋刻残帙。在以上所出的 5 种王集中，既有"杭本"系统的《临川先生文集》，又有"龙舒本"系统的《王文公文集》，其中《临川先生文集》除以明嘉靖三十九年（1560）何迁刻本为底本外，又参校了铁琴铜剑楼藏宋本和清光绪缪德菜小岻山馆刊《王临川全集》本，并将岛田翰、陆心源、朱孝臧、唐圭璋诸人所辑王氏诗、文、词佚篇，汇为 1 卷，名《临川集补遗》附于卷后；《王文公文集》除影印"龙舒本"外，还以明嘉靖二十五年（1546）应云鸞《重刻临川王先生荆公文集》等几个本子做了校勘，1962 年刊本卷首有赵万里《宋龙舒本王文公文集题记》。

新刊整理本对南宋人的别集亦给予了足够的重视，短短的几年，共出版了李清照、陆游、辛弃疾、陈亮、范成大等 7 人的 8 部书籍，其中陆游的集子不仅卷帙浩繁，而且版本复杂，得以整理出版，实属不易。

在这十几部书中，有一部书深得古籍版本学者和古籍收藏者的喜好，这就是木版线装的《友林乙稿》。《友林乙稿》，南宋史弥宁的诗文集，弥宁是丞相史浩的侄子。该书单叶八行，行十八字，字大行稀，版面疏朗，笔画纤细，书写流畅，雕刻精美，极具宋浙本的艺术特色。本次刊行，还附录了周叔弢所藏该书的清影宋刻书影。

元、明、清之别集整理约 30 家。金、元有元好问《元遗山诗集笺注》，清施国祁注、麦朝枢校，人民文学出版社 1958 年版，该本据清道光初蒋氏瑞松堂刻本排印。郭升《郭天锡手书日记》，古典文学出版社 1958 年版，该本据上海市文物保管委员会所藏手书真迹影印，参照横山草堂本和古学汇刊本勘补。明人于谦、吴承恩、李开先、海瑞、汤显祖、顾苓、戚懋循、祁彪佳、张煌言、夏完淳等人的作品，其间皆有整理本或影印本问世。明清之际有黄宗羲《黄梨洲文集》，中华书局 1959 年版；顾炎武《顾亭林诗文集》，中华书局 1959 年版；归庄《归庄手写诗稿》，中华上编所 1959 年影印；《归庄集》中华上编所 1962 年版；王夫之《王船山诗文集》，中华书局 1962 年版。清人洪昇、孔尚任、高凤翰、郑板桥、吴敬梓、龚自珍、魏源等的著作皆有整理出版。晚清、近代之作家，有黄遵宪撰、钱仲联笺注《人境庐诗草笺注》，古典文学出版社 1957 年版；严复、康有为、章太炎、梁启超、陈天华、秋瑾等的作品，亦有整理本问世。

二　文论及艺术类古籍的整理

这里将文学理论、绘画书法、音乐等合为一大类。新中国前三十年古籍整理成果中，文艺理论类的主要有人民文学出版社的《中国古典文学理论批评专著选辑》；绘画书法类的主要有人民美术出版社出版的《中国美术论著丛刊》和《中国画论丛书》等；音乐类方面整理无多，有《琴曲集成》（第一辑）等。

《中国古典文学理论批评专著选辑》为古典文论专家郭绍虞、罗根泽主编，于 1958 年由人民文学出版社陆续出版，几乎涵盖了诸如《文心雕龙》等所有古代文论的重要作品，至 1963 年共出版 36 种，①校注者不乏如范文澜之类的名家，在学术界有着较大的影响。该丛书编纂之初名《中国古典文学理论批评丛书》，后改今名；选录标准

---

① （梁）刘勰撰，范文澜注：《文心雕龙注》（1958 年）；（梁）钟嵘撰，陈延杰注：《诗品注》（1961 年）；（唐）司空图、（清）袁枚撰，郭绍虞集解：《诗品集解　续诗品注》（1963 年）；（宋）欧阳修、姜夔著，（金）王若虚著，郑文等校点：《六一诗话　白石诗说　滹南诗话》（1962 年）；（宋）陈骙、李涂撰，刘明晖校点：《文则　文章精义》（1960 年）；（宋）胡仔纂集，廖德明校点：《苕溪渔隐丛话》（1962 年）；（宋）严羽撰，郭绍虞校释：《沧浪诗话校释》（1961 年）；（宋）张炎、沈义父撰，夏承焘、蔡嵩云笺释：《词源注　乐府指迷笺释》（1963 年）；（明）谢榛、（清）王夫之撰，宛平、舒芜校点：《四溟诗话　姜斋诗话》（1961 年）；（明）陈霆、杨慎撰，王幼安校点：《渚山堂词话　词品》（1960 年）；（明）张溥撰，殷孟伦校点：《汉魏六朝百三家集题辞注》（1960 年）；（明）吴讷、徐师曾撰，于北山、罗根泽校点：《文章辨体序说　文体明辨序说》（1962 年）；（清）陈廷焯撰，杜维沫校点：《白雨斋词话》（1959 年）；（清）王士禛撰，张宗柟纂集，戴鸿森校点：《带经堂诗话》（1963 年）；（清）刘大櫆、吴德旋、林纾撰，范文澜校点：《论文偶记　初月楼古文绪论　春觉斋论文》（1959 年）；（清）周济、谭献、冯煦撰，顾学颉校点：《介存斋论词杂著　复堂词话　蒿庵论词》（1959 年）；（清）袁枚撰，顾学颉校点：《随园诗话》（1960 年）；（清）赵翼撰，霍松林、胡主佑校点：《瓯北诗话》（1963 年）；（清）方东树撰，汪绍楹校点：《昭昧詹言》（1961 年）；况周颐、王国维著，徐调孚、周振甫注，王幼安校订：《蕙风词话　人间词话》（1960 年）；梁启超撰，简夷之校点：《饮冰室诗话》（1959 年）；刘师培撰，金文渐、简夷之校点：《中国中古文学史论文杂记》（1959 年）。

是："突出主流和显示全面相结合"，选录各个时代有现实、浪漫主义精神的理论批评论著，"同时照顾文学史上曾经发生一定影响的各个流派的理论"。标准的确立，颇富有时代特征，① 而实际编纂的过程亦不全持这一标准。

这个阶段对《文心雕龙》的研究颇多，文本的整理亦不少，1957 年至 1963 年《文心雕龙》的整理有 7 种：除范文澜注本外，有 1957 年四川人民出版社据成都志古堂原版影印本，同年中华书局以《四部备要》重印清黄叔琳注、纪昀评本，1958 年古典文学出版社的杨明照《文心雕龙校注拾遗》，1962 年中华上编所出版的刘永济《文心雕龙校释》；选译本有陆侃如《文心雕龙选译》（山东人民出版社 1963 年版）、郭晋稀《文心雕龙注译》 （甘肃人民出版社 1963 年版）等。

其余关于历代文论、文学研究资料选辑、汇编，有郭绍虞主编的《中国历代文论选》，中华上编所 1962 年出版；《古典文学研究资料汇编》，中华书局 1962—1964 年出版，分 "陶渊明卷" "杜甫卷" "白居易卷" "柳宗元卷" "陆游卷" "杨万里、范成大卷" "红楼梦卷" 7 种。而历代的有关文学资料的著述，则有 1957 年古典文学出版社陆续出版，其后由中华上编所出版的《中国文学参考资料丛书》。②

---

① 20 世纪 50 年代末随着中苏关系出现的裂痕，古典文论研究渐受重视。应杰、安伦《整理和研究我国古典文艺理论的遗产》认为 "遗憾的是，近几年来，有许多人用教条主义方式去学习苏联的文艺理论，而不顾中国过去和现在的实际……它没有被移植到我国既有的文艺理论的土壤上，跟我国古代所流传下来的文艺理论遗产形成的严重的脱节现象" [《新建设》（学术性月刊）1957 年第 8 期]。同类提倡整理古典文学理论的文章，尚有汪浙成《看到想到——谈谈发掘和整理古典文学理论的一些问题》（《光明日报》1961 年 2 月 21 日），游国恩《谈谈文艺理论遗产的整理》（《文艺报》1961 年第 7 期）等。

② 收有《教坊记 北里志 青楼集》（1957 年）、《诗人玉屑》（1957 年）、《本事诗 本事词》（1957 年）、《列朝诗集小传》（1957 年）、《唐才子传》（1957 年）、《唐音癸签》（1957 年）、《词林纪事》（1957 年）、《小说丛考》（1957 年）、《剧说》（1957 年）、《诗薮》（1958 年）、《贵耳集》（1958 年）、《南部新书》（1958 年）、《松窗杂录 杜阳杂编 桂苑丛谈》（1958 年）、《书影》（1958 年）、《东城杂记》（1958 年）、《玉泉子 金华子》（1958 年）、《西湖游览志余》（1958 年）、《五杂组》（1959 年）、《北梦琐言》（1960 年）、《唐语林》（1978 年）等。

绘画书法类古籍之整理，影印出版的，主要有于安澜编《画论丛刊》《画史丛书》等，1960—1963 年人民美术出版社出版；点校整理的，主要有《中国画论丛书》《中国美术论著丛刊》等，1959—1964 年人民美术出版社出版。

《中国画论丛书》"选题大体上包括了我国古代到近代比较重要的绘画理论"①，采用标点、注释、今译的方式进行整理，这个时期，出版有 12 种：唐王维《山水诀　山水论》（1959 年）；南朝齐谢赫、南朝陈姚最《古画品录　续画品录》（1959 年）；元汤垕《画鉴》（1959 年）；元饶自然《绘宗十二忌　写山水诀》（1959 年）；清道济《石涛画语录》（1959 年）；清方薰《山静居画论》（1959 年）；清沈宗骞《芥舟学画编》（1959 年）；五代荆浩《笔法记》（1963 年）；《宣和画谱》（1964 年）。

《中国美术论著丛刊》与《中国画论丛书》配套出版，"采辑历代美术论著，内容包括绘画、书法、工艺等方面的理论述评、技法研究、源流探讨及美术史料、传记、掌故等。对这些著作，每种均附以简介或提要。并尽可能根据善本进行校勘，加以断句"②。1963、1964 年共出版了 6 种：唐张彦远《历代名画记》（1963 年），宋郭若虚《图画见闻志》（1964 年），宋邓椿、元庄肃《画继　画继补遗》（1963 年），唐段成式、宋黄休复《寺塔记　益州名画录　元代画塑记》（1964 年）。"文革"之后该丛书继续有纂辑。

有关音乐类的古籍，这个阶段整理较少，较具史料价值的，有中央音乐学院中国音乐研究所编《琴曲集成》（第一辑）（中华书局1963 年版）等。

三　古典小说的整理

新中国前三十年整理的古典小说统计数约 267 种，除去各种选

---

① 方薰撰，郑拙庐标点注译：《山静居画论》，人民美术出版社 1959 年版，第 1 页。
② （宋）郭若虚著，俞剑华注释：《图画见闻志》，上海人民美术出版社 1964 年版，第 1 页。

集及同一作品的不同版本，实际有 94 种，[①] 这一数字与 1990 年以后陆续出版的《古本小说集成》所收 550 余种相较，颇显数量上的不足，但中国古典小说代表性的作品已多见整理，同时，这三十年也是中国古代小说研究的重要发展时期。从历年整理的数字看，自 1953 年到 1959 年及其后的 1975 年这些年份数量较多；从所出版的小说类型来看，以话本、讲史等更能适合广大民众的阅读趣味的作品居多。古典小说的整理，和这个时间段的社会发展状况息息相关。

（一）"四大名著"等长篇章回小说的整理

章回小说是主要就小说形式而划分的类型，通常为白话文，亦有少数文白相杂者。新中国前三十年古典章回小说整理的突出成就，有《水浒传》《三国演义》《西游记》《儒林外史》《红楼梦》等。从小说的题材类型划分，章回小说可分讲史小说，如《水浒传》《三国演义》；神魔小说，如《西游记》；人情小说，如《红楼梦》；讽刺小说，如《儒林外史》；才学小说，如《镜花缘》；侠义公案小说，如《三侠五义》；谴责小说，如《老残游记》等。

1.《水浒传》的整理

《水浒传》是一部以描写古代农民起义为题材的长篇章回小说，元末明初施耐庵、罗贯中撰。其版本系统常见者有三：一百回本、一百二十回本、七十回本。这个时期人民文学出版社对这三种版本皆有点校出版，颇受广大读者欢迎。

1952 年，人民文学出版社出版了七十一回本《水浒》，系新中国成立后第一部整理的古代小说作品；作家出版社 1954 年第 2 版，人民文学出版社 1961 年第 2 版，1975 年第 3 版。该书以金圣叹批改本为底本，整理的情况是：删去金圣叹所加全部评语；删去金圣叹

---

① 据国务院古籍整理出版规划小组办公室编《古籍整理图书目录（1949—1991）》（中华书局 1992 年版）、国家出版局版本图书馆编《古籍目录（1949 年 10 月至 1976 年 12 月）》（中华书局 1980 年版）二书统计。

所增的"恶梦"一节，依照一百二十回本，恢复原来面目，又将金本的楔子略加剪裁，改为第一回；金圣叹对正文所做的涉及内容上的一些改动，依照一百回本和一百二十回本改回原样；书中一些凶残野蛮情节，根据一百十五回本《汉宋奇书》有所删节；对于现在已不习用、不习见的词语，加了一些注解。① 第 1 版为插图本，每回有插图。第 2 版起没有插图，并重做了校订。第 2 版重做的校订主要是将"金文改动的地方，并不那么一望而知，却是曲折隐晦、深文周纳"之处重新改回来。② 第 3 版书前有毛泽东关于《水浒》的两段语录及鲁迅论《水浒》，人民文学出版社编辑部写的"前言"和"重印说明"。

1954 年，人民文学出版社出版的《水浒全传》一百二十回本，郑振铎、王利器、吴晓玲校勘标点。郑振铎《序》说："总之，我们就是用天都外臣序刻本作底本，再用郭勋本残卷、容与堂本、芥子园本、钟伯敬评本、杨定见本、贯华堂本等七种本子来作细致的校勘，将所有的异文，所有的增添或删改之处，一一在校勘记里面注出，并加标点，使之成为一个比较完全的本子。"③ 全书的校勘工作，王利器《关于"水浒全传"的版本及校订》有详细的介绍。④

1975 年，人民文学出版社出版了《水浒传》一百回本。该本据北京图书馆藏容与堂刻本校勘标点，书前引毛泽东关于《水浒》的两段语录及鲁迅论《水浒》，人民文学出版社编辑部写了"前言"和"关于本书的校点说明"。具体的校点工作有：定名《水浒传》署撰

---

① 人民文学出版社编辑部：《〈水浒〉重印说明》，《水浒》，人民文学出版社 1975 年版，上册，第 13 页。
② 张友鸾：《七十一回本"水浒"的校订工作》，作家出版社编辑部编《水浒研究论文集》，作家出版社 1957 年版，第 391 页。
③ 郑振铎：《〈水浒全传〉序》，《水浒全传》，人民文学出版社 1954 年版，上册，第 6 页。
④ 王利器：《关于"水浒全传"的版本及校订》，作家出版社编辑部编《水浒研究论文集》，作家出版社 1957 年版，第 398—402 页。

写者为施耐庵、罗贯中；删去底本书前附加的评论文字以及书中的评语、插图和卷次字样；底本部分书页的文字有漶漫残缺，据北京图书馆和文学研究所的两种容与堂刻本的残本及天都外臣序本校补；底本明显的错夺衍误文字，参天都外臣序本、杨定见序本等加以订正，对各本均误的文字，除显误外，其余仍保留原状；底本词语前后用字不一，酌加统一，一般仍保留原书的歧异；简体排印，个别有歧义、易误解的字仍用繁体。①

其余点校整理的尚有《水浒》（尚古山房1953年版）、《一百二十回的水浒》（商务印书馆1957年版）、《水浒全传》（中华上编所1961年版）；《水浒全传》（上海人民出版社1975年版）等。

其间，关于《水浒传》重要版本影印的有：《水浒志传评林》（文学古籍刊行社1956年版），据明万历间双峰余氏刊本影印；《容与堂刻本水浒传》（中华上编所1966年版），据北京图书馆藏本影印，另据日本内阁文库藏本照片补全了原书缺页和缺字以及李卓吾叙；《第五才子书施耐庵水浒传》（中华书局1975年版），据明崇祯十四年贯华堂刻本影印。

2.《三国演义》及其他讲史小说的整理

这个时期，《三国演义》的整理本，主要有1953年作家出版社出版的点校本，该书以毛宗岗评本系统的60卷清初刊本和朝鲜覆刻清初刊本为底本，整理工作主要有"以毛本为根据，但我们将'后人有诗叹曰'的那些诗，一般的都删去了"，"毛本的序言、凡例、读法、总评等等，皆不录"，"作了一些文字上的和地理上的校订"，"作了一些简要的注释"，"附印了一幅本书所述的三国形势图"等。② 1955年，人民文学出版社有第2版，在初版的基础上，参考

---

① 人民文学出版社编辑部：《关于本书的校点说明》，《水浒》，人民文学出版社1975年版，上册，第1—2页。

② 作家出版社编辑部：《出版说明》，《三国演义》，作家出版社1953年版，上册，第2—3页。

明嘉靖本及相关史籍重加整理；该本 1957 年重版。1973 年，人民文学出版社出第 3 版，版式由竖排改横排；整理上，"除据大魁堂藏版的毛本，校改了旧排本沿袭的误植外，又顺着前次整理的途径，作了一些补苴罅漏的工作"①。

其他《三国演义》的整理本有：《三国志》（中华书局 1950 年据贯华堂本排印）；胡协寅校《三国志演义》（广益书局 1950 年版）；《（古本）三国演义》（尚古山房 1953 年版，锦章书局 1953 年版）；《三国志演义》（一名《绣像三国志演义》，上海商务印书馆 1957 年版），系毛宗岗批评本，用 1933 年旧型重印。重要版本的影印，有《三国志通俗演义》（人民文学出版社 1975 年版），据上海图书馆藏明嘉靖元年刻本影印，底本中残破和字迹模糊的部分，以甘肃省图书馆同一藏本相应的书页配补。

其余讲史小说，这个时期整理出版的有 21 种，涉及演义系列，平话系列，说唐、说岳系列等。②

---

① 人民文学出版社编辑部：《关于本书的整理情况》，《三国演义》，人民文学出版社 1973 年版，上册，第 3 页。

② 它们是：（明）甄伟《西汉演义》；（清）清远道人重编的《东汉演义》《白牡丹》《英烈全传》，（清）无名氏《瓦岗寨》和《说唐全传》，（清）佚名撰、吴璇删定的《南宋飞龙传》，（清）李雨堂等编撰的《五虎平西》，以上皆尚古山房 1953 年出版。（清）李雨堂编的《万花楼》（尚古山房 1953 年版、上海文化出版社 1957 年版）；（清）钱彩《说岳全传》，该书先后有锦章书局 1953 年版、古典文学出版社 1955 年版、中华上编所 1958 年版、上海古籍出版社 1979 年版等多个版本；《新编五代史平话》，有古典文学出版社 1954 年版、1957 年版和中华上编所 1958 年版；赵景深、杜浩铭校注的《英烈传》有四联出版社 1955 年版、上海文化出版社 1955 年版、中华上编所 1959 年版；陈汝衡校订的《说唐》，有四联出版社 1955 年版、上海文化出版社 1955 年版和中华上编所 1959 年版；《全相平话五种》即《武王伐纣平话》《七国春秋平话》《秦并六国平话》《前汉书平话》《三国志平话》，有古典文学出版社 1955 年版、文学古籍刊行社 1956 年版和中华上编所 1958—1959 年版；（明）冯梦龙、（清）蔡元放编的《东周列国志》，有作家出版社 1955、1956 年版、人民文学出版社 1975、1978 年版；（明）褚人获编撰的《隋唐演义》，有古典文学出版社 1956 年版和中华上编所 1963 年版；（明）诸圣邻《大唐秦王词话》，有文学古籍刊行社 1956 年版；题名罗贯中、冯梦龙先后所撰的《平妖传》，有古典文学出版社 1956 年版；罗奋校订的《杨家将演义》，有上海文化出版社 1956 年版；（清）徐震编，章阁校注的《后七国志》，有上海文化出版社 1956 年版；赵万里辑校的《薛仁贵征辽事略》，有古典文学出版社 1957 年版、中华上编所 1958 年版；《宣和遗事》有古典文学出版社 1958 年版。其中《平妖传》等书中也有神怪的内容。

这些讲史小说，虽然总体上文学水准不高，但故事性都很强，其中的人物和情节，长期流传于市井，有的还改编为戏剧，具有一定的社会影响。对这类讲史小说及后面言情、神魔、武侠等类小说的整理出版，也可视为对古代通俗小说的一次集中清查、清理，于社会主义文化建设具有"推陈出新"的意义。正因于此，一些著名学者如赵万里、赵景深、陈汝衡等也参与了这项工作。

3. 《西游记》及其他神魔小说的整理

这个时期，《西游记》的整理本，以 1954 年作家出版社编辑部校订《西游记》印行最多，此书"以明万历壬辰世德堂的刻本为底本，用清代《新说西游记》及《西游真诠》等本合校而成"，具体整理工作有恢复、增补、改正三方面，"恢复"是据底本恢复了一些"被后来的本子所窜改了的方言"，"增补"是据底本增补了"一些后来的本子所没有或删去的文字"，"改正"是"本来'世本'上是好的，但被后来翻刻《西游》时把原有的字句改坏了"的地方改正过来。① 这三条体例殊不可解，若用于说明世德堂本优于他本的例子似更恰当。又整理本亦有据他本校世德堂本之缺者，而注释工作主要针对的是一些方言或佛道术语。该书颇受欢迎，其后多家出版社租型重印。此前出版的，尚有《西游记》（广益书局 1950 年版）、《绘图西游记》（锦章书局 1953 年版）等。

神魔小说的整理还有其余 3 种：明董说《西游补》，有文学古籍刊行社 1955 年版，该本据明崇祯刻本影印，该书又于 1957 年出版了汪原放点校本；明许仲林《封神演义》，有作家出版社 1955 年版、人民文学出版社 1973 年版，该本据清初四雪草堂刊本排印，用广百宋斋石印本、蔚文堂本、德聚堂本等校勘，人民文学版时值"文革"期间，是作为内部发行；明余象斗《四游记》，古典文学

---

① 黄肃秋：《"西游记"的校订和注释工作》，作家出版社编辑部编《西游记研究论文集》，作家出版社 1957 年版，第 180—183 页。

出版社 1956 年版，该本以坊本排印，参照清嘉庆九如堂刻本做了一些勘正。

4.《红楼梦》及其他言情类小说的整理

这个时期，《红楼梦》的整理本则以启功注释、周汝昌等点校的人民文学出版社 1957 年版印行最多。该书在作家出版社 1953 年版整理本的基础上，"重加整理，新版印行"。全书以程乙本为底本，以王希廉本、《金玉缘》本、藤花榭本、本衙藏版本、程甲本、庚辰本、戚蓼生序本 7 种版本校订；增加了《红楼梦图咏》原刻珍本插图；注释部分，重新撰写，增加新注甚多，旧注亦多纠正补充修改。1959 年第 2 版，列入"中国古典文学读本丛书"，广东等 4 个地方出版社租型重印，共印 154000 部；1972 年第 3 版，有 16 个地方出版社租型重印。其余影响较大的整理本，有人民文学出版社 1958 年版《红楼梦八十回校本》，该书俞平伯校订，王惜时参校，"以戚本为底本，以脂庚本为主要校本，定为新本，而以其他各抄本参校之，不得已则参考刻本"①。1962 年该书出版了修订本。

《红楼梦》重要版本的影印有：《脂砚斋重评石头记》，文学古籍刊行社 1955 年版、人民文学出版社 1974 年版，据北京大学图书馆藏清乾隆二十五年传抄本影印；《脂砚斋重评石头记》（十六回本），中华上编所 1962 年版，据胡适藏抄本影印；《乾隆抄本百廿回红楼梦稿》，中华上编所 1963 年版，据中国科学院文学研究所藏杨继振藏本影印；《戚蓼生序本石头记》，人民文学出版社 1975 年版，据清光绪年间上海有正书局石印本影印等。

其余言情类小说，这个时期整理出版有 6 种：清曾朴《孽海花》，自 1955 年至 1962 年，有宝文堂书店、中华书局等数家出版社出版；清吴趼人《痛史》，上海文化出版社 1956 年出版；成柏泉校

① （清）曹雪芹著，俞平伯校订，王惜时参校：《红楼梦八十回校本》，人民文学出版社1958 年版，"校改红楼梦凡例"第 1 页。

注的《好逑传》，上海文化出版社 1956 年出版；清忧患余生《邻女语》，上海文化出版社 1957 年出版；静观子《六月霜》，有上海文化出版社 1958 年版、中华上编所 1959 年版；上海文化出版社 1958 年还出版了《苦社会》的校注本，第二年中华上编所再版等。

5. 《儒林外史》及其他小说的整理

这个时期，《儒林外史》的整理本影响较大的有：作家出版社编辑部校订的作家出版社 1954 年版，该本以卧闲草堂本为底本，删去最后一回，参校齐省堂本和申报馆第二次排印本校订而成，并做有词语注释；人民文学出版社 1958 年版，张慧剑校定，以卧闲草堂本为底本，参校其他版本；人民文学出版社 1977 年版，南京师范学院《儒林外史》整理小组整理，在张校本的基础上做了进一步的处理。重要版本的影印，则有人民文学出版社 1975 年据卧闲草堂本的影印本。

讽刺类小说整理的还有《钟馗捉鬼传》，该书撰者不明，通俗文艺出版社 1955 年、上海文艺出版社 1958 年出版，上海文艺社版有较详细的"出版者的话"对该书予以介绍。

才学小说系"以小说为庋学问文章之具，与寓惩劝同意而异用者"[1]。该类小说的代表作为清李汝珍所著《镜花缘》。该书作家出版社 1955 年出版，人民文学出版社 1955 年、1958 年皆有出版，系据北京大学图书馆藏马廉旧藏原刊初印本排印，参照他本校勘。该书颇受欢迎，仅人民文学社 1957 年版即印有万余册。

侠义公案小说，这个时期整理出版有 4 种：尚古山房 1953 年出版了清石玉昆编的《七侠五义》（一名《三侠五义》）、《小五义》和《续小五义》，上海文化出版社 1956 年、中华上编所 1959 年出版了赵景深校订的《三侠五义》；通俗文艺出版社 1955 年出版了清燕北月人撰、金受申节编的《儿女英雄传》。

---

① 鲁迅：《中国小说史略》，《鲁迅全集》第 9 卷，人民文学出版社 2005 年版，第 250 页。

这个时期，谴责小说的整理出版颇为踊跃，有 10 余种之多：清刘鹗撰、陈翔鹤校、戴鸿森注的《老残游记》，由人民文学出版社于1957 年出版；清李伯元《官场现形记》，先后由宝文堂书店于 1954年、通俗文艺出版社于 1955 年、上海文化出版社于 1956 年、人民文学出版社于 1957 年出版；《文明小史》由通俗文艺出版社于 1955 年、中华上编所于 1959 年出版；《活地狱》由上海文化出版社 1956 年、中华上编所 1959 年出版；清吴趼人《九命奇冤》，上海文化出版社1956 年出版；《恨海》由通俗文艺出版社 1955 年、上海文化出版社1956 年出版；《二十年目睹之怪现状》先后由通俗文艺出版社 1954年、人民文学出版社 1957 年出版；《官场维新记》先后由古典文学出版社 1956 年、中华上编所 1959 年出版；清蘧园《负曝闲谈》，由上海文化出版社于 1957 年、中华上编所于 1959 年出版；清姬文《市声》，由上海文化出版社 1958 年出版。其中李伯元、吴趼人的小说影响很大，而《老残游记》无论是原书创作，还是今人的校注，都堪称精品。

（二）《世说新语》《游仙窟》等晋唐小说及其拟作的整理

魏晋六朝以志人、志怪小说为主体，前者如《世说新语》，后者如《搜神记》等；唐代传奇渐兴，叙述婉转，文辞华艳，有《游仙窟》等。延至明清，多有拟作，集大成者，则有蒲松龄的《聊斋志异》，以传奇笔法而志怪。新中国前三十年整理的志人小说有《世说新语》等 4 种，志怪小说有《搜神记》1 种，传奇小说有《游仙窟》等 8 种。

《世说新语》，南朝宋刘义庆撰、南朝梁刘孝标注。该书因其采集汉末魏晋间史事之广泛、涉及人物之众多，素为历代研究文史者所重。1956 年文学古籍刊行社据日本影宋本影印，王利器断句校订。该书据唐写本、宋刘应登批本、清蒋篁亭校本、清沈宝研校本、明袁氏嘉趣堂刻本、明太仓曹氏沙溪重刻本、明王世懋批点本、明凌濛初刻本、明书林余圯孺刊本 9 种本子以及类书、古注等引用《世说新语》的材料做了校勘记，书末附印日本藏唐写本《世说新语》残卷。校勘的原则是：这9种本子中"凡足以校订宋本错误的，现在都把它保存下来；若是意义两都可通，而它本较宋本为佳，或足以帮助理解的，也把它适当地保存下来；至于宋本不误而它本错了的，都没有把它提出。又《世说》引用它书，以及它书引用《世说》的，现在也参考了各种书籍，择其足以说明问题的，随文列入校记"①。

1962年，中华上编所影印了日本藏宋刊本《世说新语》，殷韵初《重印〈世说新语〉序》说："现在我们影印的是宋绍兴八年（公元一一三八）广川董弅据晏殊校订本所刻，比陆游校本约早五十年。原书为日本前田氏所藏，日本有珂罗版影印本，我们即据以覆印。覆印这个本子，不仅因为它是目前所能见到的唯一宋本，可资校勘工作的依据，而且因为它比较完整地保存了宋人汪藻所作的叙录。汪藻的叙录，首先考订书名、卷数、篇数的不同，继列考异一卷、人名谱一卷、书名一卷，均有相当的史料价值。"② 此本采取尊经阁影印本而非原本影印颇有不足，又描补了底本中若干漫漶处而未加说明。另外，有人认为日藏宋本乃重刷本而非原本。③

其他志人类小说，这段时期整理的有：宋王谠《唐语林》，古典文学出版社1957年版、中华上编所1958年版，据《守山阁丛书》本标点排印；明冯梦龙《古今谭概》，文学古籍刊行社1955年版，用明叶池昆刻本影印；清王晫《今世说》，古典文学出版社1957年版，据《粤雅堂丛书》本断句排印。志怪小说有1种：晋干宝撰、胡怀琛标点的《搜神记》，商务印书馆1957年版，以崇文书局《百子全书》本标点排印。

---

① 王利器：《宋本〈世说新语〉校勘记》，《王利器论学杂著》，北京师范学院出版社1990年版，第148页。

② 殷韵初：《重印〈世说新语〉序》，《世说新语》，中华上编所1962年版，第1册，第1页。

③ 参阅潘建国《日本尊经阁文库藏宋本〈世说新语〉考辨》，《中国典籍与文化》2012年第1期。

　　唐代早期的传奇小说,有《游仙窟》等。《游仙窟》唐张鷟撰,描写了一段假想的恋爱故事,所谓"不特当时之习俗如酬对舞咏,时语如睒睗婆媚,可资博识;即其始以骈俪之语作传奇,前于陈球之《燕山外史》者千载,亦为治文学史者所不能废矣"[①]。1955年古典文学出版社出版了方诗铭的校注本,据日本元禄三年(1690)刻本标点排印,此本为一通行本,对较明显的错误有订正,个别有疑问的地方,据《古佚小说丛刊》本、北新标点本、汪辟疆《唐人小说》本校正。

　　同为传奇或传奇兼志怪的小说,这一时期整理的尚有:唐康骈《剧谈录》,古典文学出版社1958年版;唐皇甫枚《三水小牍》,中华书局1958年版;宋罗烨《醉翁谈录》,古典文学出版社1959年版;明瞿佑等撰、周夷校注的《剪灯新话(外二种)》,古典文学出版社1957年版;明赵弼《效颦集》,古典文学出版社1959年版等。

　　明清拟晋唐之志怪、传奇的最大成就,也是中国文言小说的最大成就是清蒲松龄的《聊斋志异》。这段时期《聊斋志异》的整理本,以中华书局1962年版的"三汇本"影响最大,该书张友鹤辑校,以新发现的手稿本和清乾隆间铸雪斋抄本为底本,共采用了十四个版本进行汇校、汇注、汇评,成就突出,几为研究者所必备。此时期关于《聊斋志异》重要版本的影印,则有文学古籍刊行社1955年版《聊斋志异》,据手稿本影印;商务印书馆1957年版《聊斋志异》,据清康熙间稿本影印;上海人民出版社1974年版《铸雪斋抄本聊斋志异》,据清张希杰铸雪斋抄本影印,对其中有目无文的十四篇及部分残缺的一篇则据别本补齐。

　　(三)《京本通俗小说》等话本、拟话本及小说总集的整理

　　《京本通俗小说》是目前所能见到的最早的宋人话本之一。书中

---

　　① 鲁迅:《〈游仙窟〉序言》,《鲁迅全集》第7卷,人民文学出版社2005年版,第330—331页。

故事情节曲折生动，人物刻画尤其是心理描写达到了一定的水平，生动、真实地反映了当时的社会生活及风俗人情，对中国小说史的研究具有很高的价值，也有相当重要的语言、民俗研究价值。1954 年古典文学出版社曾据 1915 年缪荃孙影刻本标点排印，校改了明显的误字，1959 年中华上编所有再版。

明人洪楩所编《清平山堂话本》是现存宋、元小说家话本中最接近原貌的版本，收有不少艺术水平较高的作品。1955 年，古典文学出版社据古今小说书籍刊行会影印日本内阁文库残本和马廉影印范氏天一阁残本影印；另据《古今小说》《警世通言》两书补其残缺，附于阙文前后。1957 年该社又出版了排印本。

其余话本小说的整理约 15 种，其中以著名的"三言二拍"为主。即明冯梦龙编、许政扬校注的《古今小说》（亦名《喻世明言》），明冯梦龙编、严敦易校注的《警世通言》，明冯梦龙编、顾学颉校注的《醒世恒言》。以及明凌濛初撰、王古鲁蒐录编注的《初刻拍案惊奇》《二刻拍案惊奇》两书。"三言"是包括了旧本汇辑和新著创作的三部古代白话短篇小说集，其中的小说"极摹人情世态之歧，备写悲欢离合之致"，描写宋元明时期社会人生的百态，手法细腻、语言生动，是了解古代社会生活的通俗读本。经过几位学者的校注整理，不仅深受广大读者欢迎，而且颇具文学史、文化史的研究价值。"二拍"的内容类如"三言"，在形式上则属于拟话本小说集，原本在中国已经失传，是王古鲁在民国时期从日本搜集回国，因此也弥足珍贵。此外，又有题名兰陵笑笑生所撰的《金瓶梅词话》，曾由文学古籍刊行社于 1957 年刊印线装本，由于主要提供给研究单位所用，故在有限范围内发行。

古代小说总集，这个时期整理出版的有：宋李昉等编的《太平广记》，有人民文学出版社 1959 年版和中华书局 1961 年版；清初张潮所辑的《虞初新志》，有文学古籍刊行社 1954 年版；南宋曾慥编撰的《类说》，有文学古籍刊行社 1955 年版等。近人收辑整理的小说总集，此时出版的则有鲁迅的《古小说钩沉》（人民文学出版社1951年版）、《唐宋传奇集》（人民文学出版社1952年版、文学古籍刊行社1956年版）、阿英编的《晚清文学丛钞》（中华书局1960年版）、吴曾祺编的《旧小说》（商务印书馆1957年版）、汪辟疆编的《唐人小说》（古典文学出版社1955年版）等。小说资料的编纂，有马蹄疾编的《水浒资料汇编》（中华书局1977年版）、一粟编的《红楼梦卷》（中华书局1963年版）、魏绍昌编的《孽海花资料》（中华书局1962年版）等。

四　古典戏曲的整理

戏曲方面，这个时期戏曲整理的最大成就是《古本戏曲丛刊》初、二、三、四、九辑的刊行，该套书12函，全120册，共收作品687种，初集收元明杂剧、戏文、传奇101种，二集收明代传奇100种，三集收明末清初传奇100种，四集收元明杂剧376种，九集收清代宫廷大戏10种。初、二、三集由文学古籍刊行社1954—1957年出版，四集由商务印书馆1958年出版，九集由中华上编所1964年出版。丛刊的编辑集中了当时戏曲及版本界的精干力量，有郑振铎、杜颖陶、傅惜华、吴晓铃、赵万里、阿英、赵景深、周贻白等，从而保证了这套书的质量，其中郑振铎厥功至伟。该丛刊旨在收录同一种作品的不同版本；收录梨园传抄本；辑印前代戏曲总集；收录大量孤本和罕见剧本等。由郑振铎主编的《丛刊》初至四集，所收的670多种杂剧、传奇，绝大部分都是孤本和珍本，是极为宝贵的中国戏曲史基本资料。丛刊的出版，对中国古代戏曲的研究起到了巨大的促进作用。

这个时期对历代的戏剧作品的整理，以元、明杂剧居多，《古本戏曲丛刊》四集即多有收录；其他的戏曲总集整理有：明人臧晋叔编的《元曲选》，有文学古籍刊行社1955年版和中华书局1958年版；今人隋树森编的《元曲选外编》，有中华书局1959年版，二书一直都是研究元代戏剧者所必备的参考资料。明代杂剧有《盛明杂剧》，其中一、二集由明人沈泰，三集由清人邹式金编，1958 年古籍出版社用董氏诵芬室刻本将一、二、三集线装印刷；同年，中国戏剧出版社将一、二集与三集分别刊行。明代戏剧总集有《六十种曲》，明末毛晋编，1955 年文学古籍刊行社、1958 年中华书局皆用 1935 年开明书店本纸型重印，并据汲古阁原刻《六十种曲》初印本校正。明、清戏曲的整理，有中山大学中文系五五级明清传奇校勘小组整理共 12 种，为元柯丹丘《荆钗记》、元施惠《出闱记》、明王世贞《鸣凤记》、明梁辰鱼《浣纱记》、明高濂《玉簪记》、明姚茂良《精忠记》、明孙仁孺《东郭记》、明无名氏《白兔记》、明汤显祖《南柯记》《邯郸记》、明徐畛《杀狗记》、清李玉《清忠谱》。其整理多以《六十种曲》为底本，参校他本，由中华上编所 1959—1960 年出版。

这个时期一些深受读者欢迎的戏曲作品，如《西厢记》《牡丹亭》《桃花扇》亦见多种影印或整理本。其中以《西厢记》刊行的版本最多，有董解元《西厢记诸宫调》，文学古籍刊行社 1955 年版，该本据《六幻西厢》本影印；《古本董解元西厢记》，古典文学出版社 1957 年影印，该书后记断其为明嘉靖、隆庆之间或万历初年刻本；凌景埏校注《董解元西厢记》，人民文学出版社 1962 年以明代闵迁五刻《西厢六幻》本作底本，参考 1957 年绩溪新发现的古本和其他几种版本做了校勘并加以注释；《明嘉靖本董解元西厢记》（线装本），中华上编所 1963 年版，据上海图书馆藏燕山松溪风逸人刻本影印。元王实甫《明何璧校本北西厢记》（线装本），上海古籍书店 1961 年版，系明隆庆时据刘龙田所刊的《重刻元本题评音释西厢记》略加删改而成，后附《会真记》；《暖红室刻西厢记》（线装本），江苏人民出版社 1960 年据凌濛初鉴定之原刻本影印；《新刊奇妙全相注释西厢记》（线装本），商务印书馆 1955 年以明弘治刻本照原大影印。《西厢记》，锦章书局 1953 年版；王季思校注

《西厢记》，新文艺出版社 1954 年版、古典文学出版社 1957 年版、中华上编所 1958 年版，据暖红室翻刻明末凌濛初的刻本排印，参照《雍熙乐府》所录《西厢记》曲文和王伯复刻本、汲古阁《六十种曲》本等校勘；吴晓铃校注《西厢记》，作家出版社 1954 年版、人民文学出版社 1958 年版，主要以凌濛初和王伯良的本子做底本，再用其他九种本子对校，遇有文字上的歧异，则参考北京岳氏本和《雍熙乐府》；《槃薖硕人增改定本西厢记》，中华上编所 1963 年版，据北京图书馆藏本影印，大开本线装三册（附夹板），有版画插图 29 幅，书后有王季思题跋。以上整理出版的成果，也反映了此期《西厢记》研究的不断深入。

敦煌变文方面，有周绍良编《敦煌变文汇录》（上海出版公司 1954 年版）、王重民等编《敦煌变文集》（人民文学出版社 1957 年版）、李世瑜编《宝卷综录》（中华上编所 1961 年版）。

戏曲类书目的编纂，有傅惜华编《北京传统曲艺总录》（中华上编所 1962 年版）、刘永济辑录《宋代歌舞剧曲录要》（古典文学出版社 1957 年版）、《曲海总目提要》（人民文学出版社 1959 年版）、《曲海总目提要补编》（人民文学出版社 1959 年版）等。

戏曲论著方面，有中国戏曲研究院编《中国古典戏曲论著集成》（全十辑），中国戏剧出版社出版，1959—1960 年共选录历代戏曲论著 48 种，凡其时能够收集到的唐、宋、元、明、清时期比较重要的戏曲论著，大体包括在内。其他如《录鬼簿》（马廉校注）、《远山堂明曲品剧品》（黄裳校录）、《剧说》等，亦见出版。

五　语言文字类古籍的整理

中华人民共和国成立后，中国语言学的研究得到了政府有关部门的重视和支持。1950 年 6 月，根据国务院指示，中国科学院成立了语言研究所。1951 年 6 月 6 日《人民日报》发表社论《正确地使用祖国的语言，为语言的纯洁和健康而斗争》，吕叔湘、朱德熙《语法修辞讲话》也同日在《人民日报》开始连载，相关的语言研究学刊亦陆续创刊。至 1955 年，中国语言学界在北京相继召开了三次重要会议：10 月 15 日至 23 日教育部和中国文字改革委员会联合召开"全国文字改革会议"，10 月 25 日至 31 日中国科学院哲学社会科学部召开"现代汉语规范问题学术会议"，12 月 6 日至 15 日，中国科学院和中央民族学院共同召开了"民族语文科学讨论会"。从而在全国掀起了语言学习和研究的热潮。与此相适应，中国语言文字类古籍之文字、音韵、训诂、语法类图书时有出版，虽未有 20 世纪 80 年代后之繁多，但亦颇具规模。

（一）文字类古籍整理

这个时期，文字类古籍之《说文解字》系列、其他字书系列如《康熙字典》等，皆有整理，而古文字类如甲骨文、金文、碑字类，则以今人的研究著作居多。

《说文解字》方面整理主要有 3 种：汉许慎《说文解字》，中华书局 1963 年影印出版，据清同治十二年番禺陈昌治刻本为底本，并两页为一页缩印，在篆字之首增加楷体。卷末附新编检字。清王筠《文字蒙求》，中华书局 1962 年出版，该书从《说文解字》中辑取了两千多字，用楷、篆两种书体对照排列，并加以注释，原名《字学蒙求》，本次出版据清道光二十六年重订本改版影印，书后附有检字索引。马叙伦《说文解字六书疏证》，科学出版社 1957 年出版，三函全 30 册。

其他字书方面整理本主要有以下数种：《康熙字典》，中华书局 1958 年版、1962 年版，1958 年版系以清末同文书局本为底本影印，1962 年版为了改正字典中的讹误，又增附了清人王引之的《字典考证》，该书颇受欢迎，1958 年版印 2 次，41100 册；清赵㧑叔《六朝别字记》，文字改革出版社 1958 年出版，用商务印书馆影印本重印；清刘淇《助字辨略》，中华书局 1954 年出版，章锡琛校注，用开明书店纸型重印。新资料的刊印，则有《五体清文鉴》，民族出版社

1957 年出版，出版社介绍说："这是一部五种文字对照的分类词书，是 18 世纪时编成的，没有刊印过。这部书内容丰富，有历史价值，也有实用价值，特别是维吾尔文部分更为珍贵，是我国各民族共同的文化遗产，因此我社把它影印出来，供各族人民及国内外学者参考研究。"① 反映出对少数民族文字整理研究的重视。

古文字方面，最重要的成果是郭沫若主编的《甲骨文合集》，中华书局 1978—1982 年版。该书编纂计划在 1956 年即已启动，后历经波折，20 世纪 70 年代末 80 年代初方始出版。全书分五个时期、四类、二十二小类，"全书共计五千四百二十一页，四万一千九百五十六片。分订了十三个分册。一至七册为第一期，八册为第二期，九至十一册为第三期和第四期，十二册为第五期，十三册为摹本"②。虽然该书的编纂亦有不足，主要是对域外的成果吸收不够，③ 但它基本上做到集此前出土甲骨文材料之大成，为此后的甲骨文和商代史的研究提供了极为重要的资料来源。其余关于甲骨文的整理研究，有郭若愚等缀集的《殷墟文字缀合》，科学出版社 1955 年出版；中国科学院考古研究所编辑的《甲骨文编》，中华书局 1965 年出版。而碑字方面，有罗振玉校订《增订碑别字》，文字改革出版社 1957 年出版，该书收集汉以来碑板上所见而字书上不载的各种异体字，是关于汉字异体字研究的一份重要资料。该书初由罗振鋆编，名《碑刻字》，刊于清光绪二十年，后由其弟罗振玉加以增订，此版系用"戊辰七月上虞罗氏印"本重印。金文方面，有清末吴闿生集释、邢之襄校订的《吉金文录》，中华书局 1963 年出版，该书木版线装，据南宫邢氏原版印刷。

（二）音韵类古籍整理

音韵学古籍的整理出版，多采取影印的形式。1957 年，四川人

---

① 《五体清文鉴》，民族出版社 1957 年版，第 1 页。

② 胡厚宣：《〈甲骨文合集〉的编辑和内容》，《历史教学》1982 年第 9 期。

③ 严一萍：《评〈甲骨文合集〉》《再评〈甲骨文合集〉》，《中国文字》（台）1980 年新一期、新二期。

民出版社据渭南严氏成都贲园刊本影印了严式诲辑刊、龚道耕重校的《音韵学丛书》，木版线装全 56 册，该丛书收书 20 余种，[①] 系有选择地将古音研究这一主流学脉的典型著作以丛书的方式予以集成，为研究者提供极大的方便。非丛书类的影印有：宋司马光、元邵光祖《切韵指掌图》，中华书局 1962 年版，据《音韵学丛书》本影印；《韵镜》，古籍出版社 1955 年版，据《古逸丛书》覆永禄本影印；清梁僧宝《切韵求蒙》《四声韵谱》，古籍出版社 1955 年版，二书皆是读《广韵》的参考书，前者是一种单字音表，后者标出字母、反切，列举同音字，并且把相承四声排在一起，二书据清光绪十六年刻本影印；周祖谟《广韵校本》，商务印书馆 1951 年影印、中华书局 1960 年版，该书以周氏手校原稿本影印，周氏以张氏泽存堂影宋刻本为底本，据宋以来各种刻本，段玉裁、黄丕烈诸家校本及唐写本韵书，参互校勘，补脱正误。

近人旧整理本的重印，有罗常培校点《韵学源流》，中华书局 1962 年出版，据 1929 年经校点者校勘的标点本排印。

（三）训诂、语法类古籍整理

训诂类的古籍整理有：清王引之《经传释词》，中华书局 1956 年出版，据清同治七年成都书局《高邮王氏经传释词并惠安孙氏补再补合刊》本校印，加标点，并做校记；清吴昌莹《经词衍释》，中华书局

---

① 《音韵学丛书》收：（宋）司马光、（元）邵光祖：《切韵指掌图》二卷附《检图之例》一卷校记一卷；（宋）吴棫：《韵补》五卷；（明）陈第：《毛诗古音考》四卷附《读诗拙言》一卷附录一卷；（清）顾炎武：《韵补正》一卷、《屈宋古音义》三卷、《音学五书》三十八卷（收《音论》三卷、《诗本音》十卷、《易音》三卷、《唐韵正》二十卷、《古音表》二卷）；（清）李因笃：《古今韵考》四卷；（清）江永：《古韵标准》四卷、《诗韵举例》一卷、《音学辨微》一卷；（清）江永、（清）夏燮：《四声切韵表》一卷附校正一卷；（清）戴震：《声韵考》四卷、《声类表》九卷；（清）段玉裁：《六书音均表》五卷；（清）孔广森：《诗声类》十二卷、《诗声分例》一卷；（清）王念孙：《古韵谱》二卷；（清）钱坫：《诗音表》一卷；（清）江有诰：《江氏音学十书》（原缺三种，收《诗经韵读》四卷、《群经韵读》一卷、《楚辞韵读》一卷附《宋赋韵读》一卷、《先秦韵读》二卷、《廿一部谐声表》一卷、《入声表》一卷、《唐韵四声正》一卷、《等韵丛说》一卷）；（清）夏炘：《诗古韵表二十二部集说》二卷；（清）严可均：《说文声类》二卷出入表一卷；（清）陈澧：《切韵考》六卷《外篇》三卷。

1956 年出版，据清末成都书局刊本校印，对个别讹文脱字做了校正；清翟灏《通俗编》，商务印书馆 1958 年出版，据梁氏《频罗庵遗集》卷一四排印，书末另编四角号码语汇综合索引；汉扬雄《輶轩使者绝代语释别国方言》，古籍出版社 1957 年出版；周祖谟校笺、吴晓铃通检《方言校笺及通检》，科学出版社 1956 年出版；清钱大昕、陈鳣《恒言录　恒言广证》，商务印书馆 1958 年出版，前者以《丛书集成》本重校排印，后者从未刊行，据上海历史文献图书馆藏过录本排印；清钱大昭等《迩言》等 5 种，商务印书馆 1959 年出版。

语法类的古籍整理有章锡琛校注《马氏文通校注》，中华书局 1954 年出版，该书取 1904 年商务印书馆初版加新式标点排印，添补马氏引文出处之所略，订正马氏引文之所误，根据内容新添子目录。杨树达撰《马氏文通刊误》，科学出版社 1958 年、中华书局 1962 年版，该书 1931 年商务印书馆曾出版，此版系作者重新校订本。

为了推动中央有关文字改革的相关政策，1956—1960 年文字改革出版社先后影印出版《拼音文字史料丛书》，该丛书由倪海曙收集、编辑，收录了明末传教士方案、清末切音字运动诸方案以及民初汉字改革运动文献等有关文献 27 种。① 该丛书出版后似乎未得到充分的利用，国家图书馆出版社 2015 年重版此书说："这些图书分辑陆

---

① 历年出版有：［意］利玛窦《明末罗马字注音文章》（1957 年）、［法］金尼阁《西儒耳目资》（1957 年）、（清）刘世恩《音韵记号》（1957 年）、（清）刘孟扬《中国音标字书》（1957 年）、（清）田廷俊《拼音代字诀》（1957 年）、（清）田廷俊《数目代字诀》（1957 年）、（清）沈学《盛世元音》（1956 年）、（清）郑东湖《切音字说明书》（1957 年）、（清）王炳耀《拼音字谱》（1956 年）、（清）蔡锡勇《传音快字》（1956 年）、（清）陈虬《欧文音汇》附补遗（1956 年）、（清）力捷三《闽腔快字》（1956 年）、（清）劳乃宣《简字谱录》（1956 年）、（清）朱文熊《江苏新字母》（1957 年）、（清）杨琼、李文治《形声通》（1957 年）、（清）卢戆章《中国字母北京切音合订》（1957 年）、《北京切音教科书》（1957 年）、（清）王照《官话合声字母》（1957 年）、《官话字母读物八种》（1957 年）、（清）沈韶和《新编简字特别课本》（1957 年）、章炳麟《驳中国用万国新语说》（1957 年）、文字改革出版社编《刘献廷》（1957 年）、《国语月刊汉字改革号》（1957 年）、《清末文字改革文集》（1958 年）、张濂溪校订《拼汉合璧五洲歌略》（1958 年）、（清）陈虬《新字瓯文七音铎》（1958 年）、张鹤龄《文敝篇》（1960 年）。

续出版，印数多少不一，现在收齐一套很不容易，一些图书馆收藏的也不齐全。为此，我们重印此书，希望能为汉语言文字学的研究带来一些方便。"

第二节　历史类古籍的整理

20 世纪 50 年代初、中期，中国史学界面临着"史观改造"任务，即以马克思主义史学观改造旧的史观，与此相应，这段时间未见多少历史古籍的整理，出现的较多是农民战争史料的收集整理。自 1954 年毛泽东指示要点校《资治通鉴》之后，历史古籍的整理遂逐渐展开，传统意义上的正史类、编年类、纪事本末类、典制类、诏令奏议类、传记类等各体历史古籍多见整理，而这一时期史部古籍整理的最大成就为点校本"二十四史"及《清史稿》的出版。20 世纪 50 年代末的"史界革命"以及其后的"文革"使历史类古籍整理的热潮渐次冷却，但"二十四史"及《清史稿》的整理工作仍在进行。

一　《资治通鉴》及相关史书的整理

如上章所述，在毛泽东亲自关心下，1954 年 11 月，成立"标点《资治通鉴》委员会"。1956 年 6 月，古籍出版社出版了点校本《资治通鉴》，中华书局 1963 年有重印。该书由顾颉刚等十二人点校，开创了应用 1951 年出版总署公布的新式标点符号标点大部头史籍的范例，[①] 其校勘具有择善本、存旧貌、慎处理等特点。该书"标点《资治通鉴》说明"中说：

这次标点排印的是根据清胡克家翻刻的元刊胡注本，原因是

---

① 关于此书具体的标点工作，可参见蔡美彪《〈资治通鉴〉标点工作回顾》，《学林旧事》，中华书局 2012 年版，第 120—127 页。

这个本子有元朝著名学者胡三省的注文，对于阅读《通鉴》有很大的帮助；它把司马光的《考异》散注在正文之下而不单独刊行，阅读起来也比较方便。而且章钰曾根据胡刻本校过宋、明各本，并参考了以前人校过的宋、元、明本记录，写成《胡刻通鉴正文校宋记》，现在我们根据同一刻本标点排印，便于把章钰的校记择要附注在正文之下。这样，宋、元、明各本的长处就汇集在一起了。①

除标点之外，还做了一些细致的整理工作，② 充分体现了整理工作的学术价值，因而这些工作方法多数为其后的历史类古籍整理所沿袭。

该书被广泛地使用，虽标点间亦有误。至 1987 年，中华书局已第 7 次印刷，印数累计已达 25 万套。同时，新版《资治通鉴》所确立的校点标准也被应用到其他古籍的整理中，如对清毕沅《续资治通鉴》的整理，该书 1957 年由古籍出版社出版，1964 年中华上编所重印。

《续资治通鉴》据清嘉庆六年冯集梧刻本校点排印，对其校补工作，整理者有进一步的说明：（一）讹误，凡校出讹字，就于该字下面用方弧〔〕括注正字，字体和原文一般大小；（二）遗漏，凡校出遗漏，就用圆弧（ ）括注其应补字句，字体也和原文一般大小；

---

① （宋）司马光编著，（元）胡三省音注：《资治通鉴》，古籍出版社 1956 年版，"标点《资治通鉴》说明" 第 1—2 页。

② 其处理加工有六：（一）对人名、地名、书名等专名号、书名号的使用做了说明。（二）对原书行格做了调整并力存旧貌，对于胡刻分段不当之处也有所纠正。（三）根据《四部丛刊》影宋本《通鉴考异》，并参考胡元常据万历刻本所做校记，校出胡刻本《考异》遗文十一条，并改正了若干误字和错简。底本中《考异》位置放得不合适的，都依宋本改正。（四）对胡注的讹脱衍倒，一般不直接改正，而是括注正字于误字之下，胡注缺文，无法增补的，则依原书空格多少，注明 "原缺若干字"。（五）章钰《胡刻通鉴正文校宋记》中的重要校文都收入该书做注文，加注 "章" 字，并用方括号括出。凡章钰校出的原书错误，一般只附校文，并不改正原文。只有校出的重要遗漏，才把它补出作正文，还另加简略的说明，首尾加了方括号。（六）对原书纪年加注干支。又在每年之下括注干支和公历，以便检查。

（三）衍文，凡校出衍文，就在该字句下用圆弧（）括注"校者按：某字或几字衍"，字体排小五号，比原文小一些；（四）颠倒，凡校出次序颠倒，就在该条下注明"校者按：此条应移某条前或后，或某年某条前或后"，按语括以圆弧，用小五号字排印；（五）重复，凡校出重复，就于各条酌加"校者按"指出，括以圆弧，用小五号字排印；（六）疑误，凡校出疑有脱漏或重复处，都加"校者按"指出，括以圆弧，用小五号字排；（七）讳字改正，清代之讳，皆改回原字，宋讳则不改。① 1964 年中华书局版点校本《通鉴纪事本末》亦从此例，顾士铸在"前记"中说："宋大字本商务印书馆曾据以影印，列入《四部丛刊》。由于这个本子比较接近原书面貌，即用为底本，校点分段。《通鉴》是袁书所据的蓝本，因此曾取胡克家本《通鉴》对校一过。发现歧异，并就北京图书馆所藏宋小字本参校。大字本误而小字本不误者，径行改正。凡两本皆误，据《通鉴》校改处都加有方圆括号；方括号表示增，仍用大字；圆括号表示删，用小字排印。"②

　　其他通鉴体的整理尚有：清李铭汉《续通鉴纪事本末》，古籍出版社 1957 年出版，据清光绪间武威李氏刻本影印；清吴乘权等《纲鉴易知录》，中华书局 1960 年出版，施意周点校，以扫叶山房石印本作底本，参考其他版本，查对原辑者所辑录的原文，详细校勘，并加注公元年数，改原注地名为今地名，标点出版。

　　其余各个朝代的各体史书，这一时期影印、排印者尚多，如清夏燮《明通鉴》，中华书局据清湖北官书处重校刊行本于 1959 年校勘标点排印；清谈迁《国榷》，古籍出版社据三种抄本互校，订正讹误，于 1958 年断句排印；以及各种纪事本末等古籍的影印或排印。

---

① （清）毕沅编著，"标点续资治通鉴小组"校点：《续资治通鉴》，古籍出版社 1957 年版，第 1 册，第 4—9 页。
② （宋）袁枢：《通鉴纪事本末》，中华书局 1964 年版，第 1 册，第 3—4 页。

二 典制、诏令奏议、传记类史书的整理

中华人民共和国前三十年典制类历史古籍的整理包括历代会要、典章、律令等，其中会要类 8 种；历代律令、典章类 9 种；诏令奏议类 13 种；传记类 35 种。[①] 整理的方式或为影印，或为断句标点。

会要体史书以事类为中心，叙述一定时期或某朝代典章制度，所谓补传记之"甲与乙不相联系"、编年之"前与后不相贯穿"，于是"又有会要之作"[②]。1955 年前后，中华书局先后出版历代会要 8 种，或为标点整理，或为旧纸型重印。详见表 2 - 3。

表 2 - 3　　　　　　　　　　　　**历代会要**

书名	出版单位，时间	备注
春秋会要	中华书局，1955 年	断句排印。
秦会要订补	群联出版社，1955 年；中华书局，1959 年	中华版在群联版的基础上，将原书的"补遗"部分和所修正的文字，逐条归入原来的条目下，全书补加新式标点。
西汉会要	中华书局，1955 年	以商务印书馆《国学基本丛书》本纸型重印。
东汉会要	中华书局，1955 年	以商务印书馆《国学基本丛书》本纸型重印。
三国会要	中华书局，1956 年	据江苏书局本订正脱误，标点排印。
唐会要	中华书局，1956 年	以商务印书馆《国学基本丛书》本纸型重印，并据江苏书局本校勘，附校勘表。
宋会要辑稿	中华书局，1957 年	系从残存《永乐大典》辑出，用北平图书馆影印本刊印。
明会要	中华书局，1956 年	断句排印。

历代律令、典章类古籍整理本见表 2 - 4。

[①] 据古籍整理出版规划小组编《古籍整理编目（1949—1981）》统计，中华书局 1981 年版。

[②] （清）俞樾：《〈春秋会要〉序》，《春秋会要》，中华书局 1955 年版，第 1 页。

表 2 - 4　　　　　　　　　　　　　　　**历代律令典章类古籍**

书名	出版单位，时间	备注
唐明律	中国书店，1959 年；中华书局，1965 年重版	影印，木版线装全 8 册。
庆元条法事类	古籍出版社，1957 年	以燕京大学图书馆藏版影印，木版，线装十册。
大元圣政国朝典章　元典章校补释例	古籍出版社，1957 年	影印。前者用清光绪三十四年沈家本刻本，后者用 1934 年中央研究院历史语言研究所刊本，该书系陈垣校释。两书规格统一。
侯马盟书	文物出版社，1976 年	山西省文物工作委员会编。
七国考	中华书局，1956 年	明董说撰。据《守山阁丛书》本排印，以他本参校。
历代职官表	中华上编所，1965 年	清黄本骥编，六卷。以清道光二十六年《三长物斋丛书》本为底本，以殿刻官修七十二卷本《历代职官表》及《十通》等，进行校勘、标点。收入瞿蜕园《历代官制概述》《历代职官简释》二文。书后有索引。

　　该类之中，《元典章校补释例》是陈垣在校补沈家本刻本《元典章》一万多条校记的基础上，选例说明校勘学方法的重要著作，其后多以《校勘学释例》单行，影响甚大。

　　诏令奏议类古籍的整理有：宋宋敏求编《唐大诏令集》，商务印书馆 1959 年出版，此书是唐朝诏令的汇编，宋、元、明三朝无刻本，清光绪间，南浔张钧衡据明抄本刻印行世，收入《适园丛书》；此版以铁琴铜剑楼原藏顾广圻校旧抄本为底本，用适园本校勘、断句，参照文津阁《四库全书》本和北京图书馆藏翁同龢本对校，然全书正文仅有句读，未列校勘记。同一体例校勘出版的尚有《宋大诏令集》，中华书局 1962 年版，据北京图书馆、北京大学图书馆收藏的两种抄本，校核补订排印，唯该书另有《宋大诏令集校记》一册（中华书局 1962 年版）。其余如林则徐、黄爵滋、曾国藩、刘坤一、盛宣怀等人此类著作，此时期亦见整理，皆为中华书局出版。①

史部传记类古籍，这个时期整理出版的有：《世本八种》，商务印书馆 1957 年出版，其中孙冯翼辑本、张澍稡集补本、雷学淇校辑本、茆泮林辑本以商务印书馆《丛书集成》本旧纸型重印，王谟辑本、陈其荣补订孙本、秦嘉谟辑补本、王梓材集览本系新排印。元苏天爵撰《元朝名臣事略》，中华书局 1962 年出版。梁岵庐整理的《忠王李秀成自述手稿》，上海出版公司 1954 年出版；《忠王李秀成自述校补本》，由中华书局、广西人民出版社于 1961 年分别出了线装本和排印本；罗尔纲所撰《忠王李秀成自传原稿笺注》，1957 年由中华书局出版。另有《历代各族传记汇编》等传记资料汇编的整理，该编由中央民族学院研究部主编，翦伯赞等参编，第一编收列《史记》《汉书》《后汉书》《三国志》，第二编收到《晋书》和"八书二史"，由中华书局于 1958 年出版。

三　史料的编纂整理

这个时期对史料的整理，以农民战争史料的编纂较为突出，其他尚有《中国近代史资料丛刊》《中国历史研究资料丛书》《晚明史料丛书》《明清笔记丛刊》《元明史料笔记丛刊》《清代史料笔记丛刊》《近代史料笔记丛刊》《明清史料》等的整理出版。

农民战争的资料纂辑有：郑天挺等《明末农民起义史料》，开明书店 1952 年出版；谢国桢《清初农民起义资料辑录》，新知识出版社 1956 年出版，上海人民出版社 1957 年出版；中国史学会《捻军》（全六册），神州国光社 1953 年出版；江世荣《捻军史料丛刊》（第一、二、三集），商务印书馆 1957—1958 年出版；聂崇岐《捻军资料别集》，上海人民出版社 1958 年出版；上海社会科学院历史研究所

---

① 林则徐《林则徐集》，1962 年；黄爵滋等《黄爵滋奏疏　许乃济奏议合刊》，1959 年；曾国藩《曾国藩未刊信稿》，1959 年；刘坤一《刘坤一遗集》，1959 年；盛宣怀《盛宣怀未刊信稿》，1960 年。

《上海小刀会起义史料汇编》，上海人民出版社 1958 年出版；聂崇岐《金钱会资料》，上海人民出版社 1958 年出版；中国史学会主编《回民起义》（全四册），神州国光社 1952 年出版；郑天挺等《宋景诗起义史料》，开明书店 1953 年、中华书局 1954 年出版；国家档案局明清档案馆《宋景诗档案史料》，中华书局 1959 年出版；太平天国历史博物馆《太平天国史料丛编简辑》（第一至六册），中华上编所 1961—1963 年出版等。《捻军》《回民起义》均被列入《中国近代史资料丛刊》。[①] 该丛刊的编纂体例颇善，如《捻军》所收资料共分《综合》《地区》《函牍杂文》三大类，在排列上并不拘于原书的类别，而注重于选录的文字性质，在选辑的各篇文字之首，都注明了它在原书的卷页次第，又在资料之前附《征引书目》，注明卷数、著者、出版时期，有的书名下还略加解题，以便核对和参考。

《中国历史研究资料丛书》收书 11 册，每册包含史料数种，神州国光社 1951 年出版，有《避戎夜话》《先拨志始》《烈皇小识》《倭变事略》《虎口余生记》《三湘从事录》《明武宗外纪》《崇祯长编》《三朝野记》《甲申传信录》《信及录》。该丛书 1936 年初版，名《中国内乱外祸历史丛书》，所收资料，以中国历史上（成书后则以明代居多）的农民起义、异族入侵以及边将作乱、宫廷政变、朋党相争为中心，辑录被历朝"官书"所摒弃的史料，不少为民间收藏的抄本。

《晚明史料丛书》收书 8 种，中华上编所 1959—1960 年出版，包

---

① 同时被列入《中国近代史资料丛刊》的，还有《鸦片战争》（全六册），神州国光社 1954 年、上海人民出版社 1957 年出版；《洋务运动》（全八册），上海人民出版社 1961 年出版；《中法战争》（全七册），新知识出版社 1955 年、上海人民出版社 1957 年出版；《中日战争》（全七册），新知识出版社 1956 年、上海人民出版社 1957 年出版；《戊戌变法》（全四册），神州国光社 1953 年、上海人民出版社 1957 年出版；《义和团》（全四册），神州国光社 1951 年、上海人民出版社 1957 年出版；《辛亥革命》（全八册），上海人民出版社 1957 年出版；《太平天国》，神州国光社 1952 年出版全七册、上海人民出版社 1957 年出版全八册等。其余关于此类史料的编纂亦甚多。

括明张岱《石匮书后集》（1959年），据上海图书馆藏刘氏天尺楼抄本断句排印；清温睿临《南疆逸史》（1959年），以清人傅以礼藏本为底本，据1913年上海国光书局铅印本对校，断句排印；清查继佐《国寿录》（1959年），据上海图书馆藏清人吴骞朱校本断句排印；明赵士锦等《甲申纪事　纪事略　恸余杂记　南忠记》四种合册（1959年），皆以上海图书馆藏本断句排印；清郑达《野史无文》（1960年），据桐城姚氏藏本的传录本断句排印。中华上编所尚出版有《明清笔记丛刊》（1959年），收明刘基《郁离子》数种。

自1959年起，吴晗主编《元明史料笔记丛刊》、郑天挺主编《清代史料笔记丛刊》、邵循正主编《近代史料笔记丛刊》三套丛书先后由中华书局陆续出版，此三套书皆以校点刊行，卷首冠以或简或详的介绍作者、书籍内容、选印版本的"出版者说明"，体例颇善。如其中《南村辍耕录》的"出版者说明"，涉及作者介绍："陶宗仪字九成，号南村，元末明初浙江黄岩人，后居住在松江"。著作的成书、规模和主要内容："这部《辍耕录》据说就是在松时所作，他每当空暇的时候，经常在树荫下摘采树叶子来做笔记，写完了贮放在盆内，十年间他放满了十几盆，抄录下来编成三十卷，名曰《南村辍耕录》。这部书记载了许多元代社会的掌故、典章、文物，还论到小说、戏剧、书画和有关诗词本事等等方面的问题。对于史学研究者和文学研究者有一定的参考价值"。底本选择和校点体例："本书有元刻及明刻本多种，现在用一九二三年武进陶氏影元刻本为底本，断句重印。元刻本正文每节没有标目，我们根据卷首的总目，补标在每节之首；其中显著错字和通借字都参校别的本子加以改正。并从《津逮秘书》本抄录彭玮、毛晋两跋附后，以备参阅。"[1] 虽系不足三百字的介绍，然读者自能于此了解有关著者及此书的大概。

《明清史料》（丁编）系商务印书馆1951年出版，线装全十册。

---

[1]（元）陶宗仪：《南村辍耕录》，中华书局1959年版，"出版者说明"第1页。

商务印书馆曾出版《明清史料》甲、乙、丙三编。此编搜集明崇祯八年至十五年及清顺治三年至康熙二十一年间各种奏折、揭帖、稿簿、敕谕等原始史料993篇，系为"丁编"。

四　史学专著及地理、金石类著作的整理

中华人民共和国前三十年，史学专著方面，刘知幾、司马光、范祖禹、李贽、王夫之、钱大昕、赵翼、王鸣盛、章学诚、林国赞、沈家本诸家著作皆有整理，或影印，或重版，或断句标点。详见表2-5。

表2-5　　　　　　　　　　　　　　　　史学专著类古籍

书名	出版单位，时间	备注
史通	中华书局，1961年	唐刘知幾撰。据张子象刻本影印。
廿二史考异	商务印书馆，1958年	清钱大昕撰。用旧纸型重印。
考史拾遗	商务印书馆，1958年	清钱大昕撰。据《潜研堂全集》本断句排印。
廿二史札记	商务印书馆，1958年；中华书局，1963年	清赵翼撰。商务版系用旧纸型重印；中华版系据商务版重印，重印时据《瓯北全集》原刻本做了校对，并另编新目。
十七史商榷	商务印书馆，1959年；四川人民出版社，1957年	清王鸣盛撰。商务版系用旧纸型重印；四川人民版以清光绪六年太原王氏校刊本影印。
文史通义	古籍出版社，1956年；中华书局，1961年再版	清章学诚撰；刘公纯标点。据《章氏遗书》本排印，较旧刻本《文史通义》增内篇1卷、补遗8篇，卷后附补遗续5篇。
通鉴论	江苏人民出版社，1962年	宋司马光撰；清伍耀光辑录。据光绪二十八年宏道堂刊本，参照古籍出版社1957年版《资治通鉴》标点排印；附有《稽古录论》。
唐鉴	商务印书馆，1958年	宋范祖禹撰。以《国学基本丛书》本纸型重印。
藏书　续藏书 史纲评要	中华书局，1959年	明李贽撰。
宋论	中华书局，1964年	明清之际王夫之撰。
读通鉴论	中华书局，1975年	明清之际王夫之撰。

续表

书名	出版单位，时间	备注
读三国志杂志	中华书局，1959 年	清林国赞撰。石印线装。
诸史琐言	中华书局，1963 年	清沈家本撰。据《沈寄簃先生遗书》原版刊印。

　　地理学古籍的集中整理始于 20 世纪 60 年代初，其所选书目，有着明显的时代和地域的特征。一代的地理著作，有上海古籍书店1961—1966 年影印出版的《天一阁藏明代方志选刊》，选印天一阁藏明代方志 107 种；一地之地理著作，则有北京出版社 1961—1964 年出版的有关北京历史地理的古籍 17 种。另外，1961 年起，《中外交通史籍丛刊》亦开始编刊。

　　北京出版社出版的有关北京的历史地理古籍有《帝京景物略》等 17 种，这些书其后多被列入《北京古籍丛书》。详见表 2 - 6。

表 2 - 6 　　　　　　　　　　　　　　**地理类古籍**

书名	出版时间	备注
长安客话	1960 年	明蒋一葵撰。据北京图书馆藏抄本排印，并据宣统时《常州先哲遗书》本校勘。该书专记明代中叶北京城郊情况。
宛署杂记	1961 年	明沈榜撰。据中科院图书馆所藏日本尊经阁文库原书的摄影胶卷排印。
帝京岁时纪胜 燕京岁时记	1961 年	《帝京岁时纪胜》清潘荣陛撰，据张江裁编《北平史迹丛书》本排印，并参乾隆二十三年原刻本校改；《燕京岁时记》清富察敦崇撰，据光绪三十二年刻本排印。
天府广记	1962 年	清孙承泽撰。据北京图书馆等收藏的几种不完全的抄本进行校补排印。
京师五城坊巷胡同集 京师坊巷志稿	1962 年	《京师五城坊巷胡同集》明张爵撰，《京师坊巷志稿》清朱一新撰，分别记述明清两代北京的坊巷胡同。
昌平山水记 京东考古录	1962 年	明清之际顾炎武撰。两种皆据《顾亭林先生遗书汇辑》排印，并据《顾亭林先生遗书十种》《日知录》等校订。

书名	出版时间	备注
帝京景物略	1963 年	明刘侗等撰。此次据张次溪藏明崇祯八年初刻本重印。
明宫史　金鳌退食笔记	1963 年	《明宫史》，明吕毖自刘若愚《酌中志》辑出，此次据《学津讨原》本加以补充排印；《金鳌退食笔记》，清高士奇撰，二书对研究明清宫廷建置的变迁可资参考。
北平考　故宫遗录	1963 年	《北平考》记北京沿革资料，撰者明人，姓氏不详，此次据北京图书馆藏抄本排印；《故宫遗录》，明萧洵撰，记述元朝宫殿诸况真实全面，此次据《知不足斋丛书》本排印。
京城古迹考　日下尊闻录	1964 年	《京城古迹考》，此次据清励宗万手写稿本排印；《日下尊闻录》撰者阙名，据咸丰二年安和轩刻本排印。
宸垣识略	1964 年	清吴长元撰，此次据乾隆五十三年刻本、光绪二年刻本等整理排印，书中有地图十八幅。

　　其他地理类古籍整理，有尹世积《禹贡集解》（商务印书馆 1957 年版），辛树帜《禹贡新解》（农业出版社 1964 年版），《水经注》（文学古籍刊行社 1955 年版、商务印书馆 1958 年版），杨守敬纂疏、熊会贞参疏《水经注疏》（科学出版社 1957 年版），张宗祥《校正三辅黄图》（古典文学出版社 1958 年版），《汉唐地理书钞》（中华书局 1961 年版），《元一统志》（中华书局 1966 年版），《汴京遗迹志》（中国书店 1959 年版），范祥雍《洛阳伽蓝记校注》（古典文学出版社 1958 年版），周祖谟《洛阳伽蓝记校释》（科学出版社 1958 年版、中华书局 1963 年版），《洛阳名园记　桂海虞衡志》（商务印书馆 1955 年版），《西陲总统事略》（中国书店 1959 年版），《读史方舆纪要》（中华书局 1955 年版）诸种，或影印或校点，其中周祖谟《洛阳伽蓝记校释》最称精审。

　　1961 年起，《中外交通史籍丛刊》开始由中华书局刊行。该丛书由北京大学历史系编纂，计划将历代正史外国传以外的有关中外交通著述加以整理出版，旨在给亚洲各国史和中外交通史的研究提供资料。丛刊计划收书四十余种，然而这期间仅出版有向达整理的三种：《郑和航海图》（1961 年），该图见于明茅元仪《武备志》卷二四〇，是中国最早的一本有关海外的地图，本次出版据《武备志》原图影印整理时，除对原文加了必要的注释，订正其中错误外，书前撰有评介序言，书末附有考释性的地名索引。《两种海道针经》（1961 年出版），该书包括《顺风相送》《指南针注》两种，是明末清初期间舟师航海用的航行通书，此版据英国牛津大学鲍德林图书馆所藏旧抄本校点整理。《西洋番国志》（1961 年），该书叙述 15 世纪初期东南亚及印度洋沿岸诸国情况，原书从未刊行，此版据北京图书馆藏彭元瑞的知圣道斋抄本校注。

除《中外交通史籍丛刊》外，这个时期整理出版的中外交通类史籍还有《法显传》（文学古籍刊行社 1955 年版）、《大唐西域记》（文学古籍刊行社 1955 年版），冯承钧校注的《星槎胜览校注》《瀛涯胜览校注》《海录注》（中华书局 1954—1955 年版）。湖南人民出版社又据新发现的清末郭嵩焘的《英轺纪程》原稿，于 1958 年将其排印出版。

金石类古籍的整理，有：《嘉业堂金石丛书》，上海古籍书店 1964 年版，据吴兴刘氏嘉业堂刻本木板刷印，该丛书收《闽中金石志》《汉武梁祠画像考》《海东金石苑》等五种；《十六长乐堂古器款识考》，中国书店 1959 年版，木版线装；《刻碑姓名录》，古籍出版社 1958 年版，用《咫园丛书》本重印；蔡美彪编著《元代白话碑集录》，科学出版社 1955 年版等。

第三节 哲学宗教类古籍的整理

1959 年至 1963 年，中国科学院哲学研究所中国哲学史组编有《中国哲学史资料选辑》。其中，先秦、两汉部分选录传统的经、子著作；宋元明部分选录了从北宋到明末有代表性的 23 个思想家的哲学论著；明末以降选录了黄宗羲、方以智、顾炎武、王夫之、陈确、朱之瑜等 14 人；近代部分选录有龚自珍、魏源、曾国藩、张之洞、洪秀全、康有为、梁启超、谭嗣同、严复、章炳麟、孙中山、朱执信等人。这个阶段的哲学宗教类古籍的整理，除对传统经部（如"十三经"）、子部（如秦汉诸子）名著予以一定的重视外，其他方面似未出上面这个《选辑》所收辑范围。

一　《十三经注疏》等经部古籍的整理

这个阶段，经部古籍得以整理的不多。《论语》《孟子》而外，经部古籍的今人校注本较少。《十三经注疏》的全套刊行，仅中华书局 1957 年用《四部备要》本纸型重印，共 40 册。该书印了 1 次，印数 1500 部，远少于 1954 年出版的《诸子集成》5000 部，仅就印数来说，经部古籍似亦并未得到足够的重视。《论语正义》《孟子正义》，中华书局 1957 年有单书出版，皆以《诸子集成》本重印。

后人的解经之作，整理了几部清人的注经解经著作。有王夫之的《尚书引义》，王孝鱼点校，中华书局 1962 年版，以曾刻《船山遗书》本为底本，参照周调阳据嘉恺抄本所做的校勘记和太平洋书店排印本进行了校勘标点，该书中华书局 1976 年重排印行，并加了新写的前言。《周易外传》，王孝鱼点校，中华书局 1962 年版，以曾刻《船山遗书》本为底本，参照周调阳据嘉恺抄本所做的校勘记和太平洋书店排印本进行了校勘标点。朱骏声《六十四卦经解》，古籍出版社 1958 年版，由朱师辙根据原稿整理排印。戴震《孟子字义疏证》，何文光整理，中华书局 1961 年版；《原善　孟子字义疏证》，章锡琛标点，古籍出版社 1956 年版等。

今人注释本，有高亨《周易古经今注》，中华书局 1957 年版，用开明书店 1947 年纸型重印；方孝岳《尚书今语》，古籍出版社 1958 年版；杨筠如《尚书覈诂》，陕西人民出版社 1959 年版；曾运乾《尚书正读》，中华书局 1964 年版，据湖南大学油印讲义加以整理，校正讹误，并加断句，书末附《曾星笠尚书正读序》；杨树达《论语疏证》，科学出版社 1955 年版；杨伯峻《论语译注》，古籍出版社 1958 年版、中华书局 1962 年版等。

《四书》方面，有上海沈鹤记书局1951年版《四书集注》；中华书局1957年版《四书集注》，据《四部备要》纸型重印；中华书局1975年版王夫之《读四书大全说》，以曾刻《船山遗书》本为底本，加以校勘、标点、分段。

值得一提的是，清人皮锡瑞的两部经学著作在当时皆有出版，《经学历史》，中华书局1959年版，由周予同注释；《经学通论》，中华书局1954年版，用商务印书馆《国学基本丛书》本纸型重印。时至今日，它们仍是研究经学史的入门必读之作。

二 《诸子集成》等子部古籍的整理

《诸子集成》，原国学整理社辑，1935年世界书局排印出版，1954年中华书局出版了订正本，删去了原版收录的梁启超《管子评传》、麦孟华《商君评传》、陈千钧《韩非新传》和《韩非子书考》四部，并"经改正错误脱漏，重排和挖改纸型，共达一千余面"①。由于该丛书选择较精，且多为有学术价值的注释本，研究者使用较便利，至1986年第5次重印时，已出版21000套。中华书局更于其后编刊了《新编诸子集成》和《新编诸子集成续编》。

1954—1956年，先秦诸子著作亦有单部重印的，计有《墨子间诂》《老子本义》《庄子集解》《列子》《吕氏春秋集释》等，或用旧纸型重印，或影印。

20世纪50年代后，对先秦诸子著作加以整理出版的颇多，如王叔岷《郭象庄子注校记》（商务印书馆1950年版），高亨《墨经校诠》（科学出版社1958年版）、谭戒甫《墨辩发微》（科学出版社1958年版、中华书局1964年版），郭沫若、闻一多、许维遹《管子集校》（科学出版社1956年版），杨伯峻《列子集释》（龙门联合书

---

① 中华书局编辑部：《诸子集成·重印说明》，《诸子集成》，中华书局1986年版，第1册，第1页。

局 1958 年版），吴则虞《晏子春秋集释》（中华书局 1962 年版），杨树达《淮南子证闻》（中国科学院 1953 年版），王启湘《周秦名家三子校诠》（古籍出版社 1957 年版，含《邓析子校诠》《尹文子校诠》《公孙子校诠》三种），谭戒甫《公孙龙子形名发微》（科学出版社1957 年版）、庞朴《公孙龙子译注》（上海人民出版社 1974 年版）等。

其中比较突出的成果如：《庄子集释》，清郭庆藩撰，王孝鱼点校，中华书局 1961 年版。该书据长沙思贤讲舍刊本整理排印，书中的《庄子》原文，据黎庶昌《古逸丛书》覆宋本、《续古逸丛书》影宋本、明世德堂本、《道藏》成玄英疏本以及《四部丛刊》所附孙毓修宋赵谏议本《校记》、近人刘文典《庄子补正》、王叔岷《庄子校释》等书加以校订。该书其后被列入中华书局《新编诸子集成》。

《韩非子集释》，陈奇猷校注，中华上编所 1958 年版，上海人民出版社 1974 年有重版。卷首《韩非子集释凡例》述及校释诸原则，中华上编所版《出版说明》总结该书的整理特点说："《韩非子集释》是一部汇校和汇注的书，它虽是在《集解》的基础上加工结集起来的，但它不仅在搜辑和考订上比《集解》丰富和提高了许多，就是在校注的方法上，也能不尽为清代朴学家所局限。""在搜辑工作上，这书辑录了约有九十家大致不相重复的校注，其取舍的原则也相当谨严。每条之后，几乎都有案语，这些案语，大都有作者自己的见解。""在校注工作的方法论上面，作者也有较王氏迈进了一步的地方。……在校注中就注意到结合韩非的思想体系来进行工作，从而突破了考据家传统的治学方法。"[①] 陈氏另有《韩非子集释补》，曾作为《韩非子集释》附录，中华上编所 1961 年有单独刊行。

20 世纪 50 年代中期至 60 年代初，孙子和商鞅皆颇受重视，二者著作有多种形式的整理出版。关于孙子的，有《宋本十一家注孙子》

---

① 陈奇猷校注：《韩非子集释》（增订本），中华上编所 1958 年版，上册，"出版说明"第1—2 页。

中华上编所 1961 年版，据上海图书馆与北京图书馆藏宋宁宗时所刻《十一家注孙子》影印，郭化若《孙子今译》作为附册，1962 年中华上编所出版了整理本；杨炳安著《孙子集校》，中华书局 1959 年版等，其余各种版本的《孙子》选译甚多。关于商鞅的，有《商君书解诂定本》，朱师辙撰，古籍出版社 1956 年版；《商君书注译》，高亨撰，中华书局 1974 年版。其余各种版本的评注、新注之类亦甚多。

20 世纪 70 年代的考古发现如银雀山汉墓竹简、马王堆汉墓帛书等，亦有整理。前者有银雀山汉墓竹简整理小组编《孙子兵法》，文物出版社 1976 年版，后者有马王堆汉墓帛书整理小组编《老子》，文物出版社 1976 年版，系 1973 年长沙马王堆三号汉墓出土的甲、乙两种帛书《老子》的整理本，加标点、注释和译文。

对诸子研究的古籍，有俞樾的《诸子平议》，中华书局 1954 年版，用《国学基本丛书》本纸型重印；《诸子平议补录》，中华书局 1956 年版，据四川刻本断句排印。1959 年中华书局出版了二书的合印本。

三　汉以后哲学宗教类古籍的整理

按照中国哲学史或思想史的规范，应该将汉以后的哲学宗教类古籍，在时间段上划分为两汉至隋唐、宋元明、清和近代等三大部分，但是 20 世纪五六十年代真正从事古籍整理的时间毕竟不长，所出版的此类古籍也不过 30 人 40 余种，难以涵盖到各个时期。为此，我们将它们综合在一起，按原著时代先后，列为表 2－7。

表 2－7　　　　　　　　　　汉以后哲学宗教类古籍

书名	出版单位，时间	备注
贾谊集	上海人民出版社，1976 年	包括汉贾谊现存的著作《新书》56 篇、疏 7 篇、赋 5 篇和一些散见于《汉书》《通典》等典籍中的文章，《新书》用清卢文弨抱经堂本校点。
晁错集注释	上海人民出版社，1974 年	该本署名"晁错集注释组注"。

续表

书名	出版单位，时间	备注
春秋繁露	中华书局，1975 年	汉董仲舒撰。以清凌曙《春秋繁露注》为底本，参校他本标点排印。
盐铁论	上海人民出版社，1974 年	汉桓宽撰。卷首有梁效《读〈盐铁论〉》。
盐铁论读本	科学出版社，1957 年；上海人民出版社，1975 年	郭沫若校订。科学出版社版为 16 开大字本。
盐铁论要释	科学出版社，1957 年；中华书局，1963 年	杨树达撰。
盐铁论校注	古典文学出版社，1958 年	王利器校注。后有增订本。
论衡	上海人民出版社，1974 年	东汉王充撰。以明通津草堂本为底本，参考前人校勘，加标点、分段。
论衡集解	古籍出版社，1957 年；中华书局，1959 年	刘盼遂集解。正文三十卷，以王充事迹及《论衡》题跋合为附录一卷。
人物志	文学古籍刊行社，1955 年	三国魏刘邵撰。据《四部丛刊》景印明正德刊本加以句读重印，任继愈断句。
叶适集	中华书局，1961 年	宋叶适撰；刘公纯、王孝鱼、李哲夫点校。该书为文集、别集的合编，文集以瑞安孙衣言刻本为底本，别集以遵义李春龢刻本为底本，加以标点分段，并参考孙衣言的校注及浙江图书馆所藏别集抄本做校勘。
伯牙琴	中华书局，1959 年	宋邓牧撰。张岂之、刘厚祜据《知不足斋丛书》本标点，中华书局又请人参照丁氏八千卷楼藏本进行了校勘。
明道编	中华书局，1959 年	明黄绾撰，刘厚祜、张岂之标点，据北京图书馆所藏明刻本为底本。
何心隐集	中华书局，1960 年	容肇祖整理。曾借抄明天启五年张宿诠刻《何心隐先生爨桐集》，并与《梁夫山先生遗集》的抄本互校补订，又参校了原刻本。书末附有何心隐相关资料。

续表

书名	出版单位，时间	备注
初潭集	中华书局，1974 年	明李贽撰。以北京图书馆藏明刻三十卷本为底本，参校北师大、中科院图书馆藏明本三十卷及人大图书馆藏明刻十二卷本，校点出版。
四书评	上海人民出版社，1975 年	明李贽撰。以明万历刻本为底本。
焚书	中华书局，1961 年	明李贽撰。以清末《国粹丛书》本为底本，参校明刊《李温陵集》，书末附录《李温陵集》多出的十一篇。
续焚书	中华书局，1959 年	明李贽撰。以中科院图书馆所藏明刻本为底本校点。
东西均	中华上编所，1962 年	明清之际方以智撰。李学勤据安徽省博物馆藏清初抄本标点。
明夷待访录	古籍出版社，1955 年	明清之际黄宗羲撰。以《梨洲遗著汇刊》本为底本，用原刻本、《海山仙馆丛书》本等参校。
张子正蒙注	古籍出版社，1956 年；中华书局，1959、1975 年	明清之际王夫之撰。古籍出版社据太平洋书局本排印，中华 1959 年版系重印，1975 年版以清同治四年《船山遗书》本为底本点校排印。
思问录　俟解	古籍出版社，1956 年	明清之际王夫之撰，王伯祥点校。《思问录》，《内篇》《外篇》各一卷；《俟解》一卷。
黄书　噩梦	古籍出版社，1956 年；中华书局，1959 年	明清之际王夫之撰，王伯祥点校。
诗广传	中华书局，1964 年	明清之际王夫之撰，王孝鱼点校。以金陵刻本为底本，参校相关资料并做了按语。
潜书	古籍出版社，1955 年；中华书局，1963 年	明清之际唐甄撰。古籍社版据王闻远的原刻本和清光绪九年李氏刻本互参校点；中华版系再印，增订了一些诗文，附录三篇研究文章。
四存编	古籍出版社，1957 年；中华书局，1959 年	清颜元撰，王星贤标点。两版皆以《颜李丛书》本为底本，参校《畿辅丛书》本。
颜氏学记	中华书局，1958 年	清戴望撰，刘公纯标点。以《清代学术丛书》本为底本。

续表

书名	出版单位，时间	备注
戴东原集	四川人民出版社，1957 年	清戴震撰。以清宣统二年渭南严氏刻本影印，木板，线装，六册。
述学	四川人民出版社，1957 年	清汪中撰。以成都志古堂原版印行，附校勘记、遗文钞。木板，线装，二册。
弢园文录外编	中华书局，1959 年	清王韬撰，汪北平、刘林整理。
弢园尺牍	中华书局，1959 年	清王韬撰，汪北平、刘林整理。
适可斋记言	中华书局，1960 年	清马建忠撰，张岂之、刘厚祜校点。以清光绪二十二年刻本为底本，并参校别本。书末附有作者传记。
大同书	古籍出版社，1956 年；中华书局，1959 年	清康有为撰，周振甫、方渊校点。据 1935 年钱安定整理本，参校旧印本、旧抄本。
孔子改制考	中华书局，1958 年	清康有为撰。据万木草堂 1920 年重刊本标点；补录了序文。
新学伪经考	古籍出版社，1956 年；中华书局，1959 年	清康有为撰。以北平文化学社 1931 年铅排本为底本，用康氏木刻本校正。
谭嗣同全集	三联书店，1954 年	精装一册。
仁学	中华上编所，1958、1962 年	清谭嗣同撰。
清代学术概论	中华书局，1954 年	清梁启超撰。据《饮冰室合集》重印单行本。
清儒学案	中国书店，1959 年	徐世昌编。
訄书	古典文学出版社，1958 年	章炳麟撰。据 1904 年东京翔鸾社版重印，增补诗文三篇。
革命军	中华书局，1958 年	邹容撰。

通过表 2-7，我们不难发现，这个时期的古籍整理，对历代杰出思想家及其著作是相当重视的，如贾谊、桓宽、王充、叶适、李贽、方以智、黄宗羲、王夫之、戴震、康有为等；对一些以往名声不显，但却有着独特的人文思想价值的人物及其著作也具有足够的重

视，如宋末的邓牧，明代的黄绾，清初的唐甄等；对新发现的珍稀文献更是高度重视，如方以智的《东西均》。

由于哲学宗教类古籍内容比较艰深，所以整理的难度也比较大，承担整理工作的多是相关领域的专家学者，他们在整理中也十分注意体例的规范和方法的缜密，如对《叶适集》的整理。南宋思想家叶适（时称水心先生）是浙东永嘉学派的集大成者，存世著作有《水心文集》《水心别集》和《习学记言》。整理者充分调查了《文集》和《别集》现存的版本，参考吸收了历代书目题跋及其他文献资料，考辨了前人的不同意见，决定把《文集》和《别集》合编，定名为《叶适集》。《文集》以清光绪八年孙衣言刻三十卷本为底本，《别集》以同治九年李春龢刻本为底本，加以标点分段，并参考孙衣言的校注及浙江图书馆所藏《别集》抄本做了校勘。整理中，删除了《文集》中与《别集》重复的文章，保存了目录，注明了参见卷、页，既避免了重复，又充分反映了宋本的本来面目。

第四节　科技类古籍的整理

新中国前三十年整理的科技类古籍有农林、医药、天文、历法、数学、工艺、建筑等类，以农林、医药类古籍整理为主体，其余各类的整理不足 20 种。各类科技古籍的整理时间主要集中在 20 世纪 50 年代中后期至 60 年代前期。其中农书整理有 64 种，医药类甚多，其他各类共有 18 种。

一　农书类古籍的整理
这三十年农书的整理，据相关书目统计为 64 种。[①] 较大规模的

---

① 全国古籍整理出版规划领导小组办公室编：《新中国古籍整理图书总目录》，岳麓书社 2007 年版，第 519—524 页。

农业丛书有中华书局、农业出版社 1959—1963 年版《中国古农书丛刊》，资料汇编有《中国农学遗产选集》。

《中国古农书丛刊》是新编的农学古籍丛书，共收书 13 种，后面 4 种为畜牧类古籍。详见表 2 - 8。

表 2 - 8　　　　　　　　　《中国古农书丛刊》子目

书名	出版单位，时间	备注
吕氏春秋上农等四篇校释	中华书局，1957 年；农业出版社，1961 年	夏纬瑛、万国鼎辑释。包括《吕氏春秋》之《上农》《经地》《辨土》《审时》四篇。
种艺必用	农业出版社，1963 年	宋吴怿撰，元张福补遗，胡道静校录。辑录自《永乐大典》。
种树书	农业出版社，1962 年	明俞宗本撰，康成懿注，辛树帜校阅。以明万历《格致丛书》本为底本，参校《说郛》本、《夷门广牍》本。
梭山农谱	农业出版社，1960 年	清刘应棠撰，王毓瑚校注。据清同治九年安徽布政使吴坤修刻的《半亩园丛书》本校注。
蚕桑辑要	农业出版社，1960 年	清沈秉成撰，郑辟疆校注。
广蚕桑说辑补	农业出版社，1960 年	清沈练撰，仲昂庭辑补，郑辟疆、郑宗元校注。以清光绪间刻本为底本。
豳风广义	农业出版社，1962 年	清杨屾撰，郑辟疆、郑宗元据清乾隆间济南本进行校勘，附有木刻插图等。
便民图纂	农业出版社，1959 年	明邝璠撰，石声汉、康成懿校注。据明万历本校点排印。
野蚕录	农业出版社，1962 年	清王元綖辑，郑辟疆校。
司牧安骥集	农业出版社，1959 年	唐李石等编撰，邹介正、马孝劬校注。以南京图书馆藏五卷本为第一至五卷的底本，北京图书馆藏《安骥药方》《蓄牧纂验方》为第七、八两卷底本，第六卷以"佚侯本"为底本，参照《马书》《疗马集》等书进行校补和注释。

续表

书名	出版单位，时间	备注
重编校正元亨疗马牛驼经全集	农业出版社，1963 年	明喻本元、喻本亨撰，中国农业科学院中兽医研究所编校。以《元亨疗马集》致盛堂版许锵序本和桐石山房版许锵序本为底本，参照其他本校改、增补并重新编排。
牛经备要医方	农业出版社，1960 年	沈莲舫编，中国农业科学院中兽医研究所校点。
猪经大全	农业出版社，1960 年	据贵州省兽医实验室在遵义、桐梓、合川等地所收集的版本，校订印行。

　　《中国农学遗产选集》由中华书局、中国农业出版社 1957—1962 年陆续出版，该丛书由中国农业科学院、南京农学院中国农学遗产研究室编，分甲、乙、丙、丁四类，甲为植物各论，乙为动物各论，丙为农业技术，丁为农业经济，辑录的对象除农书外，还包括经史子集、方志、笔记、类书中涉农篇章。①

　　从 20 世纪 50 年代中期起，一些重要的农业著作如《氾胜之书》《齐民要术》《农桑辑要》《农政全书》《郡县农政》等都涌现了颇为精细的校勘整理本。

　　《氾胜之书》的整理本有二种。一为万国鼎校释《氾胜之书辑释》，中华书局 1957 年版；一为石声汉释《氾胜之书今释》，科学出版社 1956 年版。万校本《〈氾胜之书辑释〉序》说："这本《氾胜之书辑释》的编写体例，主要是这样的：大体依照《齐民要术》所载的段落，把全书分为十八节。文字主要依据《齐民要术》，但是尽可能作了广泛而彻底的汇校，作了必要校正与可能的补充。……注释注重农业上的问题和不易查考的字句……此外还整节地把原文译成现代

---

　　① 丛书各册为《稻》（上编）（中华书局 1958 年版）、《麦》（上编）（中华书局 1958 年版、农业出版社 1960 年版）、《豆类》（上编）（中华书局 1958 年版、农业出版社 1963 年版）、《柑橘》（上编）（中华书局 1958 年版）、《油料作物》（上编）（农业出版社 1960 年版）、《麻类作物》（上编）（农业出版社 1962 年版）。

口语。最后逐节就其中比较重要或突出的问题，加以讨论，讨论内容主要为阐发、说明、考证与批判。"① 该书另有"凡例"12 条，关于校释标准的说明颇为详尽。石声汉《氾胜之书今释》亦有"体例说明"四项，述及版本、校勘、注释、释文等原则。二书当时皆为较好的古籍整理之作。

《齐民要术》的整理本主要有：石声汉校释《齐民要术今释》，该书列入"西北农学院古农学研究室丛书"，由科学出版社 1957—1958 年出版。该书体例说明中说了四点："①将《齐民要术》原文，加以标点；分条排列，并且逐条编上号码，以便查对；②就现存的《齐民要术》各种重要版本，汇集校勘，再与几部类书对校后，将错、漏字校正，作为校记；③对某些可疑及难解的字句、某些字不常见的读法或用法，作了一些注释；④每一篇，都用近代语尝试着作了比较接近原状的转述，称为'释文'。"② 校释以涵芬楼影印之明抄南宋绍兴龙舒本为底本，参校金抄、明抄、明清刻本等多个版本，用力甚勤。

《农政全书》，1956 年中华书局出版了中国农业遗产研究室校勘本，该本以明崇祯张国维、方岳贡所刊平露堂本为底本，参校贵州本、曙海楼本、山东本、石印本、《万有文库》本等，断句印行。石汉生又于 1965 年完成《农政全书校注》，其后历经修改，1979 年方由上海古籍出版社出版。

《郡县农政》，清包世臣撰，王毓瑚据清光绪十四年《安吴四种》重校刊本整理点校，农业出版社 1962 年出版。该书系从包世臣《齐民四术》中摘出有关农事部分编成，用"郡县农政"的题名刊行，书中除有鸦片战争前后农业生产技术的内容外，还包括一些涉及漕政、水利、钱法的文章、信札、条陈等。

---

① 万国鼎辑释：《氾胜之书辑释》，中华书局 1957 年版，第 8—9 页。
② 石声汉校释：《齐民要术今释》，科学出版社 1957 年版，第一分册，"体例说明"第 1 页。

此时期其他农书古籍得以整理出版的尚有不少，详见表2-9。

表2-9　　　　　　　　　　未列入丛书的农书整理出版

书名	出版单位，时间	备注
四民月令校注	中华书局，1965年	汉崔寔撰，石声汉校注。原书散佚，系从他书中辑出。校注以北周杜台卿《玉烛宝典》为主要根据，参校《齐民要术》及有关类书。
陈旉农书 王祯农书 沈氏农书	中华书局，1956年	系宋代陈旉《农书》、元代王祯《农书》、明代涟川沈氏《沈氏农书》三书的合刊本。
陈旉农书校注	农业出版社，1965年	万国鼎校注。据万国鼎遗稿编成，刊行时删去了原稿的译文部分。
王祯农书	中华书局，1956年；农业出版社，1963年	以商务印书馆《万有文库》本重印。
农桑衣食撮要	农业出版社，1962年	元鲁明善撰，王毓瑚校注。以明崇祯平露堂本为底本，参校贵州本、曙海楼本、山东本、石印本、《万有文库》本等，断句印行。
管子地员篇校释	中华书局，1958年；农业出版社，1963年	夏纬瑛校释。
养余月令	中华书局，1956年；农业出版社，1960年	明戴羲辑。据明崇祯原刊本校刊。
授时通考	中华书局，1956年；农业出版社，1963年	清鄂尔泰等撰。排印本。
沈氏农书	中华书局，1956年；农业出版社，1959年	明佚名撰，清张履祥补辑，陈恒力点校。
农言著实注释	陕西人民出版社，1957年	清杨一臣、杨秀沅撰，翟允整理，列为西北农学院古农学研究室丛书。
花镜	中华书局，1956年；农业出版社，1962年	清陈淏子撰。农业社版伊钦恒校注，以中华排印版本为底本，参考其他几种本子做了校勘和注释。
农圃便览	中华书局，1957年	清丁宜曾撰，王毓瑚校点。据清乾隆二十年原刻本刊印。

书名	出版单位，时间	备注
湖蚕述	中华书局，1956 年	清汪日桢撰。据《农学丛书》上海农学会本校刊。
裨农最要	中华书局，1956 年；农业出版社，1958 年	清陈开沚述。据清光绪三十二年潼川文明堂刊本校刊。
蚕桑萃编	中华书局，1956 年	清卫杰撰。据清浙江书局本校刊。
五省沟洫图说	农业出版社，1963 年	清沈梦兰撰，恽公孚标注。据清光绪五年太原重刊本和光绪六年江苏书局重刊本整理排印。
畿辅河道水利丛书	农业出版社，1964 年	清吴邦庆辑，许道龄校。以清道光四年刻本为底本，参校子目各单行本。
农学合编	中华书局，1956 年；农业出版社，1963 年	清杨巩编。据长沙农务总会原版校刊。
区种十种	财政经济出版社，1955 年	王毓瑚辑。清人赵梦龄编有《区种五种》，该书编者仿其体例，续编五种，合为《区种十种》。
秦晋农言	中华书局，1957 年	王毓瑚辑。系清扬屾《知本提纲》（摘录）、杨秀元《农言著实》、祁寯藻《马首农言》三书的合刊本。
胡氏治家略农事编	中华书局，1958 年	童一中节录。系清胡炜《治家略》的节录。
农雅	中华书局，1956 年	清倪倬辑。据《农学丛书》上海农学会本校刊。
农候杂占	中华书局，1956 年	清梁章钜撰。据清同治福州梁氏藏版校刊。
元亨疗马集	锦章书局，1955 年；中华书局，1957 年	明喻本元、喻本亨撰。锦章版石印线装。中华版系金重治、谢成侠等点校，据国内见存的七种版本及早于该书的相关著作校勘。
疗马集	农业出版社，1959 年	清周海蓬编，于船校。以丁序《元亨疗马经》为底本，参校他书，断句排印。
牛经大全	锦章书局，1954 年	明喻本元、喻本亨撰，绘图本，石印线装。
牛马经	建文书局，1954 年；锦章书局，1954 年	明喻本元、喻本亨撰，皆石印线装。

续表

书名	出版单位，时间	备注
牛经切要	农业出版社，1962 年	于船、张克家点校。以清光绪十二年刻本为底本，参考《牛经大全》等校勘整理排印。
养耕集	江苏人民出版社，1959 年	清傅述凤、傅善苌撰。江西省农业厅中兽医实验所以旧抄本整理。
养耕集校注	农业出版社，1966 年	杨宏道重编校注。
相牛心镜要览	畜牧兽医出版社，1958 年	清黄绣谷撰，据清道光二年敦善闲原本断句并删节。
抱犊集	农业出版社，1959 年	以民间搜集的手抄本为底本，进行了改错、补漏、断句、插图等校刊工作。

二 医药类古籍的整理

历代中医典籍甚多，《中国古医籍书目提要》收录 10061 种，其中存 7028 种，亡佚 3033 种。[①] 中华人民共和国成立后，党和政府对中医事业给予了极大的关注，1953 年 12 月，毛泽东主席指出："我们中国如果说有东西贡献全世界，我看中医是一项。"[②] 1954 年 10 月，中共中央批转中央文委党组《关于改进中医工作问题给中央的报告》，提出要适时进行"整理中医古籍，出版中医中药古籍，包括整理编辑和翻印古典的和近代的医书，以及请对中医确有研究的人选题创作等项工作"。凡此，都对推动中医古籍的整理出版起到了重要的作用。

（一）影印和重印中医古籍

1955 年，群联出版社出版《中国古典医学丛刊》，其"出版的说明"在列举国家对中医的重视及古典医书的缺乏之后着重申明："为

① 王瑞祥：《〈中国古医籍书目提要〉凡例》，《中国古医籍书目提要》，中医古籍出版社 2009 年版。

② 中共中央文献研究室编：《毛泽东年谱（1949—1976）》第二卷，中央文献出版社 2013 年版，第 205 页。

了适应这个客观形势的需要，我们商得藏书家的帮助，把比较罕见而富有价值的古典医书，有选择的影印出版；并由编选者于书后跋语中，对内容择要介绍，以供读者参考。"丛刊的编选原则有7条，即选印各书以实用和罕见为主；入选者皆取足本，限于资力，长篇巨帙，暂不编入；入选者版刻力求精善，然旧版之种种问题，亦有稍加修润之处；原本有标句批注者，标句删削，批注取切于实用为原则；采用原稿本，系指手稿和未刻清本，一书二本并存，取清本以便阅读；选录各书，例取足本；选印各书，均加跋文说明。①

该丛刊选有南朝梁陶弘景《本草经集注》、唐苏敬等《新修本草》、明陈言《秘传常山杨敬针灸全书》、佚名《循经考穴编》、《医藏书目（附疹子心法）》等书刊行。然而，或因"限于资力"问题，在选刊上述几种之后，该丛刊未见更多出版。

从20世纪50年代中期起，人民卫生出版社、上海科技出版社及各地方出版单位开始大量影印和重印出版中医古籍，为学习和研究中医学术提供了图书资料。

1956年，人民卫生出版社在影印李念莪辑《内经知要》时指出影印中医古籍的必要性：

> 我国固有医学文献极为丰富，它是祖国宝贵文化遗产的一个重要组成部分，是我们祖先以卓越的智慧将历代积累的经验总结出来的成果，直到现在它还有很大的实用价值。……为了配合学习和研究祖国医学的需要，本社特选印一部分古典医学原著，其内容均系依据古本原样未加改动。……这类文献如能全面加以整理，使之成为更好的科学读物，当然是最理想的。但这些工作还不是短时期内所能做到的。②

---

① （明）殷仲春：《医藏书目（附疹子心法）》，群联出版社1955年版，"编选例言"。
② （明）李念莪辑：《内经知要》，人民卫生出版社1956年版，"出版者的话"。

此后该社影印大批中医古籍，具体情况如表2-10所示。

表2-10 　　　　　　　　　人民卫生出版社影印中医古籍

书名	出版时间	备注
黄帝内经太素	1955年	隋杨上善撰注，清萧延平校注。据萧延平兰陵堂本影印。
金匮玉函经	1955年	汉张机撰，晋王叔和集，宋林亿等编。据清初何焯鉴定藏本影印。
千金翼方	1955年	唐孙思邈撰，宋林亿等校正。据元大德十一年梅溪书院刻本影印。
外台秘要	1955年	唐王焘撰。据经余居刊本断句，缩印，并附明程衍道及日本平安山胁校正眉注。
备急千金要方	1955年	唐孙思邈撰。据影刻北宋本断句影印，并附《考异》一卷。
诸病源候论	1955年	隋巢元方撰。据皖南建德周氏校刊本影印。
经效产宝	1955年	唐咎殷撰。据清光绪间影宋刻本断句，缩印，并补抄目录，原书个别讹误，以《中国医学大成》本予以修订。
小儿药证直诀	1955年	宋钱乙撰，宋阎季忠编纂。据《周氏医学丛书》仿宋刻本断句，缩印。
新刊补注铜人腧穴针灸图经	1955年	宋王惟一撰。据清宣统二年影刊金大定本缩印。
备急灸法	1955年	宋闻人耆年撰。据十瓣同心兰室藏版断句影印。
理瀹骈文	1955年	清吴师机撰。据南宋临安府大庙前尹家书籍馆刻本缩印。
厘正按摩要术	1955年	清张振鋆辑。据清光绪间刊本缩印。
历代名医蒙求	1955年	宋周守忠撰。据南宋临安府尹家书籍铺刻本影印。
黄帝内经素问	1955年	唐王冰注，宋林亿校正，孙兆改误。据明顾从德刻本断句，影印，并做必要修订，书末附勘误表。
灵枢经	1955年	明吴勉学校。以明赵府居敬堂刊本断句，影印，并核对各本，做了校勘，书末附勘误表。
神农本草经	1955年	清顾观光重辑。据清光绪九年独山莫氏刻武陵山遗方本影印。
温病条辨	1955年	清吴瑭撰。据清嘉庆十八年问心堂刊本影印。

续表

书名	出版时间	备注
医学心悟	1955 年	清程国彭撰。据清雍正十年天都程钟龄刻本影印。
针灸大成	1955 年	明杨继洲撰。据明刻本影印。
云岐子论经络迎随补泻法	1955 年	元杜思敬节辑。据元刻本影印。
针经节要	1955 年	元杜思敬节辑。据元刻本影印。
针经摘英集	1955 年	元杜思敬节辑。据元刻本影印。
针灸集成	1956 年	清廖润鸿编撰。据清同治十三年刻本影印。
内经知要	1956 年	明李念莪辑，清薛雪补注。以清稷邑葛志安刊本影印。
难经集注	1956 年	明王九思等撰。据《佚存丛书》本断句影印，末附勘误表。
注解伤寒论	1956 年	汉张仲景撰，宋成无己注。据明赵开美刊本《仲景全书》影印，并据他本校勘。
传信适用方	1956 年	宋吴彦夔撰。据《四库全书》本影印。
局方发挥	1956 年	元朱震亨撰。据新安吴中珩校本影印。
时方妙用 时方歌括	1956 年	清陈修园撰。据清光绪十四年榆园本影印。
串雅内编	1956 年	清赵学敏编。据清光绪十四年榆园本影印。
苏沈良方	1956 年	宋苏轼、沈括撰。据清乾隆五十五年刻本影印。
卫济宝书	1956 年	宋东轩居士撰。以清光绪四年丁松年当归草堂本影印。
脉经	1956 年	晋王叔和撰，宋林亿校正。据元广勤书堂刊本断句，影印，并参校他本，附勘误表。
濒湖脉学 奇经脉考 脉诀考证	1956 年	明李时珍撰。据明刻本影印。
此事难知	1956 年	金李杲撰，元王好古编。据元刻本影印。
格致余论	1956 年	元朱震亨撰。据元刻本影印。
医经溯洄集	1956 年	元王履编撰。据《医统正脉》本影印。

续表

书名	出版时间	备注
医学三字经	1956 年	清陈修园撰。据清刻本排印。
十药神书	1956 年	元葛可久撰，清陈修园注。用《鞾园医书》江西书局刻本影印。
温热经纬	1956 年	清王孟英撰。据清光绪八年刻本影印。
时病论	1956 年	清雷丰撰。据清光绪本影印。
疫疹一得	1956 年	清余霖撰。据清道光延庆堂藏版影印。
刘涓子鬼遗方	1956 年	晋刘涓子撰，南朝齐龚庆宣编。据甘泉刻本影印。
外科精义	1956 年	元齐德之撰。据元刻本影印。
外科正宗	1956 年	明陈实功撰。据明崇祯间刻本影印。
外科证治全生集	1956 年	清王维德撰。据清刻本影印。
卫生家宝产科备要	1956 年	宋朱端章编。据朱端章原刊南康郡斋本影印。
颅囟经	1956 年	宋人撰，未署名。据清乾隆间刻明《永乐大典》本影印。
重楼玉钥	1956 年	清郑梅涧撰。据苏城喜墨斋刻本影印。
针灸甲乙经	1956 年	晋皇甫谧撰，宋林亿等校。据明刻《医统正脉》本断句，影印。
内功图说	1956 年	据清光绪刻本影印。
炮炙大法	1956 年	明缪希雍编撰。
肘后备急方	1956 年	晋葛洪撰，南朝梁陶弘景增补。据明万历刘自化刊本勘误后影印。
神农本草经百种录	1956 年	清徐大椿编撰。据清刻本影印。
伤寒论类方	1956 年	清徐大椿编撰。据清乾隆二十四年刻本影印。
素问玄机原病式	1956 年	金刘完素撰。据金刻本影印。
济生方	1956 年	宋严用和撰。据《四库全书》本影印。
类经	1957 年	明张介宾编撰。据明金间童涌泉刊本影印。
伤寒辨证	1957 年	清陈尧道撰。据清嘉庆十一年劳树棠刻本影印。

续表

书名	出版时间	备注
兰室秘藏	1957 年	金李杲撰。据《医统正脉》本影印，并依明嘉靖八年辽藩本的覆刻本校勘，书末附校勘说明。
脾胃论	1957 年	金李杲撰。据《医统正脉》本影印，并依明嘉靖八年辽藩本的覆刻本校勘，书末附校勘说明。
名医类案	1957 年	明江瓘编撰，清魏玉璜重订。据清知不足斋藏版影印。
续名医类案	1957 年	明魏之琇编撰，李定源等重校。据信述堂藏版影印。
重修政和经史证类备用本草	1957 年	宋唐慎微撰。"人卫社"同年刊印两部，一据宋张存惠原刻晦明轩本尺寸影印，一据宋张存惠原刻晦明轩本缩印。
本草纲目	1957 年	明李时珍撰。据清光绪十一年张氏味古斋刻本影印，并据该书首刻本"金陵第一版"校勘。
本草纲目拾遗	1957 年	清赵学敏辑。据清乾隆三十年刻本缩印。
类经图翼（附：类经附翼）	1958 年；1965 年	明张介宾撰。
外科传薪集	1959 年	清马培之编。

　　1953 年起，上海卫生出版社也影印出版了多种中医古籍，这些书上海科学技术出版社 1959 年皆有重印，如表 2 – 11 所示。

表 2 – 11　　　　　　　　　　　沪版中医古籍

书名	出版时间	备注
证治准绳	1957—1959 年	明王肯堂辑。据上海图书馆藏明万历初刻本缩印。6 册。
杨敬斋针灸全书	1957 年	明陈言撰。据明万历十九年余碧泉刻本影印。
伤寒论辩证广注	1958 年	清汪琥辩注。据张耀卿医师家藏清康熙间平阳季东璧刻本影印。
诊家枢要	1958 年	元滑寿撰。据光绪十七年池阳《周氏医学丛书》本影印。

续表

书名	出版时间	备注
景岳全书	1958 年	明张介宾撰。据上海图书馆藏清康熙五十年岳峙楼本影印。
脉经	1959 年	晋王叔和撰。据清光绪十九年景苏园覆宋本影印。

（二）标点、校勘、注译的中医古籍

中医古籍的校勘注译，主要围绕经典医籍如《素问》《灵枢》《伤寒》《金匮》《本草》等展开，一些高质量的整理本的印行，为中医经典文献的学习和应用，提供了文本。

《素问》方面，有山东省中医研究所编《黄帝内经素问白话解》（人民卫生出版社 1958 年版），全书按原书八十一论的层次，做了全面的注解，每篇首尾列有"本篇大意""体会"等项，每节原文之下列有"词字释义""语释"以及"按语"等项；卷首另有《凡例》10 条，对全书的编纂说明颇详细。南京中医学院医经教研组编《黄帝内经素问译释》（上海科学技术出版社 1959 年版），"内容摘要"说："这一本是《内经素问》的全部译释，原缺的遗篇《刺法》、《本病》二篇，亦根据各家注本补入，列于本书之末。每篇首尾，有题解和本篇要点，逐节有原文、词释、语译、按语。浅显明白，详细解释，使读者容易看懂，以便于了解全面，掌握中心，可供学习中医、中医教学，以及从事中医工作者阅读参考。"① 人民卫生出版社1963 年出版了《黄帝内经素问》，该书以 1956 年影印出版的明顾从德刻本为底本，并参考清咸丰二年金山钱氏守山阁本及其校勘记进行校点和分段，其校勘处理方法是："一、凡是显然的刊误错字，径予改正，不加注明。二、凡有存疑或改动之处，一般均注明出处；一时

---

① 南京中医学院医经教研组编著：《黄帝内经素问译释》，上海科学技术出版社 1959 年版，第 1—2 页。

无据可稽者，附注说明，存疑待考。"① 同时为了便于阅读与参考，该书原文与注文分排，注文按脚注页码，随文附列于后。

《灵枢》方面，有山东中医学院编《灵枢经语释》（山东人民出版社1962年版），体例亦如该校所编《素问白话解》。刘衡如校《灵枢经》（人民卫生出版社1964年版），该书以人民卫生出版社影印的明赵府居教堂刊本为底本，用元至元五年胡氏古林书堂刊本做参校，又参考其他明清刊本和两种日本刊本及多种有关医书，加了两千多条校语。其他尚有对清人汪昂纂辑的《素问灵枢类纂约注》（上海卫生出版社1958年版、上海科学技术出版社1959年版）和张隐庵所撰《黄帝内经灵枢集注》（上海卫生出版社1957年版、上海科学技术出版社1959年版）的整理及陈璧琉、郑卓人合编的《灵枢经白话解》（人民卫生出版社1962年版）等。

《伤寒》方面，有南京中医学院伤寒教研组编著《伤寒论译释》（上海科学技术出版社1959年版）；南京中医学院伤寒教研组编著《伤寒论释义》（江苏人民出版社1958年版）、河北中医学院编《伤寒论简明释义》（河北人民出版社1958年版），两书体例亦如各校同类著作。其他整理本中，最为著名的有《注解伤寒论》（商务印书馆1955年版，人民卫生出版社1962年版、1963年版、1972年版、1973年版），该书据涵芬楼影印明嘉靖汪济川校正本为底本，参照明赵开美刻本和明《古今医统正脉全书》本校勘，各本字句相同的，做了夹注；并选注了熊译元的"注解伤寒论校记"的部分释义。该书1963年人民卫生出版社版，是在原商务版的基础上重加标点，并对原有的校勘做了整理。1972年重印时，删去原有的汪刻序文二篇、宋刻《伤寒论》敕文一篇，卷首所附"图解运气图"也一并删去，1973年版又接1972年版重印。还有重庆市中医学会编注《伤寒论》（重庆人民出版社1955年版）、上海中医学院中医基础理论教研组校注《伤寒论》（上海人民出版社1976

---

① （唐）王冰：《黄帝内经素问》，人民卫生出版社1963年版，第2页。

年版）、任应秋编著《伤寒论语译》（上海卫生出版社 1957 年版、科技卫生出版社 1958 年版）、卫生部中医研究院编《伤寒论语译》（人民卫生出版社 1959 年版、1974 年第 2 版）、中国医学科学院江苏分院中医研究所编著《伤寒论方解》（江苏人民出版社 1959 年版）等多种。

《金匮》方面，有南京中医学院金匮教研组编著《金匮要略译释》（江苏人民出版社 1959 年版）、《金匮要略释义》（人民卫生出版社 1959 年版）、河北中医学院编《金匮简明释义》（河北人民出版社 1959 年版）、山东中医学院编《金匮要略浅释》（山东人民出版社 1961 年版）等，体例皆如各校所编其他医书。其他或排印或校注的，尚有《金匮要略方论》（人民卫生出版社 1956 年版）、《新编金匮要略方论》（商务印书馆 1955 年版）、《金匮要略方论集注》（人民卫生出版社 1957 年版）、《金匮玉函经二注》（科技卫生出版社 1959 年版）、《金匮要略心典》（上海中医学院中医基础理论教研组校注，上海人民出版社 1975 年版）、《高注金匮要略》（上海卫生出版社 1956 年版、科技卫生出版社 1959 年版）、《金匮要略浅注》（科技卫生出版社 1958 年版、1959 年版）、《金匮方歌括》（上海科学技术出版社 1963 年版）、《金匮要略新义》（新医书局 1952 年版）等。

《本草》方面，有《神农本草经》（商务印书馆 1955 年版、人民卫生出版社 1963 年版），据《丛书集成》旧版重印，做了校勘，书末附校刊后记；《神农本草经》（人民卫生出版社 1955 年版）；《本草衍义》，商务印书馆 1957 年重印 1937 年据陆心源《十万卷楼丛书》本之排印本，这次重印，又据宋宣和刊本、宋庆元刊本和《重修政和经史证类本草》，并参考《武昌医学丛书·本草衍义》，进行校勘，做了修改。《本草品汇精要》（商务印书馆 1956 年版、人民卫生出版社 1964 年版），该书是明代太医院院判刘文泰等奉明孝宗敕命撰修的，于弘治十八年完稿，因孝宗死去，书稿留存内府，没有刊行，到清康熙三十九年方发现这部书稿，由太医院吏目王道纯等重行绘录一部，并从《本草纲目》等书增补 400 多条，成集 10 卷。1937 年，曾根据清重抄晒蓝底本排印出版，这是该书写成后430多年中的第一个刊行本。这次重印，曾对照清重抄残本改正一部分排印错字。《本草纲目》（人民卫生出版社1975年版），该书采用明万历三十一年夏良心刻的"江西本"为底本，旁校各本，分四册出版。本草类古籍还有若干种亦得以校勘排印。

这时期关于中医之医方、病源、病理、诊断、通论、内科、外科、妇科、儿科、五官科、针灸、外治、医案、医话类古籍，整理出版尚多，详本书第五卷《百年中国古籍整理图书目录》，兹不赘。这一时期的中医古籍整理需要提到的是：1964年3月卫生部门在南京中医学院召开的会议，该会议为落实国家十年规划第36项"整理语译中医古典著作"规定的任务，决定对《素问》《灵枢》《难经》《针灸甲乙经》《脉经》《诸病源候论》《针灸大成》七部古典医著，按校勘、训诂、集释、语译、按语等项进行整理研究。参加此项工作的有南京中医学院、河北中医学院、山东中医学院、黑龙江祖国医学研究所，这是首次将中医文献的整理研究工作纳入国家规划之内，对后来中医古籍的整理研究具有重大影响，虽历时颇长，多数为20世纪80年代初出版，然仍可视为此时期的成果。

三　其他科技类古籍的整理

这三十年，除农林医药类古籍的整理外，天文、历法、数学、工艺、建筑等类的科技古籍也有整理，为数虽不多，但成绩不容低估。

天文、历法、数学类有：《周髀算经》，原名《周髀》，该书旧题汉赵爽注，为中国最古老的汉族天文学和数学著作，约成书于公元前1世纪，主要阐明当时的盖天说和四分历法，唐初规定它为国子监明算科的教材之一，改名《周髀算经》。商务印书馆1955年重印了1937年《丛书集成》本，据宋刊本、明赵开美刊本、《戴氏遗书》本复校出版，附有唐李籍撰《周髀算经音义》和清顾观光撰《周髀算经校勘记》。

《算经十书》，汉、唐间十部传统数学著作集，曾经是隋、唐国子监算学科的教科书，收《周髀算经》《九章算术》《海岛算经》《张丘建算经》《夏侯阳算经》《五经算术》《辑古算经》《缀术》《五曹算经》《孙子算经》10 种。中华书局 1963 年出版了钱宝琮校点本，据该书《天禄琳琅丛书》本、南宋刻本、清武英殿聚珍本互校，并用各种通行本参校，各书前均附有"提要"和"版本与校勘"。

《勾股举隅释义》，清梅文鼎撰，胡术五等编译，安徽人民出版社 1959 年版。该书是《勾股举隅》一书的注释和翻译。《勾股举隅》的原文，从梅毂成编辑的《梅氏丛书辑要》中选出。

《历代天文律历等志汇编》，中华书局编辑部编，中华书局 1975—1976 年版。收录《史记》至《明史》的天文、律历等志，采用该社出版的"二十四史"点校本的标点和校记，汇编改正了一些标点和文字上的错误，并在体例上稍加统一。

《春秋历学三种》，清王韬撰，曾次亮点校，中华书局 1959 年版。该书系就王韬所撰《弢园经学辑存六种》中有关春秋历的《春秋朔闰日至考》《春秋朔闰表》《春秋日食辨正》等三种略加删剔、整理、改编而成。

《畴人传》，清阮元等撰，该书是一部记述中国历代天算家学术活动的传记集。商务印书馆 1955 年重印了《国学基本丛书》本，又据光绪中张氏重刻本及《文选楼丛书》《南菁书院丛书》《学算笔谈》，并参考《皇清经解》等做了校勘。《畴人传四编》，清黄钟骏编，仿阮元《畴人传》之例对《畴人传》的增补，商务印书馆 1955 年用清光绪二十四年《留有余斋算学四种》本断句排印。

工艺制造建筑类有：《考工记图》，商务印书馆 1955 年据清乾隆中刊《戴氏遗书》、清道光九年刊《皇清经解》本并参校他书排印。《营造法式》，宋李诫编修，该书考究群书，集中国古代营造艺术之大成，商务印书馆 1954 年重印《万有文库》本。

《天工开物》，明末宋应星撰，是一部总结中国古代工农业生产技术的专书。商务印书馆 1954 年影印了明崇祯十年初刻本；中华上编所 1959 年影印了北京图书馆所藏初刻本，收入《中国古代科技图录丛编初集》及《中国古代版画丛刊》；广东人民出版社 1976 年出版了钟广言诠释本，据初刻本进行注释，每卷都有说明和注解，各篇都附有译文。初刻本木刻插图全部复制，并由注释者加插了关于古代武器和木船结构的说明图。另外，江西省图书馆在"文革"中新发现了宋应星的一些佚作，主要是宋应星的重要政论著作和科学著作，上海人民出版社 1976 年以《野议·论气·谈天·恩怜诗》为名出版，丘锋标点。

《园冶》，明计成撰。该书为造园学著作，原名《园牧》，撰成于明崇祯七年。1931 年、1932 年曾两次刊行。1957 年城市建设出版社据 1931 年朱启钤刊本影印。

军事学类有：《武经总要前集》，宋曾公亮编。该书是北宋时期朝廷组织编辑的一部军事学著作，书成于宋庆历四年。中华上编所 1959 年影印明弘治、正德间刊本。该书又收入《中国古代科技图录丛编初集》、《中国古代版画丛刊》（第 2 函）中。

植物学方面有：《南方草木状》，晋嵇含撰。该书记晋代岭南番禺、南越交趾等地的植物，分草、木、果、竹 4 类，共 80 种。商务印书馆 1955 年重印了《丛书集成》本，附印上海历史文献图书馆所藏南方草木版图 60 幅。《救荒本草》，明朱橚编，该书根据野生植物形态绘图，详述其功用。朱橚编辑该书，是为了备防荒年疗饥之用，书成于明永乐四年。中华上编所 1959 年据明嘉靖四年毕昭刻本影印，该书收入《中国古代科技图录丛编初集》。《植物名实图考》，清吴其濬撰，该书是一部植物学专著。全书共收植物 1714 种，分为 12 类。记载每种植物的形色、性味、用途和产地。商务印书馆 1957 年重印 1919 年排印本，另据清光绪六年山西濬文书局重印本校勘，并加标点，编制索引。《植物名实图考长编》，清吴其濬撰，商务印书馆 1959 年版，该书是有关植物名实的原始材料的汇集，将诸家说法按条罗列，体例与《图考》有异，《长编》共收植物 838 种，有些掺入

《图考》中。1963年中华书局有重印。

其他方面的科技类古籍整理还有《便民图纂》。该书明邝璠撰，为古代民间日用手册之类的书籍，包括耕作、园艺、牧养等农业技术知识和医药上的民间验方，还有饮食器用常识和阴阳占卜等内容。中华上编所1959年据明万历二十一年于永清刻本影印。该书又收入《中国古代科技图录丛编初集》中。

第五节　综合性古籍的整理

目录版本题跋类、古籍考订类以及类书、丛书等都带有综合性质，所以我们将这一大类古籍称为综合性古籍；为了便于论述，我们将一些主要用于查检的总集也放在这一大类中。

从20世纪50年代初期，为了适应当时文化教育及学术研究的需要，整理了一批重要综合性古籍。据此相关书目统计，这段时期整理的类书6种，总集10种，目录版本题跋类及学术考订类古籍则有较多的整理。

一　《艺文类聚》等类书的整理

类书是一种采辑群书，全面系统地收集某科或多科原始资料，加以编类整理，以便寻检的工具书，系古代文献资料的渊薮，在古籍的校勘、辑佚及学术史、风俗史研究等方面，均具有重要的意义。新中国前三十年出版类书有6种。其中唐代3种：《艺文类聚》《初学记》《太平御览》；宋代2种：《册府元龟》《事林广记》；明代1种：《永乐大典》。多为影印，施以校订断句者，惟《艺文类聚》和《初学记》。

《艺文类聚》100卷，唐欧阳询等奉诏纂修，成书于唐武德七年，全书分46部727个子目，引用的古籍1431种，这些古籍后来大多散失，因之该书在辑佚、校勘以及学术史研究等方面具有相当大的价值。该书版本颇繁，中华上编所1959年影印了南宋本《艺文类聚》，该所 1965 年出版的汪绍楹校本《艺文类聚》，即据此本为底本加以断句。汪校本特点有三：

（一）考辨底本。"校《艺文类聚》序"说："本书在宋时已有缺佚、窜乱和妄改，更无论元明以来的刻本了。……但宋本本身，亦存在着不少问题。经我们此次用它作底本的校勘结果：计据他书及冯舒校本作校记的，约一千六百多条；径据明本改补的，约一千三百多字。两共三千条左右。也就是说在本书每三百多字当中，就可能有一处脱讹倒错。这还是就所能校出来说，实际上它的讹错，当然还不止此。"汪氏根据底本的避讳情况，断其可能为"南宋末或元初间的覆宋绍兴间刻本，或至少是个补板的次印本"。

（二）比勘众本，择优而取。汪序说："至用本书其他刻本比勘方面。在宋本以后，可见到的，有明正德兰雪堂活字本、嘉靖胡缵宗为陆采序本、陆采加跋本、覆陆跋本、宗文堂刊本、平阳府张松刊本、万历中王元贞刊本。以上七种刻本，陆采加跋等本与胡缵宗序本大致相同未校外，其宗文堂本、兰雪堂活字本，曾略取比勘。活字本多同宋本；宗文堂本多同胡缵宗序本。"认为："在这些刻本中，以胡缵宗序本比较最为妥善。为此在校勘中，只采用胡序本与宋本比勘。凡据胡序本改补的，均径行改正，不作校记。以避繁琐。"校勘中还采用了冯舒校本，冯校本虽系过录本，然自有其优点。

（三）态度审慎。校者亦根据类书的特点和校本情况，分别采取或校改或不改或录以待考的做法。正如其序所说："在校勘中，凡字句存在问题，据它书比勘的，只作校记，附本字句下，不予改动。（有无可比勘，只能指出脱讹的，亦用校记注明，以待资料。）至所引书与今本有详略、异同，而文义可通的，就不作校记了。还有一些字面似有疑问而实不误的。……此类虽不作校记，但亦尽量比勘过，避免或减少以不误为误的差错。"①

---

① （唐）欧阳询撰，汪绍楹校：《艺文类聚》，中华上编所 1965 年版，上册，"校《艺文类聚》序"第 19 页。

《初学记》，唐徐坚等撰。30 卷，分 23 部，313 子目。为供诸皇子作文时检寻辞藻典故之用，首为"叙事"，次为"事对"，末为"诗文"。体例精善，资料丰富。1962 年中华书局出版了司义祖的校订本，底本选取清代古香斋本，以明嘉靖十年安国桂坡馆刻本及严可均、陆心源校本进行参校，正文仅句读，未施新式标点，有小字夹注校记，主要系移录前人成果。其《点校说明》说："据我们的比较，古香斋本的错误要少些，因此就采用它作底本。安本值得参考之处及严、陆校录的异文，合列为校勘表，附印每卷之末。……底本明显的错字径作改正，不再入表。第二十五卷以后，有几段严、陆所见本与安刻及古香斋本绝异，无法列表，我们另外排印，附在各该卷校勘表之后，首尾注明接某页某行，以便参读。"①

其余 4 部影印出版的类书，见表 2 – 12。

表 2 – 12　　　　　　　　　　　　　　　**类书影印**

书名	出版单位，时间	备注
太平御览	中华书局，1960 年	据 1935 年商务印书馆影宋本覆印，另编卷目索引刊于卷首。
册府元龟	中华书局，1960 年	据明崇祯十五年豫章黄国琦校刻本缩制影印，并用残宋本补其脱漏 142 条。
事林广记	中华书局，1963 年	据元至顺建安椿庄书院刻本影印。
永乐大典（卷 2345 至 2347）	中华书局，1959 年	系仿制本，照原书大小、样式影印。
永乐大典（20 函，202 册）	中华书局，1959—1960 年	据北京图书馆藏原抄本（含苏联、德意志民主共和国等赠还）和复制本及向国内外公私各方借印的 16 卷，合为 730 卷，照相缩制，用红、黑两色套印。

---

① （唐）徐坚等：《初学记》，中华书局 1962 年版，"点校说明"第 4 页。

中国古代类书众多，有研究者统计约 1600 种，① 而现存者约 240 种。② 这个时期整理或影印出版者仅 6 种，颇显数量上的不足，但唐、宋、明重要的大型类书尚多见于其中，仍然为新中国成立初期文化教育以及学术研究的需要提供了必要的资料资源。

二　丛书的整理与新编

丛书是汇集多种单独著作并冠以总名所编成的一套书。编纂丛书，是中国刻书业的一贯传统，南宋以降，丛书编纂十分发达，刊刻了大量丛书，对历代典籍文献特别是珍贵资料的收集、保存起到了重要作用。这三十年中国的古籍整理也很好地发展了这一传统，在影印传统丛书的同时，又新编了一批古籍丛书。

（一）影印的丛书

这段时期，对传统丛书的整理基本是影印，包括：宋左圭编《百川学海》。该书是中国历史上第一部大型的综合性丛书，它的诞生标志着中国古代丛书编纂体例的成熟，对后来丛书的编纂产生了深远的影响，具有重要的文献价值和版本学意义。1960 年中华书局影印出版，木版线装，全 30 册，据 1928 年武进陶氏涉园影宋咸淳本重印；咸淳本所缺 5 册，以明弘治无锡华氏刊本（仿咸淳本字体）补足。

明袁褧编《金声玉振集》。该书辑刻于明嘉靖间，全书共收集明人作品 50 余种。其中包括明代史料 40 余种，学术论著 10 余种，以及边疆、水利、海运等资料。1959 年中国书店影印出版，线装，全 16 册，以首都图书馆藏嘉靖本为底本；底本若干缺页，据北京图书馆藏本抄配补齐。

清沈家本之《沈寄簃先生遗书》（甲、乙编）。该书辛亥革命后

① 赵含坤编著：《中国类书》，河北人民出版社 2005 年版，"凡例"。
② 戴克瑜、唐建华主编：《类书的沿革》，四川省图书馆学会编印 1981 年版，第 105—115 页。

刊行，甲编是法学著作，共 22 种 86 卷；乙编主要是关于经、史方面的著述和笔记，共 13 种 104 卷，另有未刻书目及其他共 16 种 132 卷。1959 年中国书店影印出版，木版线装，全 32 册。沈家本所辑《枕碧楼丛书》。该书收《南轩易说》等旧钞本 12 种，所谓"世所罕见者"，1959 年中国书店影印出版，木版线装，全 16 册。

宗舜年所编《咫园丛书》。该丛书辑录清人《金陵金石考目》《刻碑姓名录》《官阁消寒集》《江淮旅稿》《嘉荫簃集》五种。1960 年中国书店影印出版，据上海合众图书馆原版重印，木版线装，全 2 册。

清末刘承幹所辑《求恕斋丛书》。该丛书收书 30 种，附 5 种，233 卷。1963 年上海古籍书店出版，据浙江图书馆藏版影印，木版线装，全 150 册。刘承幹所辑《吴兴丛书》，该书专收吴兴先哲著述 66 种，1964 年上海古籍书店影印出版，据吴兴刘氏嘉业堂刊本木版刷印，线装，全 240 册。刘承幹所辑《嘉业堂丛书》，上海古籍书店出版，据吴兴刘氏嘉业堂刊本木版刷印，线装，全 200 册。

此外，还有章炳麟《章氏丛书续编》。1957 年成都新民书局据成都薛氏崇礼堂刻本影印出版，木版线装，全 4 册。以及民国时编辑的《四部备要》（第八辑），1955 年中华书局出版。

由于当时财力所限，新中国前三十年丛书的整理出版仅 10 种，其中沈家本、刘承幹所辑者即占一半。

（二）新编的丛书

新中国古籍整理出版人对新编古籍丛书十分重视，体现了中国刻书业的良好传统和新的学术视野。新中国整理出版的第一部新编古籍丛书是《古本戏曲丛刊》，初集由文学古籍刊行社于 1954 年 2 月出版，二、三、四及第九集后来分别由文学古籍刊行社、商务印书馆、中华书局出版。丛刊编纂的规模、质量皆远超古人，为戏曲研究提供了极大的便利，其特点和文献价值有四，一是收录同一作品的不同版本，二是收录梨园传抄本，三是辑印前代总集，四是收录大量古本、罕见剧本。① 但由于技术和观念的影响，丛刊的影印亦有删节剧本内容、眉批、题记之处，此为这一时期古籍影印出版的通病。

其余陆续出版的新编古籍丛书，有古典文学出版社（后并入中华上编所）的《中国文学参考资料丛书》，文字改革出版社的《拼音文字史料丛书》，科学出版社的《中国科学院文学研究所中国文学资料丛书》，人民文学出版社的《中国古典文学读本丛书》《中国古典文学理论批评专著选辑》《中国古典文学理论批评丛刊》，中华书局的《元明史料笔记丛刊》《清代史料笔记丛刊》《近代史料笔记丛刊》《中外交通史籍丛刊》，中华上编所的《晚明史料丛书》《明清笔记丛刊》，上海古籍书店的《天一阁藏明代方志选刊》等。

这些丛书中，收集了不少宝贵的图书资料，使这些珍本秘籍得以保存、应用。在后来的几十年中一些丛书陆续又有新的子书增入，从而形成了经久不衰的品牌，如中华书局编刊的《元明史料笔记丛刊》《清代史料笔记丛刊》等。

三 目录、版本、校勘类古籍的整理

目录为治学之门径，所谓"辨章学术，考镜源流"者；而版本、校勘则保证了资料来源的可靠性，故而目录、版本、校勘之学，为历代学者所重。从 20 世纪 50 年代初期到"文革"之前，此类古籍的整理，明、清书目题跋类有 26 种，史书艺文志类有 6 种，四库目录系列则有《四库全书总目》以下 7 种，校勘类古籍有 13 种。整理方式，或重印，或影印，或校印。这些带有工具书性质的古籍的整理和出版，为古籍研究或收藏提供了重要的参考资料。

---

① 邓绍基：《略谈〈古本戏曲丛刊〉的文献价值》，《〈文学遗产〉纪念文集》，文化艺术出版社 1998 年版，第 73—79 页。

（一）历代书目题跋的整理

中国自古具有重视藏书的优良传统，历代公私藏书多有书目，内容或仅载书名卷册，或另有讲校勘、叙掌故、谈鉴藏，既记录古代图书的传播史，又兼具版本与校勘类知识。历代书目题跋是古籍研究、收藏、传播具有档案意义的重要参考资料。自 20 世纪 50 年代中期起，主要的古籍出版社如古典文学出版社、古籍出版社、中华书局等，整理了一批明、清私家藏书目录。1963 年中华书局重印《书目答问补正》，序中说明刊印此类古籍的目的，是"为了促进学术文化的发展"①，盖可视为此时期此类古籍整理出版的主旨。

明人书目题跋整理有 8 种，1957—1958 年古典文学出版社陆续出版。详见表 2–13。

表 2–13　　　　　　　　　　　　明人书目题跋

书名	出版单位，时间	备注
百川书志　古今书刻	古典文学出版社，1957 年	前者高儒撰，据叶德辉《观古堂书目丛刻》本加断句重印；后者周弘祖撰，据叶德辉影刻明刊本重印。
晁氏宝文堂书目徐氏红雨楼书目	古典文学出版社，1957 年	前者晁瑮撰，后者徐𤏡撰，二者皆据传抄本校印。
赵定宇书目	古典文学出版社，1957 年	赵用贤撰，据上海市文物保管会藏明清之际旧写本影印。
汲古阁书跋	古典文学出版社，1958 年	毛晋撰，潘景郑校订。
澹生堂藏书约　藏书记要	古典文学出版社，1957 年	前者祁承㸁撰，据《知不足斋丛书》本重印，参照《藕香零拾》本校勘；后者清人孙庆增撰，据《士礼居丛书》本重印，参照《昭代丛书》《藕香零拾》本校勘。

---

①　范希曾编：《书目答问补正》，中华书局 1963 年版，第 6 页。

表 2 - 14　　　　　　　　　　　清人书目题跋

书名	出版单位，时间	备注
藏书绝句　流通古书约　古欢社约　藏书十约	古典文学出版社，1957 年	《藏书绝句》杨守敬撰，据上海蟫隐庐刊本校勘重印；《流通古书约》曹溶撰，《古欢社约》丁雄飞撰，皆据《藕香零拾》本重印；《藏书十约》叶德辉撰成于 1911 年。
武林藏书录	古典文学出版社，1957 年	丁申撰，据清光绪二十六年嘉惠堂本排印。
吴兴藏书录　皕宋楼藏书源流考	古典文学出版社，1957 年	前者郑元庆撰，据清姚慰祖晋石斋刊本重印；后者日人岛田翰撰，据清光绪三十三年董氏刊本重印。
旧山楼书目	古典文学出版社，1957 年	赵宗建撰，据 1949 年丁祖荫家流出的传抄本刊印。
虞山钱遵王藏书目录汇编	古典文学出版社，1958 年	系钱曾《也是园书目》《述古堂书目》《读书敏求记》三书合刊排印。
奕庆藏书楼书目	古典文学出版社，1958 年	祁理孙撰，据燕京大学图书馆藏旧抄本整理付印，并订正了其书名。
吟香仙馆书目	古典文学出版社，1958 年	马瀛撰，潘景郑据传录本校订。
绛云楼题跋	中华上编所，1958 年	钱谦益撰，潘景郑辑校。
重辑渔洋书跋	中华上编所，1958 年	王士禛原撰，陈乃乾自《带经堂全集》辑校，共 230 篇，书末附《朱彝尊池北书库记》等。
藏书纪事诗	古典文学出版社，1958 年	叶昌炽撰，据清宣统年间所刊七卷本断句排印。
书林清话（附书林余话）	古籍出版社，1957 年；中华书局，1959 年	叶德辉撰，《书林清话》以 1920 年长沙观古堂刻本为底本，《余话》以 1928 年叶启崟铅印本为底本。书末附录李淼《书林清话校补》。
艺风堂再续藏书记	中华书局，1962 年	缪荃孙撰，以燕京大学 1940 年校印本为底本。
书目答问补正	中华书局，1963 年	张之洞等原撰，范希曾补正。以 1931 年原版之影印本重印。
古书目三种	中华书局，1963 年	沈家本撰，包括《三国志注》所引书目、《世说注》所引书目、《续汉书八志补注》所引书目。

今人关于清代别集的著录，有张舜徽《清人文集别录》，中华书局 1963 年版。该书 24 卷，收录清人文集 600 种，对每种文集的内容及撰者生平有简略介绍和评价。

（二）历代艺文志、四库目录系列的整理

自 1955 年起，在不到 5 年内，商务印书馆先后出版了历代史书艺文志 6 种，其中多数加了新式标点；有的还做了编辑，如将《旧唐书》的《经籍志》和《新唐书》的《艺文志》合在一起；有的更增编了"补辑"和"附辑"，如对《宋史》和《明史》等，这种补编工作是很有价值的。详见表 2－15。

表 2－15　　　　　　　　　　历代正史艺文志

书名	出版单位，时间	备注
汉书艺文志	商务印书馆，1955 年	据《八史经籍志》本重版，原本脱漏已校补，并加标点，书末附姚振宗《汉书艺文志拾补》。
隋书经籍志	商务印书馆，1955 年	用《八史经籍志》本为底本，又据清殿本《隋书》并参章宗源、姚振宗《隋书经籍志考证》校正。
唐书经籍艺文合志	商务印书馆，1956 年	合《旧唐书·经籍志》《新唐书·艺文志》为一辑，以旧志为主，分上下两栏对照排比，据明嘉靖闻人诠本、清殿本、沈炳震《新旧唐书合钞》本等互校。《新唐书》则参校了百衲本及北京图书馆藏明补宋刊本。
宋史艺文志·补·附编	商务印书馆，1957 年	包括《宋史艺文志》（据《八史经籍志》本排印，以元刻本《宋史》校正），清黄虞稷、倪灿、卢文弨的《宋史艺文志补》（据《史学丛书》本排印，以《千顷堂书目》校正），宋时官修《宋史艺文志附编》。
辽金元艺文志	商务印书馆，1958 年	收集有关辽艺文志的著作十种，金艺文志的著作七种，元艺文志的著作六种，合为一册，末附索引。
明史艺文志·补编·附编	商务印书馆，1959 年	包括《明史艺文志》《明史艺文志补编》及《明史艺文志附编》三部分。

这批正史目录出版，汇聚了整理者许多创造性劳动，一是注意选择版本，精心校点，提供正确文本，又方便读者利用。二是汇编各代正史目录的补编本，以扩充著录信息，更充分地记录中国古代文化遗产。三是前后相续，体现了各代记录的连续性。可以说，通过这批正史目录的整理出版，大致反映出中国古代重要典籍的流传情况。

四库目录系列有以下诸种：中华书局出版的《四库全书总目》（1965年），该书以浙本为底本影印，参用清殿本和同治七年粤本相校。附录有《四库撤毁书提要》《四库未收书提要》《四库全书总目校记》《四库全书总目书名及著者姓名索引》。古典文学出版社出版的《四库全书简明目录》（1957年），系据粤刻本断句重印，并改正了一些明显的错字，1964年中华上编所又有新的一版。商务印书馆出版的《四库未收书目提要》（1955年），据清人傅以礼重编的《挈经室经进书隶》重排刊行，并增编四角号码索引；《四库采进书目》（1960年），民国时商务印书馆曾据涵秋阁抄本排印此书，收入《涵芬楼秘笈》第十集中，此版经校订者重加校订整理，并将武英殿第一次及第二次书目作为补遗，又附录了《江苏采辑遗书目录简录》及《浙江集遗书总录简目》，末附人名、书名两种索引；《清代禁毁书目（附补遗）清代禁书知见录》（1957年）。中华上编所出版的《增订四库简明目录标注》（1959年）、《四库全书总目提要补正》（1964年）等。四库系列目录的整理出版，为学术界提供了研究清代图书整理、流通，以及文化管控和文化传播的丰富史料。

（三）校勘学古籍的整理及敦煌学目录的编订

这个时期，校勘及考据学方面的古籍整理，有清俞樾等《古书疑义举例五种》（1956年），收俞樾《古书疑义举例》及刘师培《古书疑义举例补》、杨树达《古书疑义举例续补》、马叙伦《古书疑义举例校录》、姚维锐《古书疑义举例增补》，俞氏原书及续补之作，涉及古书疑义各个方面，既是考据训诂学要籍，又提出许多校勘学通则，于校勘学方法论的建立有着一定的贡献。还有清邵晋涵等《清人考订笔记》（1965 年），收邵晋涵、汪中、沈涛和李详四人分别撰述的考订笔记《南江札记》《旧学菩提》等七种，均系影印。以上诸书，皆中华书局出版。清人章学诚的《校雠通义》是继郑樵《校雠略》后的又一部校雠理论专著，1956 年古典文学出版社出版了王重民所做"通解"的《校雠通义》，它既是古籍整理之作，更是对《校雠通义》研究之作。同年，古籍出版社还出版了刘公纯标点的《校雠通义》，该书卷首"出版者说明"中概述了章氏的学术成就并述及校本收录篇目的来源。

敦煌学方面，有王重民《敦煌变文集》和《敦煌古籍叙录》。《敦煌变文集》，从国内外公私收藏敦煌千佛洞出土的 187 种变文写本中，校勘整理出 78 种，为辑者当时最完备的敦煌说唱艺术作品汇编。正文 8 卷。于篇中有旁注，篇末有校记。附曾公毅辑《敦煌变文论文目录》，收有关变文的研究论文 106 篇。日本人矢义高据此书编有《敦煌变文集口语语汇索引》。《敦煌古籍叙录》收录中国学者有关敦煌古籍的题记。按四部次序编排，著录原书书名、作者、原藏号码或收藏处、版本情况等，并加解题，有较大的工具书价值。还有商务印书馆的《敦煌遗书总目索引》（1962 年），著录国内外敦煌遗书 20500 卷，分四部分，包括《北京图书馆藏敦煌遗书简目》《斯坦因劫经录》《伯希和劫经录》《敦煌遗书散录》及敦煌遗书总目索引，附录英人翟理斯编的《博物馆藏敦煌卷子分类总目》和《博物馆藏敦煌卷子笔画检查目录》《斯坦因编号和博物馆新编号对照表》。该书的编纂与出版，总结了以往五六十年敦煌学所积累的总成就，展示了敦煌遗书目录在当时的状况，为敦煌学研究的进一步发展打下了极其重要的基础。① 王重民对于敦煌遗书的著录和索引、对于敦煌古籍的叙录，是此期敦煌学研究的重要成果，不仅为学者检索、了解、利

---

① 商务印书馆编：《敦煌遗书总目索引》，商务印书馆 1962 年版，第 552 页。另关于此书的评价，亦可见白化文《简评〈敦煌劫余录〉和〈敦煌遗书总目索引〉》（《社会科学战线》1989 年第 1 期）。

用敦煌文献产生了极大的便利，还指示了敦煌学的门径和方法。他对于敦煌变文等文献的辑校，为相关研究的开展提供了宝贵的资料。

（四）古籍专科目录的编撰与索引的编制

这个时期，一批学者对古籍专科目录的编撰十分活跃，成果也比较丰富，依其出版先后有：徐调孚《现存元人杂剧书录》、刘永济《宋代歌舞剧曲录要》、孙楷第《中国通俗小说书目》、潘景郑《著砚楼书跋》、王重民《敦煌古籍叙录》、人民文学出版社《曲海总目提要》、北婴《曲海总目提要补编》、孙殿起《贩书偶记》、姜亮夫《楚辞书目五种》、李世瑜《宝卷综录》、北京图书馆编郑振铎的《西谛书目》、张舜徽《清人文集别录》、胡玉缙撰王欣夫辑《四库全书总目提要补正》、谢国桢《增订晚明史籍考》、中国古代书画鉴定组《中国古代书画图目》等。更多的是各省市、各院校编制的目录，如《云南民族史料目录解题》（方国瑜编，云南大学 1957 年印）、《安徽文献书目》（安徽省图书馆编，安徽人民出版社 1961 年版）等。

这些书中有些是旧作修改的，如孙楷第《中国通俗小说书目》、谢国桢《增订晚明史籍考》；有些是这个时期写成的，如万曼的《唐集叙录》和姜亮夫的《楚辞书目五种》等。《楚辞书目五种》1961年由中华上编所出版，该书把历来与楚辞相关的文献分为五大部分：一是楚辞书目提要，著录辑注、音义、论评、考证等类书目 228 种；二是楚辞图谱，著录书法、绘画、地图和杂项共 47 种；三是绍骚（拟骚）之作，著录汉以来模拟屈骚作品共 11 种 61 卷又 192 题；四是楚辞札记目录，著录宋以来各家文集、笔记中有关楚辞的条目共 802 题又书目一种；五是楚辞论文目录，共列 447 篇，其中古代仅几十篇，其余均为近代以来到 1957 年为止的论文。该书系作者长期研究，经 30 年反复修订而成，为当代专书目录之佳构。

中国古代索引事业不发达，学者为搜集资料，往往要花费很多的时间。据传清代著名学者阎若璩用二十年的时间才搞清了"使功不如使过"一语的出处。而且，不少古籍，特别是一些字书、韵书、书目、类书、政书、表谱等工具书，它们所用的编排方法，随着时间的推移，现代读者多已感到陌生，查检十分不便。有鉴于此，此时古籍整理工作者和出版机构开始重视古籍索引的编制，一些新版古籍书后附有各种索引。如中华书局 1965 年版《四库全书总目》，书后附有按四角号码编排的书名索引和著者人名索引，大大方便了检索和利用。其后出版的《李太白全集》《杜诗详注》《白居易集》等书后也都有篇名索引。需要指出的是，今之书后篇名索引多依正文前目录编制，但古代抄手、刻工为了省时省力，常将目录中的诗文篇名删减，致使正文题目与目录有的不一致。今人做索引时，有的未能将目录与正文标题互校，造成了索引使用的一些不便。①

第六节　古籍整理事业的奠基与新变

通过以上的古籍成果，我们可以归纳出这个时期古籍整理的特点，正是这些成就和特点，奠定了 1949 年后中国古籍整理事业的基本格局，也展现了它对民国时期古籍整理路径、方法的承续和创新。

一　重视基本古籍的整理

中华优秀传统文化中的基本古籍，包括两大块：一块是四部书中的重要经典，如《十三经》、"二十四史"，《老子》《庄子》，《楚辞》《文选》，李（白）、杜（甫）、苏（轼）、辛（弃疾），《西厢》《红楼》等，这些古籍为历代读者喜闻乐见，是中华优秀传统文化的重要基石；另一块是汉语言文字类、古籍书目类、学术考据类及丛书、类书等工具书或综合性古籍。虽然，由于当时的政治状况，人们的认知尚未达到今天的高度，但难能可贵的是，从 20 世

---

① 如（清）王琦注《李太白全集》，中华书局 1977 年版。

纪 50 年代初到 60 年代初中期的十多年，起步和发展中的中国古籍整理始终没有放松对这些基本古籍的重视。例如：经部中《易》《书》《诗》《论》《孟》等及其注疏本；史部中的"二十四史"、《资治通鉴》、《续资治通鉴》及诸史"纪事本末"、历朝"会要"等；子部中的秦汉诸子；集部中的从屈原到龚自珍等历代大家、名家及富有艺术特色之作。

二　重视出版古籍普及读物

新中国古籍整理工作的指导方针是"批判继承，古为今用"。1958 年 1 月 21 日，齐燕铭在给中宣部的报告中，将"部类繁多"的古籍按不同的读者对象分了三种情况，其中第三种就是针对一般读者的古籍。"对于一般读者，主要是供给古籍名著的选本和若干富于人民性的古典文学作品。这一部分古籍选择要精，宁缺毋滥。这一部分古籍的加工程度也要高，一般应有新注，并作辅导阅读的出版说明。有的需要译成白话。"① 根据这一方针，20 世纪五六十年代一直十分重视古籍普及读物，一些出版社出了一大批这样的书，例如：《诗经选》（余冠英注）、《左传选》（朱东润选注）、《楚辞选》（马茂元选注）、《乐府诗选》（余冠英辑注）、《史记选》（王伯祥选注）、《汉魏六朝散文选》（陈中凡选注）、《汉魏六朝赋选》（瞿蜕园选注）、《李白诗选》（舒芜选注）、《杜甫诗选》（冯至编选，浦江清、吴天五注释）、《张王乐府》（徐澄宇选注）、《杜牧诗选》（缪钺选注）、《苏轼诗选》（陈迩冬选注）、《宋诗选注》（钱锺书选注）、《宋代散文选注》（王水照选注）、《唐宋名家词选》（龙榆生编选）、《近三百年名家词选》（龙榆生编选）、《宋词选》（胡云翼选注）、《唐宋传奇选》（张友鹤选注）、《元人杂剧选》（顾学颉选注）等。

---

① 《齐燕铭关于加强中国古籍整理和出版工作给周扬并中央宣传部的报告》（1958 年 1 月 21 日），文化部出版事业管理局办公室编《出版工作文件选编（1958—1961）》，文化部出版事业管理局办公室 1982 年版，第 83—89 页。

这些书不少都是当时的著名学者所选注，选得精当，注得简明，译得妥帖而生动；尤其前言（或称"序""导言"等）写得既深入浅出，又不降低学术高度，文字流畅，论述通达，寓精深于娓娓而谈之中。这些前言，为当代学术史留下了一批闪亮的名篇，历久而弥新，如余冠英《〈诗经选〉前言》、冯至《〈杜甫诗选〉前言》、钱锺书《〈宋诗选注〉序》和余冠英、王水照《〈唐诗选〉前言》等。"大家小书"，琳琅满目，这些普及本很受读者欢迎，其中影响最大的是中华书局上海编辑所编辑的《中华活页文选》和中华书局出版的《中国历史小丛书》。《中华活页文选》从 1962 年 5 月出版第 1 号，到 1964 年 5 月出版第 100 号，之后即告休刊。《中国历史小丛书》，由吴晗主编，共 10 人组成编委会，其读者对象是初中及高小文化水平以上的广大历史爱好者，内容通俗易懂、生动活泼，每本一万多字或两万多字不等。小丛书于 1962 年 12 月出满一百种。《中国历史小丛书》不是古籍整理，但是它对古代作家及其著作的普及起到了可贵的作用。

三　整理范围的扩大和突破

从服务人民大众、适应社会发展需要的目标出发，此期的古籍整理突破旧时代正经大典的框框，将许多原来"不登大雅之堂"的古籍纳入整理范围，同时也发掘了一批以往被忽视的具有重要学术价值的著作。整理范围的拓展表现在以下几类古籍。

（一）古典小说、戏曲和俗文学作品

小说、戏曲长期以来为封建主流文化所轻视，然而这些书数量巨大，瑕瑜互见，其中一些作品在人民文化生活中产生过较大影响。1949 年以来，对这类书的整理和出版十分重视，选目比较严格，版本比较讲究，整理比较认真，还撰写有导读意义的前言。其中，对白话小说尤其重视，长篇小说像《水浒传》《红楼梦》都出了多个版本；短篇小说集，像"三言"（《喻世明言》《醒世恒言》

《警世通言》）、"二拍"（《初刻拍案惊奇》《二刻拍案惊奇》），也都由名家整理。从比例上看，这个时期对古代戏曲的整理，亦不输小说，从关汉卿、王实甫到汤显祖、孔尚任，元明清戏曲名家名作都得到了及时的整理出版。俗文学则有《古谣谚》《北京传统曲艺总录》等。

这些古典小说、戏曲的出版，不仅扩大了古籍整理的范围，而且拉近了与广大人民群众的阅读距离，成为新版古籍市场经久不衰的热点。

（二）有深层次影响的学术著作

在中国历史的某些节点上（如明清之际、清末民国之交），曾出现过一批对中华学术文化产生了重要或深层次影响而以往研究尚显不够的人物和著作，新中国的古籍整理对之给予了足够的重视，对这些著作及时地进行整理出版。

这类书主要有叶适的文集、李贽的《焚书》《藏书》、方以智的《东西均》、黄宗羲的诗文集和《明夷待访录》、顾炎武的诗文集、王夫之的若干著作、唐甄的《潜书》、戴震的《孟子字义疏证》、康有为的《大同书》《新学伪经考》、谭嗣同的《仁学》、章炳麟的《訄书》等。虽然因为时间短，这些整理还远不成规模，但其中已显露出敏睿的学术眼光。可能因为强调反封建和宣扬唯物论等原因，出版者对李贽、王夫之的著作显得特别青睐。难能可贵的是，当时对作为反动人物的曾国藩、李鸿章的著作也有出版，如《曾国藩未刊信稿》《李鸿章致潘鼎新书札》《盛宣怀未刊信稿》等，当然这些都是作为史料而整理出版的。

（三）医学、农业等古代科技类著作

1949 年后，特别是 20 世纪 50 年代中期至 60 年代初中期，有关部门、研究机构和出版社，对医学古籍、农学古籍的整理出版十分重视，成果也很丰富。据不完全统计，1949 年至 1978 年共出版古医籍553 种，其中 1954 年至 1963 年这十年间就出版了 532 种，占总数的

96％；1949 年至 1978 年共出版古农书 60 种，其中 1954 年至 1963 年这十年就出版了 59 种，占总数的 98％。

这个时期医、农古籍整理出版的繁荣局面，首先源于社会的需求。如医学古籍，中医学术亟待继承，中医知识需要传播，中医教学和医疗需要从中医典籍中汲取营养，需要经过标点、注释及翻译、解析的各种整理本。这些经过整理（包括影印）的古医籍，涵盖了医经、本草、诊法、方论、针灸、养生及丛编等各个方面的内容，为中华医学的继承和发展做出了重要的贡献。其次，是因为政府、研究机构、专家及出版社的重视。如农学古籍，1955 年春，农业部在北京召开关于整理研究中国农业遗产的座谈会，会议交流了整理农业遗产的经验，拟订了一些农业古籍的整理和出版计划。同年 5 月，在南京成立了中国农业遗产研究室。他们从历代典籍史料中辑校编录成一套《中国农学遗产选辑》，该室还编撰了《中国农学史》（初稿），出版了《农业遗产研究集刊》《农业研究集刊》等刊物。农业出版社更与古籍整理有着天然的渊源，它的前身是财经出版社，而财经出版社于 1954 年至 1958 年与中华书局是一个机构两块牌子，曾出版王毓瑚所辑《区种十种》和《中国农学书录》。1959 年，根据全国古籍整理出版规划小组的古籍整理出版规划，农业出版社制订了《中国古农书丛刊选题计划（草案）》，拟整理出版古农书 200 种，之后边征求意见，边补充修改，边组织整理出版，至"文革"前，已出书近 50 种，其中王毓瑚整理的元代鲁明善的《农桑衣食撮要》，胡道静从《永乐大典》中辑出的宋元人所撰的《种艺必用》，万国鼎校注的《陈敷农书》，石声汉、康成懿校注的明代邝璠所撰的《便民图纂》，郑辟疆校注的清代沈秉成所撰的《重桑辑要》，伊钦恒校注的清人陈淏子所辑《花镜》，或辑自亡佚之书，或合新知于旧籍，体现了科技类古籍整理的文献价值和学术价值。这些书的整理出版也标志着中国农史界用近代科学方法整理农业古籍所取得的骄人成绩。

另外，在算学、天文历法、工艺制造等方面先后整理出版的《算经十书》《春秋历学三种》《天工开物》《营造法式》等书，虽然总体上数量不多，但价值不小。

（四）小学、目录及考据类要籍

文字、音韵、训诂，目录、版本、校勘，是阅读、研究中国传统文化的基础学问，也是整理古籍的基础之学、入门之学。当时全国古籍整理出版规划小组主持人和出版社的负责人都是古籍整理行家，他们深知这类知识的重要性，从 20 世纪 50 年代中期开始，中华书局（包括"上编所"）、商务印书馆等专业出版社都一直十分重视这类书籍的整理出版。

其中，文字、音韵、训诂类的主要有《说文解字》等字书，《广韵校本》等韵书和清代的几部词义训诂书。目录版本类的有《四库全书总目》《四库提要辨证》《汲古阁书跋》《书目答问》《藏书纪事诗》等。上海图书馆编纂的《中国丛书综录》，更为中国历史上收录范围最广的古籍目录书，对古籍整理、辞书编纂，乃至涉古教学和研究，都有着重要的、不可替代的作用。考据类主要有《困学纪闻》《少室山房笔丛》《廿二史考异》《廿二史札记》《十七史商榷》《蛾术编》《陔余丛考》《癸巳类稿》《癸巳存稿》《颜氏学记》《箬园日札》《越缦堂读书记》《诸子平议》《海日楼札丛》等学术笔记。它们的整理出版，适应了涉古教学和研究的迫切需求。

必须指出的是，这一时期最被方方面面所重视并投入最大学术能量的是"二十四史"的点校。对此，本卷第三章将有专门论述。

四 整理体式的规范和质量的提升

纵观这个时期出版的古籍图书，与民国相比，有两点最为突出，一是品种多，二是格局新。品种齐全，数量众多，上文已做详述。格局新主要体现在整理体式的规范和整理质量的提升。

　　民国时期的古籍整理，多以影印为主，少数排印本，或为学者校订古籍之作，如刘文典的《淮南鸿烈集解》《庄子补正》；或为一些古书的标点本，如《国学基本丛书》，它们在整理范式上，比较单调。而20世纪50年代中期到60年代初期的古籍整理，除在选题上较前有显著的扩大外，在范式上有校勘、标点、注释、今译、影印、汇编、辑佚和编制索引等，基本上已揽括了古籍整理的各种方式和方法。其中，除标点一如既往地要求准确外，注释则显示了多样化的态势，有校注合一的"校注"（也称"校释""校正""笺注""笺校"等），如杨明熙《文心雕龙校注》、周祖谟《洛阳伽蓝记校释》、胡道静《梦溪笔谈校证》、钱仲联《人境庐诗草笺注》、唐圭璋《宋词三百首笺注》；有汇集前人成果作注的"集注"（也称"集解""集释"等），如吴则虞《晏子春秋集释》；有合编年校注为一的"编年校注"（也称"系年校释""编年笺注""编年笺校"等），如钱仲联《韩昌黎诗系年集释》、邓广铭《稼轩词编年笺注》、夏承焘《姜白石词编年笺注》；有合注释、今译为一炉的"注译"（也称"译注""译诂"等），如杨伯峻《论语译注》、杨柳桥《老子译诂》，还有主要面向普及的选编选注本，如王伯祥《史记选》、陈迩东《苏轼诗选》等。

　　这个时期，古籍整理读物的质量在总体上也比民国时期有所提升。质量的提升，除上文论及的整理范围的扩充、突破和整理方式的多样及整理体例的规范外，更重要的是这些整理本都力求做到：校勘精审，标点准确，分段合理，并写出能体现导读意义和学术水平的前言或说明文字。之所以取得这样的成就，首先是党和政府的重视，特别是全国古籍整理出版规划小组的建立，而主其事又是像齐燕铭、金灿然那样的专家型领导；制订了全国古籍整理出版规划，中华书局等专业出版社又有年度计划，一批有水平有经验的专家参与其间，并与承担整理出版的学者一道制定整理体例，如《〈资治通鉴〉标点凡例》《二十四史使用标点符号》等。

　　还有一个重要原因，就是一批学有专长、治学严谨的专家学者参与了古籍整理工作，他们或浸润多年，或奉命而作，但都能竭其所能，倾力为之，取得了较大的成就，为中华人民共和国古籍整理和古文献学研究工作的开启和发展做出了不朽的贡献。对此，本卷第七章将有比较详尽的论述。

第 三 章
"二十四史"及《清史稿》的整理出版

"二十四史"及《清史稿》点校本的出版，是20世纪中国古籍整理工作最伟大的成就，也是古文献学科发展中最成功的实践。

第一节　艰辛的历程

"二十四史"是中国古代最重要、最有价值的纪传体史书，整理点校"二十四史"及《清史稿》是广大文史研究者、爱好者的殷切期望，也是中华人民共和国前三十年分量最重、价值最大、学术力量投入最多、历时最久的项目，前后经历了二十年的艰辛历程。

一　提议与启动

从目前可以见到的公开资料来看，是著名学术活动家时任文化部副部长的郑振铎最早提出"二十四史"点校整理的倡议。[①]

1956年11月25日，郑振铎在《人民日报》上发表了《谈印书》一文，重点谈及古书的重印，提到了新中国版的"二十四史"整理："凡需要量比较大，而且应该加以重新整理，甚至必须加以新注、新

[①]　陈福康：《最早提出点校〈二十四史〉的是谁》，《古籍整理出版情况简报》1990年总第225期；另见罗雪挥《中华人民共和国版"国史"风云》，李杨主编《洞孔中的历史》，青岛出版社2011年版，第247—252页。

解的古书，象十三经，二十四史之类，则我们得集中些专家们组织专门的编辑委员会，分别进行整理工作，俾能于几年或十几年之内，有面貌全新，校勘精良的中华人民共和国版的十三经、二十四史出版。"①

1956年12月20日，郑振铎写信给潘景郑，更加具体地谈到了对《十三经》、"二十四史"等古籍进行整理的想法："我有一个理想，应该有像司马光那样地以'书局自随'的制度，才能有《通鉴》写出来。今天是需要多少部像《通鉴》那样的大著作出版！正在设法中，我想可能会实现这个计划的。首先应该对《诗经》、《书经》、三《传》、《三礼》、《史记》、《汉书》等，有一个或若干个专门的研究组。不知先生以为如何？我希望先生能领导这样的一个研究组。"从这封信可以看出，郑当时"正在设法中"，企图实现一些"大著作"的出版。1957年2月8日，郑给潘景郑的另一封信中说他已在考虑"如何进行比较切实有用的工作"，"例如重印整理过的《十三经》、'二十四史'之类"。②

1957年3月，郑振铎在全国政协会上提出"整理古书的提议"。特别提出"二十四史"的整理。他说："至于'二十四史'，则更需要一番整理工夫，且必须立即进行。乾隆版的经过整理的'二十四史'，问题很大（同文本、竹简斋本等，均系影印这个本子），张元济先生在百衲本'二十四史'的校勘记里已发其复。百衲本'二十四史'则卷帙浩大，仅照原本影印，未经加工整理。读史是一件要事，特别是中国的'二十四史'，它们乃是各时代的'百科全书'，不仅是政治史。凡搞一切学问的人，都不能不问津于这部大书。故整理尤有必要，且须加速。否则，会阻碍了我国学术的突飞猛进的前进

---

① 参见郑振铎《西谛书话》，生活·读书·新知三联书店1983年版，下册，第701页。
② 林申清整理：《郑振铎致潘景郑论书尺牍》，上海图书馆历史文献研究所编《历史文献》第4辑，上海科学技术文献出版社2001年版，第84—86页。

速度的。"① 郑在此处,不仅提到了乾隆版"二十四史"和百衲本"二十四史"的缺陷,更指出了"二十四史"对学术研究的重要价值和意义。这个建议刊登在《政协会刊》1957 年第 3 期。

"二十四史"的整理计划,是在全国古籍整理出版规划小组成立之后制订的。

1958 年 2 月,在全国古籍整理出版规划小组的成立大会上,齐燕铭在讲话中特别提到"有人建议出版中华人民共和国版的二十五史,那就不是三五年能完成的事"②,第一次从全国古籍小组的层面提到了"二十五史"的整理出版。古籍整理出版规划小组中历史分组的建立,以及中华书局职能任务的调整,为"二十四史"及《清史稿》整理计划的提出和顺利进行,准备了必要的条件。

1958 年 7 月,毛泽东主席对"前四史"的点校整理工作向吴晗和范文澜发出指示。根据范文澜当时写给刘大年的信得知,③ 该指示是吴晗面见毛主席时,毛主席当面交代的任务,随后吴晗将此事告知范文澜,并以两人的名义于 9 月 13 日下午召开"标点前四史及改绘杨守敬地图工作会议",参加者还有尹达、侯外庐、金灿然、张思俊。6 人中,范、吴和尹达 3 人为全国古籍整理出版规划小组历史分组的成员,金灿然为小组办事机构中华书局的负责人。会上,吴晗向与会人员报告了前四史点校工作的缘起,商订了"其他二十史及《清史稿》的标点工作",要求"着手组织人力,由中华书局订出规划"④。10 月 6 日,范文澜、吴晗联名向毛主席报告了此次会

---

① 郑振铎:《整理古书的建议》,《郑振铎全集》第三卷,花山文艺出版社 1998 年版,第 363—364 页。

② 《齐燕铭在古籍整理出版规划小组成立会上的讲话》(2 月 9 日),《中华人民共和国出版史料 1957—1958 年》,中国书籍出版社 2004 年版,第 352 页。

③ 刘潞、崔永华编:《刘大年存当代学人手札》,中国社会科学院近代史研究所 1995 年版,第 165 页。

④ 《标点前四史及改绘杨守敬地图工作会议记录》,《中华人民共和国出版史料 1957—1958 年》,中国书籍出版社 2004 年版,第 530 页。

议的内容。此后不久，毛主席给范、吴两人回信，表示"计划很好，望照此执行"。于是点校"前四史"的工作扩大为整个"二十四史"及《清史稿》。随后，在中华书局组织下，由顾颉刚、聂崇岐、齐思和、宋云彬、傅彬然、王伯祥、陈乃乾、章锡琛等参与，制订了"二十四史整理计划"。

这份"二十四史整理计划"，将"二十四史"的整理工作，划分为两个部分，即"标点集注本"和"标点普通本"。"集注本供专门研究者需用，普通本供一般读者需用。""在后来的实施过程中，这个方案有了较大的改变，计划中的第二部分即普通本二十四史成为整理工作的主体。"这里所说的普通本，实际上即后来出版的中华点校本。按照这份计划的安排，对普通本的整理，要"加校勘、分段、标点后出版"。在普通本的校勘方面，"基本上以百衲本及殿本互校，择善而从。如遇有其它更适用之善本，则可选定其它之本作底本，如《史记》可选用张文虎校本作底本"。此外，这份计划还附有标点符号及分段办法示例，对"二十四史"及《清史稿》的分段和标点方法做出了说明。这份计划中所说的"标点普通本"的程序，类似于郑振铎在《整理古籍的提议》中建议的整理古籍的第一阶段即"点校"阶段。该计划中原本的第一部分，是"标点集注本"，相当于郑振铎所说的"集注本"。在该计划中，总共需要整理出八部集注的史，即《史记集注》（新编）、《汉书补注》（王先谦）、《后汉书补注》（王先谦）、《三国志集解》（卢弼）、《晋书斠注》（吴士鉴）、《南北史补注》（新编）、《唐书合注》（王先谦）、《五代史注》（彭元瑞），实际上，这八部集注的史包括了十九史，"南北史集注包括了宋、齐、梁、陈、隋、北魏、北齐、北周八史，《唐书合注》包括了《旧唐书》，《五代史注》包括了《旧五代史》"①。"标点集注本"本来在该计划中列为第一部分，但

---

① 《二十四史整理计划》（约 1958 年 10 月），《书品》2006 年第 2 辑。

兹事体大，需要花费的工力甚多，所以在后来的实践中，就让位于第二部分的"标点普通本"，即后来的中华点校本。

这个计划的制订，标志着"二十四史"点校工程的正式启动。"二十四史整理计划"后来也列入了全国古籍整理出版规划小组《三至八年（1960—1967）整理和出版古籍的规划》。

从1958年正式启动，至1978年最终完成，该项工程历时整整20年，参考曾任"二十四史"及《清史稿》点校组副组长赵守俨的说法，大体上可以分为三个阶段。[①] 第一个阶段是1958年至1962年，"这是工作的摸索阶段"；第二阶段是1963年至1966年"文革"开始；第三阶段起于1971年终于1977年，即点校完成阶段。

二　分散点校：1958—1963年

这个时期，点校工作处于草创阶段，采用分散点校的工作方法。整个工作，首先是落实各史的具体点校人，其次是确定点校体例。关于各史的点校人，据赵守俨文章及中华书局档案记载，我们编制了表3－1。

表3－1　　　　　　　　"二十四史"及《清史稿》整理人员

书名	整理者	整理者变动（1971）
史记	顾颉刚、贺次君、宋云彬	
汉书	西北大学历史系；傅东华再点校	
后汉书	原定贺次君点校，后由宋云彬点校	
三国志	陈乃乾	
晋书	吴则虞；丁晓先、汪绍楹、吴翔如加工	杨伯峻覆阅

---

① 赵守俨：《雨雨风风二十年——〈二十四史〉点校始末记略》，中华书局编辑部编《回忆中华书局》（下编），中华书局1987年版，第113—123页。

续表

书名	整理者	整理者变动（1971）
宋书	山东大学历史系，王仲荦负责	
南齐书	山东大学历史系，王仲荦负责	
梁书	山东大学历史系，王仲荦、卢振华	
陈书	山东大学历史系，王仲荦、张维华	
南史	山东大学历史系，王仲荦、卢振华	
魏书	武汉大学历史系，唐长孺、陈仲安、王永兴、汪绍楹	
北齐书	武汉大学历史系，唐长孺、陈仲安	
周书	武汉大学历史系，唐长孺、陈仲安	
北史	武汉大学历史系，唐长孺、陈仲安	
隋书	汪绍楹	阴法鲁继续点校
旧唐书	中山大学历史系，刘节；陈乃乾	复旦大学中文系、历史系
新唐书	中山大学历史系，董家遵等	华东师范大学中文系、历史系、教育系等
旧五代史	刘乃和点校，陈垣指导	复旦大学中文系
新五代史	柴德赓点校，陈垣指导	华东师范大学中文系、历史系、教育系等
宋史	聂崇岐、罗继祖、邓广铭	上海师范大学历史系、中文系，上海市历史研究所，复旦大学历史系
辽史	冯家昇	陈述继续点校
金史	傅乐焕	张政烺继续点校
元史	翁独健负责，邵循正、林沉、周清澍及内蒙古大学蒙古史研究室	
明史	郑天挺负责，南开大学明清史研究室	王毓铨、周振甫加工
清史稿	1971年展开点校工作。点校人为罗尔纲、启功、王钟翰及孙毓棠、张政烺、吴树平、刘大年等	

关于"二十四史"及《清史稿》的点校规则，有三份至关重要的文件，其中两份是《二十四史整理计划》附件一《使用标点符号示例》和附件二《分段空行和提行低格示例》，这两份是最早对"二十四史"点校工作中的标点、分段及校勘进行规定的文件，但这些文件"例句未超出《史记》范围，其它各史的复杂情况都没有包括在内"①，因而比较粗糙，需要在实践中不断地补充完善。实际上，这两份文件是据"史记点校凡例"拟定的，或出于宋云彬之手，宋于1958年调任到中华书局，参与了《史记》《后汉书》的点校。

另一份重要文件为《点校二十四史补例》，大约制订于1959年初。文件开头一段说明制订缘由："本局前拟的'二十四史整理计划'，对于各史的校勘、分段、标点方法已作了概括性的说明。西北大学历史系在校点《汉书》时，又参照这个文件定出了比较详尽的'凡例'。其中有些问题是'整理计划'没有涉及的。为了使各史的校点办法做到基本上一致，现在把它加以整理，并结合《史记》、《后汉书》在校点中摸索出来的一些经验写成'补例'，分送给整理各史的同志参考。其中所谈到的问题，只是补充前一个文件的不足，不是全面的，仍请与'整理计划'附一'使用标点符号示例'参看。如有不同意见，希望提出讨论。"② 由此可知，这份文件是《二十四史整理计划》的补充，目的是使其他各史的点校体例基本一致。赵守俨说："1959—1960年，我们对于各史具体情况和工作上的问题作了全面研究，在校勘方面提出了新的要求：除做好版本对校外，还要比较系统地进行'本校'（本史各部分的互证）和'他校'（以有关史籍及类书等比勘），并强调要汲取前人对本史的研究成果，后借到张森楷先生的十七史校勘记和张元济先生的《二十四史》校勘记稿本，供各史工作者参考。为了使标点、分段更为合理，使各史之间大

---

① 赵守俨：《雨雨风风二十年——〈二十四史〉点校始末记略》，中华书局编辑部编《回忆中华书局》（下编），中华书局1987年版，第114页。

② 《点校二十四史补例》，《书品》2006年第4辑。

体统一，重新拟订了基本适用于《晋书》以下二十史的标点和分段体例。"① 赵在此处所说的"基本适用于《晋书》以下二十史的标点和分段体例"，应该就是上文中提到的《点校二十四史补例》。

最先启动的是"前四史"。《史记》最初由顾颉刚、贺次君点校，后由宋云彬重新标点，并由聂崇岐复审。点校本《史记》作为向国庆十周年献礼项目，于 1959 年 9 月出版。《汉书》，先由西北大学历史系点校，之后又由傅东华重新整理并撰写校勘记，于 1962 年 6 月出版。《后汉书》，宋云彬点校，孙毓棠等审定，于 1965 年 5 月出版。《三国志》，陈乃乾点校，1959 年 12 月出版。与此同时，其他各史也先后投入点校。

三　集中点校：1963—1966 年

为了加快进度，确保点校质量，尤其不使分散在外地院校的点校工作被各单位的教学和科研任务打断，决定点校工作由原来的"分散点校"改为"集中点校"。"把承担点校工作的有关同志借调到北京中华"，工作地点为北京西郊翠微路中华书局招待所。经过齐燕铭、金灿然的努力，在中宣部主持工作的副部长周扬的支持下，1963 年秋，各地专家以借调的方式，被集中到中华书局。

先后借调到北京的外地专家有"唐长孺、陈仲安、王永兴（分担《魏书》的点校）、王仲荦、卢振华、张维华（点校《陈书》）、刘节、罗继祖、郑天挺诸先生"②。这些专家中，唐长孺和陈仲安来自武汉大学，陈是唐的学生和助手，负责北朝诸史的点校。王永兴时在山西省教育学院任教，是陈寅恪弟子。王仲荦、卢振华和张维华来自山东大学，负责南朝诸史的点校。刘节也是陈寅恪弟子，执教于中

---

① 赵守俨：《雨雨风风二十年——〈二十四史〉点校始末记略》，中华书局编辑部编《回忆中华书局》（下编），中华书局 1987 年版，第 115 页。

② 赵守俨：《雨雨风风二十年——〈二十四史〉点校始末记略》，中华书局编辑部编《回忆中华书局》（下编），中华书局 1987 年版，第 116 页。

山大学，负责《旧唐书》的点校。罗继祖负责《宋史》的点校，其祖父为著名学者罗振玉。郑天挺时任教于南开大学，是《明史》点校工作的负责人。原在北京的专家，除傅乐焕于后期曾住在中华书局的招待所外，其余的仍各自在家点校，有事则开会商量。点校《新五代史》的柴德赓也从江苏来到北京，但为了便于向陈援老请教和与刘乃和商量，也没有住到翠微路。这时候，各史都由各人负责，改变了过去有的学校"大兵团作战"的方式，之前以那种方式搞出来的初稿，都重新做过。

在 1963—1966 年这三年，"二十四史"的点校工作虽然也会受到当时政治气氛的影响，但进展还较为顺利。1963 年 11 月，齐燕铭邀请参加整理"二十四史"的全体人员在人民大会堂举行座谈会，周扬、杨秀峰、齐燕铭在会上讲话，陈垣、范文澜、邓广铭等出席会议。[①] 当时"没有太多的政治介入，人们严格地按照学术标准进行工作……参与点校工作的专家们，仍然可以埋头读书，甚至能够不参加政治学习，这是罕见的学术优待。平安度过了 50 年代，熬过了生活上的困难时期，知识分子们意外地受到礼遇。从中华书局留存的文字档案来看，从给来自南方的专家增加大米供应，到解决大家的医疗问题，甚至购买蚊帐、凉席，乃至添置单人沙发，无不照应周全"[②]。罗继祖在《翠微校史》中说："敦聘来校史的各地教授，集中在翠微路宿舍……办法是人校一史，或两人合校一史，开大会时才聚集一起汇报或讨论，号称'廿四史点校小组'。中华方面招待甚优，人有专室，馔设丰富，且有专人负责生活事宜。……在局期间与同事诸公相接，居同楼，食同桌，其乐颇平生未有。"[③] 郑克晟撰文回忆其父郑

① 中华书局编辑部编：《中华书局百年大事记（1912—2011）》，中华书局 2012 年版，第 188 页。

② 罗雪挥：《中华人民共和国版"国史"风云》，李杨主编《洞孔中的历史》，青岛出版社 2011 年版，第 247—252 页。

③ 罗继祖：《蜉寄留痕·涉世琐记·翠微校史》，上海古籍出版社 1999 年版，第 253—254 页。

天挺这一时期的校史工作时，也写道："郑先生在中华书局居住的近三年时间，工作是紧张而愉快的。工作之余的生活是多样的：有时与诸老同至街头食豆浆；有时则于饭后漫步于公主坟畔；有时则随傅振伦先生学习八卦拳；或与诸先生互赠诗文，鉴赏字画及善本珍籍；或与家人子孙团聚，等等。"① "工作之余与星期天，生活也是丰富多彩的。或结伴三五，到玉渊潭公园喝茶谈天，尽兴始去。还可以去逛琉璃厂古旧书店，访书购画，相互欣赏。"此外，因为这些专家都来自高校，"所以，仍然执行寒暑假休假制度，每逢放假，组内同人回家前，中华书局都代为购好车票，并一一送上火车"②。由此可见，当时点校工作的专家们待遇很好，点校工作也是得到有关方面全力支持的。

正当各位专家潜心校史之际，政治形势却在发生着巨大的逆转。1964 年，"四清"运动在全国展开，"千万不要忘记阶级斗争"被作为行为准则和政策指令贯彻于人们生活的各个领域，古籍整理出版工作受到严重干扰。1965 年 10 月，因齐燕铭的调离，古籍整理出版规划小组的日常工作陷于停顿，"二十四史"的点校工作亦难以正常进行。随着姚文元《评新编历史剧〈海瑞罢官〉》发表，政治形势越来越严峻，"点校整理工作也越来越'左'。只单一强调高举毛泽东思想伟大红旗，坚决贯彻执行毛主席有关正确对待文化遗产的指示；反对颂古非今、复古主义、烦琐考证，坚持两个阶级、两条道路的斗争。真正应该研究探讨的校史方面的业务，根本不能也不敢提到议事日程上来"③。政治气氛越来越严峻，1965 年初，点校《旧唐书》的刘节即被调回；1966 年 5 月 23 日，负责点校《金史》的傅乐焕自杀，点校小组人心惶惶。随着"文化大革命"全面爆发，中华书局

① 郑克晟：《郑天挺与中华书局》，中华书局编辑部编《回忆中华书局》（下编），中华书局 1987 年版，第 63 页。
② 王同策：《翠微校史的日子里——罗继祖谈在中华书局点校"二十四史"》，王兆成主编《历史学家茶座 2 第 5—8 辑合订本》，山东人民出版社 2010 年版，第 61 页。
③ 王同策：《翠微校史的日子里——罗继祖谈在中华书局点校"二十四史"》，王兆成主编《历史学家茶座 2 第 5—8 辑合订本》，山东人民出版社 2010 年版，第 63 页。

业务工作宣告停止，借调来京的参加点校"二十四史"的专家也陆续返回原单位。

1967 年 5 月，时任"中央文革小组"成员、中共中央办公厅代主任的戚本禹指示当时在中华书局掌权的"革命造反团"，要求中华书局继续点校"二十四史"，并表示可以用"旧人"。但原任点校工作的学者只有一部分能借调中华书局，另一部分则由于所在单位"造反派"认为他们的"问题严重"，需要审查，不同意他们"借"出。于是从中科院学部和北京地区高校补充了部分力量，加上中华书局编辑，按朝代分编成若干业务组，另设秘书组、序言组。但此项工作仅维持一年多，随着戚本禹的倒台而结束，业务摊子也自然解体。①

四 恢复点校并完成全书：1970—1978 年

这一时期，"二十四史"的点校工作从"文革"的动乱中得到恢复，并且在 1978 年最终完成。点校工作的恢复，和周恩来总理的过问和关怀有直接关系。1970 年 2 月 11 日，周恩来总理向出版口，明确指示要恢复"二十四史"点校工作。同年 3 月 15 日，"全国出版工作座谈会"在北京召开。② 姚文元于 4 月 2 日给周恩来写信，提出"此次出版会议可否将此项任务分工继续完成，作为研究、批判历史的一种资料"。并说"此事已请示过主席，主席批示同意"③。周恩来于当日批示："《二十四史》中除已有标点以外，再加《清史稿》，都

---

① 赵守俨：《雨雨风风二十年——〈二十四史〉点校始末记略》，中华书局编辑部编《回忆中华书局》（下编），中华书局 1987 年版，第 117 页。另据赵守俨 1971 年撰写的《整理"二十四史"工作情况简介》（载《书品》2013 年第 2 辑），其间借调和拟借调参加"二十四史"点校的专家，除本章已列出的外，还有何兹全（北师大）、姚薇元（武汉大学）、卞孝萱（近代史所）、陈乐素（人民教育出版社）、邓广铭（北京大学）、陆峻岭（历史所）、许大龄（北京大学）、林树惠（南开大学）、汤纲（南开大学）、傅贵九（南开大学）、严敦杰（自然科学史研究室，负责各史的"律历志"）。以上排名依原件。

② 这次座谈会开得时间较长，7 月 22 日才结束。

③ 《百年中华》，中华书局 2012 年版，第 81 页。

请中华书局负责加以组织，请人标点，由顾颉刚先生总其成。究如何为好，请吴庆彤提出版会议一议。"① 需要说明的是《清史稿》，虽与"二十四史"一同于 1958 年列入整理规范，但点校工作的全面展开是从此时开始的。

随后不久，顾颉刚草拟了《整理国史计划书》《标点"二十四史"及〈清史稿〉应注意的问题》及《"二十四史"标点工作我所望于中华书局者》等文，说了他对"二十四史"点校出版工作的一些看法。4 月 25 日，"中华书局也起草了《整理校点二十四史和〈清史稿〉的初步设想》，介绍了'文革'前二十四史校点情况，提出继续完成校点出版任务的方法和措施"②。4 月 29 日，由国务院办公室主任吴庆彤主持，国务院出版口出面，组织了一次关于此项工作的座谈会，会议参加者包括顾颉刚、白寿彝等史学界人士及中华书局和上海人民出版社的相关人员。5 月初，国务院出版口领导小组《关于整理出版"二十四史"及〈清史稿〉的请示报告》经中共中央政治局常委传阅后转呈毛泽东。5 月 13 日，毛泽东批示"同意"。于是，中断了五年的"二十四史"及《清史稿》点校工作得以重新启动。中华书局借调白寿彝、刘大年、张政烺、翁独健、唐长孺、陈仲安、王仲荦、孙敏棠、王钟翰、阴法鲁、陈述、王毓铨、周振甫、启功等专家，集中到中华书局继续进行这项宏大的古籍整理工程。

和"文革"前相比，这次重新启动有几点大的不同：（一）点校工作分别在北京、上海两地进行。上海分担《旧唐书》《新唐书》《旧五代史》《新五代史》和《宋史》五史的点校，由上海人民出版社负责组织上海的专家进行，北京所存有关这五史的点校稿和材料，全部提供上海参考。其余各史均由中华书局组织进行。北京方面还按照周总理的指示，增加了《清史稿》的点校。全部史书完成点校后，

---

① 周恩来：《对出版〈二十四史〉、〈清史稿〉问题的批示》，《周恩来文化文选》，中央文献出版社 1998 年版，第 368 页。

② 张稚枫：《二十四史和〈清史稿〉的校点出版》，《出版科学》1999 年第 2 期。

统一由中华书局出版。（二）点校工作方法上对本校、他校做了限制，规定只在“点不断、读不通”的地方使用这两种方法。还规定：版本异同择善而从，不出校记。（三）人员和过去已有不同。《晋书》原由吴则虞点校，现由杨伯峻覆阅修改；北朝四史由唐长孺、陈仲安分别负责；南朝史仍由王仲荦负责（卢振华下肢瘫痪，不能来北京，在济南病榻上完成了《梁书》的覆阅改订和《南史》的点校）；《隋书》因汪绍楹去世，改由阴法鲁继续点校；《旧唐书》《旧五代史》由复旦大学承担；《新唐书》《新五代史》由华东师范大学承担；《宋史》由上海师范大学、上海社科院历史所承担；[①]《辽史》《金史》因冯家昇、傅乐焕去世，改由陈述、张政烺分别继续点校；《元史》仍由翁独健负责，邵循正和内蒙古大学林沉、周清澍等参加；《明史》因郑天挺尚未“解放”，改由王毓铨、周振甫继续点校。《清史稿》，由罗尔纲、启功、王钟翰、孙毓棠分任点校，刘大年于前期也参加了一段工作。整个“二十四史”及《清史稿》的点校组，由白寿彝任组长，吴树平、赵守俨任副组长。赵守俨是点校工作的实际主持人。

当时顾颉刚先生年事已高，且身体衰弱多病，虽然他的寓所当时在干面胡同，离当时尚在王府井大街36号的中华书局不远，但也不能来坐班，很多事情他都委托给了作为点校组组长的白寿彝先生处理。[②] 为及时与顾先生沟通，中华书局特安排一年轻编辑作为“联络员”，先后由包遵信、陈金生、邓经元、崔文印担任过这一工作。

---

① 陈允吉《上海参与点校本二十四史整理的往事》（《文汇学人》2015年8月14日）载：先后参加《旧唐书》《旧五代史》点校的有复旦大学中文系的吴文祺、朱东润、胡裕树、张世禄、王运熙、许宝华、刘季高、陈允吉、徐鹏、顾易生、章培恒、周斌武、丁锡根、张万起、周维德、叶盼云等，历史系及史地所的谭其骧、徐连杰、苏乾英、吴应寿、王天良、邹逸麟、王文楚等，哲学系有陈守实等；参加《新唐书》《新五代史》点校的有华东师大的李国钧、徐震堮、戴家祥、金祖孟、赵善诒等；参加《宋史》点校的有上海师大的程应镠、张家驹、罗君惕、裴汝诚和上海社科院历史所方诗铭、汤志钧、刘修明、臧荣炳等。

② 崔文印：《以“三负责”精神指导点校“二十四史”——敬谈白寿彝先生》，《史学史研究》2010年第2期。

　　在全体点校者、出版者的不懈努力下，各史整理本得以陆续出版：1971 年《周书》出版；1972 年《南齐书》《北齐书》《陈书》出版；1973 年《隋书》《梁书》出版；1974 年《晋书》《宋书》《北史》《魏书》《新五代史》《辽史》《明史》出版；1975 年《南史》《金史》《旧唐书》《新唐书》出版；1976 年《元史》《旧五代史》出版，《清史稿》分册开始出版；1977 年 12 月（实际上是 1978 年 1月）《宋史》出版；1978 年《清史稿》全部出齐。"二十四史"（点校本）人名索引也陆续出版。至此，一代古籍整理工作者为之默默奉献、倾尽心力的"二十四史"及《清史稿》点校工程终于全部完成。新华社于 5 月 18 日报道了这一消息，《人民日报》5 月 19 日发表《贯彻"古为今用"方针　整理古籍取得巨大成就》专稿，文中说："在我国出版史上第一次用新式标点点校'二十四史'的浩大工程，历时二十年之久"，"这是我国学术界贯彻'古为今用'方针，在古籍整理方面取得的一项重大成就"；"点校'二十四史'的过程，实际上是研究的过程，新的点校本集中体现了我国学术界对于史料的许多研究成果"。该文最后列出了参加"二十四史"点校工作的人员和单位名单："顾颉刚、王仲荦、王毓铨、王永兴、王天良、王文楚、马伯煌、邓广铭、白寿彝、卢振华、冯家昇、刘节、刘乃和、朱东润、阴法鲁、孙毓棠、亦邻真、蔡尚思、严敦杰、杨伯峻、吴则虞、宋云彬、张政烺、张维华、张瑞璠、张家驹、陈乃乾、陈仲安、陈述、陈允吉、邵循正、罗继祖、周清澍、周良霄、周振甫、郑天挺、赵守俨、赵善怡、胡裕树、柴德赓、聂崇岐、翁独健、唐长孺、董家遵、徐鹏、徐震堮、徐德麟、傅乐焕、裴汝诚，内蒙古大学蒙古史研究室全体人员，西北大学历史系部分人员，南开大学历史系明清史研究室全体人员，中华书局二编室部分人员。"①

---

　　① 《贯彻"古为今用"方针　整理古籍取得巨大成就》，《人民日报》1978 年 5 月 19 日第4 版。

第二节 巨大的成就

"二十四史"及《清史稿》是中国古代史籍中的鸿篇巨制，也是中华优秀传统文化的重要载体。其卷帙巨大，内容浩博，各史版本繁多，校勘标点难度很大。校史专家不避繁难，倾尽心力，完成了全书的点校，取得了古籍整理工作的具有代表性意义的巨大成就。

一 "二十四史"及《清史稿》的重要价值及点校难度

"二十四史"及《清史稿》，全书共3785卷，约5000万字，纪事从传说中的黄帝到辛亥革命结束清朝统治，长达四千多年，包括了中国历史上的氏族公社制、奴隶制、封建制几个历史时期，仅秦统一六国后，即经历了西汉、东汉、三国、西晋、东晋、宋、齐、梁、陈、北魏（及东魏、西魏）、北齐、北周、隋、唐、五代（后梁、后唐、后晋、后汉、后周）、北宋、南宋、辽、金、元、明、清等近30个朝代和近百个政权，作为首尾连贯的一套史书，古今中外尚无出其右。全书记载了中国古代各个朝代的历史概貌，以历代王朝兴衰更替为框架，反映了中国的历史进程，展列了中国古代政治、经济、军事、科技、思想文化、社会风俗等各个方面最为重要的基本史料。正是有了以"二十四史"及《清史稿》为代表的纪传体史书，才使中华民族和中国成为地球上唯一拥有数千年连贯、完整历史记载的民族和国家。这是中华民族永远引以为豪并必须发扬光大的宝贵历史文化遗产。

对这份极其宝贵的文化遗产进行整理，施以校勘、标点，以便于现在和将来的读者阅读、研究，价值极大，难度也很大。为了解"二十四史"及《清史稿》的点校难度，先对各史结构、主要版本和历代重要整理成果做一简要介绍。

（一）《史记》

原名《太史公书》，西汉司马迁撰。中国第一部纪传体通史。成书于西汉征和二年（前91）。一百三十卷（篇），分十二本纪、十表、八书、三十世家、七十列传。记事起于传说中的黄帝，迄于汉武帝，上下三千年左右，尤详于战国、秦、汉。史料丰富，论断精审，文笔生动。后其书部分篇卷有缺佚，汉元帝、成帝间，褚少孙补撰《武帝纪》《三王世家》《龟策列传》《日者列传》等篇。后人注释《史记》最著名的有南朝宋裴骃的《集解》、唐司马贞的《索隐》、张守节的《正义》，称"三家注"。

《史记》自司马迁外孙杨恽对外传布，至今已两千多年。历代传写刊刻本甚多，但多数版本已亡佚，流传至今的约有60种。《史记》三家注合刻本，现存最早的有南宋黄善夫刻本，该本1936年经商务印书馆影印，收入《百衲本二十四史》中。此外，著名的有明嘉靖、万历间南北监刻的"二十一史"本，明末毛氏汲古阁刻"十七史"本、清乾隆四年（1739）武英殿本和清同治十二年（1873）金陵书局刊《史记集解索隐正义合刻本》。其中殿本较为通行，金陵书局本较为精善。

（二）《汉书》

又称《前汉书》，东汉班固撰。纪传体断代史。一百篇，分一百二十卷。全书分十二本纪、八表、十志、七十列传；其中八表和《天文志》系固妹班昭及马续续成。记事上起西汉高祖元年（前206），迄于刘玄更始二年（24），凡二百三十年历史。体例与《史记》略同，唯改书为志，废世家入列传，并创《刑法》《五行》《地理》《艺文》四志，为后世纪传体史书继承。《汉书》是中国第一部纪传体断代史，是研究西汉历史的重要资料。通行注本有唐颜师古注、清王先谦《汉书补注》，此外，清人沈钦韩的《汉书疏证》、周寿昌的《汉书注校补》、钱大昭的《汉书辨疑》，今人杨树达《汉书窥管》、陈直《汉书新证》等，都对《汉书》做了重要的校订考证。

《汉书》传世抄本很多。现今可考的《汉书》版本，主要有北宋景祐本（商务百衲本收入该本）、明天顺五年（1461）冯让重刊本、明末汲古阁本、清乾隆武英殿本和同治金陵书局本等。

（三）《后汉书》

纪传体断代史。其中本纪十卷，列传八十卷，南朝宋范晔撰，唐李贤等注；志三十卷，晋司马彪撰，梁刘昭注。记载汉光武建武元年（25）至献帝建安二十五年（220）一百九十六年史事。范晔以《东观汉记》为主，综合十八家《后汉书》成是编。后晔被杀，是书有散失。刘昭取司马彪《续汉书》八志三十卷补入，并为之做注。宋仁宗时又补入唐章怀太子李贤与张大安、刘纳言等为《后汉书》纪、传做的注而成今本。《后汉书》简明详备，组织严密，史学、文学价值都很高，特别是东夷、南蛮、西南夷、西羌、西域、南匈奴、乌桓、鲜卑等六卷八传，详述东汉与沿边各族及内地少数民族的关系，极为可贵。清惠栋有《后汉书补注》二十四卷；王先谦有《后汉书集解》一百二十卷，门弟子助修而成。

《后汉书》自北宋以来，代有刻本。宋本虽存世不少，但多系残本。北宋淳化五年（994）初刻本和北宋景德二年（1005）校定本，均不包括续志。后世诸本中，当以南宋绍兴江南东路转运司刻本、元大德九年（1305）宁国路儒学刊本、明末汲古阁影宋写本、清武英殿本最为著名。自宋迄今，历代多有对《后汉书》校订考证及辑补之作。

（四）《三国志》

西晋陈寿撰。纪传体断代史。六十五卷，分《魏书》三十卷，《蜀书》十五卷，《吴书》二十卷。记载三国时代历史，其中《魏书》记汉末董卓之乱到曹魏建国及灭亡的历史，《蜀书》记刘备父子建立蜀国及灭亡的历史，《吴书》记孙氏数代在江东立国及灭亡的历史。全书无表、志，《魏书》有纪、传，蜀、吴二志只有传。魏、吴二志，系根据两国国史及魏鱼豢《魏略》、吴韦昭《吴书》、晋王忱《魏书》而成。蜀无国史，该志多为寿据自身见闻并收集史料，详加考证而成。三志各自为书，北宋咸平六年（1003）始合印为一书，原附《吴书》之《叙录》已亡佚。其书记载较简略。南朝宋时裴松之做注，引书达二百一十种。对原书补充缺漏、订正谬误、评论得失，增加了许多完整史料。清代以来学者为《三国志》校勘补注者很多，以近人卢弼撰《三国志集解》最为详尽。

自裴松之做注以后，历代都是根据裴注《三国志》刻印流传。最为通行的《三国志》版本，约有四种，一是商务百衲本，据宋绍兴、绍熙两种刻本配合影印；二是清武英殿本，据明北监本校刻（铅印、石印各本都据武英殿本翻印）；三是金陵活字本，据明南监冯梦祯本校印；四是江南书局刻本，据毛氏汲古阁本校刻。

（五）《晋书》

唐房玄龄等撰。纪传体断代史。唐贞观二十二年（648）成书。全书一百三十卷，分帝纪十卷，志二十卷，列传七十卷，载记三十卷。记载了西晋武帝泰始元年（265）到东晋恭帝元熙二年（420），共一百五十六年历史。依南朝齐臧荣绪等十八家《晋书》编纂而成。增"载记"，记十六国中十四国史事（前、后凉史事列入列传）。体例严密，取材丰富，但辞藻华丽，对史料取合欠严。唐何超有《晋书音义》三卷，为书中生僻字注音，各版本均附书末。清吴士鉴广搜一百四十余家整理、研究《晋书》成果，仿裴松之《三国志注》体例，成《晋书斠注》一百三十卷。

现存《晋书》较早版本为宋本，商务百衲本收入该本。另有元大德本、明南北监本、明吴琯西爽堂本、明末汲古阁本、清武英殿本、《四库全书》本、金陵书局本等。

（六）《宋书》

南朝梁沈约撰。纪传体断代史。一百卷。分本纪十卷，志三十卷，列传六十卷。记载东晋恭帝元熙二年（420）刘裕实际掌权开始至宋顺帝昇明三年（479）为萧齐所灭六十年间历史。《宋书》体裁完备，史料丰富，其八志上溯三代秦汉，尤详于魏、晋，重视典章制度的沿革流变；其"四裔传"中，记载了与少数民族及域外政权的关系，是研究民族关系史和周边关系史的珍贵史料。原书北宋时即有缺失，后人取《南史》等书补足卷数。

《宋书》版本，主要有北宋仁宗嘉祐年间至徽宗政和年间由国子监主持刊刻的"南北朝七史"本（亦称监本）、南宋绍兴年间"眉山本"、宋元明三朝递修本，此外还有明南北监本、清武英殿本、同治金陵书局本和商务百衲本等。

（七）《南齐书》

南朝梁萧子显撰。纪传体断代史。五十九卷。原本六十卷，今本佚《序录》一卷。分本纪八卷，志十一卷，列传四十卷。记事起齐高帝建元元年（479），迄和帝中兴二年（502）。系据檀超、江淹等《国史》、沈约《齐纪》、吴昀《齐书》等增编而成，南北朝诸史仅《宋书》《魏书》与《南齐书》有志，其中《百官志》《州郡志》尤为简要，具有很高的史料价值。

现存《南齐书》的最早版本是宋代刊印的号称"眉山七史"的蜀刻大字本。明代有南北监本、毛氏汲古阁本等。清代有武英殿本、金陵书局本、同文书局本、图书集成局铅字排印本等。民国有商务百衲本、开明书店《二十五史》本等。

（八）《梁书》

唐姚思廉撰。纪传体断代史。唐贞观十年（636）成书。五十六卷，分本纪六卷、列传五十卷。记载梁武帝天监元年（502）至梁敬帝太平二年（557）五十六年历史。系据其父姚察《梁书》未完稿成书。该书与《陈书》是其父子相继耗费七十年心血而成，颇具史识，并保存了大量的史料。

现存《梁书》最早版本是南宋"眉山七史"本。另有明南北监本、毛氏汲古阁本、清武英殿本、金陵书局本、同文书局本、图书集成局排印本、商务百衲本等。

（九）《陈书》

唐姚思廉撰。纪传体断代史。唐贞观十年（636）成书。三十六卷，分本纪六卷，列传三十卷。记载陈武帝永定元年（557）至后主祯明三年（589）三十三年历史。系据其父姚察《陈书》旧稿而成。全书较简略，是"二十四史"中篇幅最短的一部。

《陈书》版本亦同《梁书》。现存最早版本为"眉山七史"本。另有明南北监本、毛氏汲古阁本、清武英殿本、金陵书局本、同文书局本、图书集成局排印本、商务百衲本等。

（十）《魏书》

北齐魏收撰。纪传体断代史。北齐天保五年（554）成书。一百三十卷，其中帝纪十四卷，志二十卷，列传九十八卷。记载北魏建国（386）至东魏孝静帝亡国（550）间一百六十五年历史。内容丰富，编纂体例上有创新（如《释老志》的设立）。原书在北宋初已散佚不全，刘恕、范祖禹等据《北史》等材料增补成今本。

《魏书》现存最早刻本是南宋绍兴年间翻刻本，该本有元、明两朝补版，被称为"三朝本"。商务百衲本即以宋蜀大字本配"三朝本"成书。《魏书》另有元刊本、明南北监本、毛氏汲古阁本，清武英殿附考证本、席氏扫叶山房刊廿一史本、同治金陵书局本、同文书局影殿本，图书集成局排印本、竹简斋石印本（有大小两种）、史学斋石印横排本等。

（十一）《北齐书》

唐李百药撰。纪传体断代史。唐贞观十年（636）成书。五十卷。分帝纪八卷，列传四十二卷。记载北魏分裂（534）、东魏建立，中经齐代东魏（550），至北齐灭亡（577）的四十四年历史。它虽以记载北齐历史为主，但实际上反映了东魏、北齐这两个政治上延续的政权建立及衰亡的过程。李百药据其父德林三十八卷旧稿及王劭《齐志》等旧史增补而成。唐中叶后阙佚很多，后人取《北史》《高氏小史》补足。

《北齐书》最早刊刻于北宋政和年间，今已失传。现存版本主要有元、明两朝补版的南宋刻本即三朝本，明有南北监本、毛氏汲古阁本，清有乾隆武英殿本、同治金陵书局本，民国有商务百衲本等。

（十二）《周书》

唐令狐德棻等撰。纪传体断代史。唐贞观十年（636）成书。五十卷，分本纪八卷，列传四十二卷。记载北魏分裂（534）到杨坚代周（581）共四十八年的历史，其中西魏二十二年，北周二十五年。多取材于西魏史官柳虬《史书》与隋牛弘《周史》，叙事考订均较草率。原书北宋时已残，后人以《北史》等补入，今人统计原书共缺五卷又两个半卷。

《周书》撰成后，以抄本流传，在传抄的过程中，有些篇章出现了散佚的情况，宋景德二年（1005）编辑的类书《册府元龟》中，引用的《周书》已非令狐德棻《周书》原貌，而是后人据《北史》等书补全的本子。现存最早的《周书》刻本应为南宋临安翻刻且经宋、明两代补版递修的"三朝本"；商务百衲本据"三朝本"影印并据明清其他刻本改订文字。此外，比较有影响的版本还有明南北监本、毛氏汲古阁本、清武英殿本、金陵书局本（以汲古阁本为底本）等。

（十三）《隋书》

唐魏徵等撰。纪传体断代史。记隋文帝开皇元年（581）至炀帝大业十四年（618）三十八年历史。全书共八十五卷，包括本纪五卷、志三十卷、列传五十卷。其中的志本是《五代史志》，为唐长孙无忌等撰，修成后加入《隋书》，记梁、陈、齐、周、隋五代典章制度，或远溯汉魏，史料价值较高。《隋书》是记载隋代史事唯一的重要且完善的文献，《资治通鉴·隋纪》几乎全以它为依据。其中《经籍志》以经史子集四部分类，后世相沿，成为中国古代图书分类的主要方法。

《隋书》流传最早的本子是宋天圣二年（1024）刻本，已失传。存世诸本主要有：南宋六十五卷小字残本、元大德饶州路刻十行本、元至顺端州路刻九行本、明南北监本、毛氏汲古阁本、清乾隆武英殿附考证本、清同文书局影印本、图书集成局扁铅排本、竹简斋剪贴影印本、开明书店《二十五史》拼页影印附参考书目本等。商务百衲本系影印元大德本，最为称善。

（十四）《南史》

唐李延寿撰。纪传体断代史。唐高宗显庆四年（659）成书。八十卷，分本纪十卷，列传七十卷。记事起自南朝宋永初元年（420），迄于南朝陈祯明三年（589），包括宋、齐、梁、陈四朝一百七十年历史。李延寿据其父李大师所撰《南史》旧稿，删并宋、齐、梁、陈四书，参考其他杂史而成。该书与《北史》皆行文简约，在删削原有八书烦冗的同时，增补新的史料，且订正八史之误，并可以之校勘八史。但二书均有删削八书不当之处。

现存版本，有宋本残卷、元大德本、明南北监本、毛氏汲古阁本、清武英殿本、金陵书局本及商务百衲本（影印元大德本）等。

（十五）《北史》

唐李延寿撰。纪传体断代史。唐高宗显庆四年（659）成书。一百卷，分本纪十二卷，列传八十八卷。记载起自北魏登国元年（386）迄于隋义宁二年（618），包括北魏、东魏、西魏、北齐、北周、隋等朝共二百三十三年历史。据其父李大师所撰《北史》旧稿，删并北朝魏、齐、周、隋四书，参考其他杂史而成。文字简略，其优劣处大致同《南史》。

现存版本亦同《南史》，有宋本残卷、元大德本、明南北监本、毛氏汲古阁本、清武英殿本、金陵书局本及商务百衲本（影印元大德本）等。

（十六）《旧唐书》

后晋刘昫监修（刘昫之前赵莹曾任监修），张昭远、贾纬等撰。纪传体断代史。原名《唐书》，后人为与欧阳修《新唐书》相区别而改名。后晋开运二年（945）成书。二百卷，分本纪二十卷，传一百五十卷，志三十卷。记事起自唐高祖武德元年（618），迄于哀帝天祐四年（907），凡二百九十年的历史。依吴兢、韦述、柳芳、于休烈等唐代史臣递相修撰的《唐书》旧本及官修九朝实录成编。书中保存了较多史料，然长庆以后，旧史阙如，无底本可依，故后期内容疏漏较多。《新唐书》出，此书传本日稀。明嘉靖十七年（1538）闻人诠以宋本重刻。清道光时岑建功又加校刻，始复大行于世。

现存最早的《旧唐书》为南宋绍兴时两浙东路茶盐司刻六十九卷残本。明嘉靖闻人诠刻本，是宋以后《旧唐书》唯一的旧刻完本。此外，有清武英殿附考证本，及殿本系统后续刊本；清道光时扬州岑建功惧盈斋据武英殿本重刻，附刘文淇等撰"校勘记"六十六卷，远胜原殿本的考证，该本又附"逸文"十二卷；民国商务百衲本，该本影印宋绍兴六十九卷本并配以闻人诠本。

（十七）《新唐书》

宋欧阳修、宋祁等撰。纪传体断代史。宋嘉祐五年（1060）成书。二百二十五卷，分本纪十卷，志五十卷，表十五卷，列传一百五十卷。记载唐代二百九十年历史。与《旧唐书》相比，增加了不少新史料，志的内容比较详细，又新增了表，确是"事增文省"；但本纪和一些列传过于简略。书出，吴缜即撰《新唐书纠谬》二十卷。清沈炳震合新、旧《唐书》，以优者为正文，另本文句为附注，成《新旧唐书合钞》二百六十卷。清武英殿本《新唐书》附董衡《唐书释音》二十五卷。

由于《新唐书》一向被列为正史，因此宋以来刻本远多于《旧唐书》，今存宋刻《新唐书》有南宋十四行残本、南宋建阳刻十六行残本、南宋建阳魏仲立刻十行残本，元刻明修本，明成化南监本、明万历北监本、毛氏汲古阁本，清武英殿附考证本及殿本系统后续刊本，商务百衲本。百衲本影印日本静嘉堂藏南宋十四行残本，缺卷用其他宋本配补。

（十八）《旧五代史》

宋薛居正等撰。纪传体断代史。原名《五代史》，后世为与欧阳修《新五代史》相别，改今称。北宋开宝六年（973）成书。全书一百五十卷，分《梁书》二十四卷（本纪十卷，列传十四卷），《唐书》五十卷（本纪二十四卷，列传二十六卷），《晋书》二十四卷（本纪十一卷，列传十三卷），《汉书》十一卷（本纪五卷，列传六卷），《周书》二十二卷（本纪十一卷，列传十一卷），《世袭列传》二卷，《僭伪列传》三卷，《外国列传》二卷，志十卷，目录二卷。记事上起后梁开平元年（907），迄后周显德七年（960），共五十四年历史。据五代实录与范质《五代通录》等修撰。文献颇备，事实较详。后《新五代史》出，此书渐湮废。清乾隆时，邵晋涵等从《永乐大典》中辑录旧文，旁及《册府元龟》与百余种宋人著作，照原篇目编排进呈。武英殿本则删去原附辑录出处与校语，对原文也有所改易。今人陈垣有《旧五代史辑本发覆》。

现今《旧五代史》版本，除清乾隆四十年（1775）《四库全书》缮写进呈本、乾隆四十九年缮写的文津阁"库本"和武英殿本外，还有孔荭谷、彭元瑞、卢文弨校抄本，1921 年丰城熊氏影库本和 1925 年嘉业堂刊本。商务百衲本即据嘉业堂本影印。

（十九）《新五代史》

宋欧阳修撰。纪传体断代史。原名《五代史记》，后为与薛居正《旧五代史》相区别，改今名。为"二十四史"中自唐代以后唯一的私修史书。全书七十四卷，分本纪十二卷，列传四十五卷，考三卷，世家十一卷，四夷附录三卷。记载自后梁开平元年（907）至后周显德七年（960）五十四年的历史。参考各朝史官记录及《五代会要》、薛居正《旧五代史》等书成编。体例严谨，文辞高简；不足处，虽较《旧五代史》补充了些史料，但对一些史实又多有忽略。清乾隆时彭元瑞作《五代史记补注》七十四卷。

《新五代史》的版本，主要有南宋庆元本、明南北监本、汪文盛本、毛氏汲古阁本、清《四库全书》本、武英殿本、崇文书局本及贵池刘氏影印南宋本等。

（二十）《宋史》

元脱脱等撰。纪传体断代史。元至正五年（1345）成书。四百九十六卷,分本纪四十七卷,志一百六十二卷,表三十二卷,列传二百五十五卷。记北宋、南宋共十八朝三百余年历史。据宋代国史、实录、会要、杂史、家传、行状等成编。是"二十四史"中卷帙最多的一部官修史书。书中保存了大量原始史料,并创立《道学传》,以推崇程朱之学。因卷帙浩繁,成书仓促,致北宋详,南宋略,理宗后错漏尤多,资料剪裁、史实考订亦有不妥之处,如纪、志、表、传相互矛盾,一人两传、有目无文等。

《宋史》的版本,主要有元至正六年(1346)杭州路刻本,明成化十六年(1480)朱英在广州据元至正本抄本的刻本、明南北监本、清武英殿本、光绪元年浙江书局本,商务百衲本用元至正本和明成化本配补影印,并校以殿本。

(二十一)《辽史》

元脱脱等撰。纪传体断代史。元至正四年(1344)成书。一百十六卷,其中本纪三十卷,志三十二卷,表八卷,列传四十五卷,附《国语解》一卷。记载辽代二百余年历史,也兼叙辽建国以前契丹和辽末耶律大石所建西辽的历史。系据辽耶律俨《实录》、金陈大任《辽史》、宋司马光《资治通鉴》、叶隆礼《契丹国志》诸书纂成。成书仓促,内容阙略,错讹较多。

《辽史》最早刻于元至正五年(1345),当时只印了100部,今已失传。明南北监本源于元本;清乾隆四年殿本据北监本翻刻而成;清道光四年殿本据四库本改译人名、官名等,则有失原书面目;另有同文书局石印本(据乾隆殿本影印)等。商务百衲本,系据元末明初翻刻本及残本拼凑影印。

(二十二)《金史》

元脱脱等撰。纪传体断代史。元至正四年(1344)成书。一百三十五卷,分本纪十九卷,志三十九卷,表四卷,列传七十三卷。附《金国语解》一卷。据金代实录及元初王鹗《金史》等修成。条例整齐,文笔简练,在宋、辽、金三史中,独为最善。

《金史》最早刻本是元代至正五年杭州官刻本，但此刻本流传甚稀。明嘉靖七年（1528），南京国子监据杭州官刻重新开雕，是为南监本；万历间又有北监本；清康熙二十五年（1686）由国子监祭酒常锡布等人重修万历刻本，视为明北监本的修补版，之后又有乾隆武英殿本、江苏书局本、同文书局本及光绪间图书集成局的铜扁体字本等。

（二十三）《元史》

明宋濂等撰。纪传体断代史。明洪武二年（1369）始修，次年又做修改。二百一十卷，分本纪四十七卷，志五十八卷，表八卷，列传九十七卷。据元代各朝实录、诸家行状、墓表及《元经世大典》等编成，保存了较多史料。唯仓促成书，未详加考证，体例粗疏，译名混乱，事实叙述多有缺漏。后人改作、补证甚多，柯劭忞的《新元史》（二百五十七卷），北洋政府时曾定为"正史"。

《元史》成书仓促，刊刻也很迅速，洪武三年七月修成，十月便已"镂板迄功"，此即洪武初刻本。嘉靖南京国子监本即用的是洪武旧本，南监本后来的递修补刊一直延续到清初。万历北京国子监本应同南监本。清乾隆武英殿又仿北监本重刊《元史》，乾隆四十六年（1781），对辽、金、元三史译名进行窜改，谬误百出。道光四年（1824）又重修武英殿本。商务百衲本，是以九十九卷洪武残本为底本，并参配南监本影印而成，较其他各种版本更为接近洪武本的原貌。

（二十四）《明史》

纪传体断代史。清顺治二年（1645）曾敕修《明史》，未成而罢。康熙十八年（1679）再开史馆，徐元文、徐乾学、王鸿绪先后任总纂，聘万斯同审定，成书三百十卷，即今署名王鸿绪之《明史稿》。雍正二年（1724）张廷玉主持据王稿增删纂修，至雍正十三年（1735）定稿，乾隆四年（1739）刊行。《明史》共经三度编纂，凡历九十五年。全书三百三十二卷（另目录四卷），分本纪二十四卷、志七十五卷、表十三卷、列传二百二十卷。记事起明太祖洪武元年（1368），迄崇祯十七年（1644），凡二百七十七年历史。取材丰富，体例严谨完备，文字精炼，史料翔实。唯有关建州女真及南明史实有所遗漏隐讳。乾隆四十二年（1777）曾对该书加以考核增修。

《明史》通行本最早为乾隆四年（1739）武英殿原刊本，以后又出现了各种官刻本、私刻本、影印本、排印本、缩印本。其中流传较广有江苏翻刻本、竹简斋影武英殿本、同文书局影武英殿本、岭南胙古堂仿刊武英殿本、道光间武英殿刊本、同治间重刊二十四史本、五省官书局刊二十四史本、涵芬楼影武英殿本、图书集成局排印本等。上述各种版本的内容，在文字上互有出入，其中以武英殿原刊本和涵芬楼影武英殿本为佳。

（二十五）《清史稿》

纪传体断代史。近人赵尔巽主编，缪荃孙、夏孙桐、柯劭忞、张尔田等参预编纂。1927年成书。五百三十六卷，分本纪二十五卷，志一百四十二卷，表五十三卷，列传三百一十六卷。记事上起清天命元年（1616），下迄宣统三年（1911），凡二百九十六年历史。所据史料有清代国史馆底本、《实录》、《圣训》及清代档案等。体例完善，条目详备，史料丰富。但因当时政权更迭，修史经费不足，修史之人又多以清朝遗老自居，致使书中内容错讹较多，剪裁组织亦不尽完善，使其史料价值有所降低。

《清史稿》共印1100部。1927年，金梁私运400部至关外，余存700部于北京史馆。运出关外的400部《清史稿》，被称为"关外本"，该本被金梁窜改，有其"校勘记"，并增入康有为传、张勋传及张彪附传。在北京的史馆诸人将存留《清史稿》略做少许抽换订正，以复旧观，被称为"关内本"。后来金梁又将关外本略加改动并重印，被称为"关外二次本"，则此前未改之本被称为"关外一次本"。

以上是"二十四史"及《清史稿》的基本情况。了解了这些，我们就能清楚地知道"二十四史"及《清史稿》的点校难度至少有以下四个方面：一是内容浩博，二是版本繁多，三是校勘情况复杂，四是标点难度很大。唯其难度大，而措处得宜，则成就亦大。

二 "二十四史"及《清史稿》点校本的成就

（一）点校体例趋于完善

"二十四史"及《清史稿》点校本的成就是多方面的，其中点校体例的科学和精密，为完成这一宏大工程提供了重要保障。"二十四史"及《清史稿》的点校体例，经历了从制定到实施再到逐渐完善的过程。

1958 年 10 月，中华书局在制定《二十四史整理计划》的同时，还制定了《二十四史使用标点符号示例》和《二十四史分段和提行低格示例》，前者用以指导标点，后者用以指导编辑、校对。1959 年初，又制订了《点校二十四史补例》。当时《史记》已完成点校，即将出版，《汉书》《后汉书》《三国志》在点校中。这三个文件总结已有的工作经验，对"二十四史"的校勘、标点、分段及异体字的处理等问题进行了必要的规定，但文件中的示例多用《史记》的内容，对其他各史情况少有涉及。

1960 年，全国古籍整理出版规划小组在制定"三至八年重点规划"时，明确要求"二十四史"点校本要超越前人，并经过不断修改，使它成为定本。[①] 之后，其他各史点校工作陆续展开。

如前文所述，1963 年改"分散点校"为"集中点校"，校史专家多数都集中到中华书局，"二十四史"点校工作进入新的局面。为了进一步规范点校工作，中华书局在 1958 年"示例"和 1959 年"补例"的基础上，根据几年来点校工作实践和校史专家的意见，又拟

---

① 赵守俨：《校史杂忆——〈二十四史〉点校散记》，《赵守俨文存》，中华书局 1998 年版，第 330 页。

定了《关于校勘二十四史的几点意见》和《二十四史标点使用办法举例》。这几个文件合在一起成为"二十四史"的点校体例，对"二十四史"点校全部业务工作具有指导意义。

1. 校勘

体例明确规定了校勘的原则，统一了校勘的方法、步骤和校勘记的规范，其中要点有：

"三可改"，即底本显误且"考证"已指出者，[①] 可据改；因形似而误刻的字，因避讳而缺笔的字，均径改；版刻异体字，可径改。

"五不改"，即对底本有疑，但无确凿证据，且前人未论及者，不改；底本有问题，且前人有争论而尚无定论者，一般不改；文句有脱误然注文已指出者，不改；底本文句可通，虽有异说者，亦不改；通假字、古体字不改。

对底本和校本皆误，或一误一缺，又无别本可资校正者，可仍之；有别本或前人考证可据者，则择善而从。

对底本、校本小异，或有或无均不影响文义者，不必增删，亦不入校记。

对底本虽有不妥，而考证意见在疑似之间者，则不轻改。[②]

2. 标点

体例对标点的规定十分详细，它以中央人民政府出版总署 1951 年 9 月颁布的《标点符号用法》为依据，以各个标点符号（除破折号、省略号外）为单位，列举"二十四史"中相应的例证，一一说明各个标点的使用法。所举例证具有一定的典型性，通过这些例证和说明，强调了对史书内容的正确理解和对文义、文气的贴切把握，强调了标点的准确性和细微差别。鉴于各史文句表述的多种形态，《二十四史标点使用办法举例》于同一个标点符号下，列出了相对应的 3

---

① 这里的"考证"，指殿本对各史的考证。

② 参见《点校二十四史补例》，《书品》2006 年第 4 辑。

到 5 个例句；对情况相对复杂、标点难度相对较大的专名号的使用，则举了 15 个例句。下面择要做些说明。

（1）体例规定了必须施加某种标点的一些标准，如一句陈述句语义完整必须于句末标句号（如例一）；专名号的使用范围，包括人名、地名、民族名、朝代名等（如例二）。

例一：秦始皇帝者，秦庄襄王子也。（《史记·秦始皇本纪》）

例二：范云字彦龙，南乡 舞阴人，晋平北将军汪六世孙也。（《梁书·范云传》）

（2）体例更多是结合具体情况，提出优化方案，提高标点精准度，更贴合文义、语气。

第一，如施加标点易致误解的，则不加标点。

例一：于是汉王夜出女子荥阳东门被甲二千人，楚兵四面击之。（《史记·项羽本纪》）

此句如在"荥阳东门"下加逗号，也无不可；但体例于细微处斟酌，以使读者能准确地理解文意，避免误会。

第二，并列的名词，容易引起误会的，用顿号分开（如例一）；虽是并列名词，而不加顿号不会引起歧义的，则不加顿号（如例二）。

例一：而禹、皋陶、契、后稷、伯夷、夔、龙、倕、益、彭祖自尧时而皆举用，未有分职。（《史记·五帝本纪》）

例二：以扬州刺史元显为后将军、开府仪同三司、都督扬 豫 徐 兖 青 幽 冀 并 荆 江 司 雍 梁 益 交 广十六州诸军事。（《晋书·安帝纪》）

第三，分号、感叹号尽量少用，问号亦不能滥标。

体例认为，分号只用在明确的并列分句。能够断句的地方即用句号，应当停顿而不宜断的即用逗号。感叹号不要多用，可用感叹号也可用句号的地方，宜用句号。不一定句尾有"乎"字、"耶"字的都用问号，用与不用，要以文义来定，不能从形式上判断。凡是不期望回答的语句，都不用问号。

第四，韵文，一般可在押韵处标句号。

例一：吴公鸷彊，实为龙骧。电扫群孽，风行巴、梁。（《后汉书·吴盖陈臧传赞》）

例二：于穆武皇，允龚钦明。应期登禅，龙飞紫庭。（《晋书·乐志下》）

（3）体例特别提示要注意区分一般情况与特殊情况，这在专名号中尤其多见。

第一，人名，凡字号、谥法、尊号之类，一律加专名号。但注文在解释字义时，往往有"得，司马名也"这类句子，"得"是指这个字而言，因此不标专名线。

第二，非真实姓名，而习惯已用作某一个人的专称的，如圯上老人、甪里先生、太史公等，都标专名号。

第三，官名不标专名号；官名中夹杂着地名的，要标地名。如度辽将军、平越将军等。

第四，史书中常用的大区域名称，如"山东""关东""江左""江右""河南""河北"等，在当时虽不是政区，却四至分明，有大致范围的，可以标专名号。关内、关外之类过于笼统的称呼，不标。各史的"江"一般指长江，"河"一般指黄河，个别不是指长江、黄河的不标。

第五，既是官名又是地名的名词，如京兆尹、左冯翊、右扶风，当作官名用不加标号。"京师""京都"在古书中的用法略如今天的"首都"，不标。

第六，古籍里的"中国"，多是"中土""中原"的意思，和今天的概念不同，一般不标专名号。

（4）体例对引号的用法也有着比较细致的规定。如哪些地方既加冒号也加引号，哪些地方只加引号不加冒号，哪些地方只加冒号不加引号。指出引文中要尽量避免用三层引号。

（5）体例还对涉及技术性处理的一些共同问题做出规定。

如对各史篇末的论赞，可只加冒号，不加引号。"太史公曰""赞曰""论曰""史臣曰"等。

对书名的简称，连标书名号，如"汉表""隋志""班书""谢沈书"等。

3. 分段

体例还对分段和提行做了规定，其要者有以下几点：

第一，分段是为了帮助读者理解和掌握史实，须根据各篇的内容来决定如何划分。既要照顾到段与段之间的关系，也要照顾到每一段与全篇的关系。

第二，分段有小段、大段两种。小段在版式上是另行低二格开始，转行顶格。一个大段可以包括几个小段，大段与大段之间在版式上空一行。

第三，本纪的分段，建议以年为大段，以月为小段，一月之中如有重要史实，可以再分段，如只是些官吏的任免、巡幸、灾异等，就不再提行。

第四，史文中首尾比较完善的长篇诏命、奏疏、文章（书札、表、赋之类），可以另行起低二格排印（首行低四格，转行一律低二格）。文章的末尾与下文连接处又可以有两种形式：一种是全段的文义未完的下文应当顶格；另一种是全段文义已完的下文须低二格。①

4. 改字

体例对改字也做了规定，要点如下：

版刻的别体字、避讳的缺笔字，可在校点时随手径改。其余校改底本处，都加上符号，以资识别。用圆括号表示删，方括号表示增。例如，以下文中，"魏"改"秦"。

---

① 中华书局：《二十四史标点使用办法举例》，《古籍整理出版情况简报》1963 年第 3、4 号合刊。

与杠里秦军夹壁，破（魏）［秦］二军。（《史记·高祖本纪》）

排版时方括号内的字与正文一样大；圆括号内的字，用小一号的字体。圆括号内的字即使原来作专名用，既已删去，就不再加标号。①

体例还强调：无论是《举例》还是《补例》，都不能把所有的情况都包括在内，史文中性质类似或相近相通的要类推。各史的点校总的精神是要求自成体系，避免自相抵牾和前后不一。各史有共同处，也有不同处。"举例"仅是对于共同处（也有些是数史共同，不一定是"二十四史"共同的），提出一些原则性的意见。各史点校，还需要根据各史的特点和情况另拟补例。②

校史专家在对上述体例的执行中，又针对各史的具体情况，就如何选用底本，如何校勘，如何标点，如何改字，如何使用其他资料等问题，研究并制定了细则和意见。前几年，中华书局整理出来的"二十四史点校本档案选"陆续已有披露，读者可以查阅。

总之，以《点校二十四史补例》和《二十四史标点使用办法举例》为代表的体例的制定，为"二十四史"及《清史稿》点校工作起到了重要的指导作用。虽然"文革"期间，体例的执行受到冲击，并使几部史书的点校质量有所影响，但正确的东西是挡不住的，曲折反复中更显示出点校体例的正确性和生命力。这套点校体例，不仅为"二十四史"及《清史稿》的点校完成发挥了很大的作用，而且对新时期的古籍整理出版工作也产生了重要的影响，此后，中华书局

① 中华书局：《二十四史标点使用办法举例》，《古籍整理出版情况简报》1963 年第 3、4 号合刊。

② 中华书局：《二十四史标点使用办法举例》，《古籍整理出版情况简报》1963 年第 3、4 号合刊。

《古籍校点释例》就是以《点校二十四史补例》《二十四史标点使用办法举例》为蓝本而制定的。

（二）点校底本选用确当

"二十四史"版本繁多，而且复杂。从版本年代上看，有宋本、元本、明本、清本和民国本等；从版本地域上看，主要有浙本、建本、蜀本等；从版本营造上看，有官刻本（包括监本、殿本、局本等）、坊刻本（如汲古阁本、商务本等）及域外刊本；从方式形态上看，有抄本、木刻本、活字本、影印本等；有一史单刻本（各史都有），史注单刻本（如明末毛氏汲古阁本《史记索隐》），史注合刻本（如《史记》三家注、《三国志》及裴松之注），数史合刊本（如《二十一史》），全套合刊本（如百衲本《二十四史》）等。各史版本的繁杂，虽然对底本、校本能提供较多的选择，但势必要增加对版本研究、鉴定进而确定点校底本和校本的难度。

底本的选择，是整理古籍的首要环节，底本选用的确当与否对整理质量起着决定性作用。在"二十四史"点校中，除个别史书外，绝大多数史书的整理在底本选用上都是成功的。以下对中华书局"二十四史"点校底本情况逐一说明，为说明版本的繁杂，其中对《史记》《新唐书》的版本选择予以重点分析。

《史记》存世版本很多，贺次君《史记书录》著录《史记》版本60余种，日人水泽利忠《史记会注考证校补》所列《史记》版本资料尤为丰富。为叙述方便，可分以下五类，第一类是宋代以前的抄本。这些抄本，现存的都是残本，有17种，其中六朝抄本2种：《史记集解张丞相列传》残卷、《史记集解郦生陆贾列传》一卷（有脱文）；敦煌唐抄卷子本3种：《史记集解燕召公世家》残卷、《史记集解管蔡世家》残卷、《史记集解伯夷列传》残卷；唐抄本6种：《史记集解夏本纪》一卷、《史记集解殷本纪》一卷、《史记集解周本纪》一卷、《史记集解秦本纪》一卷、《史记集解高祖本纪》一卷、《史记集解河渠书》残卷。第二类是

《史记》最早的刻本。即《史记集解》单刻本，该本以南朝宋裴骃所撰《史记集解》附《史记》正文以行，今存有十行本、十四行本、十二行本和九行本。其中，十行本刊于北宋景祐二年（1035），系据北宋淳化五年（994）刊本（今佚）重刊；十四行本，刊刻于北宋景德年间（1004—1007），有覆刻本一百三十卷存世；十二行本有二，一为南宋绍兴十年（1140）邵武朱中奉刻本（为《史记》第一部家刻本），一为明末毛氏汲古阁刊本（简称"汲本"，《四库全书》所收《史记集解》即据此抄录）；九行本，为南宋绍兴年间（1131—1162）淮南路转运司刊刻。第三类是《史记索隐》单刻本。这个单刻本不录《史记》全文，而是将注文（即索隐）列在相关的正文字句之下。该本传世者仅有汲古阁本。第四类是《集解》《索隐》二家注合刻本。今存世者有南宋乾道七年（1171）建安蔡梦弼刻本、南宋淳熙三年（1176）张杅桐川郡斋本、南宋淳熙八年（1181）耿秉重修桐川郡斋本及蒙古中统二年（1261）平阳道段子成刊刻本。第五类是《史记集解索隐正义》三家注合刻本。该本是传世《史记》最主要的版本，著名的有：（1）南宋绍熙年间（1190—1194）建安黄善夫刊本；（2）元至元十五年（1278）安福彭寅翁刊本，该本系据黄善夫本刊刻；（3）明正德十二年（1517）廖铠据黄善夫本之翻刻本；（4）明嘉靖年间（1525—1534）曾三次刊刻《史记》三家注本，世称"嘉靖三刻本"；（5）明嘉靖九年（1530）、万历三年（1575）、万历二十四年（1596）南京国子监先后三次刊刻《史记》三家注，世称南监本；明万历二十六年（1598）北京国子监本，该本据嘉靖九年南监本刊刻，世称北监本；（6）清乾隆四年（1739）武英殿本，该本据明北监本刊刻，为清官修"二十四史"之一，世称"殿本"；（7）清同治五年至九年（1866—1870）金陵书局本，该本由校勘名家张文虎主持刊刻，世称"局本"或"金陵本"；（8）1934年日本泷川资言《史记会注考证》本，该本以金陵本为底本，引用中日典籍 120 余种，分别置于《史记》正文或三家注文之下，并做考证。

对《史记》的整理，顾颉刚筹划了很长时间，对点校底本的选用也经历了一些反复。顾颉刚最初拟选南宋庆元二年（1196）建安黄善夫刊本为底本，因为"《史记》旧刻北宋诸本俱不完整，南宋蔡梦弼、耿秉、绍兴、淮南路本多有配补，独黄本完备，且又为明代王延喆、柯维熊、凌稚隆秦藩本所从出，在《史记》各种版本中，具有极高的价值"①。并计划以黄善夫本与《史记》另外的三十几种本子做"比较彻底的校勘"。对"三家注"底本的选用，裴骃《集解》，用南宋蜀大字本；司马贞《索隐》，用毛氏汲古阁刊《集解》单刻本；张守节《正义》，用日本泷川资言《史记会注考证》所引古本。② 经过研究，选定金陵书局《史记集解索隐正义合刻本》为点校底本。该本 130 卷，系张文虎据钱泰吉的校本和他自己所见到的各种旧刻古本、时本加以考订，择善而从，校勘相当精审。2013 年，中华书局出版的《史记》修订本，经过反复研讨，仍以金陵书局本为底本，可见当初《史记》点校时选用底本的正确。

《汉书》现存可考的最早版本为北宋淳化本，其后源于淳化本的有北宋景祐本、元大德补刊本、明天顺五年（1461）冯让重刊本、弘治修补本、正德本等；其余宋本有绍兴蜀大字本、淳熙湖北茶盐司本、嘉定建安蔡琪刊本等，质量皆远逊景祐本。南宋建安刘子问刊本出自宋祁校本，明国子监本、清武英殿本皆承袭该本。明末汲古阁本集宋元诸本之长，影响较大；清末王先谦《汉书补注》即"以汲古本为主"。中华书局《汉书》点校者经过研究并根据当时的情况，决定选用《汉书补注》作为点校底本，只收颜注，不收补注。这种选

---

　　① 《顾颉刚先生〈史记〉及三家注校证计划》，《书品》2007 年第 6 辑。
　　② 《顾颉刚先生整理〈史记〉计划》（1954 年 10 月 5 日），《书品》2007 年第 4 辑。

择应该是恰当、简便并有利于出版时间要求的。

《后汉书》，现存比较完整的最早版本是南宋绍兴年间江东路转运司刊本（简称绍兴本），该本被学术界公认为《后汉书》比较好的本子。商务百衲本即以此本影印，原缺五卷，商务影印时借别本残册予以补配。《后汉书》点校者经过比较，发现别本皆误而百衲本（即绍兴本）独是的地方很多，遂以百衲本为点校底本。

《三国志》的点校，是以最通行也是比较好的四种版本即商务百衲本、清武英殿本、金陵活字本和江南书局本互相勘对，择善而从。

《晋书》以清同治金陵书局本为点校工作本。该本为学术界公认的《晋书》较好的版本。

《宋书》以宋元明三朝递修本（简称三朝本）、明北监本、毛氏汲古阁本、清武英殿本、同治金陵书局本、商务百衲本（影印三朝本）互校，择善而从。从南朝五史点校主持人王仲荦亲自撰写的《宋书校勘记长编》看，当是以百衲本为点校工作本。

《南齐书》以商务百衲本为点校底本。百衲本即据《南齐书》最早版本南宋"眉山七史"大字本影印。

《梁书》《陈书》，最早版本都是南宋"眉山七史"大字本，商务百衲本据该本影印。本次点校即以百衲本与诸本互校，择善而从。

《魏书》，传世最早刊本为宋刻并经元、明补版，即所谓三朝本。本次点校，考证了《魏书》的版本源流，确定明万历南监本、北监本、汲古阁本、清武英殿本、金陵书局本这五个本子实是同一系统，直接间接同祖三朝本，而百衲本即以三朝本配宋蜀大字本成书，故点校中决定以百衲本与其他各本互校。

《北齐书》现存最早刊本也为宋刻元、明补版的三朝本，其后的刊刻情况亦同于《魏书》。本次点校以三朝本为主要校本。

《周书》现存最早刊本也为宋刻元、明补版的三朝本，其后的刊刻情况亦大致同于《魏书》《北齐书》。本次点校以清武英殿本为底本，以他本参校。

《隋书》现存最早刊本为南宋刻小字残本，本次点校以该本和元、明诸本为主要校本。

《南史》《北史》，皆以商务百衲本（即影印元大德本）为工作底本，参校他本。

《旧唐书》，本次点校以清道光年间扬州岑氏惧盈斋刻本为工作底本，并参校了另外的五个版本。但是，《旧唐书》现存最早刊本为南宋绍兴时两浙东路茶盐司所刻残本，而民国商务印书馆百衲本"二十四史"中的《旧唐书》即影印南宋绍兴本六十九卷，其余配明闻人诠本，是目前最好的《旧唐书》版本。本次点校不用百衲本，而用以武英殿本重刻的岑本为底本，是一缺憾。①

《新唐书》自宋以来刻本远多于《旧唐书》。今存宋刻《新唐书》有南宋刊刻十四行残本、南宋建阳刊刻十六行残本、南宋建阳魏仲立刊十行残本；有元刻明修本；明成化时南京国子监本和万历时北京国子监本，二本皆配成《二十一史》刊行；明末毛氏汲古阁本，该本配成《十七史》刊行；清乾隆时武英殿刻《二十四史》本及"殿本"系统的其他一些本子，如咸丰时广州陈氏覆刻本、光绪时宝庆三味书坊覆刻本、同治浙江书局本、成都书局本、同文书局本及民国时中华书局《四部备要》本等；商务的百衲本，系影印南宋十四行残本并据公私所藏善本补配。本次点校以商务百衲本为工作本，参校上述诸本。

《旧五代史》，如上文所述，其传本久已湮没，清乾隆时编纂《四库全书》，辑录《旧五代史》，称"库本"。本次点校以1921年丰城熊氏影库本为底本。

《新五代史》，本次点校以商务百衲本（影印南宋庆元本）为工作底本。

---

① 参见黄永年《〈旧唐书〉说略》，《黄永年古籍序跋述论集》，中华书局2007年版，第364页。

《宋史》，以商务百衲本为工作底本，百衲本系据元至正本和明成化本配补影印而成。

《辽史》，以商务百衲本为点校底本，百衲本系据元末及明初几种残本拼配而成的影印本，虽有讹误，尚优于存世之其他刊本。

《金史》，以商务百衲本为点校底本，百衲本影印的元至正刻本系现存《金史》最早的本子。

《元史》，以商务百衲本为点校底本，百衲本系据九十九卷残洪武本和南监本合配影印，在存世诸本中最接近洪武本原貌。

《明史》，以清乾隆四年武英殿原刊本为点校底本。

《清史稿》，以"关外二次本"为点校工作本，并将关内外三种版本的详略异同皆注出附录于每传之后。

综上所述，"二十四史"及《清史稿》校史专家通过对各史历代版本的广泛调查和细致比较，并参考前人的校勘和研究成果，对点校底本或工作本的选用，绝大多数都是正确和恰当的。选用的这些底本和工作本，或是该史书存世最早的本子，如《后汉书》、八书二史（《宋书》《南齐书》《梁书》《陈书》《魏书》《北齐书》《周书》《隋书》《南史》《北史》）；或是公认的善本，如《史记》《汉书》《后汉书》《晋书》《金史》《明史》等，更都是收列最为完整的本子。底本（或是工作本）的确定，为"二十四史"及《清史稿》的点校打下了重要的基础。同时，校史专家对"二十四史"版本的调查，进一步摸清了各史的版本家底和版刻源流，对各史版本的鉴别评判乃至史部版本学的研究都有着重要的意义和贡献。

（三）校勘精审

在古籍整理中，校勘工作十分重要，从底本的选择，到全书杀青，贯穿于点校的始终。为做好这项工作，"二十四史"及《清史稿》点校专家付出了艰辛的劳动。

选择底本，既需要目录版本知识，也需要校勘知识，其实，对古籍整理来说，目录、版本、校勘是不可分的。底本确定后，哪些本子是主要校本，哪些本子是参考校本；本校如何掌握，他校校哪些资料；出现的异同如何判别，哪些需要出校，校记如何写；校勘中会出现各式各样问题，这些问题又当如何解决，都需要有切实的依据和科学的判断。校勘是一件极其细致的工作，来不得半点苟且和马虎。对这些常人所极力避开的繁难事，当年的校史专家为了点校本能超越前人，却迎难而上，步步笃实，做了大量的工作，为定本的目标做出了重大贡献。总结其校勘方面的成就，至少有以下五个方面：

1. 广校众本

"二十四史"点校中，广泛搜讨各史历代版本，选定底本或工作本后，又确定了主要校本和参考校本。具体校勘情况，根据中华书局编辑部所撰各史的出版说明，制成表 3 - 2。

表 3 - 2　　　中华书局点校本"二十四史"校勘一览

书名	底本（或工作本）	主要校本	参校本	备注
史记	金陵本			百衲本：商务印书馆"百衲本二十四史"
汉书	王先谦《汉书补注》本		百衲本、汲本、殿本、金陵本	殿本：清乾隆四年武英殿本
后汉书	百衲本（影印南宋绍兴本）	汲本、殿本		
三国志		百衲本、殿本、金陵本、江南本		道光殿本：清道光四年武英殿本
晋书	金陵本	殿本、百衲本	元大德本、明南监本、北监本、吴琯西爽堂本、周若年本、汲本	汲本：明末毛氏汲古阁本

续表

书名	底本（或工作本）	主要校本	参校本	备注
宋书		三朝本、明南监本、北监本、汲本、殿本、金陵本、百衲本		三朝本：宋元明三朝递修本
南齐书	百衲本	明南监本、北监本、汲本、殿本、金陵本		
梁书		百衲本、明南监本、北监本、汲本、殿本、金陵本		金陵本：清金陵书局本
陈书		百衲本、明南监本、北监本、汲本、殿本、金陵本		江南本：清江南书局本
魏书		百衲本、明南监本、北监本、汲本、殿本、金陵本		
北齐书		三朝本、明南监本、北监本、殿本	汲本、金陵本、百衲本	淮南本：清淮南书局本
周书		三朝本、明南监本、北监本、汲本、殿本、金陵本、百衲本		浙江本：清浙江书局本
隋书		宋刻递修本（宋小字本）、元大德十行本（百衲本）、元至顺九行本	宋中字残本（仅存5卷）、明南监本、北监本、汲本、殿本、淮南本	崇文本：清崇文书局本
南史	百衲本（影印元大德本）	汲本、殿本	明南监本、北监本、金陵本	
北史	百衲本（影印元大德本）	明南监本、殿本	明北监本、汲本	

续表

书名	底本（或工作本）	主要校本	参校本	备注
旧唐书	清道光扬州岑氏惧盈斋本		南宋绍兴越州残本、明嘉靖闻人诠本、清殿本、浙江本、同治广东陈氏葄古堂本	
新唐书	百衲本		宋闽刻十六行残本及十行影印本、汲本、殿本、浙江本	
旧五代史	南昌熊氏影印四库辑本		殿本、嘉业堂本、章钰过录孔抄本、彭元瑞校抄本、抱经楼卢氏抄本	
新五代史	百衲本（影印南宋庆元本）	贵池刘氏影印南宋本、殿本、南昌彭元瑞《五代史记注》本	明汪文盛本、南监本、北监本、汲本、崇文本、徐炯注补《五代史记》抄本、味经书院本	
宋史	百衲本		殿本、浙江本	
辽史	百衲本	殿本	明南监本、北监本、道光殿本	
金史	百衲本		明北监本、殿本	
元史	百衲本	洪武残本（144卷）、南监本	明北监本、殿本、道光殿本	
明史	百衲本			

从表 3-2 可知，"二十四史" 的点校，在版本校勘上绝大多数史书都在五种以上，有的达到十种以上。基本做到了对各个版本的全面对校。

2. 细察内证

从该书取得内证，以校该书的讹误，谓之 "本校"。在一部史书中，同一件事，同一个人名、地名或其他名词术语，往往不止一见，而前后两处（或数处）出现的同一个名称，文字若有差别，其中或有一误。校勘人就是用该书相关的记载前后互证，以求得符合该书的原来面貌。"二十四史" 点校专家在本校法的运用上下了很大的工夫，取得了丰硕的成果。以下引用《宋书》《魏书》《明史》的几条校勘记，以作说明。

例一：《宋书·武帝纪上》 "彭城县绥舆里人"，各本并夺去 "舆" 字。《符瑞志》中附会祥瑞，说元嘉二十一年 "甘露降彭城绥舆里"。《南史》亦有 "舆" 字。校点本遂据补。

例二：《宋书·武帝纪上》 "东莞臧熹"，"熹" 各本并作 "喜"；而《宋书·臧质传》 "［臧质］父熹字义和"[1]，其名当作 "熹"，点校本据《臧质传》改。

例三：《魏书·高宗纪》 "复北平公长孙敦王爵"，诸本 "敦" 都做 "敷"，《北史》卷二《魏纪》二作 "敦"。按长孙敦降爵，见《魏书》卷四下《世祖纪下》太平真君九年。卷二五本传称敦 "高祖时" 复爵，"高祖" 乃 "高宗" 之讹，但其人确名 "敦"。这里 "敷" 是 "敦" 的形讹，点校本遂据改。

例四：《明史·太祖纪一》 "参政刘齐"，参政，原作 "参将"，据该书卷一三三《赵得胜传》、又卷二八九《花云传》，《明史稿》纪一《太祖纪》，《太祖实录》卷一一壬寅年十二月丁亥条、又卷一二癸卯年五月己巳条，当作 "参政"，点校本遂据改。

---

① （南朝梁）沈约：《宋书》卷 74《臧质传》，中华书局 1974 年版，第 1909 页。

　　以上各例，点校者通过对书中前后文字排比研读，取得内证，精确地校正了底本（或工作本）的讹误。在许多内证中，点校者不仅运用了本校法，还吸收了其他史籍材料，辅以他校或理校法加以判定，从而做到理据充分，校改确凿无疑。

　　3. 参校相关典籍

　　"二十四史"的点校中，还广泛利用相关文献典籍来校勘。这些用作他校的资料，主要有几大类型：

　　一是史籍互证。如《史记》与《汉书》、《汉书》与《后汉书》、《后汉书》与《三国志》内容交叉部分的比勘，《南史》与南朝四书、《北史》与北朝四书、《旧唐书》与《新唐书》、《旧五代史》与《新五代史》的互校，五代前的史书与《资治通鉴》《通鉴考异》参校，用《通典》《文献通考》《通志》二十四略来考校史书中的典章制度，用《水经注》《元和郡县图志》《太平寰宇记》等来考校史书中的地理文字等。

　　二是校阅史书旧注中的引书。如《史记》三家注、《汉书》颜师古注、《后汉书》李贤注、《三国志》裴松之注等多引古书，这些引文或保存了做注人所见古书的原貌，校史专家在校勘唐以前诸史中都做了精心校阅，充分予以参考。

　　三是充分利用类书及其他资料。如《晋书》及"八书二史"在校勘中就参阅了《艺文类聚》《北堂书钞》《太平御览》《册府元龟》《初学记》《玉海》乃至《永乐大典》等类书，《宋书》诸史的校勘还参考了《建康实录》《华阳国志》《世说新语》《文选》《太平广记》《文苑英华》《乐府诗集》等相关文献。《旧五代史》参校了残宋本《册府元龟》影印底样、旧抄本《五代会要》、《永乐大典》残卷等；《辽史》参考了《册府元龟》《契丹国志》《辽文汇》等；《金史》参考了《大金国志》《大金吊伐录》《大金集礼》《归潜志》《中州集》《三朝北盟会编》及《永乐大典》残本的有关内容；《元史》参考了胡粹中《元史续编》、邵远平《元史类编》、毕沅《续资治通

鉴》、魏源《元史新编》、曾廉《元书》、屠寄《蒙兀儿史记》、柯劭
忞《新元史》等；《明史》参校了《明实录》《明史稿》，参考了
《明会典》《寰宇通志》《明一统志》《明经世文编》《献徵录》《国
榷》《绥寇纪略》《怀陵流寇始终录》等书。

4. 充分吸收前人校勘和研究成果

"二十四史"点校中广泛吸收了前人和时贤的校勘成果。对此，
自点校工作开始即有明确要求，如 1961 年 1 月中华书局在给武汉大
学的函件中提出：校勘要"吸取前人的研究成果——包括现成的校
勘、读史札记之类"①。其后又在逐次《二十四史工作汇报》中重申
这项要求，校史专家更是从校勘需要和学术规范出发坚持这样做。即
使"文革"中由上海方面分担《旧唐书》等五史点校的时期，也都
基本遵循了这一做法。这些被利用吸收的成果，都是前人有关各史的
校勘、考证力作，其中，属于诸史校勘类的，有刘攽《东汉书刊
误》、劳格《晋书校勘记》、李慈铭《晋书札记》《南史札记》《北史
札记》、周家禄《晋书校勘记》、丁国钧《晋书校文》、成儒《宋书
校勘记》、周星诒《南齐书校勘记》、罗士琳等《旧唐书校勘记》、龚
道耕《旧唐书补校》、周星诒过录的顾广圻校《五代史补》《五代史阙
文》、刘光蕡《五代史校勘札记》、傅增湘校勘的《新五代史·本纪》、
叶渭清《元椠宋史校记》、张元济《百衲本二十四史校勘记》、张森楷
《十七史校勘记》等；属于诸史考证类的，有钱大昕《廿二史考异》
《诸史补遗》、王鸣盛《十七史商榷》、赵翼《廿二史札记》、卢文弨
《群书校补》、张熷《读史举要》、洪颐煊《诸史考异》、孙彭《宋书考
论》、邵晋涵《旧五代史考异》、陈垣《旧五代史辑本发覆》、厉鹗
《辽史拾遗》、陈汉章《辽史索隐》、冯家昇《辽史初探》等；属于某
一朝代史注释类的，有王先谦《汉书校补》《后汉书集解》及黄山
《校补》、吴仕鉴《晋书斠注》等。其中尤以钱大昕《廿二史考异》和

---

① 《对于"校点周书小结"及校点体例、方法提出意见》，《书品》2011 年第 4 辑。

张元济《二十四史校勘记》及张森楷校勘记引用最多。另外，对殿本所附诸史的考证也有吸纳。校史专家对这些成果也不盲目照搬，必逐条考比校核，一一证实，方可写进新的校勘记。有的还为之添加佐证，如《新五代史》卷六一《吴世家》"友宁，梁太祖子也"。各本同。钱氏《考异》谓"友宁乃梁祖兄子，盖脱'兄'字"①。检之该书《梁家人传》正作："太祖二兄：曰全昱，曰存。……存子友宁。"遂增"兄"字出校记。这些成果的吸收，不仅有裨于理清校勘路径，也增加了校勘的可信度，便捷明晰，取事半功倍之效。

5. 写好校勘记

校勘记，亦称"校记"，是条列校勘异同得失情况的文字。"二十四史"校勘记，是点校本"二十四史"的一部分。校勘记如何写，是由校勘体例所决定的，"二十四史"体例的不断完善和校史专家的精益求精，决定了"二十四史"校勘记的成功。

"二十四史"校勘记成功之处，首先是把握准确，即哪些写进校勘记，哪些不写进校勘记，哪些存疑待考。校例规定属于下列情况的，应当写入校勘记：（1）底本应当校的；（2）虽不一定校改底本，而别本、它书中的异文有参考价值的；（3）难以判断的问题，记下来存疑；（4）采用前人的校勘考订成果要交代的。

属于下列情况的，不写入校勘记：（1）别本或它书的错误，但版本异同可从宽；（2）虚字（之、乎、者、也之类）的出入；（3）异体字。

其次是将各史的校勘成果准确地用校文反映出来了，其中一些校记写得非常精彩（如"八书二史"，特别是《宋书》《南齐书》《魏书》《南史》《北史》），将理据、判断以精简的文字表述出来，而且从中透露出校证的方法和难度，一些校记不啻一篇简短的文史考证文字。

---

① （清）钱大昕著，方诗铭、周殿杰校点：《廿二史考异》卷66《五代史六》，上海古籍出版社2004年版，下册，第934页。

（四）标点准确

"二十四史"及《清史稿》卷帙巨大，内容浩博，涉及政务军事、典章制度、天文地理、历法术算、文献典籍、民情风俗、域外周边、宗教民族，史事之纷繁，人物之众多，较之他国之史籍，罕有其匹。对这些内容和差别，今天如何阅读理解，并准确地施以标点，是"二十四史"及《清史稿》点校工作必须要完成的最艰巨的任务。

"二十四史"及《清史稿》的修撰经历了漫长的时间，《史记》成书于汉武帝时期（前2世纪后期），而《明史》撰迄于清乾隆初年（18世纪40年代），前后相隔1800余年；再到1927年《清史稿》的杀青，前后共相隔2100年。汉语言文字几千年的发展是一个连续衍进的过程，在这个过程中，"时有古今，地有南北，字有更革，音有转移"①，一些字、词、用语、称谓等，与后世有着程度不同的差异。这种差异，在各史之间、在各史修撰人的表述，尤其在今人的阅读理解上，是十分明显的。凡此，都给标点工作带来了困难。

标点正确，是古籍整理的生命线。而做到标点正确，殊非易事，尤其像"二十四史"这样难度巨大的古籍。所幸当时参与校史的专家，无不具备扎实的功底、严谨的学风和执着的工作态度，他们在十多年中克服干扰和困难，为使标点准确，费尽了心力。尽管在各史出版后被指出一些标点错误和不足，但从总体上看，错误不多，硬伤更少，标点质量是高的。标点成功的地方、精彩的地方成千上万，举不胜举。这里且讲两点：

一是于难处着手。写文章，著书立说，不懂的地方可以不写，难的地方也可以避开；但古籍整理不行，古书的内容于你不论难不难、懂不懂，都避不开，都必须标点，而且要标点正确。史书中的志，尤其是职官、礼仪、天文、律历等志专业性强，标点难度大；纪传中涉

---

① （明）陈第：《毛诗古音考自序》，《毛诗古音考 屈宋古音义》，中华书局2008年版，第10页。

及复杂史事、人物和典章的内容，标点难度亦大；还有些看似平淡无奇，但细究之却难以标点。下面分析几个例子。

如《史记·汲黯传》"黯褊心不能无少望"一句，有认为当以"黯褊"为读，"心"字属下句，谓汲黯性子褊急，心里不免有点怨望；有认为当以"黯褊心"为读，"褊心"二字是形容词性质的词组，"黯褊心"即"黯褊急"的意思，"黯不能无少望"很完整，现在插入一个形容词词组，说明"不能无少望"的原因。最后定稿用的是后者"黯褊心，不能无少望"①。

又如《史记·卫青传》"人奴之生得毋笞骂即足矣安得封侯事乎"一句，一向有两种读法，一种读为"人奴之，生得毋笞骂即足矣"，另一种读为"人奴之生，得毋笞骂即足矣"。持第一种读法的，认为"生"字是语助词，和《魏其武安侯列传》"生贵甚"之"生"字相同，亦后人所说"生憎""生怕"之"生"。持第二种读法的，认为"生"字不是语气助词，应作"此生""生活"解，句意为：这一辈子能不受打骂就好了，还巴望封什么侯呢？点校本此句标点为："人奴之生，得毋笞骂即足矣，安得封侯事乎！"②

再如《旧唐书·太宗纪下》"太子太师赵国公长孙无忌太子太傅梁国公房玄龄太子太保宋国公萧瑀各辞调护之职诏许之"。举这段做例子，主要是考察对逗号和顿号的用法。如果每个人的官名、爵名之间不顿开，人名后可标顿号；若官名、爵名之间用顿号分开，人名后则应标逗号，以明层次。点校本是在人名后标逗号的："太子太师、赵国公长孙无忌，太子太傅、梁国公房玄龄，太子太保、宋国公萧瑀各辞调护之职，诏许之。"③ 当然，"太子太师""太子太傅""太子太保"后的顿号，也可以不标。

二是为古籍标点立法。这里的"法"，指方法、门径。凡从事古

---

① （汉）司马迁：《史记》卷120《汲黯传》，中华书局1959年版，第3109页。
② （汉）司马迁：《史记》卷111《卫青传》，中华书局1959年版，第2922页。
③ （后晋）刘昫等：《旧唐书》卷3《太宗纪下》，中华书局1975年版，第58页。

籍整理的人都知道，古籍标点中，最难打的标点是专名号和引号。为什么呢？因为这些标点涉及的内容更复杂。拿人来说，有用本名的，有用字号的，有用郡望或官爵，还有美称、尊称、昵称、贱称、合称、并称等；拿地名来说，历代舆地有相衍也有变更，有异名同指的，也有同名异指的，有两地（或数地）同级并列的（应分别标专名号，之间加顿号），有两地（或数地）上下相属的（应分别标专名号，不可加顿号），有看似普通词汇却为地名的（如"青草""卧牛"）。引号则难在下引号的标加，要搞清楚所引文字、所引话语的起讫，稍不注意就会把引文、引语与史书修撰者的文字混为一体，造成硬伤了。

《二十四史标点使用办法举例》等文件是标点的体例，各史点校本就是这个标点"法"的实证。"二十四史"以其万万千千的例证为当代古籍整理实践立"法"，起到了卓越的标杆作用。

"看似寻常最奇崛，成如容易却艰辛。"昔时王荆公的两句诗正是对"二十四史"及《清史稿》点校工作的写照。"二十四史"及《清史稿》的点校，是 20 世纪古籍整理的一件大事；"二十四史"及《清史稿》点校本的出版，是 20 世纪古籍整理最伟大的成就，也是古文献学科发展中的最成功的实践。这个实践和成就，说明了党和政府对中华传统文化的重视，也说明中国古籍整理工作者是能够堪当重任的。

第 四 章
古籍整理方法的进步

由于党和政府的重视，全国古籍整理出版规划小组的建立、古籍整理规划的制定、大量的古籍整理成果的出版，极大地促进了古籍整理方法的进步。这个进步，既有古籍校勘、标点、注释、今译、影印、辑佚、索引等各种方法上的完善和规范，也有对整理体例的制定和各个技术环节（即整理工艺）的改进。方法的进步源于古籍整理实践的积累和经验的总结，又将之服务于古籍整理实践，从而提高了古籍整理质量，并为古文献学科的发展完善打下必要的基础。

第一节　规范校勘方法　拓宽校勘视野

校勘，是传统之学，前人于此耕耘既深，创获亦大。然即便如此，新中国前三十年校勘方法的进步也还是十分突出的。此期古籍校勘的进步，一方面是注重校勘工作的规范性，无论是底本的选择、校勘的具体方法，还是校勘符号的使用、校勘记的撰写，都越来越体现出规范性。另一方面，也是更为显著的、超越古人的，即充分利用现代科学的发展，更广泛搜集传世文献，大量利用出土文献，从而大大拓宽校勘的视野，丰富校勘的材料，使校勘工作取得突出成果。

一 审慎确定底本与校本

审慎、准确地选择底本和校本，是校勘工作规范性的重要体现。这个时期的古籍整理，大多能广罗众本，通过认真比较，来确定底本和校本，在校本中，又要选好主要校本和参校本。他们对底本的选择，既重视旧本，又不唯旧本是从。如唐圭璋《全宋词》的引用书目中有《宋名家词》，所采用的底本为国家图书馆藏明清之际陆贻典、毛扆校订的《宋名家词》。二人所据以校勘的旧本今已不存，唐圭璋从校勘记推断，当时所依据的旧本确实胜过现存的本子，所以他在《全宋词》的编纂中基本采录了陆、毛的校勘成果。

而对旧本的失误，又能通过比较和甄别，扬弃旧本，选择更合适的本子。如卢祖皋的《蒲江词》，汲古阁本收录二十余首，陆、毛的校本未做增补，近人朱孝臧辑《彊村丛书》所据底本为明抄本《蒲江词稿》，剔除其中的个别伪作，还是比汲古阁本多出七十余首。《全宋词》的编纂者在辑录卢祖皋词时，就舍汲古阁本《蒲江词》而用《彊村丛书》本《蒲江词稿》。

一般来说，时代越早的本子因为没有经过后代的辗转翻刻或传抄，更能代表文献的原始面貌，不过有些经过后人精校精刊的本子或优于较早的本子。如《史记》版本很多，各版本的正文与注文往往有很大出入。中华书局点校本《史记》未采用南宋黄善夫本，也未采用比较通行的清武英殿本，而是用清同治金陵书局刊行的《史记集解索隐正义合刊本》作为底本。采用金陵书局本作为底本，是因为主其事者张文虎校刊的时候，根据钱泰吉的校本和他自己能见到的各种古旧本、时本加以考订，不主一本，择善而从，并广泛吸纳诸家成果，不仅厘清《史记》的正文、注文，而且在许多内容上是迄今为止最为完善的本子。

再如，《资治通鉴》史上亦有许多刻本，1956 年校点本所依据的底本是清胡克家翻刻的元刊胡注本。做此选择的理由有三条，一是此本有元代著名学者胡三省的注文，对于阅读《通鉴》有很大帮助。二是此本把司马光的《考异》散注于正文之下，方便阅读。三是章钰曾根据胡刻本校过宋、明各本，并参考前人校过的宋、元、明本记录，撰成《胡刻通鉴正文校宋记》，校点本把章钰的校记择要附注在正文之下，如此，兼有宋、元、明各本的优点。

确定底本后随即需要确定参校诸本。校本有两种情况最难处理，一是除底本外无他本可校，这就需要用"本校法"和"他校法"，细致地研究该书的前后文，广泛地调查相关资料，寻求蛛丝马迹，以判定异同。二是版本众多，哪一种是初刻本，哪一种是后来翻刻，究竟哪一种才是善本，版本源流情况如何，都要一一研判清楚。这方面周祖谟《洛阳伽蓝记校释》做得较好。《洛阳伽蓝记》版本较多，校释者经过考辨，理清了现存明刻本和清刻本各本之间的关系。明刻本主要有三种：如隐堂本（已无法考证刻书者其人，但可判定刻书时间为明嘉靖间），万历年间吴琯所刻《古今逸史》本，崇祯年间毛晋汲古阁所刻《津逮秘书》本。前两种显然来源不同，文字有差异；《津逮秘书》本源于如隐堂本，文字改窜者系依据《古今逸史》本。清刻本有四种：乾隆间王谟辑校的《汉魏丛书》本，嘉庆间张海鹏所刊《学津讨原》本，嘉庆吴志忠《真意堂丛书》活字本，道光吴若准《洛阳伽蓝记集证》本。这四种或近于《古今逸史》本，或近于《津逮秘书》本。版本源流搞清楚了，校本的取舍也就清楚了。于是，《洛阳伽蓝记校释》以刊刻时间最早的如隐堂本为底本，而参用《古今逸史》本，并兼采众本，校其同异，定其是非。

郭沫若《管子集校》对历代《管子》版本进行了全面的梳理，列出所据《管子》宋明版本达 17 种（宋本 1 种，元本 1 种，元明间本 1 种，明抄本 1 种，明刻本 13 种）之多。并详考这 17 种的版本源流：可分为两大系统，其中宋杨忱本、明万历赵用贤《管韩合刻》本 2 种为一系统，辽人刘绩《补注》本、十行无古注本、明万历朱东光《中都四子》本 3 种为另一系统，此 5 种均具有重要的版本价值。其余版本（包括未列出的清刻本）多系前列 5 种的删节本，或翻刻本，无显著校勘价值。郭氏认为"大抵勘校《管子》，在目前当以上述五本为不可或缺之底本"①。遂据此 5 种，并吸收闻一多、许维遹《管子校释》遗稿的研究成果，撰成《管子集校》。

当时整理者正是通过这样一系列精细的工作，弄清了所整理书籍的版本渊流和各本优劣，从而审慎地确定了底本和校本，为全书的校勘工作打下坚实根基。

二　充分利用传世文献

校勘古籍，除了需要勘对各种校本，还需广泛利用与所校古籍有关的历代文献。这一时期的古籍整理，虽力避繁琐考校，但不少书在校勘中还是能比较充分地利用传世文献，如郭沫若于《管子集校》，周祖谟于《洛阳伽蓝记校释》（以下多简称《校释》）。

《管子集校》所引用的校释书籍达 42 种，其中包括 2 种日人著述，资料的时间跨度从宋人到近代，所引用的书籍均撰有提要。《洛阳伽蓝记校释》中，用到了《尔雅》《说文解字》等经部书籍，"二十四史"、《资治通鉴》、《水经注》、《太平寰宇记》等史部书籍，《弘明集》《广弘明集》《高僧传》《历代三宝记》《大唐内典录》等子部书籍，《古文苑》《全北魏文》等集部书籍，当然最多的还是与佛教相关的典籍。《洛阳伽蓝记校释》广稽众本，参考相关文义，做出判定，或改正错讹，或增补缺漏，或区分正文与注释文字。特别需要指出的是，《永乐大典》与《元河南志》等书可供校勘《洛阳伽蓝记》，就是由《洛阳伽蓝记校释》首次指出的。

这些书在校勘中充分利用相关传世文献，取得了突出成就：

---

① 《郭沫若全集·历史编》第五卷之《管子集校·叙录》，人民出版社 1984 年版，第 11 页。《管子集校》最早于 1956 年科学出版社出版。后做了若干文字订正，收入《郭沫若全集》。

（一）改正错讹

例如，"九流百氏之言"，虽然传世诸本文字相同，但《校释序》据文义，参考他书引文，改正错讹：

"百氏"，各本作"百代"，误，九流百氏指诸子百家而言。今依《三宝记》及《大唐内典录》卷四、《续高僧传》卷一《菩提流支传》引改。①

再如，"农夫耕老，艺黍于双阙"，也是传世诸本文字皆如此，但《校释序》结合上下文句，参考他书引文，改正错讹：

"耕老"，各本作"耕稼"，误。此依《三宝记》。"农夫耕老"与（上句）"游儿牧竖"文正相应，作耕稼则不合矣。②

通过版本校发现，以上两例，《洛阳伽蓝记》现存众版本文句相同，似没有错讹。然《校释》征诸《历代三宝记》等相关文献，结合文义，发现其中的错讹，改所当改。

（二）增补缺漏

例如，"太仓西南有翟泉"，《校释》卷一曰：

"南"上各本无"西"字，此依《太平寰宇记》卷三及《河南志》补。又《水经注》卷十六亦称：晋裴秀修舆地图，作《春秋地名》，言今太仓西南池水名翟泉。足证当有"西"字。③

---

① （魏）杨衒之撰，周祖谟校释：《洛阳伽蓝记校释》，中华书局2010年版，"序"第20页。《洛阳伽蓝记校释》1958年科学出版社出版，1963年中华书局出版修订本，1987年中华书局出版第二次增订本，2000年上海书店出版社出版新的增订本，中华书局2010年出版第2版。

② （魏）杨衒之撰，周祖谟校释：《洛阳伽蓝记校释》，中华书局2010年版，"序"第25页。

③ （魏）杨衒之撰，周祖谟校释：《洛阳伽蓝记校释》，中华书局2010年版，第50页。

《洛阳伽蓝记》众版本虽无"西"字，然《太平寰宇记》《河南志》此句均有"西"字，且《水经注》相关表述亦有"西"字，足以证明原文有"西"字，据补。

再如，"池中犹有〔魏〕文帝九华台。高祖于台上造清凉殿，世宗在海内作蓬莱山。山上有仙人馆。〔台〕上有钓台殿"，《校释》卷一说明补充"台"的根据：

> "台上"之"台"，各本并脱，今增。案《水经注》云："穀水枝分，南入华林园，历景阳山北，其水东注天渊池。池中有魏文帝九华台。殿中悉是洛中故碑累之。今造钓台于其上。"是钓台殿在九华台上也。①

考《洛阳伽蓝记》传世诸本，皆无"台"字。如无"台"字，依文句，则"上有钓台殿"前似省略"仙人馆"，文义貌似通顺。然考诸《水经注》，此句脱"台"字。三国魏文帝在天渊池内造九华台，北魏高祖（即孝文帝）于九华台上造清凉殿，此殿基石多取洛阳旧时石碑为之。清凉殿时久倾圮，到郦道元时代，于九华台上再建宫殿，即钓台殿。

（三）删除衍文

《管子·幼官》"说行若风雨发如雷电"，《管子集校》在引述日人猪饲彦博、安井衡、丁士涵、张文虎诸说及许维通案语后，认为：

> "说"读为脱，古字通用。当衍"行"字。脱有急骤意，故"脱若风雨"正与《兵法篇》"聚（骤）若时雨，暴（原误'寡'）若飘风"合，与《淮南·兵略篇》"疾如风雨"亦合。"脱"有解意，又合于《淮南·修务篇》之"解如风雨"。古之校书者或不解

---

①　（魏）杨衒之撰，周祖谟校释：《洛阳伽蓝记校释》，中华书局2010年版，第51页。

"说"之为脱，而以"行"字易之，后被兼收而并存也。①

郭氏断定"行"为衍文。"说"训"脱"，脱有急骤意，"脱若风雨"与《管子·兵法》《淮南子·兵略训》中句同；脱亦有解意，"脱若风雨"与《淮南子·修务训》中句同。猪饲彦博、张文虎、许维遹都主张"行"为衍文。郭氏还推断衍文"行"的由来：前人不明"说"可训为"脱"，加注一"行"字，后人以为是正文，于是以讹传讹。

（四）乙正错简

例如，《管子·乘马》"地不均平（本作平均）和调"，《管子集校》有：

> 戴望云：《御览》三十六《地部》引作"均平"。
> 维遹案：尹《注》"不均平和调则地利或几于息"，是尹所见本亦作"均平"。②

原作"平均"，戴望引类书《太平御览》、许维遹引《管子》唐人尹知章注本，均可证明原作有误。郭氏引戴望、许维遹两家的校勘成果，改为"均平"。

再如，《管子·幼官》"明谋而胜适（本作适胜）"，《管子集校》有：

> 王念孙云："适胜"当为"胜适"，适，即敌字也。《兵法篇》云"察数而知治，审器而识胜，明理而胜敌"，是其证。今作"适胜"者，涉上句"识胜"而误。③

---

① 《郭沫若全集·历史编》第五卷之《管子集校·幼官》，人民出版社1984年版，第233—234页。

② 《郭沫若全集·历史编》第五卷之《管子集校·乘马》，人民出版社1984年版，第133页。

③ 《郭沫若全集·历史编》第五卷之《管子集校·幼官》，人民出版社1984年版，第242页。

王念孙既考校文字（适即敌），又引《管子》前后文证明，最后还指明"胜适"误作"适胜"的由来，确凿可信。

郭氏综合引用王念孙《读书杂志》、戴望《管子校正》、许维遹《管子集校》等文献，考证《管子》中的文句颠倒者，并为之乙正，恢复其本来面目。

（五）区分正文与注释

《洛阳伽蓝记》有一特殊之处，全书有正文和小注之分，且流传既久，渐次混淆。区分正文和小注，前贤已做相关工作，然仍有错讹。如"其寺东有太尉府"后，《校释》卷一有如下考论：

> 此下至"四朝时藏冰处也"当系子注。《续僧传》、《释教录》均未引，是其明证。凡依文例考核为注文者皆低格书写，不与正文杂糅。①

再如，《校释》卷一断定一段介绍中书舍人常景的文字（"景字永昌"至"给事中封暐伯作序行于世"）为注文，考述根据如下：

> 《释教录》引前后文，独不引此，即其证也。盖衔之此书以记伽蓝为主，凡记载当时之史事及一二人物之事迹者，皆附见之例耳，非正文也。②

并且，《校释》总结出一条规律：记载佛寺的文字是正文，有关官署、人物、故事的文字以及杨衔之本人的按语都是小注。如此，全书眉目顿时清晰。

《管子·幼官》"必得文威武官习胜之务"，郭氏在引述王念孙、

---

① （魏）杨衔之撰，周祖谟校释：《洛阳伽蓝记校释》，中华书局2010年版，第2页。
② （魏）杨衔之撰，周祖谟校释：《洛阳伽蓝记校释》，中华书局2010年版，第11页。

戴望、何如璋、张佩纶诸人所说以及许维遹案语后，案曰：

> 此文承上"中方本图"，与之衔接。"本图"末云"发善必审于密，执威必明于中"，此云"必得文威武"，三"必"字正一气贯串。足证"此居图方中"等字确为古注，而文次亦为后人所割裂也。"官习胜务"为句，据宋本不当有"之"字。①

联系前文"发善必审于密，执威必明于中"，此"必得文威武"，三"必"字句一气连贯，从句式、语气上判定两句之间的"此居图方中"为古注，误掺入正文中。又据宋本，判定"官习胜之务""之"字当为衍文，应删。

三　结合出土文献

校勘古籍，大多数时候根据传世文献即可解决问题。但也不乏少数疑难问题，非有除传世文献外的文献佐证无法解决。如《辽史·张俭传》关于张俭的卒年，校勘记曰：

> 二十二年薨　二十二年，原误"十二年"。据《辽文汇续编·张俭墓志》改。②

墓志记载张俭卒于辽兴宗重熙二十二年，传世文献记载卒于十二年。校点本《辽史》采取墓志记载，当更可信。

再如，辽人耶律制心之"制心"，《辽史·圣宗本纪六》载辽圣宗开泰六年夏四月，"以枢密使漆水郡王耶律制心权知诸行宫都部署事"，校勘记曰：

---

① 《郭沫若全集·历史编》第五卷之《管子集校·幼官》，人民出版社1984年版，第224页。
② （元）脱脱等：《辽史》卷80《张俭传》，中华书局1974年版，第1282页。

耶律制心　即上文开泰元年七月之耶律遂贞。耶律，下文亦作韩。本姓韩，赐姓耶律。制心，《纪》文原作懃，卷八二本传作制心。《辽文汇》六《韩橁墓志》称"讳遂贞，赐名直心"，直心即制心。今改懃作制心。①

《辽史·耶律制心传》载耶律制心逝世后被赠政事令，校勘记曰：

赠政事令　《辽文汇》六《韩橁墓志》："南大王赠政事令讳遂贞，赐名直心，谱系于国姓，再从兄也。"《纪》开泰元年七月，以耶律遂贞为辽兴军节度使。遂贞即直心，亦即制心。《纪》开泰六年四月作耶律制心。②

耶律制心本姓韩，赐姓耶律；本名遂贞，赐名直心，直心即制心。作耶律懃者错。这是校点者综合《辽史》和墓志记载，细加研判后的结论。

又如，"里内复有领军将军元乂宅"，《洛阳伽蓝记校释》卷一曰：

"乂"原作"义"，《逸史》本作"羲"。此从《学津》本。下同。案《魏书》卷十六作"义"，云"江阳王继长子，字伯儁。"然河南博物馆藏有《元乂墓志》云："乂字伯儁，河南洛阳人也。尚宣武胡太后妹冯翊郡君，为侍中领军将军。"是字当作"乂"。其名与字义正相应。儁同俊。《书·皋陶谟》云："俊乂在官。"马融曰："才德过千人为俊，百人为乂。"③

---

① （元）脱脱等：《辽史》卷15《圣宗本纪六》，中华书局1974年版，第182页。
② （元）脱脱等：《辽史》卷82《耶律制心传》，中华书局1974年版，第1296—1297页。
③ （魏）杨衒之撰，周祖谟校释：《洛阳伽蓝记校释》，中华书局2010年版，第33页。

当然，出土文献未必就比传世文献权威。《洛阳伽蓝记校释》结合"义"的意义，依从出土碑志校改，两重证据，综合判定，故而确凿可信。

凡此，都显示了这时期古籍校勘方法的更趋规范和进步；方法的进步，必然有助于校勘内容的深入和细致，较大地提高了校勘质量。

第二节　科学施用标点符号

对古籍科学地实施标点，以便于当代读者的阅读和利用，是古籍整理方法中最为重要的一环。

一　标点符号的使用规范

1951 年中央人民政府出版总署发布了《标点符号用法》，共十四种标点符号，包括句号、逗号、顿号、分号、冒号、问号、叹号、引号、括号、破折号、省略号、着重号、专名号、书名号。这套标点符号虽然是为现代汉语制定的，除省略号、着重号、破折号外，对于古籍标点也同样实用。这个时期古籍整理即执行该使用法。无论是着眼阅读，还是研究，古籍标点都极为重要。考虑古籍的特点和阅读难点，当时整理的古籍一般都采用全式标点，尤其重视上下引号和专名号、书名号的标加。整理的书包罗万象，要精准地施加标点，难度自然不小，而这个时期古籍整理成就的取得和整理方法的进步，很大程度即体现于此。

二　古籍标点力求精准

下面从引号的标加、标点的减省和特殊文体的处理等方面，看这个时期的所整理古籍是如何体现其标点的精准的。

（一）审慎使用引号

这个时期的古籍标点，重视引号的标打，尤其在下引号上下功夫。

如《论语·乡党》篇中，杨伯峻《论语译注》如下标点：

> 厩焚。子退朝，曰："伤人乎?"不问马。①

意思是孔子的马棚失火，孔子从朝廷回来，问道："伤人了吗?"不问马有无伤亡。这段话，还有如下断句和标点：

> 厩焚。子退朝，曰："伤人乎不?"问马。

如此标示，意思是与关心人一样，孔子也关心动物，似乎这样更能体现孔子的伟大人格。然而，从孔子的所处时代及孔子的一生行履看，比起作为工具、作为财物的马匹，孔子应该更关心的是人有没有受伤。显然，《论语译注》的引号标示更合理。

（二）标点忌繁琐

给古籍标点，首要的是准确，并尽量使之简单明了。如顿号表示句子内部并列词语间的停顿，限于并列名词而易引起误解处使用，不会引起误解的并列名词之间不加顿号。基于这样的认识，整理者在处理如"江淮""隋唐""四五日""日月星辰"这些习惯连称时，内部不再用顿号。再如杨伯峻《孟子译注》对《梁惠王章句上》中一段标点如下：

> 鸡豚狗彘之畜，无失其时，七十者可以食肉矣。②

意在告诫梁惠王不要吃小鸡、小猪、小狗，留给它们足够的休养生

---

① 杨伯峻译注：《论语译注》，中华书局 1980 年版，第 105 页。该书最早有古籍出版社 1958 年版，中华书局于 1962 年出版。

② 杨伯峻译注：《孟子译注》，中华书局 2005 年版，第 5 页。该书最早有中华书局 1960 年版。

息时间。鸡、豚（小猪）、狗、彘（猪）四者不会混淆，故文中不加顿号。

　　句号一般表示陈述句末尾的停顿，可用感叹号、问号亦可使用句号的，尽量使用句号。如杨伯峻《论语译注》对《述而》中一段标点如下：

　　　　叶公问孔子于子路，子路不对。子曰："女奚不曰，其为人也，发愤忘食，乐以忘忧，不知老之将至云尔。"①

　　叶公问子路，孔子为人怎么样，子路没有回答。孔子告诉子路："你为什么不这样说：他的为人，用功便忘记吃饭，快乐便忘记忧愁，不晓得衰老会要到来，如此罢了。""女奚不曰"，明显有诘问的意味，语气还是比较强烈的，句末用问号或者感叹号皆可。杨伯峻《论语译注》在本句末标打句号，简洁明快，更为平实，且不影响语意表达。

　　（三）注意特殊文体中的标点

　　诗词曲等标点，与一般古文有所不同。如词的标点与词律相关，词中的顿号就不是表示并列关系。如唐圭璋编《全宋词》，对苏轼《好事近》（烟外倚危楼）的标点：

　　　　烟外倚危楼，初见远灯明灭。却跨玉虹归去、看洞天星月。当时张范风流在，况一尊浮雪。莫问世间何事、与剑头微映。②

　　词中的两处顿号系依词律标加，就不是表并列关系，而是表停顿。

---

① 杨伯峻译注：《论语译注》，中华书局 1980 年版，第 71 页。
② 唐圭璋编：《全宋词》，中华书局 1965 年版，第 1 册，第 326 页。

韵文（诗、词、辞赋、骈文等），在不影响文意的情况下，一般在押韵处用句号。词曲等应照顾到谱读。如唐圭璋编《全宋词》，对苏轼《木兰花令》（元宵似是欢游好）的标点：

> 元宵似是欢游好。何况公庭民讼少。万家游赏上春台，十里神仙迷海岛。平原不似高阳傲。促席雍容陪语笑。坐中有客最多情，不惜玉山拚醉倒。①

如按文意加标点，可于"好""傲"后分别加逗号。唐圭璋编《全宋词》于押韵处一律标句号，这既不妨碍对文意的理解，还更能体现词牌谱读的特点。

第三节　注释形式多样且内容丰富

新中国前三十年，对古籍的注释，在形式上呈现出多样化，或结合校勘，或做笺注、评析、题解、编年，甚至辅以译文；范围更加广泛，涉及字音词义、语法修辞、历史知识、地理沿革、名物职官、风俗习惯等；内容则更精当，体式更规范。这些都体现了本时期古籍注释的进步。

一　注释形式多样

（一）校、注结合

在古籍整理中，校勘是不容忽视的。即使是专门注释古籍的书，也必须重视校勘；而且校勘与注释有机融合，更能将相关内容叙说透彻。如《洛阳伽蓝记校释》卷一"其寺东有太尉府"后校释：

---

① 唐圭璋编：《全宋词》，中华书局1965年版，第1册，第327页。

此下至"四朝时藏冰处也"当系子注。《续僧传》、《释教录》均未引，是其明证。凡依文例考核为注文者皆低格书写，不与正文杂糅。北魏官号多同晋朝，太尉、司徒、司空，并古官名也，号称三公。太尉即古大司马之职。汉建武二十七年改大司马为太尉，其后二者恒迭置，不并列。魏晋之世，大司马与太尉乃各自为官，北魏仍之不改。见《晋书·职官志》及杜佑《通典》。《元河南志》卷三云："太尉府在永宁寺东，西对永康里，即旧铜驼街；其左是魏晋故庙地。"①

此段文字表述三层意思：首先，说明《洛阳伽蓝记》的著述体例，由于在流传中的误植，将后人的注释文字混为正文了；于是通过考校，分清正文与注文。这是《洛阳伽蓝记》体例的特殊之处，当着重指出。其次，解释"太尉"这一职官名称，简述其沿革废置情况。最后，引志书指明"太尉府"的位置所在。

陈奇猷《韩非子集释》不仅将校勘与注释有机结合，且集合多家校勘、注释，审慎考辨后做出自己的判断。② 如"韩叛则魏应之，赵据齐以为原"：

旧注：若山原然。　顾广圻曰：原当作厚，旧注误。　吴汝纶曰：原乃援之误。　奇猷案：原与援声同而误，谓赵恃齐以为后援也。但顾说原厚形近误，亦通。又案：《诗·邶风·柏舟》：

① （魏）杨衒之撰，周祖谟校释：《洛阳伽蓝记校释》，中华书局 2010 年版，第 2 页。

② 陈奇猷校注：《韩非子集释》，上海人民出版社 1974 年版，上册，"凡例"第 1 页。该书最早版本为 1958 年中华上编所出版。"凡例"："本书引用前人校说九十余家，皆条录而系于原文之后。凡数说并通者，皆罗列以供读者参考；凡数说相同者，则取其最完善之一说，余则仅说明某人校说相同，不具引其文；但其说同而论证不同者，则仍二家俱录。所录前人校说，多指明其是非，其非者固加以证明，即其是者亦多为疏证。苟有所得，则冠以'奇猷案'三字亦附列焉。"

"不可以据。"毛传："据，依也。"①

　　无论是顾广圻的形近致误说，还是吴汝纶的声同致误说，均有道理，可并存。旧注"若山原然"的解释是不能成立的。作者还引《诗》毛传释"据"字，让文意更显豁。

　　（二）笺、注结合

　　笺，本义是竹简，后用以称注释古书，如《毛诗》郑玄笺。从词义上看，笺、注都是指注释文义，但因郑笺的影响，古人常将申明己意的注释称为笺。新中国前三十年的古籍注释之作，也有称之为笺注的，如唐圭璋《宋词三百首笺注》。他们在自己的注释后接着引述前人评笺，以更深入地解释相关内容。《宋词三百首笺注》在对晏殊《木兰花》（池塘水绿风微暖）的笺注中，在分别解释"玉真"（玉真：玉人）、"重头"（重头：词中前后阕完全相同名重头）、"入破"（入破：乐曲之繁声名入破）、"点检"（点检：检查）四词后，引述了两则评笺：

　　　　刘攽云：重头、入破，管弦家语也。（《贡父诗话》）
　　　　张宗橚云：东坡诗："尊前点检几人非"，与此词结句同意。
　　往事关心，人生如梦，每读一过，不禁惘然。（《词林纪事》）②

　　评笺一交代清楚"重头""入破"二词语是演奏乐器者专用语，因其较生僻少见，所以于此特别说明。评笺二点明与该词末句（"当时共我赏花人，点检如今无一人"）类似的词句表达、相似的意境构造，以开拓读者的视野，引导读者更深入赏析诗词。

---

　　① 陈奇猷校注：《韩非子集释》，上海人民出版社1974年版，上册，第32—33页。
　　② （清）上彊村民重编，唐圭璋笺注：《宋词三百首笺注》，人民文学出版社2005年版，第19—20页。该书最早为中华上编所1958年出版。

（三）注释与赏析结合

这种注释形式不仅仅局限于一字一词的解释，更多的是结合字句内容进行艺术欣赏，比单纯注音释义对一些读者更有价值。这种形式在钱锺书《宋诗选注》中极为显明。该书堪称一部简明别致的宋诗史，诗下的注解同时也是对作品意旨的点拨和艺术赏析。如解释苏轼《饮湖上初晴后雨》中的"欲把西湖比西子"：

> 西子就是战国时有名的美女西施。这也是苏轼的一个传诵的比喻，后来许多诗歌都从这里生发出来；例如南宋建都杭州，荒淫奢侈，亡国以后，方回《桐江续集》卷二十四《问西湖》就说："谁将西子比西湖？旧日繁华渐欲无。始信坡仙诗是谶，捧心国色解亡吴！"苏轼似乎很自负这首诗，所以把它的词意几次三番的用："水光潋滟犹浮碧，山色空蒙已敛昏"（《次韵仲殊游西湖》）；"西湖真西子"（《次韵刘景文登介亭》）；"只有西湖似西子"（《次韵答马中玉》）；"西湖虽小亦西子"（《再次韵德麟新开西湖》）。①

关于西施的情况，想必读者都很了解，所以注释简单一句话交代。以下重点讲述两方面的内容：一是苏轼的这个比拟对后世诗人的影响；二是苏轼自己多次使用相同的喻义。如此，不仅加深读者对此比喻的理解，还认识到大诗人似乎也有重复自己的习惯。关于第二点，限于该书选注体例，只是点到为止，未做深入探讨。试问，非博学多闻或专业研究者，又有多少人能记得钱锺书提及的后几首诗。同一个比喻，无论最初多么新颖有想象力，但多次重复使用，便无新意。钱锺书的批评在理。

---

① 钱锺书选注：《宋诗选注》，人民文学出版社 2005 年版，第 69 页。该书最早为人民文学出版社 1958 年出版。

再如王安石《泊船瓜洲》中的"春风又绿江南岸"的"绿"字：

　　这句也是王安石讲究修词的有名例子。据说他在草稿上改了十几次，才选定这个"绿"字；最初是"到"字，改为"过"字，又改为"入"字，又改为"满"字等等（洪迈《容斋续笔》卷八）。王安石《送和甫寄女子》诗里又说："除却春风沙际绿，一如送汝过江时"，也许是得意话再说一遍。但是"绿"字这种用法在唐诗中早见而亦屡见：丘为《题农父庐舍》："东风何时至，已绿湖上山"；李白《侍从宜春苑赋柳色听新莺百啭歌》："东风已绿瀛洲草"；常建《闲斋卧雨行药至山馆稍次湖亭》："行药至石壁，东风变萌芽，主人山门绿，小隐湖中花"。于是发生了一连串的问题：王安石的反复修改是忘记了唐人的诗句而白费心力呢？还是明知道这些诗句而有心立异呢？他的选定"绿"字是跟唐人暗合呢？是最后想起了唐人诗句而欣然沿用呢？还是自觉不能出奇制胜，终于向唐人认输呢？①

钱锺书在这里溯源"绿"字形容词作动词用法的更早例子，如唐代丘为、李白等，追问王安石最终选用"绿"字的深层心理动机。如此，我们在称道王安石遣词造句的同时，也知道活用"绿"字并非王安石的首创，并对古人的艺术造诣和传承创新方面也有了进一步的了解。

（四）题解与注释互补

限于体例，关于诗文的有些内容，如作者生平事迹、写作背景等不便于在注释中表述，但这些内容若缺失，又无法说明问题，有的古籍注释著作就将此内容安排在题解中。余冠英《三曹诗选》曹操

① 钱锺书选注：《宋诗选注》，人民文学出版社2005年版，第49页。

《薤露行》一诗，题解说：

> 本篇是《相和歌·相和曲》歌辞。《薤露》和《蒿里》
> （见下）都是挽歌，出殡时挽柩人唱的。《薤露》古辞言人命
> 短促，像薤叶上的露水容易消失。曹操的乐府诗开始用古题
> 写时事，这篇叙述何进召董卓，祸国殃民。公元一八九年，
> 汉大将军何进密召董卓向京城进军，以便大杀宦官。谋泄，
> 何进被宦官张让等所杀。张让并劫少帝和陈留王出走。后被
> 董卓迎还。董卓把少帝废为弘农王（不久又把他杀了），立陈
> 留王为帝，就是献帝，当东方讨董的武装起来后，董卓焚烧
> 洛阳，挟献帝西迁长安。①

题解先交代这是一首乐府诗，以及这首诗所使用的乐调。接着
叙述"薤露行"这一诗题在乐府诗中一般所写的内容，"是挽歌"；
到了曹操笔下，这一诗题所写内容则发生了改变，"用古题写时
事"。"这篇叙述何进召董卓，祸国殃民。"有了题解的交代，更易
理解"惟汉二十世""所任""执君王""白虹为贯日""贼臣""播
越"等的注释，对"沐猴而冠""微子"等的含义也领会得更深刻
透彻。②

（五）编年、评笺与注释结合

这种注释体例，尽量把涉及诗文作品本事的时、地、人等考索清
楚，全书按创作时间编排，正文后附评笺、注释等。如邓广铭《稼
轩词编年笺注》，词后有校勘、笺注、编年。卷一收词71首，起宋孝
宗乾道三年（1167），迄宋孝宗淳熙八年（1181），其间辛弃疾活动
于江淮两湖之地。对《感皇恩·滁州寿范倅》一词，邓广铭在校勘

---

① 余冠英选注：《三曹诗选》，中华书局2012年版，第6页。该书最早为人民文学出版社
1956年出版。

② 余冠英选注：《三曹诗选》，中华书局2012年版，第7页。

文本后，对题目中的"范倅"笺注如下：

> 《滁州府志·职官·通判》："范昂，乾道六年任。"《宋会
> 要》六十五册《职官·司勋部》："乾道八年正月十四日诏滁州
> 州县官到任任满，依次边舒州州县官推赏。先是，权通判滁州范
> 昂陈请，故有是诏。"据知此范倅即范昂。唯范氏事历别无可
> 考，并其字里亦莫得而知。①

据《滁州府志》《宋会要》，考证范倅即范昂，时任滁州通判，佐知府掌管钱粮、水利、诉讼等事项。然囿于文献，范昂详细生平无考。

编年中定此词创作于乾道八年（1172）春，说明依据如下：

> 据周孚《奠枕楼记》，知稼轩之守滁始于乾道八年春正月，
> 又据《滁州府志》，知范昂之继任者为燕世良，亦于八年莅任。
> 更据稼轩送范氏之《木兰花慢》，知范氏之去任当在八年中秋之
> 前，而此词则春间所作也。②

辛弃疾友人周孚作《滁州奠枕楼记》，开篇即"乾道八年春，济南辛侯自司农司簿来守滁"，即知辛弃疾任滁州知府的开始时间；据《滁州府志》及辛弃疾的另一词作，即知辛弃疾的离任滁州时间。如此，可以断定词作的创作时间。

（六）译文、词典与注释互补

这种形式以杨伯峻《论语译注》《孟子译注》为代表，是一种熔普及与提高于一炉的方式，堪称当代古籍注译的典范。杨伯峻对古籍

---

① 邓广铭笺注：《稼轩词编年笺注》，上海古籍出版社 1978 年版，第 20 页。该书最早为古典文学出版社 1957 年版，其后屡有增删修改。

② 邓广铭笺注：《稼轩词编年笺注》，上海古籍出版社 1978 年版，第 20—21 页。

整理有自己的明确目标，如他在《〈论语译注〉例言》中第一条所说："在本书中，著者的企图是：帮助一般读者比较容易而正确地读懂《论语》，并给有志深入研究的人提供若干线索。同时，有许多读者想藉自学的方式提高阅读古书的能力，本书也能起一些阶梯作用。"① 如此，该书便具有普及和提高的双重作用，译文便于一般读者阅览，注释、词典更有益专业研究人员。

《论语·为政》："子曰：'道之以政，齐之以刑，民免而无耻；道之以德，齐之以礼，有耻且格。'"《论语译注》中译文是这样说的：

> 孔子说："用政法来诱导他们，使用刑罚来整顿他们，人民只是暂时地免于罪过，却没有廉耻之心。如果用道德来诱导他们，使用礼教来整顿他们，人民不但有廉耻之心，而且人心归服。"

注释中，作者列举各家所说，其后表明自己的取舍，并说明理由。如注释"道"为"诱导"，译"格"为"人心归服"：

> 道——有人把它看成"道千乘之国"的"道"一样，治理的意思。也有人把它看成"导"字，引导的意思。我取后一说。
> 格——这个字的意义本来很多，在这里有把它解为"来"的，也有解为"至"的，还有解为"正"的，更有写作"恪"，解为"敬"的。这些不同的解释都未必符合孔子原意。《礼记·缁衣篇》："夫民，教之以德，齐之以礼，则民有格心；教之以政，齐之以刑，则民有遯心。"这话可以看作孔子此言的最早注释，较为可信。此处"格心"和"遯心"相对成文，"遯"即"遁"字，逃避的意思。逃避的反面应该是亲近、归服、向往，

---

① 杨伯峻译注：《论语译注》，中华书局1980年版，"例言"第34页。

所以用"人心归服"来译它。①

该书附《论语词典》，收列《论语》中的语词，语词的每个义项分别列举所出现的次数及例句，例句后标示所属章节。如"格"，只出现上文一处；"道"共出现60次，有8个义项，分别为：

　　㈠孔子的术语（44次），有时指道德，有时指学术，有时指方法：本立而道生（1·2），吾道一以贯之（4·15），不以其道得之（4·5）。
　　㈡合理的行为（2次）：三年无改于父之道（1·11）。
　　㈢道路，路途（4次）：中道而废（6·12）。
　　㈣技艺（1次）：虽小道必有可观者焉（19·4）。
　　㈤动词，行走，做（1次）：君子道者三（14·28）。
　　㈥动词，说（3次）：夫子自道也（14·28）。
　　㈦动词，治理（3次）：道千乘之国（1·5）。
　　㈧动词，诱导，引导（2次）：道之以政（2·3），道之斯行（19·25）。②

如此，杨伯峻《论语译注》不仅是对《论语》的注释、今译之书，而且可以视作一部小型的专书词典。

---

①　杨伯峻译注：《论语译注》，中华书局1980年版，第12页。
②　杨伯峻译注：《论语译注》，中华书局1980年版，第293—294页。"例言"第十四条载："著者在撰述'译注'之先，曾经对《论语》的每一个字、每一个词作过研究，编著有'论语词典'一稿。其意在尽可能地弄清《论语》本文每字每词的涵义，译注才有把握。'得鱼忘筌'，译注完稿，'词典'便被弃置。最近吕叔湘先生向我建议，可以仿效苏联《普希金词典》的体例，标注每词每义的出现次数，另行出版。我接受了这一建议，把'词典'未定稿加以整理。但以为另行出版，不如附于'译注'之后，以收相辅相成的效用。详于'注释'者，'词典'仅略言之；'注释'未备者，'词典'便补充之，对读者或者有些好处。"中华书局1980年版，"例言"第36—37页。

二 注释内容丰富而精当

这个时期古籍注释的范围很广，包括读音、词义、典故、名物、职官、制度、地理、本事、人物等，有些还涉及专门知识，如佛教典籍等；对诗的注释，还指出诗中对古诗文的化用。凡此，不仅涉及的知识广，而且内容丰富，考证精确，于读者有阅读价值和参考作用。诚如《〈论语译注〉例言》第六条所说："本书虽然不纠缠于考证，但一切结论都是从细致深入的考证中提炼出来的。其中绝大多数为古今学者的研究成果，也间有著者个人千虑之一得。结论固很简单，得来却不容易。为便于读者查究，有时注明出处，有时略举参考书籍，有时也稍加论证。"① 每一条精当的注释，皆得之不易，如能精当列示考证过程，更于读者有益。②

（一）对冷僻字注音释义

一些注释中，对不常见的异读字，即多音字，都予以注音释义。对通假字，注出本字。例如，《论语·公冶长》"山节藻棁"，杨伯峻注释：

> 山节藻棁——节，柱上斗棋； "棁"音啄，zhuō，梁上短柱。③

---

① 杨伯峻译注：《论语译注》，中华书局1980年版，"例言"第34—35页。
② 如《诗·邶风·燕燕》"终温且惠"的"终"，历来解说不一。余冠英选注《诗经选》（中华书局2012年版，第27页）说："终：既。"即说女主人公既慈爱又温顺。于一般读者来说，了解到这种程度也就行了。其实，"终"的意义，毛传、郑笺都没有解释，孔疏解释了整句诗的意思："又温当颜色温和，且能恭顺。"对"终"字依然没有明确解释。至清代王引之《经义述闻》，"终"才得确解，应释为"既"，"终……且……"即"既……且……"。《经义述闻》卷五"终风且暴"条综合考察《诗经》中所有"终……且……"的诗句，如《邶风·燕燕》"终温且惠"，《邶风·终风》"终风且暴""终风且霾""终风且曀"，《邶风·北门》"终窭且贫"，《小雅·伐木》"终和且平"，《小雅·甫田》"终善且有"等，得出结论："终，犹既也。""既、终，语之转。既已之既转为终，犹既尽之既转为终耳。"普及本的一字之解，凝聚了前贤的众多心血。限于当时古籍校注忌繁琐的规定，这些繁复的考证，在《诗经选》中只字未提。
③ 杨伯峻译注：《论语译注》，中华书局1980年版，第49页。

又如，《论语·学而》"道千乘之国"，杨伯峻注释：

千乘之国——乘音剩，shèng，古代用四匹马拉着的兵车。①

再如，《论语·学而》"学而时习之，不亦说乎"，杨伯峻注释：

说——音读和意义跟"悦"字相同，高兴、愉快的意思。②

实践证明，这个时期的古籍注本对书中的这些冷僻字、多音字、通假字所做的注音和释义，对广大读者是很有必要的。

（二）注释古今异义词

其间一些古籍注释本，对其中与现代汉语字形相同而意义、用法有别的词语，多能做出注释。

例如，《洛阳伽蓝记校释》卷一"籍田南有司农寺"，注释：

司农寺乃官署，非寺宇之寺。③

这里对"寺"字假如不做解释，则易使习惯于"寺庙"连称的今天读者产生歧义；而《洛阳伽蓝记》本身又是讲佛寺的，更易引起歧义。

再如，《论语·学而》"学而时习之，不亦说乎"，杨伯峻注释：

① 杨伯峻译注：《论语译注》，中华书局1980年版，第4页。其后，进一步解释兵车和国家力量之间的关系："春秋时代，打仗用车子，所以国家的强弱都用车辆的数目来计算。春秋时期，大国都没有千辆兵车。像《左传·僖公二十八年》所记载的城濮之战，晋文公还只七百乘。但是在那时代，战争频繁，无论侵略者和被侵略者都必须扩充军备。侵略者更因为兼并的结果，兵车的发展速度更快；譬如晋国到平丘之会，据叔向的话，已有四千乘了（见《左传·昭公十三年》）。千乘之国，在孔子之时已经不是大国，因此子路也说'千乘之国摄乎大国之间'的话了。"由注释一个词语，扩展为讲述历史文化常识，最大程度地便利了读者。
② 杨伯峻译注：《论语译注》，中华书局1980年版，第1页。
③ （魏）杨衒之撰，周祖谟校释：《洛阳伽蓝记校释》，中华书局2010年版，第50页。

习——一般人把习解为"温习"，但在古书中，它还有"实习"、"演习"的意义，如《礼记·射义》的"习礼乐"、"习射"。①

通过这样的解释，方使读者明白本句中的"习"字，需要结合当时的情境来理解，不是一般意义上对文化知识的温习、复习，而是带有更多实际操作意味的实习、演习。习（習），说文："数飞也。"指鸟不断地练习飞翔的技能；学习、复习等皆为后起义。

再如，曹植《名都篇》"左挽因右发，一纵两禽连"，余冠英注释：

两禽：指双兔，猎获的鸟兽都叫"禽"。②

古汉语中飞禽走兽都可以称作禽，现代汉语中禽只作为鸟类的总称。本诗中上文有"驰骋未能半，双兔过我前。揽弓捷鸣镝，长驱上南山"，所以这里"两禽"应解释为"双兔"。

（三）注释名物、职官、制度等

书中的这些注释包括对官职、制度、风俗、称谓、事物之异名以及鲜为人知的人名、地名等，这于读者帮助极大。

例如，《桃花扇》卷一"吴桥范大司马"，王季思等注释：

吴桥范大司马——吴桥，属今河北省河间县。范大司马，即

---

① 杨伯峻译注：《论语译注》，中华书局1980年版，第1页。其后进一步举例解释"习"的这种意义："《史记·孔子世家》：'孔子去曹适宋，与弟子习礼大树下。'这一'习'字，更是演习的意思。孔子所讲的功课，一般都和当时的社会生活和政治生活密切结合。像礼（包括各种仪节）、乐（音乐）、射（射箭）、御（驾车）这些，尤其非演习、实习不可。所以这'习'字以讲为实习为好。"

② 余冠英选注：《三曹诗选》，中华书局2012年版，第94页。

范景文，景文以崇祯七年拜兵部尚书，传见《明史》卷二百六十五。①

吴桥为范景文的籍贯，大司马为范景文的官职。古人喜以籍贯代称其人，如范景文是吴桥人，就以地名吴桥代称其人。古人也不喜直呼当时的职官，而是喜以古代职官代称。比如这里涉及的是明代的职官，明代没有"大司马"这一职官，在明代相当于大司马官位的是兵部尚书，范景文当时是兵部尚书，于是称呼其为大司马。如此行文，则委婉典雅。

又如，《桃花扇》卷一"老夫原是南京太常寺一个赞礼"，王季思等注释：

> 太常寺一个赞礼——太常寺，管理宗庙礼仪的机关。赞礼，官名，是祭祀时司仪的人。②

这个注释说明"太常寺"是一个官府机构，主要职责是管理宗庙礼仪。其中有"赞礼"这个职官，职责是祭祀时候做司仪。注释简洁明了。

再如，《桃花扇》卷一"我丁艰未起"，王季思等注释：

> 丁艰——即丁忧。封建时代遭遇父母的丧事，在三年内，官员例须停职守制，读书人不能参加考试，一般还要停止婚嫁筵宴，这叫做丁艰。③

"丁忧"是古代才有的一种特殊制度，丁艰是其别称，今天的读

---

①　（清）孔尚任著，王季思等注：《桃花扇》，人民文学出版社 1959 年版，第 13 页。
②　（清）孔尚任著，王季思等注：《桃花扇》，人民文学出版社 1959 年版，第 3 页。
③　（清）孔尚任著，王季思等注：《桃花扇》，人民文学出版社 1959 年版，第 29 页。

者对此比较陌生，必须解释清楚。

《诗·召南·摽有梅》"迨其谓之"，余冠英注释：

> 谓：读为"会"。《诗经》时代有在仲春之月"会男女"的制度，凡男子到三十岁未娶，女子到二十岁未嫁的都借这个会期选择对象，不必依正常的礼制而婚配。一说"谓"是告语，言一语定约。①

释"谓"为"会"，即"会男女"，这种解释需要结合当时的婚姻礼制风俗来作说明。

再如，《诗·豳风·东山》"制彼裳衣，勿士行枚"，余冠英注释：

> 勿士行枚："士"读为"事"，就是从事。"行"读为衡，就是横。横枚等于说衔枚。古人行军袭击敌人时，用一根筷子似的东西横衔在嘴里以防止出声，叫做衔枚。以上两句是设想回家后换上平民服装，不再从事征战。②

这个注释介绍了古代的一种行军制度。结合其后的解释，更加鲜明表现本诗的主题：不再征战，渴望回家，表达对和平生活的期盼。

另如，《桃花扇》卷一"这侯朝宗原是敝年侄"，王季思等注释：

> 年侄——古时同榜考取的士子称作同年，彼此用年兄年弟相称。对同年兄弟的儿子称作年侄。③

---

① 余冠英选注：《诗经选》，中华书局 2012 年版，第 17 页。该书最早为人民文学出版社 1956 年版。

② 余冠英选注：《诗经选》，中华书局 2012 年版，第 165 页。

③ （清）孔尚任著，王季思等注：《桃花扇》，人民文学出版社 1959 年版，第 38 页。

"年侄"为旧时称谓，"同年"的意义于今也已改变，这个注释交代得清楚明白。

例如，杜甫《后出塞五首》其一"召募赴蓟门"，冯至等《杜甫诗选》注释：

〔蓟门〕指幽州范阳郡。唐范阳节度使大都督府设在幽州，幽州城即古蓟城。"蓟门"为蓟的别称。唐幽州城址在今北京城西南广安门内外。①

这个注释说明诗中"蓟门"指代的是唐代的幽州范阳郡，并指明其旧址今天所在的位置。以点（古蓟城）代面（范阳郡），更具体形象，画面感强。

又如，《桃花扇》卷二"叫左右泡开岕片"，王季思等注释：

岕片——即岕茶，产于浙江长兴县境罗岕山，故此得名。明代嗜茶的人，最重这种茶。②

这个注释说清楚"岕片"是一种茶叶，和这种茶叶的产地；并交代这种茶叶在时人心中的地位，以显示对客人的尊重。

再如，对《诗·秦风·晨风》中"晨风"的解释，前贤意见不一，余冠英《诗经选》做出较为合理的评判：

晨风：一作"鹍风"，鸟名。即鹯，鸷鸟类。一说晨风亦名天鸡，雉类。后一说从者较少，但说到见雉闻雉而思配偶，在《诗经》中例子却较多，如《雄雉》和《匏有苦叶》中都有。③

---

① 冯至编选，浦江清、吴天五注释：《杜甫诗选》，作家出版社 1956 年版，第 32 页。
② （清）孔尚任著，王季思等注：《桃花扇》，人民文学出版社 1959 年版，第 95 页。
③ 余冠英注：《诗经选》，中华书局 2012 年版，第 133 页。

关于"晨风",前人有两解,一说是猛禽,一说是野鸡。余冠英结合《诗·秦风·晨风》的主旨——女子怀念爱人,认为"野鸡"说较妥当。《晨风》首章:"鴥彼晨风。郁彼北林。未见君子,忧心钦钦。如何如何？忘我实多!"以野鸡疾飞起兴,写女子思念心上人。余冠英另举《诗经》中两个类似例子:一个是表达女子思念丈夫,《邶风·雄雉》首章:"雄雉于飞,泄泄其羽。我之怀矣,自诒伊阻。"另一个写姑娘急切寻求心上人,《邶风·匏有苦叶》二三章:"有弥济盈,有鷕雉鸣。济盈不濡轨。雉鸣求其牡。雝雝鸣雁,旭日始旦。士如归妻,迨冰未泮。"均是借野鸡以引起男女之情。这种解释令人信服。

（四）注释宗教词语

其间注释,对其中涉及佛教等宗教的专有词汇,多有注释。

例如,《洛阳伽蓝记校释》卷一"时有西域沙门菩提达摩者,波斯国胡人也",周祖谟注释:

> 菩提达摩者（Bodhidharma）,此云道法,南天竺人,为中国佛教禅宗之祖。相传梁武帝普通元年泛海至广州,元魏孝明帝正光元年渡江,振锡嵩洛,止于嵩山少林寺。武泰元年（公元五二八）示寂。（见宋释契嵩《传法正宗记》卷五,释道原《景德传灯录》卷三。陈垣先生《释氏疑年录》作"梁大同二年卒",公元五三六）　《续僧传》卷十六云:　"达摩,南天竺婆罗门种（Brāhmana）,（《传法正宗记》等则云刹帝利种 K satriya）神慧疏朗,闻皆晓悟,随其所止,诲以禅教。自言年一百五十余岁,游化为务,不测于终。释慧可传其业。"此云波斯国人,与《僧传》有异。又《传法正宗记》载杨衒之曾就达摩问何如谓之为祖,达摩乃为其说偈云云,事出附会,无足取焉。①

---

① （魏）杨衒之撰,周祖谟校释:《洛阳伽蓝记校释》,中华书局2010年版,第11—12页。

关于达摩的注释包含四层含义：一是介绍达摩的国籍，引《续高僧传》说达摩为天竺人，与《洛阳伽蓝记》所载的波斯国籍有异。二是介绍达摩与禅宗的关系，达摩为中国佛教禅宗创始人。三是介绍达摩的主要事迹。四是介绍达摩与杨衒之的一则传闻，并断定此传闻不可信。

再如，《洛阳伽蓝记校释》卷一"拱门有四力士"，周祖谟注释：

> 案金刚力士，乃护法之神。《仁王经》有五大力菩萨：一金刚吼菩萨，手持千宝相轮。二龙王吼菩萨，手持金轮灯。三无畏十力吼菩萨，手持金刚杵。四雷电吼菩萨，手持千宝罗网。五无量力吼菩萨，手持五千剑轮是也。亦见《辩正论》卷一。①

在简要解释"金刚力士"为"护法之神"后，引佛教典籍《仁王经》等进一步解释，详尽明确，持之有据，使读者加深对文义的理解。

（五）注用典

对典故的注释，包括语典和事典，即对古籍中出现的故事、人物、古语及前人诗词成句等进行注释。

如《桃花扇》卷一载"配他公子千金体，年年不放阮郎归"，王季思等注释：

> 年年不放阮郎归——阮郎即阮肇。相传东汉永平年中，剡人刘晨、阮肇到天台山采药，跟山上的两个仙女成婚。过了半年多，仙女才放他们回去，到了家里一看，他们第七代的子孙都已经长大了。②

---

① （魏）杨衒之撰，周祖谟校释：《洛阳伽蓝记校释》，中华书局2010年版，第7页。

② （清）孔尚任著，王季思等注：《桃花扇》，人民文学出版社1959年版，第23页。

简要叙述刘、阮天台遇仙的典故，方便读者更好地理解。

杜甫《醉时歌》"相如逸才亲涤器，子云识字终投阁。先生早赋归去来，石田茅屋荒苍苔"，《杜甫诗选》注释：

〔相如涤器〕司马相如（公元前一七九？——一一七），汉代赋家。相如与妻卓文君曾在临邛开设酒肆，文君当垆，相如穿犊鼻裈，帮忙杂作，洗涤酒器。

〔扬雄投阁〕扬雄（公元前五三——一八），字子云，汉代赋家，博学多识奇字。他曾在天禄阁校书，他的弟子刘棻被王莽治罪，株连及他，使者收捕，扬雄从阁上跳下来，几乎摔死。

〔归去来〕晋朝诗人陶渊明（三六五——四二七）辞彭泽令回家，作"归去来辞"。①

相比司马相如、卓文君的典故常见而易于知晓，读者对扬雄投阁的来历则较为生疏，这里的解释非常有必要。对陶渊明"归去来"的解释，就不再只是字面上的意思，更代表了一种不同流合污，追求自由的精神，是诗人的自许，也是对受诗友人（此诗原注"赠广文馆博士郑虔"）的期望。

本时期古籍整理本重在阐释用典的当属邓广铭《稼轩词编年笺注》，这与辛弃疾词的创作特色及笺注者的注释风格有关。该书《题记》说："辛稼轩在写作歌词时候，往往喜欢'掉书袋'，在歌词当中使用很多的史事和典故……我在对《稼轩词》进行笺证工作的同时，就也把词中所使用的典故、往事和成语等等一并作了注释。"② 该书《例言》说："兹编之注释，唯以征举典实为重。其在词藻方面，则融经铸史、驱遣自如，原为辛词胜场之一，故凡其确为脱意前人或神化

---

① 冯至编选，浦江清、吴天五注释：《杜甫诗选》，作家出版社1956年版，第26页。

② 邓广铭笺注：《稼轩词编年笺注》，上海古籍出版社1978年版，"题记"第2页。

古句者，亦皆为之寻根抉原，注明出典；至如字句之训诂以及单词片语之偶与古合者，均略而不注。"① 卷二《破阵子·为陈同甫赋壮词以寄之》，笺注者广引文献分别注释了"八百里""五十弦""的卢""弓如霹雳弦惊"等，例如：

> 〔八百里〕谓牛。《世说新语·汰侈篇》："王君夫（恺）有牛，名八百里驳，常莹其蹄角。王武子（济）语君夫：'我射不如卿，今指赌卿牛，以千万对之。'君夫既恃手快，且谓驳物无有杀理，便相然可，令武子先射。武子一起便破的，却据胡床、叱左右：'速探牛心来！'须臾炙至，一脔便去。"韩愈《元和圣德诗》："万牛脔炙，万瓮行酒。"苏轼诗："要当啖公八百里，豪气一洗儒生酸。"《云溪友议》卷下《杂嘲戏》条载李日新《题仙娥驿诗》曰："商山食店大悠悠，陈䵮䭤䭒古馂头。更有台中牛肉炙，尚盘数脔紫光毬。"②

在征引《世说新语》交代典故出处后，笺注还引用韩愈、苏轼等诗歌，丰富了读者对"八百里"这一典故的理解。这也在提醒读者注意，古诗文中看似平常的一句表述，很可能是化用前人的成句或典故。唯有明了这些成句或典故，才能更准确地理解古诗文，洞悉古诗文的深层含义。

（六）注释诗词惯用语

正确理解古诗，除需准确了解一字一词的意义外，有时还需明了古人作诗的惯有手法、用语习惯，这也是其间注释本关注之一。如《诗·邶风·简兮》"山有榛，隰有苓"，余冠英《诗经选》在解释"榛：木名，就是榛栗"，"隰：低湿的地方"，"苓：草名，即卷耳"

---

① 邓广铭笺注：《稼轩词编年笺注》，上海古籍出版社1978年版，"例言"第2页。
② 邓广铭笺注：《稼轩词编年笺注》，上海古籍出版社1978年版，第205页。

后，总结如下：

> 《诗经》里凡称"山有□，隰有□"而以大树小草对举的往往是隐语，以木喻男，以草喻女，这里两句似乎也是这种隐语。①

验之《诗·郑风·山有扶苏》之"山有扶苏，隰有荷华""山有乔松，隰有游龙"（游龙，一种草名），以大树小草分别隐喻男女，以此揭示诗歌的主旨，余冠英的解释情、义皆符，信而有据。

又如，曹植《种葛篇》之"种葛南山下，葛藟自成阴"，余冠英《三曹诗选》解释：

> 葛藟："葛"是豆科植物，多年生蔓草。藟，藤。古人情诗往往用葛作比兴，因为"葛"藤萦绕可以喻爱情缠绵。②

比兴手法在《诗经》中尤其《国风》中常用。延续这一传统，曹植此诗以葛藤缠绕作比兴，"借弃妇寄托感慨"。

余冠英在选注《三曹诗选》时还注意到乐府诗的套语。曹丕《杂诗二首》其二"弃置勿复陈，客子常畏人"，余冠英有注：

> 弃置勿复陈：搁在一边不要再谈了。这五字是乐府诗套语。③

乐府古诗《行行重行行》有"弃捐勿复道，努力加餐饭"，《妇病行》有"行复尔耳，弃置勿复道"等，确有类似表述。

在《三曹诗选》中，选注者还揭示了汉魏时人的一些惯用语。

---

① 余冠英选注：《诗经选》，中华书局2012年版，第43页。
② 余冠英选注：《三曹诗选》，中华书局2012年版，第113—114页。
③ 余冠英选注：《三曹诗选》，中华书局2012年版，第55页。

对曹植《杂诗六首》其六"甘心思丧元""思欲赴太山"，选注者是这样解说的：

> "思欲赴太山"和"甘心思丧元"是同样的意思，"赴太山"犹言"赴死"。古人相信人死后魂魄归于泰山。所以古乐府《怨诗行》道："人间乐未央，忽焉归东岳"，应璩《百一诗》道："年命在桑榆，东岳与我期"，刘桢《赠五官中郎将》诗也有"常恐游岱宗，不复见故人"之句，可见汉魏人惯用这种说法。旧说从地理和时事解释此句，多牵强。①

"太山""岱山"均为"泰山"的别称，是地理名词；但在古诗词中，可能另有所指，尤其与"游""赴"连用，结合全诗来看，就成了"死"的讳称。选注者的解释与举例说明，让人豁然开朗。

第四节　对今译的进一步探索

古籍今译是将古籍内容进行现代表达，使之更为读者所接受的整理方式。作为普及类读物，古籍今译适应了时代的需求，是新中国前三十年古籍整理重要成果之一。这种 20 世纪出现的古籍整理新方法，在这个时期的进步和特点，也是很突出的。其进步之处主要表现在用心选译作品，对"信、达、雅"的追求，在前言中尽量突出学术性。

一　用心选定作品

选择好作品，是古籍今译的首要问题。这既是贯彻今译的宗旨，也体现今译的价值。新中国前三十年对今译作品强调政治性，讲究

---

① 余冠英选注：《三曹诗选》，中华书局 2012 年版，第 128 页。

"人民性"。这种要求支配着今译者在选择什么古籍可以翻译，什么古籍不能翻译；是整部古籍翻译，还是选择其中部分篇章翻译。对这些问题，余冠英的《诗经选》处理得比较好。

《诗经选》重点选取《国风》和《小雅》的部分诗歌做今译，该书《前言》说："《诗经》的精华部分是《国风》和《小雅》，特别是其中的民歌民谣。这些民歌民谣是人民以自己的声音歌唱生活，以自己的眼光观察现实，'饥者歌其食，劳者歌其事'，直接道出人民的劳苦和他们的幸福，所爱与所憎，他们多受的损害和侮辱，他们的反抗和斗争。直接表现了他们的品德、智慧和天才。"①

《诗经选》主要选译两类具有民间歌谣性的《国风》，一类是反映劳动者的喜怒哀乐的，如《周南·芣苢》描述女子采摘芣苢时所唱的歌；《魏风·十亩之间》描述采桑者劳动将要结束时所唱的歌；《唐风·鸨羽》描写农民在徭役重压下的呻吟。另一类是关于婚姻恋爱的，如《召南·摽有梅》，表现适龄女子期望婚恋的急切心理；《卫风·木瓜》表现亲密的恋爱生活；《王风·采葛》表达恋人间的相思之苦；《郑风·风雨》描写恋人别后重逢的喜悦；《郑风·将仲子》表达青年女子担心父母兄长对自己婚恋的干涉；《邶风·谷风》《卫风·氓》控诉男人的始乱终弃。译者在翻译中，尽可能地保留原作或节奏明快、言简意明，或以物寓情、比附起兴的特色。《小雅》中主要选取的是反映斥责黑暗现实，反映人民困苦的诗歌，如《节南山》控诉执政者，《正月》忧国忧民、愤世疾邪，《大东》久困赋役、怨刺周王室等。

《诗经选》对具有史诗性质的叙事诗也偏爱有加，因为"那些民歌以外的优秀作品也一定程度地反映了社会的真实矛盾和人民的思想感情，或艺术地表现了各阶层生活里的一些片段"②。如《大雅》中

---

① 余冠英选注：《诗经选》，中华书局 2012 年版，"前言"第 28 页。
② 余冠英选注：《诗经选》，中华书局 2012 年版，"前言"第 28 页。

的《生民》，咏歌周始祖后稷的事迹和功德，相传后稷是中国农业的发明者；《公刘》，歌颂勤劳的移民领袖公刘带领周人从邰到豳的迁移过程；《绵》，歌颂周人在古公亶父率领下由豳迁移到岐下的又一次迁徙。正如《前言》所说："上述三篇虽是歌颂祖德，歌颂英雄，却反映了人民的创造力量、人民的智慧和人民的劳动热情。诗的动人之处就在于此。"①

　　杨伯峻作《论语译注》，自述其用意：一是帮助一般读者正确地读懂《论语》；二是给有志深入研究的人提供一些线索；三是为更多读者以自学的方式提高阅读古文的能力发挥阶梯作用。这切合了时代和读者的需要。选择孔子，是因为杨伯峻认为，从政治主张上看，"基本倾向是进步的，和时代的步伐合拍的"②；从人生观上看，孔子是积极的。杨伯峻高度赞赏孔子对后世的贡献："中国文化的流传和发达与孔子的整理古代文献和设立私塾是分不开的。"③杨伯峻作《孟子译注》，是因为孟子不仅继承了孔子学说，更是在新的时代对孔子学说有所推进，孟子对中国文化的传承、发展贡献甚大。

　　郭沫若作《〈屈原赋〉今译》，文怀沙作《屈原离骚今绎》《屈原九歌今绎》《屈原九章今绎》，不仅因为《离骚》等艺术价值高，还因为屈原的爱国精神。选择屈原的作品进行今译，兼顾了艺术性和政治性，体现了今译者的良苦用心。任继愈作《老子今译》，是因为《老子》的不朽价值，特别它所具有的朴素唯物主义与自发的辩证法思想。

二　对"信、达、雅"的追求

　　"信、达、雅"本是清末严复提出的翻译外文的原则和要求，他

---

① 余冠英选注：《诗经选》，中华书局 2012 年版，"前言"第 10 页。
② 杨伯峻译注：《论语译注》，中华书局 1980 年版，"试论孔子"第 15 页。
③ 杨伯峻译注：《论语译注》，中华书局 1980 年版，"试论孔子"第 24 页。

认为同时都达到这三点很难。后来，学术界把能不能做到"信、达、雅"，作为衡量外文中译和古籍今译优良与否的标准。优秀的古籍今译，离不开对"信、达、雅"的追求，即做到译文表意准确、语言通顺、生动形象。这个时期的古籍今译，多采用直译、意译及直译意译相结合的方法，结合当代的语境，忠实于原作意旨，在今译上做了有益的尝试，取得了相当的成绩，如任继愈《老子今译》、余冠英《诗经选》等。

《老子今译·译例》共四条，明确提出：《老子》中专有哲学名词，不译；《老子》中为求语言简练而省略的关联词以及主语、宾语等句子成分，在译文中予以补充；为使语句通顺、语义完整，译文适当补充字句；有些文句，只能意译。

《老子》一章"道，可道，非常道；名，可名，非常名"，《老子今译》译文：

"道"，说得出的，它就不是经常的"道"；名，叫得出的，它就不是经常的名。①

《老子》一书中"道""德""圣人""无为"等专有名词，均有特定的涵义，所以译文中没有做解释，而是沿用原文词。（在注释中对"道"做解释）这是明显的直译。

《老子》三十三章"胜人者有力，自胜者强"，《老子今译》译文：

战胜别人的叫做有力，克服自己〔的弱点〕的才是强。②

---

① 任继愈译：《老子今译》，古籍出版社1956年版，第1页。《老子》书中第一次提出"道"这个哲学概念。过去的"道"字的用法都与老子的哲学意义的道不同。所以老子首先说明他所谓"道"与一般习惯用法不同。老子的"道"有两个意思：（一）有时是指物质世界的实体；（二）更多的场合下是指物质世界变化发展的规律。这两者在老子的观念中是不十分清楚的。

② 任继愈译：《老子今译》，古籍出版社1956年版，第25页。

译文补充原文中省略的宾语中心语，并加方括号表示系译者补充，便于读者理解。

《老子》六十章"治大国若烹小鲜"，《老子今译》译文：

> 治理大国，要像煎小鱼〔不要常常扰动它〕。①

在对原文逐字翻译后，加上"不要常常扰动它"的说明，相当于揭示这个比喻句的喻义，使文意更显豁。

如果说以上二例是直译为主，辅以意译，那么《老子》五章"天地不仁，以万物为刍狗"的译文则完全是意译：

> 天地是不"仁"的，听任万物自己生灭。②

当然，虑及意译的译文与原文之间貌似差别很大，需要对个别词语加以解释。这里译者重点解释"刍狗"："'刍狗'，古代祭祀时用草扎成的狗。人们把草做成刍狗的时候，并不爱它，重视它；人们祭祀完了抛开它，也不是惧它，轻视它。'刍狗'这一名词也见于《庄子·天运篇》、《淮南子·齐俗训》。"③刍狗的意义在译文中无法解释，非意译不能表达原文的意思。

通观《老子今译》全书，采取直译、意译以及直译、意译相结合的方法，比较完美地诠释了《老子》的内涵，是对"信、达、雅"今译理念的一次成功实践。需要说明的是，50年后作者90岁时所作《老子绎读》对译文又有新的改动。

又如，关于《诗经》的今译，不同译者的译文可能差别很大，虽然都在力争精准、形象地表达《诗经》原意。就《诗·陈风·月

---

① 任继愈译：《老子今译》，古籍出版社1956年版，第45页。
② 任继愈译：《老子今译》，古籍出版社1956年版，第4页。
③ 任继愈译：《老子今译》，古籍出版社1956年版，第4页。

出》一诗，余冠英与高亨就有不同的翻译。原诗：

> 月出皎兮，佼人僚兮，舒窈纠兮。劳心悄兮。 月出皓兮，佼人懰兮，舒忧受兮。劳心慅兮。 月出照兮，佼人燎兮，舒夭绍兮。劳心惨兮。

余冠英《诗经选》有如下翻译：

> 月儿出来亮晶晶啊，照着美人儿多么俊啊，安闲的步儿苗条的影啊。我的心儿不安宁啊。 月儿出来白皓皓啊，照着美人儿多么俏啊，安闲的步儿灵活的腰啊。我的心儿突突地跳啊。 月儿高挂像灯盏啊，美人儿身上银光满啊，腰身柔软脚步儿闲啊，我的心上浪涛翻啊。①

高亨《诗经选注》有如下翻译：

> 月儿出来白晶晶啊！英俊的人儿身缠大绑绳啊！橡树盘曲又纵横啊！愁苦的心灵多悲痛啊！ 月儿出来白汪汪啊！英俊的人儿刀下亡啊！橡树风吹飕飕响啊！愁苦的心灵跳得慌啊！ 月儿出来当空照啊！英俊的人儿被火烧啊！橡树风吹颤摇摇啊！愁苦的心灵如何惨悼啊！②

两者理解相差很大。"佼人"，余冠英释为"美人"，认为描写的是女性；高亨释"佼"为"壮美的状态"，显然认为这首诗写的是男

① 余冠英选注：《诗经选》，中华书局 2012 年版，第 145 页。
② 《高亨著作集林》第四卷《诗经选注 楚辞选 上古神话》，清华大学出版社 2004 年版，第 167—168 页。高亨《诗经选注》，撰于 1954—1955 年间，作为授课教材，1956 年五十年代出版社出版。1957 年做过修订，对译文也做了全面的润饰。

性。"僚"，余冠英释为"美好貌"；高亨认为是"缭"的借字，表"束缚缠绕之意，即所谓五花大绑"。"舒窈纠兮"，余冠英认为是写月光下的女性的安闲步态、苗条体态；高亨认为"舒读做杼，木名，即橡树"，"窈纠，借做蚴蟉，老树枝干盘曲的状态"。"劳心悄兮"，余冠英认为是写诗人等候女子未到的不安宁心情；高亨认为写的是哀伤、悲痛的心情。在余冠英看来，这是一首写男女之情的诗，清新美好。而高亨则认为这是一首控诉诗："陈国的凶暴统治者，杀害了一位英俊人物，此诗作者目睹这幕惨剧，唱出这首短歌，来悲悼被害者，作者可能是劳动人民，被害者可能是作者的伙伴，他的被害可能是由于反抗统治阶级甚至起义。"① 两相比较，余冠英的今译应更切合《月出》一诗的原意，契合原诗的风格，准确传达了原诗的情调。通过同一首诗篇的截然不同的两种译文，也能窥探出那个特定时期阶级斗争说对古典文学研究乃至古诗文今译的影响。

再以余冠英《诗经选》为例，前人关于《诗·魏风·伐檀》中的"彼君子兮，不素餐兮"的理解有分歧，余冠英认为这种分歧并不影响对诗歌主旨的理解，而且有充足的理由可以给以确定的解释。"君子"，有的认为指被讽刺的剥削阶级的大人先生，有的认为指理想中的圣君贤相；"素餐"，有的理解为不劳而获，有的理解为非肉不饱。似乎都有道理。但就原诗本义并训诂、文法以及诗歌的思想性、艺术性综合考虑，《诗经选》译作："那些个大人先生啊，可不是白白吃闲饭！"② 是令人信服的。余冠英《诗经选》堪称新中国前三十年时期古籍今译"信、达、雅"的典范之作。

三 坚守学术性

新中国前三十年，学术研究要求突出政治，如评价历史人物，往

---

① 《高亨著作集林》第四卷《诗经选注 楚辞选 上古神话》，清华大学出版社 2004 年版，第 168 页。
② 余冠英选注：《诗经选》，中华书局 2012 年版，第 113 页。

往要论及其阶级出身和政治倾向；论述其思想，又要划分是唯物主义者还是唯心主义者，分析其进步与否。古籍今译自然无法置身其外，同样要注重作品的政治正确，要在正文前撰写较详细的"前言"或"导言""引言"等，对古籍的撰者及古籍内容的介绍，要突出主流意识形态。但是，即使在这样的氛围中，一些专家学者还是以其学术良知，在这类"前言"文字中，尽量以学术评价为主，保证了今译的学术性。

如杨伯峻《论语译注》，于卷首《试论孔子》一文中，在论及孔子的政治主张时，说："孔子的政治主张，尽管难免有些保守处，如'兴灭国，继绝世'，但基本倾向是进步的，和时代的步伐合拍的。"① 得出如此结论，是译者在深入细致分析孔子一生践行之后的必然结论。

该文在谈及忠恕和仁的问题时，除约100字涉及时代背景外，更多篇幅是对《论语》中"仁""恕"的解析，阐述孔子的思想。② 政治立场分析是表面工作，根本的还是在分析孔子及《论语》的内在价值，重视的是其学术性。

该书的《导言》更是没有涉及所谓的政治性，而是分别介绍"论语"命名的意义和来由，《论语》的作者和编撰年代，《论语》的版本和真伪，还介绍了古今《论语》注释书籍，全文写得不虚不罔，精要而切恰。

再如，杨伯峻《孟子译注》的《导言》说："最可以注意的，一是孟子承认环境可以改变人的思想意识。""二是他承认事物各有客观规律，而且应该依照客观规律办事。"③ 这里，虽然也是套用当时政治性话语，但导言的更多部分是在考证孟子的生平、《孟子》一书

① 杨伯峻译注：《论语译注》，中华书局1980年版，"试论孔子"第15页。
② 杨伯峻译注：《论语译注》，中华书局1980年版，"试论孔子"第16—19页。
③ 杨伯峻译注：《孟子译注》，中华书局2005年版，"导言"第12页。该书最早版本为中华书局1960年版。

的撰者、《孟子》一书的真伪及孔孟学说的异同。

又如，任继愈在《老子今译》的《引言》中说："老子的素朴唯物主义与自发的辩证法思想不只是中国古代哲学的珍贵遗产，而且也是具有世界意义的。""这些'玄虚'的字眼于是被唯心论者所利用并加以歪曲。这个翻译，企图使它端正过来，还它以素朴唯物主义的本来面目。"① 这些论述自然保留了那个时代所具有的政治性，但作者却能高明地将这种政治性与学术性结合在一起，让读者在一个崭新的层面去理解《老子》。

再如，余冠英《诗经选》的《前言》分为七个部分：（一）总体介绍《诗经》的编纂与传授，风雅颂的分类以及与音乐的关系；（二）《周颂》《大雅》中的祭祀诗如何讲述农业生产与叙述历史；（三）《小雅》如何反映贵贱不均以及东方诸侯与周天子之间的矛盾；（四）、（五）、（六）分别论述《国风》中的劳动、婚恋与反抗暴政的三类诗歌；（七）介绍该书撰写宗旨。论述的多是有关《诗经》的知识，这些知识也是学术界长期论辩的内容，有的尚无定论，作者予以甄别提炼，做出了准确清楚的表述。如文中所说："《诗经》的解说向来是分歧百出的。注释工作不能完全撇开旧说，一空依傍。我们相信正确的态度是不迷信古人也不抹煞古人。正确的方法是尽可能多参考从汉至今已有的解说，加以审慎的抉择。……无论是选用一条旧说，或建立一条新解，首先应求其可通。所谓可通，首先是在训诂上、文法上和历史观点上通得过去。同样可通的不同解说可以并存，如稍有优劣，就仍当加以区别，决定去取，主要应从原诗的思想性和艺术性着眼。"② 所以余冠英的《诗经选》虽为普及读物，但专业性、学术性要求极高，充分反映了当时古籍注本、译本"前言"的水平和价值。

---

① 任继愈译：《老子今译》，古籍出版社1956年版，"引言"第1页。
② 余冠英选注：《诗经选》，中华书局2012年版，"前言"第28—29页。

第五节 古籍影印渐趋精善

影印作为古籍整理方法的一种，重在有效保全古籍文献，尤其是珍稀善本的版本信息，化身千百，使孤本不孤。新中国前三十年影印了一大批重要古籍，从大的方面讲，主要分为重在存真收藏的原大影印和重在流通使用的缩小影印两类；有些重要文献，影印了多个版本，形式多样，有线装的，有平装的，还有朱墨套印的。如此品种众多、内容各异的古籍影印，对方法和工艺都提出了更高的要求。这个时期古籍影印方法的进步主要表现为重视校勘补配，施加句读，编制索引，重视撰写前言。

一 重视校勘补配

影印古籍，与点校本古籍整理一样，均需要鉴别版本，精心选择好底本。有些底本虽好但间有残缺，需要通过校勘，配补缺失部分。

如人民文学出版社 1975 年版《三国志通俗演义》，其《出版说明》先考订版本源流，内容有三：据明嘉靖元年壬午刻本的"庸愚子序"与"修髯子引"，考证嘉靖本应为《三国志通俗演义》的最早刻本；据书中的地名注释，考证该书的成书年代不会晚于元末明初；据明《百川书志》《古今书刻》等书目文献记载，考证嘉靖时刻本有多种。但现今存世的只有嘉靖壬午刻本。与明清诸刻本比较，嘉靖壬午刻本最接近原著面貌，且"字画端秀，刻印精美，为小说刻本中所罕见"①。嘉靖壬午刻本国内藏本较多，均为同一版本的多次印刷，有的本子有补版挖改的痕迹，其中上海图书馆藏本较完整，本次即以此藏本为底本进行缩印；底本中残破字迹模糊的部分，以甘肃省图书馆同一藏本相应的书页配补。

---

① 罗贯中：《三国志通俗演义》，人民文学出版社 1975 年版，"出版说明"第 3 页。

又如《册府元龟》，经考证，明崇祯十五年本较为精善，故中华书局1960年据此本缩印；然其中脱漏之处亦有不少，故据残宋本又校补142条内容，从而大大提升了它的版本价值。《康熙字典》，中华书局1958年版以清末同文书局本为底本影印，1962年再版时又改正讹误，精益求精，还增加了清人王引之的《康熙字典考证》，有裨于学者研究利用。

由于种种原因，中国古籍亦有不少存藏于海外各公私收藏机构，影印时，如选用的国内藏本有残缺，还需利用海外藏本补配。如中华书局上海编辑所1966年版《容与堂刻本水浒传》，据北京图书馆藏本影印。其中有缺页、缺字，皆据日本内阁文库藏本补全，并且增加了李卓吾叙一篇。

二　施加句读并编制索引

影印古籍不仅需要精选底本，要重视校勘配补，为方便读者，还应该适当做些标点。如中华书局影印严可均校辑《全上古三代秦汉三国六朝文》时说："我们的断句，一般以圈为主，必要时略加逗点，其有疑义费解不易率断的地方，宁付阙如，以免造成错误。"①可见当时影印整理工作之严谨。中华书局1977年影胡本《文选》，正文以圆圈断句，注文以墨点断句，颇见其方法之精细。

中华书局1965年影印《四库全书总目》，由王伯祥断句，极大方便了读者使用。《总目》有三个重要刻本：清乾隆五十四年（1789）武英殿刻本，乾隆六十年浙江杭州刻本，同治七年（1868）广东刻本。浙本据殿本重刻，校正了殿本的不少错误；粤本以浙本为底本覆刻，个别字句据殿本校改，同时又沿袭了殿本之误。比较起来，浙本错误最少，中华书局即以浙本为底本影印，参校殿本和粤

---

① （清）严可均校辑：《全上古三代秦汉三国六朝文》，中华书局1958年版，"出版说明"第4页。

本。王伯祥曾两次圈点《总目》。第一次圈点稿毁于"一·二八"战火，第二次圈点完成于 1958 年。[①] 中华书局影印本，即过录王伯祥圈点。《总目》中关于各书提要的内容，除了论述"各书大旨及著作源流"，还要"列作者之爵里"，"考本书之得失"，以及辨订"文字增删，篇帙分合"，等等。全书二百卷三百万字，规模宏大，圈点难度高。兹举《诗序》提要一文为例。该文主要考辨《诗经》序文的作者。关于《诗序》作者问题，可谓《诗经》学史上一大公案，历来众说纷纭。本篇提要首先列述郑玄、程大昌、朱鹤龄等诸家之说，然后分析《毛诗》《鲁诗》《韩诗》之传承因续及相互差异，从而论定："序首二语为毛苌以前经师所传，以下续申之词为毛苌以下弟子所附。"[②] 文中涉及众多人名、书名（篇名）、史实，尤其学术史的梳理，没有相当学识，不易读通弄懂。《总目》中类似内容复杂、头绪繁多、标点难度大的篇目甚多，可见王伯祥圈点之不易，而这个圈点影印本对学人的帮助极大。

　　1965 年再版重印严可均辑《全上古三代秦汉三国六朝文》时，又新编了篇名目录和作者索引。中华书局 1965 年影印《四库全书总目》，编制了书名索引、著者索引；1977 年影印清胡克家刻本《文选》，书后也附有篇名索引、著者索引。当时影印的多是大中型古籍，编印索引与之配套，极大地方便了读者的阅读使用。

三　精心撰写前言

　　古籍影印本也需要撰写前言（或称出版说明、影印说明），以交代该书的作者生平、内容主旨、特色和本次影印选用的版本、工作的重点等。如中华书局 1958 年版《全上古三代秦汉三国六朝文》的《出版说明》，首先介绍严可均的生平、著述及辑录该书的由来。其

---

① 王湜华：《王伯祥传》，中华书局 2008 年版，第 290 页。
② （清）永瑢等：《四库全书总目》，中华书局 1965 年版，第 119 页。

中特别提到因为清廷邀集众多著名学者编纂《全唐文》，而严氏不在其列，严遂发愤辑成此书，起自上古终于隋代，以作《全唐文》的前接部分。其次，重点介绍该书的优点："全"，历代作者3497人，分代编次为15集，计746卷。也列举它的不足之处，有五点：收录标准不一致；误收佚文；重复收录；一文分置多处与多文拼凑成一篇；有将作者张冠李戴的。肯定了其以一己之力，编成如此规模宏大之贡献。最后，介绍原稿本的收藏情况，本次影印底本的版本信息及所做的工作。

中华书局1965年影印《四库全书总目》的《出版说明》包括以下内容：介绍《总目》编纂概况；《总目》分类依据及编排体例；《总目》初稿完成后改动及刊刻情况；评述《总目》的价值及不足；介绍本次影印工作的重点，如梳理版本源流，选定底本和参校本，附录具有重要价值的《四库撤毁书提要》《四库未收书目提要》，施加断句和编制索引等。着重指出《总目》著录的书，收入《四库全书》的有3461种79309卷，存目的有6793种93551卷，合计10254种172860卷。这一万余种图书基本包括乾隆以前中国古代的重要著作，尤其收辑元代以前的书籍，于保存文献居功甚伟。《总目》的主要贡献：一是介绍每部书的主要内容，且分类编排，方便今人了解学习；二是一定程度上吸收总结了当时的研究成果，考订精审。因此，《总目》作为一部重要的书目工具书，真正能发挥"辨章学术，考镜源流"的作用，价值重大，非常值得影印出版。

不同的古籍影印本的"出版前言"在内容上各有侧重，中华书局两种《文选》李善注影印本的"出版说明"就妥善地处理了这个问题。1974年，中华书局影印南宋淳熙八年尤袤刻李善注《文选》，其《影印说明》重在介绍版本流变，说明影印尤刻本的缘由。第一，介绍北京图书馆藏本是现存完整的最早刻本，除目录与《李善与五臣同异》中有重刻补版、内文有一页为重刊外，其余均为尤刻初版。第二，现今通行的《文选》李善注本为清嘉庆十四年胡克家刻本，而胡刻本系据尤刻本覆刻，并附胡克家所撰《考异》十卷；但其所据以为底本的尤刻本是一个屡经修补的后印本。比较胡刻本与尤刻本的初印本，尤刻本多两篇跋与《李善与五臣同异》；文字也有所不同，有尤刻本误而胡刻本改正的，也有尤刻本不误而胡刻本误改的。第三，说明此尤刻本虽有少数版面不够清晰，尤其是《李善与五臣同异》屡经后人修描，恐非原貌，但还是比其他版本的错误要少。①

　　1977年，中华书局影印清嘉庆十四年胡克家刻李善注《文选》。其《出版说明》，首先，介绍《文选》的内容主旨："《文选》是我国现存的编选最早的一部文学总集，共收录了周代至六朝七八百年间一百三十个知名作者和少数佚名作者的作品七百余首，各种文体的主要代表作大致具备。"② 说明六朝时期各种文体相当完备，形式、辞藻、音律日益讲究，"文学"观念日益明晰，而《文选》在其间是起了一定作用的。其次，介绍李善注、五臣注的情况，李善注与五臣注的合刻本（即"六臣注"），到李善注又经人从合刻本中辑录出来成为今天的《文选》李善注本。再次，论述本次选择影印胡刻本的理由。《文选》李善注本现存最早刻本为宋尤袤刻本，经过比较鉴别，胡刻本较好，理由一是胡克家改正了尤刻本明显的错误多达七百余处，而且这七百多处尚不包括胡克家所著《考异》中指出的错误；理由二是胡著《考异》价值远远超过了尤袤所著的《李善与五臣同异》。虽然胡刻本也有不足，如新增了一些错误，但大多是由于原本字迹模糊或残缺造成的。最后，简介本次影印所做的其他工作：断句；将见于《考异》的文字以△标出；描修字迹不清或残缺的地方；对于尤刻本重要异文做校记；编制篇名索引、著者索引。胡刻本较尤刻本精善，且本次影印又施行了断句、异文校

---

① 详程毅中、白化文《略谈李善注〈文选〉的尤刻本》，《文物》1976年第11期。
② （梁）萧统编，（唐）李善注：《文选》，中华书局1977年版，"出版说明"第1页。

等富有学术含量的工作，足以说明影印胡刻本对《文选》学及相关学术研究的推动作用。

第六节　辑佚融考校辨伪为一体

新中国前三十年的古籍辑佚，总体上较之以往更为精准。虽然作为辑佚专书出版的数量不算很多，但品类不少。辑佚方法的进步，体现在材料来源较丰富，辑佚考辨较充分，编排亦比较合理。

一　辑佚材料丰富

本期的辑佚工作除继承前人的方法，多利用类书如《北堂书钞》《艺文类聚》《册府元龟》《太平御览》《永乐大典》，以及诗文总集和相关别集如《文选》《文苑英华》《乐府诗集》等，不断拓宽辑佚材料的来源。如《魏书》脱讹较多，清人卢文弨据《通典》辑得《乐志》佚文16字。20世纪30年代陈垣据《册府元龟》辑补《乐志》佚文289字，《魏书·乐志》方成全帙。唐长孺校点《魏书》时，"于无疑处有疑"，勤加考索，从《册府元龟》中辑补《礼志》四"所不服"至"会司空自为先帝所"325字，辑补《刑罚志》"决从真卖"至"唯买者无罪文然"317字，最为学界称道。[①] 再如徐宗元为晋初皇甫谧《帝王世纪》所作的《帝王世纪辑存》，除辑录《史记》《汉书》《路史》《元和郡县图志》《长安志》等史书中相关材料，还广泛搜辑《十三经注疏》等经部文献，又利用类书《太平御览》《白孔六帖》等，亦不忽略《文选》《唐文粹》《乐府诗集》等诗文总集中的相关材料。

---

① 关于《刑罚志》辑补佚文的"发明者"，徐俊有考证："然而从现存档案看，至少《刑罚志》的缺叶是负责通校《册府》的王永兴先生发现的。"参见徐俊《〈魏书〉及"北朝四史"的点校与修订》，《翠微却顾集——中华书局与现代学术文化》，中华书局2021年版，第388—413页。

《全宋词》辑佚来源，作者自列引用书目，共十四类（537部）。除词丛编（19部）、词别集（33部）、词总集（59部）、词话类（15部）、词谱类（12部）等词类专门资料外，还有史部（63部）、子部（118部）、话本小说类（10部）、类书类（11部）、释道类（16部）、别集类（128部）、总集类（22部）、诗文评类（21部）、曲类（10部）等文献中的相关资料。又如逯钦立《先秦汉魏晋南北朝诗》则合汇编与辑佚于一炉，"诗之散见于史子、方志、金石、碑帖、汉简者。概加辑录"①，引用书目近三百种，远远超过明人冯惟讷的《诗纪》和近人丁福保的《全汉三国晋南北朝诗》。

这时期的辑佚，除了广泛采辑传世文献中的材料，还注重出土文献以及留存海外的汉籍文献，如新出土汉简中的《风雨诗》，敦煌石室《老子化胡经》的玄歌，流传在日本的《文馆词林》残卷中的诗篇等，都为逯钦立《先秦汉魏晋南北朝诗》所收采。

二 考校辨伪深入

辑佚的前提是尽可能保证所收佚文准确无误，因此考订、辨伪和校勘不可或缺。辑佚作为古籍整理的一种方式，融入了这三种方法，这个时期辑佚的进步，正在于较好地运用了考订、辨伪和校勘三者合一的方法，而不是简单地所缺即录。

（一）校正讹误

由于诸多原因，造成所辑佚的材料文字有讹误，需要校勘。如钱南扬《宋元戏文辑佚》辑《金鼠银猫李宝》一戏的戏文，对"李宝"做校勘如下：

---

① 逯钦立辑校：《先秦汉魏晋南北朝诗》，中华书局1983年版，上册，"凡例"第4页。全书辑校、整理工作始于1940年，至1964年完成。

"李宝"，"宝"，原作"贤"。案：他书俱作"宝"，无作"贤"者，"贤"乃"宝"之形误。又如《正始山麻客》第一支题"李实"，"实"也是"宝"的形误。①

广搜文献，细做比勘，考订出人名本应作"宝"，并指明"宝"讹作"贤"的原因：系字形相近致误。再列举另一类似因形近致误的例子。

（二）校录异文

前人引书，多据文意称引或节略称引，故文字与所引原书不尽相同，然往往无正误之分。今人在校录的同时，会对这类多书引用同一条材料的异文予以足够的重视。本时期古籍整理著作，无论是在校勘方面还是在辑佚方面，对这些同书异文或异书同文的情况，都做了充分的考校和利用。对文字相同的，将不同出处附注于正文之下，这样有助于帮助读者判断佚文的可信程度。如《帝王世纪·自皇古至五帝第一》载："舜弹五弦之琴，歌南风之诗曰：'南风之薰兮，可以解吾民之愠兮；南风之时兮，可以阜吾民之财兮。'"出自《事类赋注》卷一一。《帝王世纪辑存》于其后列举三种不同的引文：

> 《初学记》卷一引云："舜弹五弦琴，歌南风诗曰：'南风之薰兮，可以解吾民之愠兮。'"《御览》卷九引云："舜弹五弦琴，歌南风曰：'南风之薰兮，可以解吾人之愠兮。'"《事类赋注》卷二引云："舜弹五弦琴，歌曰：'南风之薰兮，可以解吾民之愠兮。'"②

此三种引文与第一处有详略之分，尤其《事类赋注》卷二、卷

---

① 钱南扬辑录：《宋元戏文辑佚》，上海古典文学出版社 1956 年版，第 92 页。
② 徐宗元辑：《帝王世纪辑存》，中华书局 1964 年版，第 46 页。

一一两次征引此文段，均一一列示，提供给读者最为详尽的信息。

又如《帝王世纪·周第四》载："季历之妃生文王昌，身长十尺。"出自《初学记》卷一九。《帝王世纪辑存》于其后说："案：《御览》卷三百七十七引同。"① 文字全同，出处不同，一并提供给读者，无须再行翻检。

（三）考订真伪

辑得材料之后，还要考辨真伪，以免误收。关于考辨工作，可以举逯钦立《先秦汉魏晋南北朝诗》为例，虽然该书是汇编之书，非严格意义上的辑佚之作，但该书正是在明冯惟讷辑《诗纪》、近人丁福保辑《全汉三国晋南北朝诗》两书基础上辑补而成。对于考订辑录，逯钦立在该书《后记》中说：

> 对本书诗歌，我们进行了多方面的考订工作。诸如辨证真伪（如证明苏、李诗非前汉苏武、李陵所作而为后汉人所作等），考明作者（如考明谢灵运《折杨柳行》第一首乃曹丕作等），确定时代（如证明《琴操》诸歌多为后汉琴工所作等），订正题目（如改正陆云《从事中郎张彦明为中护军》题目等），分合篇目（如古辞《步出夏门行》与《陇西行》合为一首，应璩《年命在桑榆》一诗分为二篇等），剖析体裁（如论定刘邦《鸿鹄歌》表面为四言实际是楚歌体等），等等。通过这些工作，我们能够把《真诰》的依托诗歌编入晋代，把张君祖、庚僧渊的酬答作品列诸典午，能够把《老子化胡经》的玄歌次之北魏，把陆云、鲍照等文集的窜误改正过来。②

《先秦汉魏晋南北朝诗》所做的考辨工作主要有五方面：

---

① 徐宗元辑：《帝王世纪辑存》，中华书局 1964 年版，第 81 页。
② 逯钦立辑校：《先秦汉魏晋南北朝诗》，中华书局 1983 年版，下册，"后记"第 2790 页。

（一）辨证诗作真伪；（二）考订作者有关情况；（三）确定写作时代；（四）妥善处理篇目的分合；（五）明确是否是诗歌体裁。如此，大大提高了该书的学术价值。如关于苏武、李陵的一组别诗，前人多有怀疑，冯惟讷、丁福保仍然认为是苏、李的作品，将之收录在前汉卷。逯钦立从内容题旨和修辞用语等方面分析，断定为后汉文士所作，在前汉卷内仅收录《汉书》本传所载"径万里兮度沙漠"歌一首，其余《李陵录别诗》二十一首全归入后汉卷。

《全宋词》对宋人词作的考订，比前人进步许多。其中，对词人生卒年代、姓名字号、生平经历、词作归属等多有考订，误者正之，缺者补之，大大提升了这一宋词总集的价值。① 词人生卒年代，前人考订多有失误，如清朱彝尊《词综》，将晏几道列于张先（990—1078）、柳永之前，显然有误。柳永，景祐元年（1034）年进士，可以推断其与张先为同时代人。晏几道为晏殊（991—1055）幼子，比张先、柳永晚很多。据此，《全宋词》将其重新排序。

三　编排体例合理

对古籍的辑佚，多数的情况下，非一时一处可以完成，往往旷日持久，辑得的材料亦往往杂乱无序，所以在稽考辑佚材料无误后，要按一定体例编定。本时期古籍整理著作所涉辑佚部分，能够做到编排合理。它们在有原书可以依据的情况下，即按原书体例编排，如《帝王世纪辑存》，依原书编排，共有十卷：自皇古至五帝第一、夏第二、殷商第三、周第四、列国第五、秦第六、汉第七、魏第八、星野及历代垦田户口数第九、余存第十。

对前代之书编排体例不尽合理，则制定新的、相对科学的体例。如逯钦立所辑校《先秦汉魏晋南北朝诗》即在冯、丁二书基础上重新制定编排体例。不同于《诗纪》分前集、正集、外集、别集，《全汉三

---

① 唐圭璋编：《全宋词》，中华书局1965年版，第1册，"凡例"第11—14页。

国晋南北朝诗》各代以帝王宗室居首，《先秦汉魏晋南北朝诗》严格按作者卒年先后编排。"这样做不仅能显示同期作家之间的联系和影响，也易于比较不同的诗风和流派，为文学发展史的研究提供了方便。"①

还有较特殊的一类，所辑材料非专为某一部散佚之书，对这些所辑材料当依一定之规编排。如《宋元戏文辑佚》，作者辑录戏文多种，并按照戏文的特殊体裁，设计出合适的编排体例。其首列戏文，并标出处；次考戏文本事；最后是唱词，并于唱词后或标注演唱者，或概述唱词内容，或提示演唱背景，等等。

首先，标明出处，间有考订。如《三负心陈叔文》戏文之下标注：

> 《永乐大典》卷一三九七六，戏文十二；《南词叙录》"宋元旧篇"著录，作《陈叔万三负心》。案："万"字误，"书生负心"散套云："叔文玩月谋害兰英。"各谱征引也都作"叔文"，没有作"叔万"的。或者因"文"、"万"双声，音近而误；或者由"文"一误作"万"，再误作"萬"，形近而误。②

交代戏曲《三负心陈叔文》收录于《永乐大典》；此戏曲在《南词叙录》一书中亦有著录，不过《南词叙录》著录本戏曲名称有异。作者判定该异名有误，举戏曲文字为内证，其他曲谱为旁证；并考订致误的缘由。

其次，略述本事。如《吕洞宾三醉岳阳楼》本事见《元曲选·马致远〈吕洞宾三醉岳阳楼〉》，基本事迹如下：

> 吕洞宾在蟠桃会上，见岳州有青气，必有神仙出现，就扮做

---

① 逯钦立辑校：《先秦汉魏晋南北朝诗》，中华书局1983年版，上册，"出版说明"第3页。
② 钱南扬辑录：《宋元戏文辑佚》，上海古典文学出版社1956年版，第1页。

卖墨先生，前去访问。在岳阳楼饮酒，与柳树精、梅花精相遇。吕洞宾因它们土木形骸，难成仙道，令柳托生岳阳楼下卖酒的郭家为男，名为郭马儿；令梅往贺家托生为女，名为贺腊梅；二人结为夫妇。三十年后，郭马儿夫妇在岳阳楼下，初开茶坊，后改酒店。吕洞宾三度前来点化，夫妇两人同登仙路云。①

概述戏曲所叙故事，于故事的起因、故事中的人物关系交代较为详细。唯故事的中心情节，即戏曲的重点所演内容一句带过。可见作者的精心安排：详戏曲所略，略戏曲所详，二者互为补充。

最后，辑录唱词。先统计此戏辑得的佚曲支数，再一一列出唱词，并于唱词后，或概述唱词内容，揭示演唱者心境，如在辑录【南吕过曲】【针线箱】唱词"怎教奴自寻别伴……"后，辑录者说："此兰英唱，牵挂叔文之辞。"② 或说明演唱时间，提示演唱背景，如在辑录【仙吕过曲】【掉角儿序】唱词"自前日令孩儿送回……"后，辑录者说："此某氏父唱，在妻子失踪，双方涉讼时。"③

第七节　古籍索引的不断发展

新中国前三十年在古籍索引的编制上，虽不如当年哈佛燕京引得编纂处成果那么集中，数量不算太多，但特色鲜明，价值突出，在古籍整理与研究上起到了重要的辅助作用，在编制方法上也有可借鉴之处。

一　索引类型丰富

这个时期校点整理出版的重要古籍，即便是单品种图书，也多备

① 钱南扬辑录：《宋元戏文辑佚》，上海古典文学出版社1956年版，第61页。
② 钱南扬辑录：《宋元戏文辑佚》，上海古典文学出版社1956年版，第2页。
③ 钱南扬辑录：《宋元戏文辑佚》，上海古典文学出版社1956年版，第58页。

有索引，有的附于卷末，有的另册单行，如《史记人名索引》（钟华编，中华书局 1977 年版）、《晋书人名索引》（张忱石编，中华书局 1977 年版）、《全宋词》所附《作者索引》 （中华书局 1965 年版）等。

影印出版古籍，亦多编制了索引，如《全上古三代秦汉三国六朝文》所附《全上古三代秦汉三国六朝文作者索引》（中华书局编，中华书局 1958 年版），《文苑英华》所附《作者姓名索引》（中华书局 1966 年版），这些索引在作者姓名下列所收作品篇题，故亦起到篇名索引的作用。

本时期的众多古籍索引，按检索对象和检索功用的不同，其类型主要可分为三种，专名索引、字句索引与主题索引。本时期整理出版的古籍，专名索引最多，包括人名索引、著者索引、篇名索引、书名索引、专书资料索引、地名索引。

（一）人名索引

人名索引，有专为一部书编制的，如《史记人名索引》。该书以姓名或曾用称谓作主条，其他称谓如字、号、封号、谥号、绰号等别名、别称附注于后，主条后附注的所有别名、别称一律作为参见条，以便于用各种名称进行检索。

人名索引中有一类专题人名索引。有为一部书编制的，如《唐人行第录》所附《索引》（岑仲勉编，中华上编所 1962 年版），即便于考索唐人的排行及与官职连带相称关系的查检；有为同类书编制的，如《宋元方志传记索引》（朱士嘉编，中华上编所 1963 年版），即便于今人利用早期方志中的人物传记资料的查检。

人名索引中还有较特别的一类——别名索引，如《中国历代书画篆刻家字号索引》（商承祚编，人民美术出版社 1960 年版），上下两册提供两种不同的检索方法：上册从其字号，可检索其姓名、籍贯、年代、技能及相关信息，如生卒、出身、任职、父子、师友等；下册从其姓名，可检索其字号。

（二）著者索引

著者索引，为诗文总集编制的如《全上古三代秦汉三国六朝文》
附《作者索引》（中华书局编，中华书局 1958 年版）、《文选》附
《作者索引》（中华书局 1977 年影印胡克家刻本）；为书目编制的如
《中国丛书综录》之《子目著者索引》（上海图书馆编，中华上编所
1959—1962 年版）、《四库全书总目》附《著者姓名索引》（中华书
局编，中华书局 1965 年版）。

（三）书名索引

书名索引，其间主要有《四库全书总目》附《书名索引》、《中
国丛书综录》之《丛书书名索引》《子目书名索引》（上海图书馆
编，中华上编所 1959—1962 年版）、《敦煌遗书总目索引》（商务印
书馆编，商务印书馆 1962 年版）等。另有《同书异名通检》（杜信
孚编，江苏人民出版社 1962 年版），专收同一书而有异名者，书目凡
四千余条，为解决古书名实混淆问题提供了有益工具。

（四）篇名索引

本时期篇名索引的编著很多，有专为一部书编制的，如《文选》
附《篇名索引》（中华书局 1977 年影印胡克家刻本）。

更多是为专题编制的篇名索引，如《清代碑传文通检》（陈乃乾
编，中华书局 1959 年版），收列清代碑传文有关文集 1025 种。分列
碑传主姓名、字号、籍贯、生卒年及碑传文作者与所载书名、卷数。
凡明朝人卒于崇祯十七年（1644）后，以及现代人生于宣统三年
（1911）前者，只要有碑传材料的，皆予以收入。另，1957 年商务印
书馆出版了《石刻题跋索引》（杨殿珣编）的增订本。

《中国古典文学评论资料索引》《中国古典文学评论资料索引
（续编）》（福建师范学院中文系中国古典文学教研组、资料室编，福
建人民教育出版社 1960 年版、1961 年版），分别收录 1949—1959 年、
1960—1961 年 6 月国内主要报刊发表的有关古典文学评论资料。《中
国古典文学研究论文索引》（中国科学院等编，中华书局 1964 年起

陆续出版），收录中国 1949 年以来发表的古典文学论文。《中国史学论文索引（第一编）》（中国科学院历史研究所资料室、北京大学历史系合编，中华书局 1957 年版），收录 1900—1937 年出版的 1300 余种刊物的论文 3 万余篇，并分类编排。

（五）词牌名称及专书资料索引

自唐、宋以来，词调与代俱增，其中同调异名、同名异调益多而易混，1958 年中华书局出版了吴藕汀编的《词名索引》。编者自万树《词律》、康熙《钦定词谱》和历代诸家词集中辑得词牌名称 1824 种，编成索引。每种词牌下，注明正名和异称，并标明出处，略述其创调原委。索引按词牌首字笔画多寡排列。

专书资料索引如《史记研究的资料和论文索引》（中国科学院历史研究所编，科学出版社 1957 年版），为专门收录关于司马迁和《史记》的著述目录索引，分 10 类。

（六）地名索引

地名索引，如《两种海道针经》附《两种海道针经地名索引》（向达编，中华书局 1961 年版）、《行水金鉴续行水金鉴分类索引》（南京水利实验处编，1955 年版）等。

特别值得说明的是，《中国丛书综录》的《子目著者索引》《丛书书名索引》《子目书名索引》，既可检索丛书书名，也可检索子目书名，还可检索子目著者，堪称多角度交叉索引的典范。

二 条目恰当，检索便捷

这个时期的索引编制，在条目的立目与分合上更为恰当。由于古人除姓名之外，还有别名、别号、别称、室名等称谓，同一部书有的也有多个书名，故确定索引条目时除列主条外，有的还需列出参见条。如《史记人名索引》以姓名或曾用称谓作主条，其他称谓如字号别称等，附注于后，如"韩信（齐王、楚王、淮阴侯）"，韩信是主条，主条之后附注的所有异称，一律作为参见条，如《史记人名索引》中"齐王　见韩信""楚王　见韩信""淮阴侯　见韩信"。《中国丛书综录》所收录之《新阳赵氏丛书》，一名《高斋丛刻》，《丛书书名索引》中两个书名均可检索。

当然，索引条目的立目与分合，不仅是技术问题，有时也需要考证辨别。如数人同姓名或同称谓问题，有的区分度高容易分辨，像韩信，《史记》中有两个，皆主要活动于西汉初年，一是西汉开国功臣、"汉初三杰"之一的韩信（卷九二《淮阴侯列传》），一是韩襄王后裔、汉初异姓诸侯王的韩信（卷九三《韩信卢绾列传》），《史记人名索引》对这两个韩信分别立目。

有的信息不明晰，非经一番考索，极易混淆。如《史记》中"公孙固"出现五次，第一次，卷一四载："及如荀卿、孟子、公孙固、韩非之徒，各往往捃摭《春秋》之文以著书，不可胜纪。"① 第二次，卷一四载："（宋成公）十七年，公孙固杀成公。"② 第三次，卷三八载："（宋成公）十七年，成公卒。成公弟御杀太子及大司马公孙固而自立为君。"③ 第四次，卷三九载："宋司马公孙固善于咎犯。"④ 第五次，卷三九载："宋公孙固如晋告急。"⑤ 对此，可初步判断，有两个公孙固，第一次记载的是著书立说者，后四次记载的是杀宋成公者（或为宋成公弟所杀）。到底是一个人还是两个人，不可骤下结论。

查考《史记》三家注，于第一次"韩非"后《史记索隐》载："荀况、孟轲、韩非皆著书，自称'子'。宋有公孙固，无所述。此固，齐人韩固，传《诗》者。"⑥ 于第三次"成公卒"后《史记正义》载："年表云公孙固杀成公。"于"公孙固"后《史记正义》

① （汉）司马迁：《史记》卷14《十二诸侯年表》，中华书局1959年版，第510页。
② （汉）司马迁：《史记》卷14《十二诸侯年表》，中华书局1959年版，第603页。
③ （汉）司马迁：《史记》卷38《宋微子世家》，中华书局1959年版，第1627页。
④ （汉）司马迁：《史记》卷39《晋世家》，中华书局1959年版，第1658—1659页。
⑤ （汉）司马迁：《史记》卷39《晋世家》，中华书局1959年版，第1663页。
⑥ （汉）司马迁：《史记》卷14《十二诸侯年表》，中华书局1959年版，第511页。

载："《世本》云：'宋庄公孙名固，为大司马。'"① 据此，可得出结论，确有两公孙固，一是齐人，又名韩固，治《诗经》；一是宋人，宋国公室，为大司马，曾杀宋成公。《史记人名索引》分列两条目，立所当立。②

民国时期索引不少用中国字庋撷检索法，这种检索法不便于一般读者使用。新中国前三十年较多使用笔画检字法、拼音检字法、四角号码检字法，笔画检字法尤其简便实用。一般使用四角号码检字法的同时，配备笔画检字、拼音检字，以方便不熟悉四角号码法者使用，如《中国丛书综录》的《子目著者索引》《子目书名索引》，均以四角号码为序编排，附以《索引字头笔画检字》《索引字头拼音检字》，极大地方便了使用者。

---

① （汉）司马迁：《史记》卷38《宋微子世家》，中华书局1959年版，第1628页。
② 《汉书·艺文志》载"《公孙固》一篇"，其后注："十八章。齐闵王失国，问之，固因为陈古今成败也。"（《汉书》卷30《艺文志》，中华书局1962年版，第1725页）齐闵（湣）王于公元前300—前284年在位，宋成公于公元前636—前620年在位。若此公孙固即《史记》中著书立说的公孙固，那么这两位公孙固不仅国别不同，且前后相距3世纪之久。

第 五 章
古文献学的发展及队伍建设

中国的传世古籍，浩如烟海，汗牛充栋；整理古籍，研究古籍，需要一代一代学人持续不断的努力。在历代文献整理的过程中，古人积累了许多整理典籍文献的经验、思想和方法，也形成了校雠学的学问。民国时期，不少学者提出了建立文献学的主张和构想。新中国成立后，经过几年的古籍整理工作实践，齐燕铭等有识之士深感要做好这项工作，除要充分发挥老专家的作用外，还要抓紧建设古文献学科，并通过学科培养新生力量，组成完整的专业队伍，从而使这项事业后续有人，长盛不衰。

第一节　北京大学古典文献专业的建立

随着社会对古籍整理需求的增大，古籍整理专业人才越来越显得缺乏，在党和政府提出要重视培养古籍整理人才，而文科教育和研究又常常被忽视被削弱的现实中，怎样培养高质量的人才，越来越成为重要和迫切的问题。北京大学古典文献专业正是在这样的背景下建立。

一　提议与建立

1958 年 1 月 21 日，齐燕铭就"关于古籍整理和出版工作加强全面规划"，向中共中央宣传部的报告中强调："古籍的整理是一件长期的工作。……在三十年后，培养出五百个乃至一千个程度不同古籍整理的专门人材是有必要的。"并提出将与高教部协商，在北京大学设置古文献专业学科。

1958 年 2 月 7 日，中共中央宣传部在"加强我国古籍整理出版工作的报告"中，提出全国古籍整理出版规划小组的三项主要任务，一是方针，二是规划，三是人才。明确提出要"拟定培养整理古籍人才的方案"①。全国古籍整理出版规划小组成立后，人才培养问题即被提上议事日程。随着古籍整理出版任务的加重，作为古籍专业出版社和全国古籍整理出版规划小组的依托单位，中华书局尤其感到专业人才特别是青年人才的紧缺。为此，齐燕铭、金灿然和时任北京大学副校长的翦伯赞经过商议，筹划在北京大学设置古典文献专业的具体方案。之后又多次邀集有关专家学者就此事进行磋商。

1959 年秋天，在国家科委主任聂荣臻和高教部部长杨秀峰等人的支持下，由齐燕铭、翦伯赞、金灿然报中宣部、高教部批准，北京大学中文系古典文献学专业开始招生。这是中国高等教育第一个新型的培养古文献学人才的专业。

翦伯赞就该专业的设置专门在《光明日报》发表了《从北大古典文献专业谈到古籍整理问题》，文章开头即确定这个专业的名称，"北京大学今年新设了一个专业，名曰'古典文献专业'"，接着说明设置这个专业的目的"是培养整理中国文化遗产的人材，主要的是整理中国古典文学、史学、哲学方面的文献"；强调"整理古典文献要有人，要有一定数量的专人来做这种工作"，"应该培养一个整理古典文献的队伍。队伍的大小，可以研究，但不能没有这样一个队伍"。这里把古籍整理队伍的组建，提到了极其重要的事业不可或缺的高度。文中针对当时社会上对古文献整理工作的不同认识，做了三

---

① 《齐燕铭关于古籍整理和出版工作加强领导全面规划问题给中央宣传部的报告》（1 月 21 日），《中华人民共和国出版史料 1957—1958 年》，中国书籍出版社 2004 年版，第 336—341 页。

点重要说明："第一个问题：整理古典文献和厚今薄古的方针有没有矛盾。"文章认为没有矛盾，"问题不在于古典文献的本身；而是在于整理古典文献的人的观点和方法"。古典文献是客观存在，但由于整理工作者本人的目的、态度和方法的不同，它就表现出不同的功用。"第二个问题：整理古典文献是不是一种没有思想性的纯技术工作。"文章认为："可以肯定地说，整理古典文献不是什么纯技术工作，而是一种非常细致的思想工作。它的任务不仅是标点断句、拾遗补缺，还有校勘、注释、辑佚、序跋等工作，在这些工作中都可以加进整理者的思想意识和观点。"这些工作环节都建立在整理者对古文献所进行的科学研究的基础上，反映了整理者的理解和考证工作所达到的深度、广度以及科学性的程度。"第三个问题：整理古典文献，算不算科学研究工作。"文章明确指出："真正的古典文献的整理工作，本身就是一种科学研究工作，因为所谓古典文献整理，是要在古典文献上进行科学加工。……而且在这种研究工作中，来不得一点'不求甚解'。就以标点断句而论，如果'不求甚解'，就断不了句。"

翦伯赞在文中还强调，"由于古典文献的整理是一种科学研究，它就需要具备一些必需的专门知识"，"要具备历史知识，没有历史知识，就不能弄清古书的时代背景。要具备目录学的知识，没有目录学的知识就不能弄清古书的源流"。"还要有文学史、哲学史的知识……有一些其他的知识"，如版本、校勘和古文字知识等。最后总结说："现在北大设置的这个'古典文献专业'正是为了把整理古典文献工作变成科学。"①

翦伯赞的这篇文章发表于 1959 年 7 月 19 日的《光明日报》，当时正是大学招生的前夕，这篇文章不仅是对考生所做的报考说明，更是就该专业的目的、意义、要求及古籍整理与建设社会主义文化的关系所做

---

① 翦伯赞：《从北大古典文献专业谈到古籍整理问题》，《史学理念》，重庆出版社 2001 年版，第 59—64 页。

的精辟论述，同时也是间接对当时存在的那种否定优秀传统文化、抹杀古籍整理价值的极"左"思潮的拨反。历史证明，翦伯赞对古文献专业和古籍整理工作的认知，无论是当时、现在和未来都是正确的。

两天后，吴晗发表《北京大学古典文献专业招生志喜》一文，认为北大古典文献专业即将招考新生，这是学术界的一件大事、一件喜事，因此，特别著文祝贺参加这支红色队伍的"新兵"。他勉励这些"新兵"，要"从旧事物中创造新的东西，使旧书为今人服务，使古代经验为今天的建设服务"。文章也讨论了古籍整理算不算科学研究的问题，结论是肯定的。他说："比如一部《资治通鉴》，一部'二十四史'很难读，目前读过的人也不是很多。经过我们的努力，使这些书成为大多数人的读物，普及了历史知识，普及了文化，这样的工作不算科学研究工作，又算什么呢？"持论平实而有力。他认为这支队伍并不需要太多的人，但总要有一定数量的人参加。他希望"有志于古典文献整理工作的年轻朋友们，盍兴乎来"[1]。同时，上海《文汇报》等报刊也发表了相应的文章和消息，一时间颇有南北呼应之势。[2]

该专业于 1959 年暑假如期招生，许多青年怀着兴奋的心情报考，但因限于名额，只录取了三十名新生。次年又开始招收研究生。

二　教学方案与授课教师

北京大学古典文献专业学制原定为五年，后改为四年。课程包括文学、历史、哲学各方面的内容。

当时拟订的教学方案中，课程分为三大类：

（一）共同政治理论课。

（二）专业课。

（1）一般基础课——现代汉语、古代汉语、外语（日语）、写

---

① 吴晗：《北京大学古典文献专业招生志喜》，《中国青年报》1959 年 7 月 21 日。
② 陈太伦：《为什么要设古典文献专业》，《文汇报》1959 年 7 月 20 日。

作、中国通史、中国文学史、中国哲学史等。

（2）专业基础课——古籍整理概论、中国文字学、中国音韵学、训诂学、目录学及实习、版本学及实习、校勘学及实习、工具书使用及编纂法、古籍整理史等。

（3）专书讲读课——《诗经》《楚辞》《论语》《孟子》《左传》《史记》《淮南子》等。

（4）专题课——汉语史、目录学史、中国古代文化史、国外汉学研究等。

（三）古籍整理综合实习、专题研究、撰写毕业论文等。

这个方案以现代教育科学体系为基础，又吸收了中国传统的文史研究方面的治学方法，具有这样几个特点：一是注重学生文字、音韵、训诂，目录、版本、校勘功底的培训。二是重视学习古籍原著，让学生通过阅读、研习《诗经》《楚辞》《论语》《孟子》《左传》《史记》这些基本典籍，从而能够准确地领会中华优秀传统文化的精髓。三是重视"中国通史""中国文学史""中国哲学史"的教学，在打好专业基础的同时，扩大学生的知识面，增强他们的学术贯通能力。四是重视古籍整理实践能力，教学方案中的第三部分"古籍整理综合实习"，就是在学期中安排学生（数人）校点一部古书，以训练学生的动手能力，从而尽早地让他们掌握整理古籍和编辑书稿的本领。五是尽量地掌握一门外语，当时除俄语、英语外，古文献专业鼓励学生选学日语。

这个教学方案，充分地体现了古文献专业的学科特色，勾勒了古文献学专业教学的新体系，十分切合当时培养古籍整理和出版人才的目标，适应了国家的需求，并且在以后的几十年中仍然具有引领和指导作用。制定这些以中华传统文化为主的教学课程，在当时是冒着一定的政治风险的。

北京大学任命魏建功兼任古典文献教研室主任，吴竞存为秘书，1962 年又任命阴法鲁为副主任。该专业设置在北大中文系，但实际上北大历史系、哲学系也参与合办。专业教师除由北大中文系调派外，并邀请校内外专家兼任教学工作，中华书局也组织或介绍专家前来讲课。教研室初建时只有五人，除魏建功外，教员刘学锴、侯忠义、卓清钦和秘书吴竞存都是二十几岁的年轻人。

为了提高这些青年教师的业务素质，魏建功给他们每周讲一次《说文解字》，还请王重民等来给他们补目录学课。开学以后，金灿然亲自前来"蹲点"，许多名家耆宿也来授课，如游国恩的中国文学史、王力的古汉语、林焘与朱德熙的现代汉语、冯友兰的中国哲学史资料学、邓广铭的宋辽史、王重民的中国目录学、陆宗达的说文解字研究等。顾颉刚、吴晗、唐兰、俞平伯、老舍、商承祚、侯仁之、马宗霍、宋云彬、启功等或来讲课或作专题讲演，十分热情又极其郑重地向该专业的学生传授知识，并开拓他们的视野。[①] 该专业举办《中国古代文化史》讲座多次，除本专业教师外，还邀请了校内外的其他一些专家，如刘国钧、向达、宿白、任继愈、聂崇岐、张政烺、史树青、柴德赓等讲课。应邀为《国外汉学研究》讲座讲课的，有周一良、王重民、张铁弦等。[②] 所以，该专业成立初期，虽然编制上的专任教师只有魏建功、阴法鲁、裘锡圭、吴竞存、向乃旦等八人，但教学活动却开展得风生水起，卓有成效。

齐燕铭、吴晗、金灿然等十分关心古典文献专业的教学工作，先后来校做学术报告，并和师生座谈，推动了教学和科研工作。中华书局为该专业调拨了大批图书资料，又让专业老师到中国书店的书库挑选用书，书款统由书局结算。此后，书局每出一种新书，都寄赠该专业图书室。书局还为该专业教师备课、学生实习提供条件。在书局大力支持下，古典文献教研室组织了一些古籍整理实践活动。无数事例

---

① 魏至：《君子以果行育德——记魏建功先生的治学与为人》，张世林编《学林往事》，朝华出版社 2000 年版，中册，第 813 页。

② 阴法鲁：《北京大学古典文献专业的建立与中华书局》，中华书局编辑部编《回忆中华书局》（下编），中华书局 1987 年版，第 109—110 页。

说明，北大古典文献专业从创办到发展，都倾注了齐燕铭、金灿然等人的心血。

1964 年，该专业第一届本科学生毕业，他们掌握了文史哲多方面的基本知识，具备了阅读、整理、研究古籍以及批判继承文化遗产的基本能力，也有较高的文字表达能力。这届毕业生分配到中华书局工作的有十二人。此后，历届毕业生中都有分配到中华书局工作的。①

三 从停课到恢复招生

1966 年 6 月 13 日，中共中央和国务院发出通知《改革高等学校招考办法》，"为了彻底搞好文化大革命"，决定"高等学校和高中"停课闹革命。该通知说"决定一九六六年高等学校招收新生工作推迟半年进行"②，通知的起草者甚至决策者恐怕连自己都没想到这一"推迟"不是半年，而是整整五年！

北京大学古典文献专业和全国高校各个专业一样，自 1966 年"文革"开始，教学工作就全部停止，其后几年一直内斗不断，动荡不已。66 届毕业生被推迟至 1968 年 7 月方毕业离校分配，到接收单位后，大多数人又被安排去解放军农场"劳动锻炼"。

1970 年 6 月 27 日，中共中央批转《北京大学、清华大学关于招生（试点）的请示报告》，决定废除考试制度，"实行群众推荐、领导批准、学校复审相结合的办法"，招收工农兵学员，并决定在以上

---

① 根据《中华书局百年大事记（1912—2011）》（中华书局 2012 年版，第 189、190、194 页）记载，北京大学中文系古典文献专业首届毕业生冯惠民、马蓉、梁运华、刘尚荣、包遵信、魏连科、张忱石、沈锡麟、楼志伟、黄先义（葵）、孟庆锡等 12 人于 1964 年 8 月分配到中华书局；第二届毕业生于世明、杨辉君、吴树平、罗毅、黄筠、杨锦海、王宝垫、俞曾元、关立勋、董校昌、黄占山 11 人于 1965 年 8 月分配到中华书局；因"文革"爆发，第三届毕业生王国轩、王秀梅、安冠英、任雪芳、许逸民、何英芳、李元凯、杨牧之、姚景安、凌毅、崔文印、熊国祯 12 人迟至 1968 年 7 月才分配到中华书局，又于次年 1 月按上级安排去山东胶县解放军某部农场劳动锻炼。

② 《彻底搞好文化革命，彻底改革教育制度》，《人民日报》1966 年 6 月 18 日第 1 版。

两校进行试点。文件确定工农兵学员的任务是"上大学、管大学、用毛泽东思想改造大学"（简称"上、管、改"）。这一年，北大古典文献专业未招生。1971 年也未招生。1972 年，在社会有识之士再三呼吁之下，该专业才恢复招生。恢复后的古典文献专业根据当时的形势和要求，对培养目标、招生办法、课程设置、教学内容和方法进行了研究和安排。确定该专业为隔年招生，每届 20 余人，学制缩减为三年。教学中，虽然绝大多数师生都希望学生能多掌握些真才实学，多保持些本专业的特色，但限于当时的条件，该专业那几届的教学和环境都不可避免地受到了"批林批孔""评法批儒""评《水浒》，批宋江""批邓反击右倾翻案风"的影响。1972 年，专业刚恢复时，曾就课程设置事，请教郭沫若并请他来讲学。他回信对专业课程安排表示满意，并谦逊地表示，如果开设古文字学课程，他希望能来听课。①

　　1976 年"四人帮"被粉碎之后，特别是 1978 年党的十一届三中全会以后，古典文献专业才随着整个教育科学文化事业的迅速发展得以恢复。学制改回四年；专业原有的和历年增加的中青年教师已在实践中成长起来，承担起专业的大部分课程。课程设置和内容，在1959 年教学方案的基础上，适当地调整更新，教学工作得到领导同志的关心和指导及学术界的重视。自 1976 年至 1978 年，游国恩任古典文献教研室主任。

四　学科特色

　　通过考察北京大学古典文献专业与当时普通高校中文、历史、哲学等系科的课程设置，我们可以清晰地比较它们之间的异同。

　　其中，相同之处：一是都有政治理论课，教材亦无甚区别；二是

---

　　①　阴法鲁：《北京大学古典文献专业的建立与中华书局》，中华书局编辑部编《回忆中华书局》（下编），中华书局 1987 年版，第 110 页。

专业课都分一般基础课和专业基础课；三是在一般基础课中，与中文系一样都有现代汉语、古代汉语、外语、写作、中国文学史，与历史系一样都有中国通史，与哲学系一样都有中国哲学史；四是都要写毕业论文。不同之处：古典文献专业的专业基础课中，汉语言文字方面的文字学、音韵学、训诂学；古文献学方面的目录学、版本学、校勘学、古籍整理概论、工具书使用及编纂法；古文献专书的《诗经》《楚辞》《论语》《孟子》《左传》《史记》《淮南子》等；专题课中的汉语史、目录学史、中国古代文化史、国外汉学研究；基本技能训练方面的古籍整理综合实习等课程，都为文、史、哲诸系所无。另外，中文系不开中国通史、中国哲学史，历史系不开中国文学史、中国哲学史；哲学系不开中国文学史、中国通史，而这些在各系不开的课在古典文献专业都是要教授的。

综此，古典文献专业与文、史、哲诸系课程设置上最大的不同在专业课及专书、专题课，该专业有大小 20 余门课为文、史、哲三系所未设，还有重在古籍整理基本技能训练的古书校点实习，这在所有人文学科院系教学中更是绝无仅有。

总结北京大学古典文献专业教、学两方面的情况，可以归纳为 4 句话 12 个字，就是：夯得实，能动手，多学科，宽视野。

夯得实，就是打好专业基础。首先是让学生明白自己的"专业"所在，即古籍整理的目的是什么，要做什么，怎么去做——这是"古籍整理概论"所要解决的。其次是要具备本专业必须掌握的知识和技能，像文字、音韵、训诂。搞古籍整理，必须识字（包括字的古体、异体、通假、避讳等）；必须懂音，了解音义的关系；必须掌握训诂知识，了解古人训诂的路径、方法，能看懂古书，进而会对古书标点。还必须具备目录、版本、校勘知识和技能。目录学是涉古之学基础的基础，搞古籍整理的人必须知道古代的书，知道得越多越好，还要知道古籍的类别，了解经史子集各类内部的关系和各类之间的关系及各书之间的关系。版本学是整理古籍的基础之学，要掌握古籍版本知识的要领，尽量地多看实物，能大体上了解各种版本的特点，要努力掌握你所要整理或研究的古书的版本源流、版本优劣，不要求你都能鉴别，但不要在常识上闹笑话。校勘学同样是古籍整理的基础之学，通过对校勘学的学习，要让学生掌握校勘的方法，正确地考订古书中的文字、篇章异同，求得原文真相。最后是会使用工具书，能借助工具书解决整理与研究中的一般疑难问题。这样的专业基础课设置在当时高校文科涉古专业中是仅有的。它纠正了涉古文科对基础知识重视不够的现象，新中国成立以来各个高校涉古文科（文、史、哲）中没有开设目录、版本、校勘课的，除中文系外，也没有开设文字、音韵、训诂课的，从这样院系培养出来的文科生，如果从事古籍整理必然先天不足；即使不从事古籍整理，要想在文史研究上取得大的成就，后天不加大努力，也会比较困难。从这个专业走出来的学生，谈起他们当年打基础的情形，都深感受益终身。

能动手，简单说就是能点书、校书、注书和编书，也就是具有整理古籍或处理古籍书稿的才干和技能。强调的是实践能力，就是交给你一部古书，你能阅读理解，能准确标点，遇到困难，知道怎么去查书、查资料，解决那些疑难杂症；能把古书中需要注的内容注释好，还能把一些古文翻译成规范的现代汉语。古典文献专业有一门很重要的课，就是"古籍整理综合实习"，要求学生在毕业前校点一部古书或其中的一部分。

多学科，就是不止是学中文系的课，也不止是学历史系、哲学系的课。这个专业的专业课，几乎涵盖了文、史、哲所有涉古内容，没有因为该专业放在中文系，就局限于古典文学的文献，其实，目录、版本、校勘，文字、音韵、训诂，在中国传统学术中，绝不仅是中文学科才学的，它们被称为小学或入门之学，是文史研究的基础学问。该专业的基础课除三史（中国通史、中国文学史、中国哲学史）并重外，还开设了中国古代文化史课和专书课。中国古代文化史课，主要针对中国通史、中国文学史、中国哲学史课不讲而本专业学生必须要掌握的古代文化知识。专书课的学习都是中华传统文化的经典作品，涵盖了经、史、子、集各部。这样设置正是从古籍整理实际出发。古籍包罗万象，文学、历史、哲学诸学科无所不在，即使作为个人的著作，虽有侧重，但也绝不限于某一学科，书中可能会涉及文、史、哲乃至天文、地理、教育、文化、风俗等多种内容，古籍的多样性和某部书中内容的多样性，决定了古籍整理单凭现代学科中某一专业知识是难以胜任的。北京大学古典文献专业的多学科教学正很好地解决了这一问题。

宽视野，就是要具备宽广的学术视野和不断求索的精神。这从该专业中国古代文化史、国外汉学研究等专题课的安排、专书讲读课中经史子集的全覆盖以及日语的选修，可看出端倪。宽广的学术视野，是融入当代科学文明的需要，是学科发展的必然，中华传统文化的深层次研究，古籍整理项目的深度发掘，对海外汉籍的搜索和研究，都离不开对国外汉学的交流和学习，离不开对国际学术规范的借鉴和吸收。

综上所述，北京大学古典文献专业不同于其他高校中文系或历史系或哲学系等学科的涉古专业，也不同于老北大国学系 1937 年短暂存在的"整理国故"学科；它既不是无锡国专的翻版，更不是清代姚鼐办的江宁书院、阮元办的诂经精舍和王先谦讲学的南菁书院的简单提升。当代古籍整理实践证明，北京大学古典文献专业是既具有现代教育科学理念，又具有中国传统文化优良传统的新型学科专业。该专业的建立，是 20 世纪中国古籍整理事业和教育事业的一件大事。它适应了当时古籍整理人才培养和古文献学科发展的需要，不仅培养了一批古籍整理、研究和出版的优秀人才，而且初步形成了古文献学科新型的教学体系，为该学科的发展做出了重要的开拓性贡献。

第二节 人才任用与队伍建设

新中国古籍工作经历了从起步、新变到逐渐发展的过程。在这个过程中，中国古籍工作者和古文献学研究者也在主、客观两方面经历了嬗变和提高，专业人才数量从少到多，队伍从无到有，古籍成果也在这个过程中展示了初步繁荣。这中间，充分体现了党和政府对专业人才的重视和广大古籍整理专家学者与时俱进的奉献。

一　重视与关心

新中国成立后，党和政府对古籍工作和专业人才的任用、培养十分重视。1954 年 3 月 1 日，时任出版总署副署长陈克寒在致习仲勋并中央宣传部的信中强调"为了保存与整理中国文化遗产"，要"团结一部分学术研究者"，并陈述古籍出版社"今年初成立时以 100 人计……将来发展以 400 人计"①，同时还考虑并计算了加入古籍出版社的工作者所需要的办公用房和宿舍用房。

1954 年 12 月 10 日，文化部党组向中央宣传部的请示报告中，提议成立古籍出版委员会："鉴于此项工作对学术研究工作有密切关系，必须吸收各方有关专家参加，以收集思广益之效。"②

新中国成立初期，从事古籍整理和古文献方面研究的人多是民国时代的学者，如陈垣、余嘉锡、杨树达、刘文典、孙人和、顾颉刚、邓之诚、王伯祥、王欣夫、刘永济、刘颐、徐森玉、赵万里等。他们所做的古籍项目主要是他们浸润多年的旧稿，而且年事已高，有些则相继去世。正是基于对这些老专家的高度重视，有关方面做了大量工作。如北京师范大学党委让留校工作的刘乃和担任陈垣助手；聘任余嘉锡为中科院语言研究所专门委员，并在其逝世后出版了他的《四库提要辨证》；聘任杨树达为中科院语言研究所学术委员并拟调来京工作，又很快出版了他的《积微居金文说》等著作；刘文典被评为

---

① 《陈克寒关于建立古籍与汉文字典编辑机构致习仲勋并中央宣传部的信》，《中华人民共和国出版史料 1954 年》，中国书籍出版社 1999 年版，第 135—137 页。
② 《文化部党组关于重印古籍及近代、现代学术著作向中央宣传部的请示报告》，《中华人民共和国出版史料 1954 年》，中国书籍出版社 1999 年版，第 601 页。

一级教授，云南大学又为其安排助手，协助其撰写《杜甫年谱》《王子安集注》和《群书校补》；顾颉刚被聘任为中科院历史研究所研究员，调来北京，主持《资治通鉴》校点，1971年周恩来总理在批示恢复"二十四史"点校工作时还特别注明："由顾颉刚先生总其成。"① 王伯祥、徐调孚、陈乃乾也都先后因其业务专长调来北京。

随着古籍整理"已经提到我们工作日程上来了"，"人力配备不足"等问题也日益显现，有关方面遂提出："担任整理古书工作的人，必须兼备丰富的古书知识和一定的政治水平，既会断句读，又会使用新式标点，而最重要的是能够考订注释，加以批判。"所以要求"出版者必须善于组织专家学者，给予尊重和方便，使他们能够安心乐意地来担任这种工作"，强调要"培养出一批对古书有研究的新生力量"②。当时是1956年初夏，《光明日报》的社论透露着对古籍整理工作者的尊重和温暖。

其后，各个高校经历了院系调整、思想改造和反"右"斗争，文科格局有了很大改变，已很难在专业平台、教学内容、研究项目、队伍建设上对正在起步中的古籍整理事业有所支撑，对目录、版本、校勘等涉及古文献学的研究多数也只存在于学者个体行为中。随着古籍出版社的设立、中华书局的业务调整，特别是全国古籍整理出版规划小组的成立、古籍规划的实施，古籍整理出版任务日益增加，对专业人才的需求和队伍的建设，已显得十分迫切了。

1958年2月7日，中央宣传部就古籍整理出版工作向中央报告，报告中提出要制定"培养整理古籍人才的方案"，并在附件中汇报了调查情况："现在全国从事古籍出版的编辑人员，全部只有50余人，而明代参加修《永乐大典》的就有2100余人……相形之下，我们显得太少了。"并分析指出，"目前能够胜任整理古籍工作的"人不多，

---

① 周恩来：《对出版〈二十四史〉、〈清史稿〉问题的批示》，《周恩来文化文选》，中央文献出版社1998年版，第368页。

② 《光明日报》社论：《重视整理、重印古书的工作》，《光明日报》1956年6月13日。

希望"现在研究机关、高等学校中"的专家能"担负整理古籍的"
任务，甚至"在一定时间内借调个别人力完成某项特定的工作等"，
"即使右派分子，如有真才实学，只要不判刑，也可以监督使用"。
最后提出："古籍的整理是一件长期的工作。按照中国具体情况，在
三十年后，培养出五百个乃至一千个程度不同古籍整理的专门人材是
有必要的。"① 正是有上级的这样精神，才有后来的宋云彬以"右派"
之身从浙江调来北京，在中华书局专门从事《史记》及其他各史的
点校、编辑工作，也才有金灿然"人弃我取"用人方略的实施。

二　"人弃我取，乘时进用"

新中国前三十年，承担古籍整理和出版的人员，主要集中在高校
和出版社，前者从事整理与研究，后者主要从事项目策划、编辑、校
对和印刷，有的资深编辑也承担古籍整理任务。专业做古籍整理的出
版机构，主要是中华书局、中华书局上海编辑所和人民文学出版社古
典文学编辑室。当时的专业队伍比较老化，正如李侃所说的，"刚到
书局，给我一个突出的印象，就是老年人太多。……一眼望去，不是
秃头顶、长胡须，就是驼背腰。青年人简直寥寥可数。再就是南方
人、特别是江、浙人多"②。不过老辈学人谙熟坟典，精通旧学，承
继乾嘉风范，于古籍整理比较驾轻就熟，他们在当时特别是在新中国
成立初期所起的作用不能低估，如孙人和，③ 作为老一辈文史专家，

---

① 《齐燕铭关于古籍整理和出版工作加强领导全面规划问题给中央宣传部的报告》（1月21
日），《中华人民共和国出版史料1957—1958年》，中国书籍出版社2004年版，第338、341页。
② 李侃：《回忆灿然同志》，中华书局编辑部编《回忆中华书局》（下编），中华书局1987
年版，第195页。李侃（1922—2010），1958年调入中华书局，曾任中华书局总编辑。
③ 孙人和（1894—1966），字蜀丞，江苏盐城人。北京大学文学系毕业。曾在中国大学、
辅仁大学、北京师范大学、北京大学等多所大学任教，为中央文史馆馆员。1958年任中华书局
古代史组编辑，第一届古籍整理出版规划小组哲学组成员。曾为书局内员工业务学习班讲授音韵
学、校勘学等。撰有《墨子举正》《韩非子举正》《吕氏春秋举正》《鹖冠子举正》《论衡举正》
《三国志辨证》《抱朴子校补》《阳春集校证》《人物志举正》《宁渳斋读书志》《左盦漫录》《唐
宋词选》《花外集》等。

他在中华书局，不仅是编辑，还是书局业务上的顾问和年轻编辑的导师，在古籍整理出版上起着重要的"传、帮、带"作用。如何利用这些老学者的才学，恰是古籍整理事业要认真考虑的问题，当时的领导人如齐燕铭、金灿然在这方面是做得很好的。

全国古籍整理出版规划小组成立后，中华书局作为全国唯一的专业古籍出版社和古籍小组的办事机构，齐燕铭、金灿然从落实古籍整理出版规划和充实、培养编辑干部两个方面，来加强中华书局的业务建设和组织建设。先后调来了曾任全国教育工会副主席、任过之江大学大夏大学历史系教授的萧项平和曾任《解放日报》副总编辑的丁树奇担任副总编辑；调曾任高等教育出版社副社长的梁涛然担任副总经理，曾任人民教育出版社总编辑的巩绍英也调来参加书局的领导工作。中层干部也有很大充实，李侃、赵守俨1958年调入书局；1962年，文化部又任命张政烺为副总编辑。在后来的改革开放时期，他们分别担任了中华书局总编辑和副总编辑。

齐燕铭、金灿然都十分重视古籍整理人才。在1958年2月古籍整理出版规划小组会上，齐燕铭提出："现在，古籍出版方面的人才还没有完全动员起来，还有遗材。"他要求"注意吸收各方面的人才"。① 金灿然在齐燕铭的支持下，竭力网罗人才，向有关领导提出"人弃我取，乘时进用"的意见，陆续调进一批确有真才实学而当时被错划为"右派分子"或被错定为"内控对象"或作为"白旗"被批判而离开原单位的专家学者，如马宗霍、孙人和、宋云彬、马非百、傅振伦、杨伯峻、李庚序和当时年轻的傅璇琮、沈玉成、褚斌杰，又从社会上聘用了失去公职的"遗材"王仲闻、戴文葆、石继昌、王文锦等，参加古籍整理出版工作。这样加上来自原古籍出版社和已在书局的徐调孚、张静庐、章锡琛、丁晓先、陈乃乾、卢文迪、曾次亮、童第德、姚振华、郝光炎、吴翊如等，连同陆续补充进来的

---

① 傅璇琮：《齐燕铭同志与古籍整理出版》，《古籍整理出版情况简报》1995年第3期。

青年编辑，一时群英汇聚，名家云集，形成了一支富有学术积累及出版经验的专家队伍，① 使中华书局成为新中国古籍整理出版的重要基地。

这支队伍中，大多数人都因为所谓"政治问题"或"历史问题"被列入另类，按照当时"正常"的生存法则，他们不可能被任用，更别说重用了，像他们中的宋云彬、王仲闻等，这不能不感叹齐燕铭、金灿然的识人和胆略，没有"人弃我取，乘时任用"的举措，当时不可能在中华书局组织起这样一支优秀的专业队伍，并发挥重要作用。

这个时期古籍整理实践和大量成果的取得，证明了齐燕铭、金灿然"人弃我取，乘时进用"做法的正确，但他们却因此在"文革"中被斥为"招降纳叛""任用牛鬼蛇神"，遭到残酷的批斗。

在培养干部上，金灿然积极提倡边干边学，不仅要求编辑干部钻研业务，也要求政工干部和行政干部学习文化，学习有关古籍整理出版业务知识，不断提高工作水平。他提出编辑要关心学术动向，随时注意和了解这门学科有哪些人在研究，有哪些新的研究课题或哪些新的观点。② 这使当时的中华书局充满了浓厚的学术气氛，形成了令人心情舒畅的工作环境。正是在这种氛围和环境中，方能在短短的几年里出版了那么丰硕的成果。

当时"南中华"（即中华书局上海编辑所）专业人才实力也不容小觑，领导班子中除主任金兆梓，因兼任上海文史研究馆馆长，不常坐班外，其他三位副主任李俊民、陈白平、戚铭渠都是有资历的出版家，实际主持工作的李俊民更是出色领导者和古籍出版专家。

当时所内有"四大编审"：裘柱常、吕贞白、刘拜山、于在春，其中吕贞白为文史大家，刘拜山负责《中华文史论丛》，人称不署名

---

① 中华书局编辑部编：《中华书局百年大事记（1912—2011）》，中华书局 2012 年版，第175 页。

② 俞筱尧：《金灿然与古籍整理出版工作》，《古籍整理出版情况简报》2000 年第 12 期。

的主编。编辑中先后在册的还有汪原放、胡道静、钱伯城、王勉、金性尧、何满子、陈振鹏、周劭、周楞伽、朱金城、富寿荪，特约编审有瞿蜕园、谭正璧（兼）。1957 年，钱伯城、王勉、何满子等被打为"右派"，何满子、王勉、陈邦炎、沈善均还被开除遣散（1977 年后归队）。① 这样的专业班子，加上沪上高校涉古专业的雄厚实力，自然把当时的古籍整理出版做得风生水起，出版了钱仲联《韩昌黎诗系年集释》、邓广铭《稼轩词编年笺注》、胡道静《梦溪笔谈新证》、陈奇猷《韩非子集释》等高质量的古籍整理之作，承担了《中华活页文选》《中国古典文学作品选读》《中国古典文学基础知识丛书》及后来《中国古典文学丛书》的编刊。

三　以项目凝聚队伍

大的古籍整理项目，靠一人之力是很难完成的，往往需要组织多人去完成，明代的《永乐大典》、清代的《四库全书》《皇清经解》《续皇清经解》、民国时的《四部丛刊》《四部备要》及洪业主持的引得编纂，无不如此。新中国大型古籍整理项目的编纂，更显示了协调、组织队伍这方面的优势与特色。

一个大项目的启动，首先需要制定好该项目的内容框架并选好项目负责人（现在亦称首席专家），继之由项目负责人确定该项目的内容、体例、要求和具体人选，再会同具体人选商定各个子项目的运作。组织起队伍，凝集学科相近的人才，还能发现或培养年轻力量。新中国前三十年的古籍工作有不少这样的成功经验，例如：中华上编所组织编刊的《中华活页文选》，人民文学出版社组织、由复旦大学中文系教授郭绍虞主编的《中国古典文学理论批评专著选辑》，中华书局组织、中科院历史研究所研究员向达牵头编纂的

---

① 黄晓峰、石伟杰：《高克勤谈上海古籍出版社的老编辑》，《东方早报·上海书评》2016年 10 月 23 日。

《中外交通史籍丛刊》等大型古籍整理项目等。向达本人校注有《蛮书》《西洋番国志》《郑和航海图》等。还有始于向达整理研究，后成于季羡林等众位专家，前后二十多年方出版问世的《大唐西域记校注》。

大项目中，最著名的还是"二十四史"及《清史稿》的点校。先后参加点校的人员，包括12所大学、中科院及后来的中国社科院的5个研究所并出版社编辑部等20多个单位的专业人员，经过多年实践，既出了成果，又出了人才，培养了队伍。如本卷第三章所说，《汉书》最初是安排西北大学历史系点校，之所以选西北大学历史系，主要是因为该系教授陈直是《史》《汉》研究专家，曾经写过《史记新证》和《汉书新证》，因此希望由他负责并组织力量完成点校。两《唐书》最初希望由中山大学历史系承担，就是因为该系有唐史大家陈寅恪及其弟子刘节教授；两《五代史》之所以聘请刘乃和、柴德赓教授点校，也是因为可借重陈垣先生的指导及北师大历史系的力量；《明史》则明确由南开大学明清史研究室承担，郑天挺教授负责。在"二十四史"及《清史稿》点校工程的锤炼和项目主持者的带领下，有关高校逐渐形成了古籍整理和研究的专业队伍，如南开大学创建了明清史研究室，山东大学和武汉大学历史系分别成为魏晋南北朝、隋唐史研究的重镇，各自都形成了一支学风严谨、成果显著的团队。

1971年后，根据当时上级的决定，新旧《唐书》、新旧《五代史》和《宋史》点校未竟工作，移交上海人民出版社组织承担，由复旦大学负责《旧唐书》《旧五代史》的点校，华东师范大学负责《新唐书》《新五代史》的点校，上海师范大学和上海社科院历史所负责《宋史》的点校。各单位都很重视，先后参加的人也比较多，几乎将文、史、哲等系所可以从事点校工作的人员都找过来了。也做了很多重要的工作，如复旦大学校点小组为《旧唐书》的点校，就做了相当扎实的长编，并达到很高的学术水准。① 虽然由于当时"文革"的政治环境，点校的组织工作和业务工作都存在一些不足，但上述"五史"的点校对这几所高校等单位的学术研究特别是古籍整理工作产生了不小的影响，其中一些参与者后来都成为文史研究及古籍整理领域的专家。

另外，像《甲骨文合集》和《中国历史地图集》这两个重大项目，也是组织专业人员多年潜心编纂，从而在两书主编郭沫若（实际主持工作的是胡厚宣）、谭其骧的周围分别形成了一支古文字研究和历史地理研究的高水平的专家队伍。

其中《甲骨文合集》的编纂就很有代表性。甲骨文自 1899 年开始发现，至今已有 120 余年。关于甲骨文的整理与研究工作，可以分为三个阶段。1949 年前的五十年是一个阶段，新中国前三十年又是一个阶段，1979 年至今是第三个阶段。早在 1956 年文化部向中宣部提交的报告中，就将《甲骨文合集》的编纂作为一个重点项目列入其中。② "1959 年中国科学历史研究所接受了这一任务，研究所先邀请全国有关领导同志和一些知名的甲骨文专家，组成了以郭沫若同志为主任委员的编辑委员会，后来又请郭老担任《甲骨文合集》的主编。在研究所内的先秦史研究室成立了《甲骨文合集》编辑工作组"，让胡厚宣"负责组织同志们一道从事《甲骨文合集》具体的编辑工作。工作于 1961 年 4 月正式开始进行"。经过二十年的努力，

① 《上海十四史校点情况（节选）》，《书品》2012 年第 3 辑。另据陈允吉口述《上海参与点校本二十四史整理的往事》（《文汇学人》2015 年 8 月 14 日），先后参加《旧唐书》《旧五代史》点校的有复旦大学中文系的吴文祺、朱东润、胡裕树、张世禄、王运熙、许宝华、刘季高、陈允吉、徐鹏、顾易生、章培恒、周斌武、丁锡根等，历史系及史地所的谭其骧、徐连杰、苏乾英、吴应寿、王天良、邹逸麟、王文楚等，哲学系有陈守实等；参加《新唐书》《新五代史》点校的有华东师范大学的徐震堮、李国钧、戴家祥、金祖孟、赵善诒等；参加《宋史》点校的有上海师范大学的程应镠、张家驹、罗君惕、裴汝诚等和上海社科院历史所方诗铭、汤志钧、刘修明、臧荣炳等。

② 《文化部党组关于我国古籍出版工作规划的请示报告》（5 月 15 日），《中华人民共和国出版史料1956 年》，中国书籍出版社 2001 年版，第 94—96 页。

《合集》13 册由中华书局自 1978 年至 1982 年相继出版，荣获第一届国家图书奖荣誉奖。在《合集》编纂的同时，"这一阶段的研究工作，除了继续深入甲骨学的一些重点问题之外，还特别涌现出一批运用马列主义的科学观点，从甲骨文字，结合田野考古，来研究商代历史上的生产发展、阶级斗争和社会性质等方面的一些论著。新出现的作家，将近 100 人，单是国内的著作，就有将近 400 种。如果加上国外已发表的著作和尚未发表的学位论文等等，根据一位外籍专家的统计，那就可能达到 1000 种左右了"①。

即使一些不太大的项目，也因为组织得力，不仅收获了优秀的成果，还凝集成精干的研究队伍，如中科院哲学研究所中国哲学史组和北京大学哲学系中国哲学史教研室合作编的《中国哲学史资料简编》（先秦至近代）、中科院文学研究所编的《唐诗选》等。其参与者，除当时已经是著名学者的张岱年、任继愈、何其芳、余冠英等，其余的人中不少后来都成为各自领域的学术翘楚。

---

① 胡厚宣：《〈甲骨文合集〉编辑的缘起和经过》，中华书局编辑部编《守正出新：中华书局》，中华书局 2008 年版，第 20 页。

第 六 章
古文献学研究的成就

古文献学，是研究古文献的产生、发展、整理和利用的学科，传统意义上以目录学、版本学、校勘学为主体，广涉古文献的源流、特点、整理、利用等多个方面。中华人民共和国前三十年的古文献学科发展，上承清代、民国的文献学进步，下启改革开放后古文献学的繁荣，和古籍整理一样，走出了一条曲折前行、渐进发展的主线。古籍整理需要古文献学的指导和规范；古籍整理实践又不断提升对古文献学及其分支学科的认知，并逐渐形成新的归纳和总结，其中校勘学、古籍注释学取得的成就较为突出。北京大学古典文献专业的设立，培养了古文献学科人才，促进了学科建设，推动了古文献学科的发展。这个时期，虽然对传统文史哲学科重视不够，目录、版本、校勘之学已不见于高校讲坛，但一些院校、教师仍然以史料学、资料讲义、文史常识等名义向学生传授这方面的知识和技能，从而使传统文脉不绝如缕。一些学者为之先后相继，做出了宝贵的贡献，如陈垣、余嘉锡、杨树达、王欣夫，还有徐森玉、赵万里、王重民、周予同、张舜徽、周祖谟，以及点校"二十四史"及《清史稿》的专家学者。

第一节　古籍目录学的研究成果

目录学为传统治学之重要门径，老辈文史学人于此多具备扎实的功底。他们早在民国时期即对目录校勘之学有着精深的研究，新中国成立后，一批长期积累的成果得以集结问世，① 如余嘉锡《四库提要辨证》《目录学发微》，王重民的《敦煌古籍叙录》《中国目录学史》等。

一　古籍目录学论著

（一）余嘉锡《目录学发微》

余嘉锡（1883—1955），字季豫，湖南常德人，近现代著名目录学家、古文献学家、历史学家。幼承家学，17 岁时即开始研读《四库提要》。曾任教于北京大学、辅仁大学，并任辅仁大学国文系主任。生前任中国科学院语言研究所专门委员。有《四库提要辨证》《古书通例》《世说新语笺注》《余嘉锡论学杂著》等传世。《目录学发微》是作者于 20 世纪三四十年代在北京各大学教授目录学的讲义，1963 年始由中华书局据其增订稿正式出版。

《目录学发微》从理论上对古籍目录学著作的优良传统进行系统阐发，还对目录书籍发展源流及其得失利弊做了详尽论述。全书四卷，共分十章，卷一论述目录学的意义、功用；卷二论述目录学的体制，分"篇目""叙录""小序"和"版本序跋"；卷三论述目录学源流，分"周至三国""晋至隋""唐至清"三个阶段；卷四论述目录类例的沿革。

作者首先对目录、目录之学进行释名正义。"目谓篇目，录则合篇目及叙言之也。"叙言，亦即书、篇的意旨。② 认为"目录之学，由来尚矣！"萌芽于《诗》《书》之序，完备于刘向、刘歆奉诏校书、撰成《七略》《别录》之时，历来"治学之士，无不先窥目录以为津逮，较其他学术，尤为重要"，而目录学的意义，就在于章学诚所说

---

① 这种问世，有的是正式出版，有的是作为讲义刊印。
② 余嘉锡：《目录学发微》卷 1，《目录学发微　古书通例》，上海古籍出版社 2014 年版，第 16、21 页。

的"辨章学术，考镜源流"①。

作者将历史上的目录之书分为三类，一类是部类之后有小序，书名之下有解题，如《文献通考·经籍考》《四库提要》等；另一类是有小序而无解题，如《汉志》《隋志》等；还有一类是小序、解题都没有，只有书名，如唐、宋、明史的《艺文志》。这三类体制虽异，但意义、功用皆同，一是可明作者的著书意旨，"览录而知旨，观目而悉词"②；二是可知该书的本末，并知晓其与今本之真伪异同；三是据以利用，做好文献的校勘、考订工作。他十分重视目录之书的序和解题的功用，认为书目没有序和解题而能有益于学术的，恐怕只有郑樵的《通志·艺文略》和张之洞的《书目答问》；而《通志》的《校雠略》，《书目答问》的《略例》，详分类例，指导门径，其功用比单独的书目解题更有学术价值。

作者还引例着重论述了目录学的具体功用："一曰，以目录著录之有无，断书之真伪"；"二曰，用目录书考古书篇目之分合"；"三曰，以目录书著录之部次，定古书之性质"；"四曰，因目录访求阙佚"；"五曰，以目录考亡佚之书"；"六曰，以目录书所载姓名卷数，考古书之真伪"③。这些都是深谙此道的经验之谈。

在讲明目录学意义和功用时，他特别指出："吾国学术，素乏系统，且不注意于工具之述作，各家类然，而以目录为尤甚。故自来有目录之学，有目录之书，而无治目录学之书。"④ 这里，余氏指出的问题，不仅是传统目录学研究的短项，也是整个古文献研究存在的问题。

---

① 余嘉锡：《目录学发微》卷1，《目录学发微　古书通例》，上海古籍出版社2014年版，第3页。

② 余嘉锡：《目录学发微》卷1，《目录学发微　古书通例》，上海古籍出版社2014年版，第7页。

③ 余嘉锡：《目录学发微》卷1，《目录学发微　古书通例》，上海古籍出版社2014年版，第12—14页。

④ 余嘉锡：《目录学发微》卷1，《目录学发微　古书通例》，上海古籍出版社2014年版，第3页。

该书卷二讲目录书的体制，也就是体例。余氏认为："目录者学术之史也。综其体制，大要有三：一曰篇目，所以考一书之源流；二曰叙录，所以考一人之源流；三曰小序，所以考一家之源流。"① 三者之要，都在于辨章学术。

目录书体制一是篇目。篇目之体，是条别全书，记一篇之要，如《论语》之《学而》《为政》，《尔雅》之《释诂》《释言》等。作者认为书目列著篇名的作用，一是可知原书篇目的真伪；二是可窥原书文中之大意，如《庄子》之《逍遥游》《齐物论》；三是可探亡佚古书的某些内容，或有补于辑佚。

目录书体制二是叙录。叙录之体，源于书叙。"汉、魏、六朝人所作书叙，多叙其人平生之事迹及其学问得力之所在"，"作叙之法略如列传"。② 正是在这个意义上，余氏认为"目录者学术之史也"。不过，这种可作为学术史观之的"叙录"，考之"古今目录书，能与此义完全相同者盖寡"③。

余氏认为："叙录"考述的重点是作者之行事、作者之时代、作者之学术。考作者的行事，既要了解已有传记的内容，又要做好附录、补传、辨误的考订，要重视作者的"学术性情"。考作者的时代，既要考察作者及其著作存在的时代，明确其生卒和著书年月，对不明作者或不明撰著时间的，要利用书中的引用和后人的著述，"参互推定"；并叙其仕履与时代的关系，做到知人论世，从而与"辨章学术，考镜源流，乃有所凭借，而得以着手"④。考作者的

---

① 余嘉锡：《目录学发微》卷2，《目录学发微　古书通例》，上海古籍出版社2014年版，第25页。

② 余嘉锡：《目录学发微》卷2，《目录学发微　古书通例》，上海古籍出版社2014年版，第34页。

③ 余嘉锡：《目录学发微》卷2，《目录学发微　古书通例》，上海古籍出版社2014年版，第35页。

④ 余嘉锡：《目录学发微》卷2，《目录学发微　古书通例》，上海古籍出版社2014年版，第44页。

学术，就是要通过研究，"以定其书之善否"——"此在目录中最居重要，较之成一家之言者尤难，非博通古今，明于著作之体，好学深思，心知其意者不能办"①。这里，余氏更征引典籍中的有力证据，强调考论前人的学术短长，要辨以公心，论以平心，实事求是，力避蹈空之论。

目录书体制三是小序。"小序之体，所以辨章学术之得失也。"②余氏介绍了小序的流变及公私书目有无小序之得失。他指出："计现存书目，有小序者，《汉志》、《隋志》、《崇文总目》、《四库提要》四家而已，而《崇文总目》尚未足为重轻。"③余氏肯定了"《四库提要》之总叙小序，考证论辨，可谓精矣"；并进一步分析，"大抵经部最精，实能言学术升降之所以然，于汉、宋门户分析亦详"。同时也指出《四库提要》小序存在的不足，史、子、集三部的提要，"于古人著作之意发明较少。又往往不考本末，率尔立论"；"其分类变更成法，亦有得有失。最误者莫如合名墨纵横于杂家，使《汉志》诸子九流十家顿亡其三"④。余氏于《四库提要》考证积五十年之心血，凡此皆精邃独到之见。

因宋以后目录书尚有记版本者，故余氏又立"版本序跋"为目录体制之四。校书必备众本，自汉已然；然自古迄今，众本有存有亡，而版本序跋正是著录一书众本、各本存亡异同的重要载体。余氏条举历代书目于版本序跋的流变，肯定了马端临《文献通考·经籍考》、朱彝尊《经义考》、谢启昆《小学考》、张金吾《爱日精庐藏

---

① 余嘉锡：《目录学发微》卷2，《目录学发微　古书通例》，上海古籍出版社2014年版，第44—45页。
② 余嘉锡：《目录学发微》卷2，《目录学发微　古书通例》，上海古籍出版社2014年版，第49页。
③ 余嘉锡：《目录学发微》卷2，《目录学发微　古书通例》，上海古籍出版社2014年版，第53—54页。
④ 余嘉锡：《目录学发微》卷2，《目录学发微　古书通例》，上海古籍出版社2014年版，第60页。

书志》、阮元《天一阁书志》、孙诒让《温州经籍志》等目录书在版
本序跋上的建树。

　　该书卷三是目录源流考，从先秦到清末。

　　余氏认为目录学之作当始于《易·十翼》之《序卦传》，还有
《诗》《书》之序，所以推论出"校书之职，不始于刘向"，因为
《汉志·兵书略》记载，汉高祖、汉武帝皆尝校理兵书。"故余谓官
校书籍自高祖时始，班《志》言之甚明"，"则校书之事，在西汉时
几于累朝举行，以为常典"。①

　　余氏以公私书目及相关史籍为依据，记述了各朝图书搜求、庋藏
之重大事件，论介了历代目录学之要籍，充分肯定了两汉、隋唐和宋
代对目录之学的贡献。认为明朝做得不够："今欲窥有明一代之储
藏，惟此二书而已"，而《文渊阁书目》《内阁藏书目录》二书都有
明显的缺陷。② 对清朝目录学他也不满意，认为："惜乎于四库失收
之书，未能续加搜求，随时编目，持较唐、宋之屡次修纂者，犹不能
无愧色耳。"③

　　该书卷四讲目录类例的沿革。首先是总论类例，认为"类例"
的实际源起很早，《诗》《书》之序、《七略》之叙略中即类例之类
的文字，而"类例"作为专有名称，其第一次出现是《隋书·许善
心传》："善心放阮孝绪《七录》更制《七林》，各为总叙，冠于篇
首。又于部录之下，明作者之意，区分其类例焉。"④ 接着他引用郑
樵《通志·校雠略》中的《编书必谨类例论》，强调了类例的重要
性："学之不专者，为书之不明也，书之不明者，为类例之不分也。"

---

　　① 余嘉锡：《目录学发微》卷3，《目录学发微　古书通例》，上海古籍出版社2014年版，
第70—73页。

　　② 余嘉锡：《目录学发微》卷3，《目录学发微　古书通例》，上海古籍出版社2014年版，
第108页。

　　③ 余嘉锡：《目录学发微》卷3，《目录学发微　古书通例》，上海古籍出版社2014年版，
第108页。

　　④ （唐）魏徵等：《隋书》卷58《许善心传》，中华书局1973年版，第1427页。

"类例既分，学术自明，以其先后本末具在。"① 又以《七略》六百零三家、一万三千二百一十九卷，而依类分属为六略三十八种的例子，说明了类例在目录学中的作用。

总论类例后，作者又依次分别论述了《七略》、汉魏时之四部、荀勖四部、经史子集四部、王俭《七志》、阮孝绪《七录》、《隋志》四部，强调"部类之分合，随宜而定。书之多寡及性质既变，则部类亦随之而变。"②

全书最后总论目录学的沿革。他认为："合而观之，七略之变而为四部，不过因史传之加多而分之于《春秋》，因诸子、兵书、数术、方技之渐少而合之为一部，出数术、方技则为五，益之以佛、道则为七，还数术、方技则为六，并佛、道则复为四，分合之故，大抵在诸子一部。互相祖述，各有因革。虽似歧出枝分，实则同条共贯也。"③ 并进而提出："可见经史子集，非一成不易之法矣""必谓四部之法不可变，甚且欲返之于《七略》，无源而强祖之以为源，非流而强纳之以为流，甚非所以'辨章学术，考镜源流'也。"④ 这里，余嘉锡先生通过对历代目录学流变的科学全面的考察，对传统目录学进行了理性的分析，强调了目录学因时而异的学术规律，充分体现了对传统目录学的深刻理解和发展创新的学术思想。

书末附《古今书目分部异同表》，于目录学讲解和应用都有着重要价值，有"纲举而目张，执简而驭繁"的效果。

---

① 余嘉锡：《目录学发微》卷4，《目录学发微　古书通例》，上海古籍出版社2014年版，第111页。

② 余嘉锡：《目录学发微》卷4，《目录学发微　古书通例》，上海古籍出版社2014年版，第125页。

③ 余嘉锡：《目录学发微》卷4，《目录学发微　古书通例》，上海古籍出版社2014年版，第131页。

④ 余嘉锡：《目录学发微》卷4，《目录学发微　古书通例》，上海古籍出版社2014年版，第132页。

（二）王重民《中国目录学史》

1962 年，王重民为北京大学古典文献专业学生讲授"中国目录学史"课程，这是讲义稿。讲义稿只写到宋末元初，后与其他论文合编为《中国目录学史论丛》。该书于 1984 年方得以出版。该稿分三章，第一章论述先秦至西汉末年中国目录学发生、发展和系统目录学的建成；第二章论述中古前期，即西汉末年至隋末时期目录学的进一步发展；第三章论述中古后期，即唐初至宋末元初时期目录学的发展和繁荣。各章分节不等，第一章四节，第二章六节，第三章九节。

作者于全篇开始，即明确提出："中国是世界文明发达最早的国家之一"，"有丰富的文化典籍……在一千九百多年前（即公元前第一世纪的末年）又建成了第一部系统目录"。①

接着，作者通过考古资料和先秦文献，说明目录学的产生是在社会积累保存了一定数量的历史文献和图书以后。认为"我国古代目录学的胚胎时期。这一时期约为公元前第十五、十四世纪，即我国历史上的殷商朝代"②。那时，巫史"掌管占卜和文献记录等工作；史官还掌管着保存文献和图书工作"③。但由于缺乏文献记录，我们无法估计目录文献在那段较长历史时期的发展程度，《周礼》中所记载的外史"掌达书名于四方"的状况，应该是"战国初年的事情了"④。

作者认为："孔子在删取、编定和解释六经的时候，创造性地推动了目录学发展。"⑤ 由他和他的弟子为一经（如《易》）或一经中的各篇（如《书》《诗》）做出必要的说明，这就是后世所称说的大序和小序，而"孔子学派校书的大序和小序，诸子百家宣传自己著述的自序……是我国古代目录学在形成过程中的重要发展阶段，是在

①　王重民：《中国目录学史论丛·中国目录学史》，中华书局 1984 年版，第 1 页。
②　王重民：《中国目录学史论丛·中国目录学史》，中华书局 1984 年版，第 2 页。
③　王重民：《中国目录学史论丛·中国目录学史》，中华书局 1984 年版，第 3 页。
④　王重民：《中国目录学史论丛·中国目录学史》，中华书局 1984 年版，第 5 页。
⑤　王重民：《中国目录学史论丛·中国目录学史》，中华书局 1984 年版，第 6 页。

系统目录建成以前发展阶段中的重要发展形式"①。由于古书的散佚，现存最早的一篇诸子自序是公元前三世纪（前239年）《吕氏春秋》的《序意》，而最完整的一篇则是公元前第二世纪末年《淮南子》的《要略》。此后，司马迁的《太史公自序》、班固的《汉书叙传》都是很好的著书自序。作者还从汉初张良、韩信序次三十五家兵书的史实，推测"似有三十五家兵书的提要目录"②。

作者认为："公元前第一世纪的末年，我国第一部系统目录——《七略》由刘向、刘歆建成了，这是我国目录学史上的一件大事。"它在中国目录学史乃至中华学术文化史上都有着重要作用："《七略》具有系统的、严密的学术思想体系和很高的水平，自从建成以后，它不但影响着并推进着当时学术思想的发展，而且对于我国图书目录事业在整个封建社会时期都是起着典型的作用。"③下面作者细致分析了刘向、刘歆取得成功的时代因素、政府条件和个人能力，指出刘向父子在校书编目中，弘扬了古文经学；既尊崇了儒学的一尊地位，又肯定了诸子十家的意义；不仅校了皇家的藏书，还利用了外书和私人藏书，从而使其所校的新本达到了很高的水平。他特别肯定了刘向父子所建立的这一校书编目工作程序和方法，认为在中国目录学史上至关重要，可以概括为以下四点：一是校勘定本；二是缮写清本，即将校定的底本用清理好的竹简誊成清本，以便保存和阅读；三是编撰叙录，包括明确篇目、记述校定过程，并撮述全书大意；四是建成系统目录，也就是《七略》。

其下作者专辟一节，论述了《七略》在目录学上的成就和对后世的影响。他高度评价《七略》："系统地著录了西汉末年以前的重要文化典籍，在以后将近两千年中，都是积极地影响着我国图书目录

---

① 王重民：《中国目录学史论丛·中国目录学史》，中华书局1984年版，第7页。
② 王重民：《中国目录学史论丛·中国目录学史》，中华书局1984年版，第13页。
③ 王重民：《中国目录学史论丛·中国目录学史》，中华书局1984年版，第13页。

事业和学术思想的发展。"① 其巨大成就和影响表现在四个方面：一是"表现了完整的严密的编制目录的方法和体式"。二是对当时及其后的图书流通和图书评论发生着指导作用，其叙录往往被奉为准绳。三是彰显了古文经学派的优点，在学术思想上起到进步作用。四是开辟了历代正史艺文志的方法与方式。②

作者认为自东汉初年到隋末唐初是中国目录学进一步发展时期。这一时期发展的主要特征：一是系统目录在分类上的变化是文化典籍和学术思想发展的反映；二是在政府藏书目录的基础上产生了纪传体史书内的"艺文志"；三是私人藏书目录日渐优于官修目录；四是系统目录之外又产生了以文史佛经为内容的专科性目录；五是目录学的方法和理论得以逐渐总结。③

其下，作者首先论述了当时的政治、经济、文化背景，如政府机构中秘书监的成立，纸的发明和使用，经学、史学和文学的较快发展等。《汉书·艺文志》和西晋编成的《晋中经簿》是这一时期目录的两部巨著。作者认为："《晋中经簿》是中古前期整个时期内最好的一部官修目录。……在著录与分类的方法上对《七略》作了很大的改进，开创了我国系统目录中的四分法。"④ 它在分类体系上根据发展的实际做了新的变革，把六略改为（甲乙丙丁）四部，以适应并包容新的文化典籍。除了分类体系的变革外，还在于它著录图书的丰富与正确。而《汉书·艺文志》，根据《七略》，"删其要，以备篇籍"，共著录：六略，38 种，596 家，13269 卷，纪两汉藏书之盛，"成为我国目录学中一部最古的经典著作，一千八百多年来，所起的历史影响和参考作用是极其巨大的"⑤。同时，作者也指出

① 王重民：《中国目录学史论丛·中国目录学史》，中华书局 1984 年版，第 28 页。
② 王重民：《中国目录学史论丛·中国目录学史》，中华书局 1984 年版，第 28—33 页。
③ 王重民：《中国目录学史论丛·中国目录学史》，中华书局 1984 年版，第 33—34 页。
④ 王重民：《中国目录学史论丛·中国目录学史》，中华书局 1984 年版，第 41 页。
⑤ 王重民：《中国目录学史论丛·中国目录学史》，中华书局 1984 年版，第 43 页。

《汉志》的不足：主要是"在目录学的方法和理论上没有什么新的发展和贡献"①。

对南北朝的官修目录，作者依据阮孝绪撰《七录》时所编《古今书最》等文献资料，列出了南朝宋、齐、梁、陈190年间七部重要官修目录，即《晋元帝书目》《晋义熙四年秘阁四部书目录》《宋元嘉八年秘阁四部目录》《宋元徽元年四部书目录》《齐永明元年秘阁四部目录》《梁天监四年文德殿正御四部及术数书目录》《梁天监六年四部书目录》。认为从这七部官修目录中，反映了这一时期图书目录发展的三个特征：其一是文化典籍数量缓缓上升；其二是官修目录有因袭也有变化；其三是正御本的建立，②而正御本图书的建立，影响甚大。

作者指出，隋王朝统治的时期虽短，但"经济、政治和文化都有迅速的发展和提高，图书目录事业也就出现了过去几百年来所没有的兴盛气象"③。藏书和目录的编制高速上升，确实反映了隋王朝的文化兴盛，隋文帝在位的二十多年中秘书省就编出了三部藏书目录。

鉴于南朝齐王俭《七志》和南朝梁阮孝绪《七录》在目录学史上的地位和价值，王重民在书中为之专辟一节。齐梁时期是中国中古前期图书目录事业最发达的时期，王、阮所生活的时期又是齐梁时期图书目录事业最兴盛时代。王俭《七志》的分类体系虽然又回复到《七略》，但它"著录了极其丰富的现实书籍（即所谓'今书'），并且采用了传录体叙录，弥补了《晋中经簿》……的缺点"④。阮孝绪《七录》以《文德殿五部目录》为基础，总结并改进了刘向、刘歆以来的分类表，编写能反映图书形式和内容的简单

① 王重民：《中国目录学史论丛·中国目录学史》，中华书局1984年版，第46页。
② 正御本，谓供奉皇家的图书。此处指择最精善不包括复本的政府图书馆藏书。
③ 王重民：《中国目录学史论丛·中国目录学史》，中华书局1984年版，第53页。
④ 王重民：《中国目录学史论丛·中国目录学史》，中华书局1984年版，第59页。

说明，"在解题方面，《七录》的成就是胜于《七志》的"①，使之"成为这一时代中最杰出、最有参考使用价值的一部全国综合性的目录巨著"②。

在其下一节的"专科目录"中，作者介绍了荀勖的《文章叙录》、挚虞的《文章志》、傅亮的《续文章志》、宋明帝的《晋江左文章志》、丘灵鞠的《江东文章录序》、丘渊之的《晋义熙以来新集目录》、沈约的《宋世文章志》，裴松之的《史目》，释道安的《综理众经目录》、僧祐的《出三藏记集》、费长房的《历代三宝记》等。其中，《出三藏记集》"把佛教专科目录向前推进了一大步"，而十五卷的《历代三宝记》更"是在这种分类体系建成后的第一部巨著"。③

全书的第三章记述中古后期，也就是从唐初到元初图书目录事业的发展和繁荣。作者首先说明了其间发展繁荣的七大要点：一是在政府藏书目录的基础上，修成了有提要的质量较高的系统目录；二是史志目录有了进一步发展；三是私人编制藏书目录形成了风气；四是出现了指导学子阅读的书目，邻国也出现了受中国影响的书目；五是专科目录有了更专门更深入的发展；六是出现了《通志·艺文略》《玉海·艺文》和《文献通考·经籍考》这样的大型参考目录；七是目录学的方法理论有了进一步发展。下分九节，作者一一做了阐述。

第一节，作者分析了产生这种发展和繁荣的政治、经济、文化背景。

第二节专门论述《隋书·经籍志》。指出《隋书·经籍志》用《隋大业正御目录》作为纂修底本。着重从著录编排、组织分类和序录三个方面论述了《隋志》在目录学史上的贡献。《隋志》不但要纪隋朝一代藏书之盛，还要纪六朝时代图书流通的情况，所以在著录上采取了"以著录隋代现实藏书为主要内容（隋代撰人不冠朝代名

①　王重民：《中国目录学史论丛·中国目录学史》，中华书局1984年版，第68页。
②　王重民：《中国目录学史论丛·中国目录学史》，中华书局1984年版，第62页。
③　王重民：《中国目录学史论丛·中国目录学史》，中华书局1984年版，第74页。

称）……对六朝时代图书流通的情况，又采取了注文'梁有……今无'的反映方法"。"这样的编排组织方法，能够使读者很容易找到六朝时代曾经通行的所有相关著作"；又仿《七略》的辑略做了总序、大序和小序，为各个部类与学术史的关系，有关图书的沿革、内容和意义，做了分析和阐述，"这就把四部分类法的方法和理论又提高了一步"①。作者也指出了《隋志》的缺点，"最主要的是重复和芜杂"②。

第三节是官修目录。作者介绍了唐代的《开元群书四部录》（亦称《群书四录》）和《古今书录》，宋代的《崇文总目》《中兴馆阁书目》和《中兴馆阁续书目》，着重论述了《崇文总目》。认为作为宋代第一部官修目录，它继承了前代官修目录的做法而又有所改进，全书66卷、续录1卷，共著录图书30669卷；有大序小序，每书下有提要，总体上写得比较简明符实。

第四节是史志目录。中古后期是官修藏书目录最发达的时期，在全部"二十四史"中只有六史有《艺文志》，而这个时期就占了四史，即《隋书·经籍志》《旧唐书·经籍志》《新唐书·艺文志》《宋史·艺文志》。作者认为，《旧唐书·经籍志》系依据毋煚的《古今书录》撰成，但却略去序录，删去提要，仅留下撰人姓氏，而且又缺录开元以后的唐人著述，"这就造成了很大缺点"③。《新唐书·艺文志》的每个类目分"著录"与"未著录"两部分，"著录"是指《古今书录》原有的著录，"未著录"是指欧阳修等所增入的唐代著作，而《新唐书·艺文志》最大功绩就是补入唐代著作28469卷（或计为27127卷）。④ 宋代国史修过六七次，在论述《宋史·艺文志》时，作者对其中有《艺文志》的四部国史做了概述，它们是《三朝国史》（150卷）、《两朝国史》（120卷）、《四朝国史》（350

① 王重民：《中国目录学史论丛·中国目录学史》，中华书局1984年版，第90—92页。
② 王重民：《中国目录学史论丛·中国目录学史》，中华书局1984年版，第95页。
③ 王重民：《中国目录学史论丛·中国目录学史》，中华书局1984年版，第106页。
④ 王重民：《中国目录学史论丛·中国目录学史》，中华书局1984年版，第107页。

卷）和《中兴四朝国史》（不详卷数）。作者指出，《宋史·艺文志》的编纂，于此四史及其《艺文志》，广为利用，并删其重复。

第五节是私人藏书目录。作为目录学史，作者首先利用《郡斋读书志》等现存藏书目录，对已佚的私人藏书目录做了概述，它们是唐代吴兢的《西斋书目》、宋代李淑的《邯郸图书十志》、田镐的《荆州田氏书目》、董逌的《广川藏书志》和郑寅的《郑氏书目》。

和其他的讲目录学的著作一样，作者对晁公武《郡斋读书志》、陈振孙《直斋书录解题》也予以高度评价。认为"《郡斋读书志》不论在目录体系上，或在提要的考订论辨上，都是有很高的学术水平的"①。但他觉得晁《志》虽然有总序，每部有大序，每类也有小序，"但小序没有标明，都编在每类第一部书的提要之内，这种做法不算好，也是从来没有过的"②。他还考论了晁《志》的版本，认为赵希弁所做的《郡斋读书志附志》"分类很杂乱"，没按晁《志》的类目排列，学术价值要差一些。③

他认为编制《遂初堂书目》的尤袤"是博学的，也是懂书的"，虽然"后人一致认为《遂初堂书目》著录了不同的刻本是一特点，并且开创了著录版本的先例"；但是，《遂目》著录太简单，甚至不完备，"内记版本的仅限九经、正史两类，由于著录简单，连刻本的年月和地点都没有表现出来"④。

他高度称许了陈振孙和《直斋书录解题》："陈振孙的收书时期大约有四十年，编写目录时期也有十五年到二十年的功夫，真可以说是一位以毕生精力从事图书目录工作的人。"⑤《直斋书录解题》共著录图书51180卷，超过了南宋政府的藏书目录，在图书的

---

① 王重民：《中国目录学史论丛·中国目录学史》，中华书局1984年版，第118页。
② 王重民：《中国目录学史论丛·中国目录学史》，中华书局1984年版，第118页。
③ 王重民：《中国目录学史论丛·中国目录学史》，中华书局1984年版，第119—120页。
④ 王重民：《中国目录学史论丛·中国目录学史》，中华书局1984年版，第120页。
⑤ 王重民：《中国目录学史论丛·中国目录学史》，中华书局1984年版，第122页。

著录和内容的概括上亦较之为优，在著录分类和编写解题的方式上更有创新之处，是当时私人藏书目录最优秀的代表。作者感慨说："从《中兴馆阁书目》到《四库全书总目提要》的600年间，元、明、清三个朝代都没有编出过一部像样的官修目录，这是我国目录学上一个很大的变化，而《直斋书录解题》则是这一巨大变化的转折点。"①

"在中古后期的南宋和元代初年，当我国图书目录达到了极其兴盛繁荣时期开始衰落的时候，有如回光返照，出现了郑樵的《通志·艺文略》、王应麟的《玉海·艺文》和马端临的《文献通考·经籍考》。"② 正是基于这样的认识，作者将这三部综合性系统目录巨著集中在一起来阐述。

作者在论述中说，郑樵为撰写《通志》所用的准备时间很长，下的功夫很多，以"求出目录中的类例和所以能够求出类例的方法、理论，然后再用他的类例、方法和理论，建成更综合更系统的目录"。正如《四库提要》的评价："其平生之精力，全帙之菁华，惟在二十略而已。"作者认为"二十略也不是完全都好"；但"在目录学方面，有艺文、校雠、图谱、金石四略是属于好的部分"③。作者认为郑樵《艺文略》异乎诸史之"艺文"的主要有两点："第一，《艺文略》不是纪一代藏书之盛，也不是纪一代著作的；而是'纪百代之有无'，'广古今而无遗'的通史艺文志。"④ 第二，是《艺文略》的"类例"，"郑樵使用他的'部伍'方法和'核实'精神建成了一个新的分类体系。这一分类体系和建成这一分类体系的理论、方法是郑樵在我国目录学上的最大贡献"⑤。

① 王重民：《中国目录学史论丛·中国目录学史》，中华书局1984年版，第122页。
② 王重民：《中国目录学史论丛·中国目录学史》，中华书局1984年版，第138页。
③ 王重民：《中国目录学史论丛·中国目录学史》，中华书局1984年版，第140—141页。
④ 王重民：《中国目录学史论丛·中国目录学史》，中华书局1984年版，第142页。
⑤ 王重民：《中国目录学史论丛·中国目录学史》，中华书局1984年版，第143页。

对王应麟《玉海·艺文》，作者在论析它的特征、成就、价值时，以其图书馆学家的高度敏睿，认识到它在目录分类法上所反映的新趋向和在编题上所具有的主题性质，及对历史文献资料的广泛利用，"凡有和图书目录资料相辅助、相补充、相发明的地方，他都编录在《玉海·艺文》之内。在这个地方，不但远远超过郑樵，也还胜过了马端临"①。

对马端临的《文献通考·经籍考》，作者特别肯定了马氏"作《经籍考》的方法"和他的按语，强调"马端临一手编成《经籍考》76卷，其每部书都有来源，正确可信，是远远超在郑樵之上的"②。

全书最后，作者在总结这一时期目录学理论方法发展时，再次强调："郑樵建成的新的分类体系是最杰出的一种。他把分类表发展到第三位类，建成了一个更系统更详细的分类表，是我国分类学史上的一大突进。"③并进而对这个历史时期的目录学成就总结说："唐宋时代所以成为我国目录学史上提要学最发达时期，是由于不但叙录体的提要有很大的发展和提高，传录体特别是辑录体也都有长足的发展与进步。"④

因为是未完成稿，作者对明代和私家藏书目录最为发达的清代目录学未能论述，实在令人遗憾！又因为是讲义稿，表达比较口语化，文字有时会显得不够简要。由于当时的政治环境，表述中也难免有浮言套语。

（三）其他论著

除上述两部古籍目录学专著外，这个时期还产生了其他一些目录学著作。如吕绍虞的《中国目录学史稿》。

吕绍虞（1907—1979），浙江新昌人，曾任武汉大学图书馆系教

---

① 王重民：《中国目录学史论丛·中国目录学史》，中华书局1984年版，第159页。
② 王重民：《中国目录学史论丛·中国目录学史》，中华书局1984年版，第162页。
③ 王重民：《中国目录学史论丛·中国目录学史》，中华书局1984年版，第165页。
④ 王重民：《中国目录学史论丛·中国目录学史》，中华书局1984年版，第167页。

授。《中国目录学史稿》撰于 1963 年，因"文革"而中辍，仅完成全书计划的 7/10，1984 年由安徽教育出版社出版。全书分五章。第一章分 2 节，讲中国目录学的初期阶段，论述了中国目录学的起源，孔子对古代文化典籍的整理和编次；汉初对兵书的序次，重点阐述了《别录》《七略》《汉书·艺文志》的诞生和成就。第二章分 4 节，讲述从 3 世纪到 7 世纪（自三国至隋末）中国目录学的发展，介绍《魏中经簿》《晋中经簿》等政府藏书目录和王俭《七志》、阮孝绪《七录》等全国图书总目，论述分类体系的变革，兼及佛经目录的产生和发展。第三章分 6 节，讲 7 世纪到 14 世纪（自唐初到元末）中国目录学的发展，介绍了唐宋国家藏书目录：《群书四部录》《古今书录》《崇文总目》《中兴馆阁书目》《中兴馆阁续书目》，正史艺文志：《隋书·经籍志》《旧唐书·经籍志》《新唐书·艺文志》《宋史·艺文志》，通史艺文志：《通志·艺文略》《通志·图谱略》《文献通考·经籍考》，私家藏书目录：晁公武《郡斋读书志》、尤袤《遂初堂书目》、陈振孙《直斋书录解题》；说明了其间著录方法的改进和著录项目的增加，论述了四部分类法的确立和类目的说明及成文解题的出现，[①] 着重阐述郑樵《通志·校雠略》的建树。第四章分 8 节，讲述从 14 世纪末叶到 19 世纪中叶（自明初至鸦片战争）中国目录学的发展，介绍了明代《文渊阁书目》、《内阁藏书目录》、清代《四库全书总目》等国家藏书目录，《国史经籍志》《明史·艺文志》等正史艺文志，《菉竹堂书目》《万卷堂书目》《千顷堂书目》《澹生堂书目》《百川书志》《绛云楼书目》《季沧苇藏书目》《传是楼书目》《爱日精庐藏书志》等私家藏书目录，《汲古阁珍藏秘本书目》《读书敏求记》《百宋一廛书录》《天禄琳琅书目》等明清善本目录，朱彝尊《经义考》、章学诚《史籍考》等专科目录；论述了其间著录方法的发展和四部法的松动，分析了善本目录的产生及其编制方法，

---

① 参见吕绍虞《中国目录学史稿》第三章第四节，安徽教育出版社 1984 年版，第 101 页。

撮述了正史艺文志的体例和补史艺文志，论述了章学诚《校雠通义》的内容、价值和影响，对其中的著录、分类、叙录、互著、别裁、治书之法、校雠之法，特别是"辨章学术，考镜源流"的提出等，都一一进行了阐析。第五章分 8 节，讲中国近代（自鸦片战争至 1949年）目录学的发展，介绍了《书目答问》等国学举要书目和《西学书目表》等新学书目及禁书目录，简述了新学书籍产生后的各种目录分类方法。后面的 4 节打算讲"五四"后图书馆目录方法上的变化，书刊索引的开展及其编制方法，专科目录和地方文献目录方法的改进，并概述近代目录学著作中对目录对象的各家论说。可惜最后四节仅有提纲，未有全文。

当时，老一辈学者在出版他们目录学著作或与目录学相关的著作时，往往新写前言和体例，这些序、例类文字反映了他们对古籍目录学的精到见解。

如余嘉锡自 17 岁即着手考证《四库全书总目提要》，经历五十年时间，参阅大量文献资料，终于撰成《四库提要辨证》一书，1958 年由科学出版社出版。著者于 1954 年 10 月所写的《四库提要辨证序录》中，回顾了自己以撰述《四库提要辨证》为中心的治学历程，并由《四库提要》上溯向、歆，检点历代，掎摭利病，透露出其治学甘苦及目录学心得。

又如王重民《敦煌古籍叙录》主要成于 1949 年之前，卷首《敦煌古籍叙录述例》则作于 1957 年 8 月，其中所述著录、编排、方法、取舍等体例皆涉及古籍目录学问题。

20 世纪 50 年代高校院系调整后，目录、版本、校勘之学已不列入高校教学计划，而此时图书馆则成了研究此类学问的重要平台。此间也产生了一些目录学著作，如刘国钧先生作于 1972 年的《中国图书分类法的发展》，其中涉及古籍目录学的精义甚多。

文中认为：《七略》，"其中心思想就是儒家的尊王尊孔学说，所以把'六艺'列在第一。这是最早运用学术性质上的差异来作为分类标准的分类法"①。指出自东晋李充改定四部内容后，"经、史、子、集四部分类法就成了典范，公私书目差不多都以此为分类准则。千余年来的变化不过是部以下类目的增减和名称的变换而已"。而"《四库全书》，在原四部分类法基础上加以整理，成为四'部'四十四'类'，有十五'类'再分为'属'。这就成了以后的标准分类法。直到清末才开始发生变化"②。究其原因，作者解释为："二千年间我国封建社会性质没有变，统治阶级以孔子学说为中心的思想始终没有变。因而分类法的基本结构也没有变。"③

二 古籍书目的编制及其分类

中华人民共和国成立后特别是院系调整后，目录、版本、校勘之学已不列入高校教学计划，而此时图书馆则成了研究此类学问的重要平台。编纂古籍书目、整理古籍文献，则是这个时期古籍目录学研究的重要体现。

据文化部的初步统计，国内现存古籍3000万册，其中公共图书馆271.5万册。1949年后，古籍的收藏渐次形成以公藏为主的格局，现存古籍绝大部分聚藏于全国各级各类型图书馆。编制古籍书目是图书馆工作的一部分，也是古籍整理的基础性工作。古籍整理界继承和发扬了中国书目编制的优良传统，编制了大量书目、题录、索引等工具书，类型众多，内容广泛，如馆藏古籍书目或善本书目、方志目录、古代科技文献书目、小说目录、兵书目录、知见书目等，对于考查古籍的流传、全阙、版本情况很有帮助。特别是自1956年中共中央提出"向科学进军"口号之后，为贯彻周恩来总理讲话和《人民

① 刘国钧：《中国图书分类法的发展》，《南京大学百年学术精品·图书馆学卷》，南京大学出版社2002年版，第363—364页。

② 刘国钧：《中国图书分类法的发展》，《南京大学百年学术精品·图书馆学卷》，南京大学出版社2002年版，第364页。

③ 刘国钧：《中国图书分类法的发展》，《南京大学百年学术精品·图书馆学卷》，南京大学出版社2002年版，第364页。

日报》社论精神，国务院科学规划委员会制定了《全国图书协调方案》，决定成立中央和地方两级中心图书馆委员会，以贯彻这个方案。1957 年 9 月 6 日，国务院第 57 次全体会议批准了《全国图书协调方案》，并决定在国务院科学规划委员会之下设立图书小组，由文化部、高教部、中科院、卫生部、地质部、北京图书馆的代表和若干图书馆专家组成，负责对图书馆工作进行全面规划，统筹安排。北京由北京图书馆牵头，组成了第一中心图书馆委员会；上海由上海图书馆牵头，组成了第二中心图书馆委员会。此外还有一些地区性的中心图书馆。第一中心图书馆委员会成立后，下设了一个实质性的机构——全国图书联合目录编辑组，附设在当时的北京图书馆。其任务是调查了解全国各图书馆藏书和编目情况，制订联合目录编辑计划，起草联合目录编目条例，协调联合目录编制的各种关系，综合各馆书目，进行最后编排、校订、出版等工作。其后，全国各大图书馆相继编制了许多馆藏古籍书目和联合书目，其中有综合书目、善本书目、方志目录、地方文献书目、专科书目、特编书目等。这些书目具有各自的编纂体例、著录方法，特别是对于古籍的分类也有新的特点，体现了这个时期古籍目录学的进步。

（一）古籍书目的著录和分类

1. 古籍书目的编纂

古籍善本是图书馆收藏古籍中的精华，各图书馆都较为重视古籍善本书目的编纂，特别是一些收藏古籍较为丰富的图书馆，相继都编印了馆藏古籍善本书目，有的并公开出版，如《上海图书馆善本书目》（1957 年）、《北京大学图书馆藏善本书目》（1958 年）、《四川省图书馆馆藏古籍目录》（1958 年油印本）、《天津市人民图书馆善本书目》（1960 年）、《苏州市图书馆特藏书目》（1958 年油印本）、《广东省中山图书馆藏善本书目》（1959 年油印本）、《甘肃省图书馆馆藏善本书目》（1959 年油印本）等。

当时，许多图书馆结合馆藏古籍的整理和信息咨询服务，编纂了一些古籍专门书目，以展示并开发馆藏古籍资源，适应各类读者需求。如有展示个人收藏的《西谛书目》（北京图书馆编，文物出版社1963年版），有展示馆藏中国文学古籍的《馆藏中国文学古籍参考书目》（首都图书馆1959年油印本）、《首都图书馆馆藏诗经刻本及其有关论述篇目》（1958年油印本），有展示馆藏敦煌资料的《敦煌文物资料》（甘肃省图书馆1955年油印本），有展现馆藏特藏文献的《馆藏历代墓志草目》（中国科学院图书馆1957年），有展现馆藏地方文献的《北京地方文献联合目录初编》（北京图书馆、首都图书馆主编，1959年）、《湖南地方文献资料目录》（湖南省图书馆1959年）、《安徽文献书目》（安徽省图书馆编，安徽人民出版社1961年版），有披露馆藏名胜古迹书目的《馆藏东北名胜古迹参考书目》（辽宁图书馆1958年油印本），有著录某个高校古籍的《馆藏线装书目》（山东大学图书馆编，1956年）等。

有不少专门书目还以联合书目的形式进行编制，为古籍文献资源的共知共享和开发利用奠定了基础。比如，1956年北京图书馆编有油印本《馆藏古农书目》，1959年经过修订，以《中国古农书联合目录》出版，被列入"全国图书联合目录编辑组专题联合目录"第五种。

1958年，商务印书馆出版了朱士嘉重新编纂的《中国地方志综录》（增订本），收录全国41家图书馆所藏方志7413种，较1935年初版及其后来"补编"有较大增补，是当时检索历代方志文献的权威性工具书。1978年，又有以"中国天文史料普查编写组"名义编印的《中国地方志联合目录》。该目录系在朱士嘉《中国地方志综录》基础上编成。收录国内主要图书馆、博物馆、文化馆等180多个单位所藏历代地方志8500多种，包括省志、府志、州志、厅志、县志、卫志、所志、关志、乡志、岛屿志及各种乡土志。著录书名、卷数、纂修人、修志时间、版本、收藏单位诸项，附"日本稀见中国地方志目录""美国国会图书馆所藏稀见中国地方志目录"。

1959 年，由中国中医研究院、北京图书馆合编的《中医图书联合目录》是中国第一部全国性的中医图书联合目录，共辑录全国 59 个图书馆及两位藏书家截至 1959 年底所收藏的中医图书共 7661 种，其中有少数重复。分医经、藏象骨度、病源及有关中医生理病理著作、诊断、本草、方书、伤寒金匮、温病、临床各科、针灸、养生护理按摩外治法、综合性医书、丛书全书、医案医话医论、医史、法医、兽医、工具书等 20 类。每类以著作年代为序，著录书名、版本。其数量之大，收罗之广，架构之严密，分类之详细，均超过以前各种医书目录。

2. 图书馆的古籍分类

中华人民共和国成立后，图书馆界先后编制了《人民大学图书馆图书分类法》（简称《人大法》）、《中小型图书馆图书分类表》（简称《中小型表》）、《中国图书馆图书分类法》（简称《中国法》）和《中国科学院图书馆图书分类法》（简称《科图法》）等。这个时期，中国图书馆对古籍分类，有的沿用《四库全书总目》分类法（简称《总目法》）；有的用 1949 年前的分类法；更多的是基本沿用《总目法》，但参以新分类法，增加新类目并编有序码。《人大法》1955 年增订本、《中小型表》、《中图法》都将新书、古籍统一分类。这种新分类法，既继承了《总目》分类法对古籍分类合理性部分，又摒弃了《总目》分类法不适当的部分。如《总目法》中的辨体类目，将同是记载宋代史实的历史书，《宋史》入正史类，《续资治通鉴长编》入编年类，《宋史纪事本末》入纪事本末类，《隆平集》（纪宋太祖至英宗五朝事）入别史类，《钱塘遗事》（纪南宋一代事）入杂事类；而依《中图法》，以上各书按朝代均先入"宋史"，然后再分体裁，照顾各体史书的特点。①

---

① 参见北京大学图书馆学系、武汉大学图书馆学系合编《图书馆古籍编目》，中华书局1985 年版，第265—266 页。

自《书目答问》开始，除经、史、子、集四部外，新设"丛书"一部，此后，这种大的分类多被各个古籍馆藏所袭用，《中国丛书综录》《中国古籍善本书目》亦都如此。

中国版本图书馆还专门编了《古籍目录》，它收入中华人民共和国成立以来出版的各类古籍。除著录书名、作者、版本、定价等外，还有提要，着重介绍书的内容、价值和流传。

（二）《中国丛书综录》的成就与价值

20 世纪 50 年代，随着科学文化事业日益发展的需要，学术研究工作者急需一部准确、详细而又方便检索的丛书目录。为此，在顾廷龙主持下，上海图书馆精心编纂了《中国丛书综录》。在编纂过程中，得到了北京图书馆、中国科学院图书馆、各高等院校和省市图书馆以及有关专业图书馆、中华书局上海编辑所等机构的协助，由中华上编所于 1959—1962 年出版。该书是当时规模最大、收录最广的古籍目录书，收录了当时国内 41 个图书馆所藏丛书书目。第一册为《总目分类目录》，共收古代丛书 2797 种，各类古籍 38891 种，每项下列丛书名（包括异名）、编纂者时代、姓氏、版本、子目书名及各子书著者时代、姓氏、版本，并附《全国主要图书馆收藏情况表》及《丛书书名索引》等；第二册为《子目分类目录》，是根据第一册"总目"所收子目为单位，按经史子集四部分类，著录书名、卷数、著者时代和姓氏（包括辅助著者）、所属丛书书名，共收子目 7 万多条，38891 种；第三册为"子目书名索引"和"子目著者索引"，可供检索第二册《子目分类目录》之用。该书所列的编纂目标有三：一、收罗完备，尽可能反映丛书的全貌。二、便于检阅，无论从总目、分类、书名、作者等任何角度去检寻，都可一索即得。三、反映丛书收藏的情况，以便研究者以目求书，就近取阅。其后的学术实践证明，编者的这三项目标都完全达到了。

《中国丛书综录》在明清学者众说纷纭的丛书分类基础上，归纳总结出合理科学的丛书分类体系，有效囊括了专类和综合类两大系统多种门类的两千多种丛书，具有十分突出的目录学价值。另一方面，又从多种角度为学界提供了检索利用丛书的途径，实用性很强。因此，该书编纂和出版，受到了广泛的关注，1959—1962 年《人民日报》《光明日报》《解放日报》《文汇报》等主要报刊皆有相关文章介绍。①《人民日报》1962 年 8 月 20 日以《我国历史上收辑范围最广的古籍目录书〈中国丛书综录〉编纂完成》为标题，对该书予以高度的评价。该书被人称为"探索古籍的雷达"，查阅十分便捷，虽然该书著录亦有讹误，但仍然是古籍整理乃至所有涉古研究的重要工具书。

第二节　古籍版本学得到重视

这三十年古文献学研究，虽然从具体成果而言，似乎不如同时期古籍整理那么显著，但作为共生共兴的关系，它们的成果与建树实际上是互为表里的。这个时期，古籍版本学在实践中得以认知和应用，到了后期更有一定的理论归纳，其间还编纂了一些有价值的版本图录。

一　实践提升认知

这个时期，学者对古书版本的寻求，不同于旧时版本之学的

---

① 主要文章有：《按图索骥（上海图书馆编制〈丛书综录〉）》（《文汇报》1959 年 12 月 23 日）、《探索古籍的有效工具——〈中国丛书综录〉》（《图书馆》1961 年第 3 期）、《〈中国丛书综录〉总目内容有疏漏之处》（《光明日报》1961 年 7 月 22 日）、《探查古籍的雷达（介绍〈中国丛书综录〉第二册）》（《人民日报》1961 年 9 月 13 日）、《古籍丛书编目的重大成就——介绍〈中国丛书综录〉》（《解放日报》1961 年 10 月 13 日）、《中国丛书目录史的新页——评〈中国丛书综录〉》（《光明日报》1962 年 2 月 4 日）、《试评〈中国丛书综录〉》（《图书馆》1962 年第 2 期）、《探索古籍的工具——记〈中国丛书综录〉的编写过程》（《文汇报》1962 年 8 月 17 日）、《学术界的一件大事（〈中国丛书综录〉编纂完竣）》（《文汇报》1962 年 8 月 17 日）；《我国历史上规模最大收辑最广的古籍目录〈中国丛书综录〉编纂完竣》（《文汇报》1962 年 8 月 17 日）、《我国历史上收辑范围最广的古籍目录书〈中国丛书综录〉编纂完成》（《人民日报》1962 年 8 月 20 日）。

"断断于宋元本旧钞"①　和 "赏奇析疑，默识神解"②，更不是所谓的
"独嗜宋刻"，只求古本，而在于或主要在于利用。他们对版本学知
识和理论的认识，主要源于对古籍的整理；同时，也在古籍整理实践
中，对版本学理论进行着新的归纳和总结。

　　整理古籍的首要环节，是要理清该古籍的版本源流，以确定底本
或工作底本。同一古籍，传本不同，从中获取的信息往往有很大差异。
因此，底本选择的确当与否关乎整个校勘工作的质量。比如，"二十四
史"的版本，就十分繁多和复杂，像《史记》，仅贺次君《史记书录》
就著录了 60 余种；连字数最少的《陈书》，版本亦近 10 种。而各史无
论是从版本年代、版本营造，还是版本的方式形态也都十分复杂。版
本如此繁杂，对点校底本和主要校本的确定势必增加难度，当年校史
专家为了做好各史版本的调查、研究、鉴别、判定，进行了艰辛的劳
动。这些艰辛的劳动，既保证了点校底本和校本选用的确当，也对古
籍版本学知识的归纳、理论的总结乃至提升都有着重要的意义。

　　众所周知，古籍整理，对底本的选择以善本为佳，而何为善本，
又因书而异。一般认为应选择时代较早、完整无缺，或经前人精校精
注精刊的本子作底本。因为现存最早的传本往往是最接近文献原貌的
本子，文献在后世流传过程中，经长期传抄、翻刻，发生讹误的概率
大大增多，所以不宜选作底本。但是，某些情况下，后世文献也可以
选为底本，其前提应是该本经过精校精刊，优于他本。这些版本学上
的常识，理解不难，但操作不易，像"完整无缺""错误较少""精
校精刊"等，说说容易，但你怎么能知道，怎么能确定呢？虽然可
以参考前人的评说，但更主要还是靠整理者的亲力亲为，靠认真细致
的排比勘对。

　　像《史记》有那么多的版本，现存宋代以前的都是残本和少数

---

① 叶德辉：《书林清话》卷 1，中华书局 1987 年版，第 26 页。
② 钱基博著，严佐之导读，严佐之、毛文鳌注：《版本通义·叙目》，上海古籍出版社
2007 年版，第 2 页。

单刻本，存世最早的《史记》三家注合刻本是南宋庆元建安黄善夫一百三十卷本，顾颉刚在筹划《史记》整理时，最初打算《史记》本文选用南宋黄善夫刊本为底本，但经综合比较，最终选定清同治年间金陵书局本《史记集解索隐正义》合刻本一百三十卷为底本。该本由著名校勘学家张文虎主持校刻，其撰写的《校勘史记集解索隐正义札记》五卷，校记数千条，其中多数与文字校改相关。实践证明，金陵书局本《史记》是错误较少、刊刻甚精、校改最具理据的善本。校史专家选定它为底本，不仅为确保《史记》点校质量打下重要基础，也为当代对古籍版本学的理解和运用提供了坚实的证明。

以版本学认知来指导校史，又以校史实践来提升对版本学的认知，在20世纪"二十四史"点校工作中还有点校《宋书》的实例。《宋书》是魏晋南北朝诸史中篇幅较大的一种，其最早的北宋嘉祐刻本已不存世，其后的南宋绍兴十四年的"眉山七史"原版印本也已不复存，现存于世的是南宋杭州地区重刻的"眉山七史"。这套重刻的七史版片，历宋、元、明三朝刷印，世称"三朝递修本"，民国时商务印书馆"百衲本"即以"三朝本"为主体影印。《宋书》由王仲荦点校，他通过对《宋书》各个版本的调查和对张元济《宋书校勘记》的吸收，确定以商务百衲本为工作底本，以三朝本、明南监本、北监本、毛氏汲古阁本、清武英殿本、金陵书局本为通校本，并参校相关史书、类书及其他文献，收到了良好的效果。

上述两个例子，都没有严格按照旧有版本学上所讲的应选择年代最早的版本作为整理底本，而是选择了后世的精校精刊本，并在实践中将若干个版本结合起来校勘。如果没有校勘实践，就不能深刻领会版本学上这些常识和理论，更不能灵活贯通地去运用。

当然，古籍整理中底本的选定，更多的还应该是那些刊刻最早的本子。例如，李时珍的《本草纲目》，历史上刻本多达70余种。其主要刊刻系统是所谓的"一祖三系"。"一祖"，即明万历十八年（1590）至二十四年（1596）间胡承龙刻印的金陵本；"三系"，指万历三十一年（1603）夏良心、张鼎思序刊的江西本和明崇祯十三年（1640）钱蔚起杭州六有堂刻本及清光绪十一年（1885）合肥张绍棠味古斋重校刊本。其他还有明万历三十四年（1606）董其昌作序、薛三才刻印的湖北本，以及石渠阁本、张朝本等。江西本和合肥本都对原书有过校改，二者校改得失兼有。因合肥本刻印精良，吸收了前代版本的一些优点，订正了一些错误，1957年人民卫生出版社曾予以影印出版。但合肥本在增改原刊中产生的错误也较为突出。20世纪70年代，刘衡如做校点时，就改用刊刻较早的江西本为底本；在点校过程中，他发觉他所依据的底本是江西本的覆刻本，遂改用国家图书馆藏原刻本对校，这才发现覆刻本与原刻本相比错误很多。对为什么选用江西本为底本而不是金陵本，他在1982年人民卫生出版社所出版的校点本序言中未予说明。时隔十八年后，他方在《本草纲目》新校注本的序言中道出实情："当时无首刻金陵本可据，直到校点后期才得见金陵本。"原来当初未选金陵本，并非金陵本不佳，而是无法得到金陵本。由此可证，在一般情况下，古籍的首刊本或较早刊本应是整理底本的首选。

二　论著和图录

（一）古籍版本学论著

1. 赵万里《中国印本书籍发展简史》与《〈中国版刻图录〉序》

《中国印本书籍发展简史》（以下简称《简史》），分"未有雕版以前的写本""雕版的兴起和唐五代刻本""宋金元雕版概况""活字印刷术的发明和明清活字本""木刻画和彩色套印术""近代印刷术的兴起和发展"六大部分，简明而系统地论述了中国印本书籍的发展进程。作者首先强调中国是最早发明造纸术和印刷术的国家，指出中国在6世纪末已有雕版印刷，并于8世纪初期传入日本。而雕版印刷术最早是用于佛教印品，后来延及民间日用小书，直到五代才开始大规模地出版经书，"这就是后世盛称的五代监本"①。接着论述宋、金、元三朝雕版印刷的盛况，指出雕版中心，北宋除首都汴梁外，还有浙江杭州、福建建阳、四川眉山三个强劲有力的文化区域。金朝的雕版中心在平水（今山西临汾一带）。元朝的雕版中心，仍是杭州、建阳两个地区。②

作者在书中还记述了当时代表性版本的特点，如宋时在杭州雕版的"浙本字体方整，刀法圆滑"，在婺州（金华）雕版的刻本，则"字体瘦劲，别具一格"。而"元代杭州刻书盛况，比之宋代，有过之无不及"③。福建建阳，因其"地处较安全的后方闽北群山中，造纸工业非常发达"，所以从 12 世纪初叶，到 17 世纪中叶，这里的刻书业一直比较兴盛。四川的刻书业，先是成都，后是眉山，相继为盛，"眉山出版事业，一面走监本路线（刻经史书籍）……一面又走大众路线（刻文学书和类书）……因此蜀本，实兼浙建二本之长"。④

作者认为："中国印刷史上最重要的改进工作，便是活字印刷术的发明。"⑤ 他转引了沈括《梦溪笔谈》中关于北宋毕昇发明胶泥活字印书的记载，介绍了元代王桢发明的木活字印刷术和明代苏州无锡盛行的铜活字书，又记述了清雍正四年陈梦雷用新造铜活字排印《古今图书集成》和清乾隆三十八年武英殿以所制 25 万多个木活字出版聚珍版图书的情况。

　① 赵万里：《中国印本书籍发展简史》，《南京大学百年学术精品·图书馆学卷》，南京大学出版社 2002 年版，第 717 页。

　② 赵万里：《中国印本书籍发展简史》，《南京大学百年学术精品·图书馆学卷》，南京大学出版社 2002 年版，第 718 页。

　③ 赵万里：《中国印本书籍发展简史》，《南京大学百年学术精品·图书馆学卷》，南京大学出版社 2002 年版，第 718、719 页。

　④ 赵万里：《中国印本书籍发展简史》，《南京大学百年学术精品·图书馆学卷》，南京大学出版社 2002 年版，第 720、721 页。

　⑤ 赵万里：《中国印本书籍发展简史》，《南京大学百年学术精品·图书馆学卷》，南京大学出版社 2002 年版，第 722 页。

作者指出，"明清两朝中央政府所在地，南京和北京，尤其北京形成了一个强大的雕版中心"。像永乐"北藏"、正统"道藏"这样的明经厂本，清雍正时"龙藏"及武英殿本等，都是北京刻的。①

作者于书中还特别介绍了本刻画和彩色套印术。指出中国木刻画起源很早，唐宋时技艺就很高了。宋、元、明、清各擅其胜；彩色套印术的兴起亦早，虽然现存古书中最早的套色印本是元代的。

《简史》发表于《文物参考资料》1952 年第 4 期。

《〈中国版刻图录〉序》写于 1960 年 2 月 1 日，以"北京图书馆"名义发表，实际是赵万里执笔。该文简要地记述了中国刻印图书的历史。文中一些提法和结论，较之《简史》更为准确和清晰，如："公元前一世纪，已有纸张出现，二世纪初，蔡伦改进了造纸方法。……到了八世纪前后，又发明了刻版印刷术。"② "北宋亡后，平阳代替了汴京成了黄河以北地区的出版中心。"③ "明清两朝各地刻印的书籍，数量之大，品种之多，比之前代，不知超越了多少倍。"尤其是在北京所刻的一些书，"纸墨之精、雕印之工、装潢之美，都是前所罕见的"④。在介绍清代活字印刷术时，尤其盛赞："运用前人遗法加以大胆革新的，要数泰山徐家的磁版和泾县翟家的泥版。"⑤

2. 其他论著

1957 年，商务印书馆出版了吴泽炎对美国人卡特《中国印刷术

---

① 赵万里：《中国印本书籍发展简史》，《南京大学百年学术精品·图书馆学卷》，南京大学出版社 2002 年版，第 724 页。

② 赵万里：《〈中国版刻图录〉序》，《南京大学百年学术精品·图书馆学卷》，南京大学出版社 2002 年版，第 704 页。

③ 赵万里：《〈中国版刻图录〉序》，《南京大学百年学术精品·图书馆学卷》，南京大学出版社 2002 年版，第 707 页。

④ 赵万里：《〈中国版刻图录〉序》，《南京大学百年学术精品·图书馆学卷》，南京大学出版社 2002 年版，第 708、709 页。

⑤ 赵万里：《〈中国版刻图录〉序》，《南京大学百年学术精品·图书馆学卷》，南京大学出版社 2002 年版，第 710 页。清康熙五十八年（1719），住在山东泰山的徐志定创制磁版，刊印自著的《周易说略》。清道光二十四年（1844），安徽泾县人翟金生耗三十年心力，创制了泥活字十万多个，刊印了自己的诗集和《翟氏宗谱》。

的发明和它的西传》的新译本，此书对中国印刷术传入中亚、西亚以至欧洲的过程做了较有条理的论述。1958年人民出版社出版了张秀民的《中国印刷术的发明及其影响》，书中讲述朝鲜、日本版本较为详明。1959年中华书局出版的《中国现代出版史料丁编》中收入了卢前的《书林别话》，该书1948年曾由作者自费印刷，书中讲述雕印技术及其版本。

1962年，中华上编所出版了毛春翔的《古书版本常谈》。毛春翔（1898—1973），字乘云，浙江江山人，浙江图书馆古籍部研究员。该书介绍古书版本常识，主要包括宋、元、明、清的刻本、活字本、巾箱本、书帕本、套印本、稿本、抄本、批校本及佛藏、道藏版本等，还讲述了版本鉴别常识。其间，又有陈国庆《古籍版本浅说》的出版，该书介绍了古籍版本名称、款识、装帧及书册制度的简单常识。

1962年，北京出版社出版了孙殿起所辑的《琉璃厂小志》。该书记载了有关琉璃厂书业情况和变迁、厂甸风光、书画题跋以及当时文人故居等资料，孙殿起在琉璃厂数十年，经营通学斋书店，平日留心古籍，熟悉版本，故书中对古籍版本内容亦有涉及。

1963年中华书局出版的《余嘉锡论学杂著》中，收入了他的《书册制度补考》，该文系纠补马衡《中国书籍制度变迁之研究》之不足，后人论及书册制度多以马文、余文为蓝本。

从1978年开始，《四川图书馆学报》为了配合《中国古籍善本书目》的编纂，发表了吴则虞原在西南师范学院图博科任教时的教材《版本系年要录》，并连载了他的《版本通论》。吴则虞（1913—1977），字蒲庼，安徽泾县人，曾师从陈衍、章太炎，精通版本校勘之学，有古籍整理著作多种。其《版本系年要录》上起隋开皇三年（583），下迄1936年，以表格形式分公元、干支纪元、纪事、校刻、学者生卒诸项，择要记录了历年的刻书大事。《版本通论》共四卷，是一部系统的版本学理论专著。论述了版本的名称、形态、鉴别和版本学的研究对象及版本学的流变，还介绍了一些重要的书志，第四卷阐述了历代刻书情况。

这个时期，在报刊上发表有关论文的主要有：傅振伦《中国活字印刷术的发明和发展》（《史学月刊》1957年第8期）、冀淑英《中国活字印刷和版画》（《图书馆工作》1957年第3期）、沈燮元《明代江苏刻书事业概述》（《学术月刊》1957年第9期）、《明代的铜活字》《元明两代的木活字》（《图书馆》1961年第4期、1962年第1期）、方品光《浅谈福建古代的刻书》（《福建师大学报》1978年第1期）、顾廷龙《版本学与图书馆》（《四川图书馆》1978年第11期）等。

（二）版本图录

版本图录，民国期间著名的有《铁琴铜剑楼宋金元本书影》《盋山书影》《故宫善本书影初编》《重整内阁大库残本书影》《涉园所见宋版书影》《明代版本图录初编》等。1957年，北京图书馆（今国家图书馆）设想编纂一部大型版刻图录，以更为系统地反映中国雕版印刷成就，展示历代古籍风貌。在赵万里主持下，第二年研究、制定了编纂计划，并着手选样、摄制。1960年2月，完成编纂工作，同年《中国版刻图录》由文物出版社出版。该图录选辑雕版印刷术发明以来各个时期、各刻书地区有代表性的善本古籍500种；再从每种书中选择一、二页样张，共662幅，作为制版的底片，用珂罗版影印；各图版先按其所刊刻的时代前后归类，以展示各个不同时代的版刻风格；同一时代的图版再按地区分排，以反映同一时代不同地域的版刻特点。在雕版印刷图书的图版之后，又安排各种活字印本及历代版画的图版，以与雕版图书图版相平行，使书的图版既有联系，又各分部类。每幅书影均有详细说明，著录各书的书名、作者、版刻时间及地点，并注明版框高宽尺寸、半叶的字数行款及边栏、界行、书口状态，更对每一书的版刻优劣、印制精粗进行考订品评。读者可依据说明文字对照书影，以了解自唐迄清各个时期版刻的发展情况以及各书的版刻特点。《图录》共分三部分：刻版，收 410 种；活字版，收 40 种；版画，收 50 种。其中彩色套印诸幅，尤具匠心。

北京图书馆古籍旧本藏量原就冠于全国，1949 年后，铁琴铜剑楼、海源阁，傅增湘、潘明训、周叔弢以及商务印书馆涵芬楼等公私藏书又悉数归并，使其古籍善本多至三十余万册。《中国版刻图录》的编纂，既充分利用了北图所藏精本，又补充了其他图书馆的少数精品，最终成此大型图录，其在版本学上的价值无疑是空前的。书前有赵万里执笔以北京图书馆署名的《〈中国版刻图录〉序》，论述版刻源流，对中国雕版印刷进行了纵向史的梳理，其中论述宋元部分最为精当。

该书 1961 年又加以增订，增补图书 50 余种，最后形成 550 种古籍善本、724 幅图版的规模，由文物出版社用道林纸（1960 年版是宣纸）线装印制了 500 部。

鉴于旧时目录版本校勘之学相互融通，不像现代学科那样有十分明显的分界，而我们所论及的书例更是彼此交叉，难以作准确的归类。所以上文讲古籍书目的著录中，也包括了古籍版本学的成分。因为这些书目也著录了有关书册制度、图书刊行、版本类型与特征等项内容。

三　版本知识的普及

在"批判继承，古为今用"方针指导下，1952 年秋，北京图书馆为迎接第三届国庆节，举办了"中国印本书籍展览"，中央人民政府文物局局长郑振铎为该展览写了"引言"，北京图书馆赵万里、张秀民为该展览写了专门谈古籍版刻的文章，三文都收入这一年《文物参考资料》第四期。张文又以《中国印刷术的发明及其对亚洲各国的影响》发表于 9 月 30 日的《光明日报》，文中首次提到中国的铜活字印本，之后他又专门写了《明代的铜活字》。

从某种意义上，上面介绍的陈国庆《古籍版本浅说》和毛春翔的《古书版本常谈》都是普及型读物，是指导初学者入门之书，它们在当时的撰写和出版，反映了社会的文化需求和古籍版本知识的普及走向。《古书版本常谈》1962 年出版后，好评如潮，很受读者欢迎；1965 年再版，1977 年上海人民出版社重印，2002 年上海古籍出版社又出版了插图增订本。

另外，叶昌炽《藏书纪事诗》的新刊（古典文学出版社，1958年 5 月版）和孙殿起《贩书偶记》的增修（中华上编所，1959 年 8月版），也从兴趣到应用，为古籍版本学面向更多的读者发挥了一定的作用。总之，正是包括这类普及性读物在内的版本学论著的出版，才改变了《书林清话》专美于前的状况。

四 "三性九条"体现的理论归纳

什么样的古籍可称"善本"，历来说法不一。1978 年 3 月 28 日至 4月 8 日国家文物局在南京召开全国古籍善本书总目会议，会上对什么是善本和怎样遴选善本，进行了深入探讨，最后制定了《全国古籍善本总目》（即《中国古籍善本书目》）编辑工作的收录范围和标准。

会议认为《全国古籍善本总目》收录范围应从古籍的历史文物性、学术资料性、艺术代表性等方面进行考察。在现存古籍中，凡具备上述三方面，或虽不全备而具备其中之一、二者，均可视为善本，收入《善本总目》。而体现这"三性"原则所必须具备的标准有：（一）元代及元代以前刻印、抄写的图书（包括残本与零页）。（二）明代刻印、抄写的图书（包括具有特殊价值的残本和零页），但版印模糊、流传尚多者不收。（三）清代乾隆以前流传较少的刻本、抄本。（四）辛亥革命前，在学术研究上有独到见解，或有学派特点，或集众说较有系统的稿本，以及流传很少的刻本、抄本。（五）辛亥革命前，反映某一时期、某一领域或某一事件资料方面的稿本，以及流传很少的刻本、抄本。（六）辛亥革命以前的名人学者批校、题跋，或过录前人批校而有参考价值的印本、抄本。（七）在印刷术上能反映中国古代印刷术发展，代表一定时期技术水平的各种活字印本、套印本或有较精版画、插图的刻本。（八）太平天国及历代农民革命政权所刊行的图书。（九）明代的印谱，清代的集古印谱、名家篆刻印谱的钤印本中有特色的或有亲笔题记者。古籍中凡符合上述其中一条者，即可视为善本。以上又被简称为"三性九条"①。

　　旧时讲"善本"，多引清人张之洞和丁丙的说法。张氏在《輶轩语·语学》中说："善本非纸白版新之谓，谓其为前辈通人用古刻数种精校细勘，不讹不误之本也。"又说："善本之义有三：一足本（无阙卷，未删削）；二精本（一精校，二精注）；三旧本（一旧刻，二旧抄）。"丁丙在《善本书室藏书志》对其善本的入藏提了四点："一曰旧刻"，"二曰精本"，"三曰旧抄"，"四曰旧校"。二说共同的是强调善本必须具备两方面的价值：一是"足本""精本"，有文献价值；二是"旧本""旧抄""旧校"，有文物价值。这个说法，虽然为版本学界基本接受，但是对"善本"的诠释理解，特别是在鉴别归置等馆藏操作层面上，还存在不少难度，常常因时因人而异。而"三性九条"的制定，正是总结前人有益的经验，根据中国古籍馆藏实际，所做的比较科学的概括，它既制定了衡量一书是否属于善本的基本原则，又细化了体现这些原则所必须具备的标准，让从业者认识统一，无论是善本书目的编纂，还是善本图书的鉴定，都有章可循，方便操作。虽然，当时"文革"结束不久，乍暖还寒，所以个别标准的措辞中还有些许"左"的色彩，而且在后来的实践中发觉有些标准对"善本"要求过于严苛。更有学者指出："其实，'三性'中的后两性很难成立。如清末民国初覆刻宋元本，其精工有转胜于明仿宋刻者，很具备艺术代表性，但由于时代太近，

---

① 程千帆、徐有富：《校雠广义·目录编》第七章第四节，齐鲁书社1998年版，第319—320页。并参见诸伟奇等编著《简明古籍整理辞典》，黑龙江人民出版社1990年版，第10页。

便不能视为'善本'。此外，'九条'中成问题的也不少，如以乾隆时作为善与不善的界限"等。① 但是，"三性九条"在一个历史阶段内所相对具有的科学性，以及它对古籍版本学理论的诠释和丰富，还是有意义的。

第三节　校勘学的研究与实践

这个时期，除了"文革"十年，古籍整理事业总体上是在曲折中前进，处于渐进态势，其中一些年份如20世纪50年代和60年代前期所取得成果还是比较多的。这些古书的整理一般都经过了校勘，即使是影印图书，也有版本校勘的工序。正是这些校勘实践促进了对校勘学的研究，实证并丰富了陈垣"校法四例"等以往的校勘学理论，为校勘学理论与实践的完善做了大量的工作，从而为新时期古文献学研究论著的井喷般的涌现打下了重要的基础。

一　校勘方法的完善

首先，大量的古籍校勘实践，进一步确认了陈垣《校勘学释例》中提出的"对校""本校""他校""理校"这四种校勘方法，对整理古籍具有普遍的指导意义。同时，又对这四种校书方法，在具体操作层面进一步明确、规范和补充，从而在理论上形成新的归纳与总结。

众所周知，陈垣的"校法四例"是他《校勘学释例》（当初叫《元典章校补释例》）卷六"校例"中的一节，他总结清代学者的校勘经验提出了这四种方法，所举的例子仅限于《元典章》；而20世纪五六十年代的古籍整理实践面对的却是经、史、子、集、丛等各种内容的书籍，校勘上遇到的问题要复杂得多，处理的难度也大得多，

① 黄永年：《古籍整理概论·底本》，上海书店出版社2001年版，第14—15页。

解决这些问题和难点，从而取得的收获也多得多。其中，"二十四史"及《清史稿》的点校就是最好的说明。当初援老校《元典章》，所据本子有沈刻本、元刻本及几个抄本，而"二十四史"可供校勘的本子要多得多，本子多遇到的问题也就多，确定点校底本和主要校本及参考校本后，要对同一部史书的不同版本进行对勘、比较，找出异同，判别优劣，进而确定文本。这样的"对校"，已不是"一人持本，一人读书，若怨家相对者"那样简单的对勘，① 而是涉及同一部书的众多版本的辨析判断。又如从该书取得内证，以校该书的错误，谓之"本校"；但在点校"二十四史"中，同一件事、同一个人、同一个地方或同一个名称，往往不止一见，前后却互有差别，而其中总有正确或错误。这种情况的处理也不好简单地"以本书前后互证"，便可"抉摘其异同，则知其中之谬误"的。② "二十四史"校勘中，"他校"的情况，更加复杂多样，不是一句"从他书校本书"即可概定。在实践中，有史籍互证的，如《史记》与《汉书》，《南史》与南朝四史等；有利用史书旧注引书的，如《三国志》裴松之注；有利用类书及其他资料的，如《元史》，就参考了胡粹中《元史续编》、邵远平《元史类编》、毕沅《续资治通鉴》、魏源《元史新编》、曾庸《元史》、屠寄《蒙兀儿史记》和柯劭忞《新元史》等书。在前人校勘和研究成果的吸收上更是非常充分，仅《晋书》，就参考了张熷《读史举正》、卢文弨《群书拾补》、王鸣盛《十七史商榷》、钱大昕《廿二史考异》《诸史补遗》、洪颐煊《诸史考异》、劳格《晋书校勘记》、丁国钧《晋书校文》、张森楷《晋书校勘记》、张元济《晋书校勘记》、吴仕鉴《晋书斠注》等多种文献。

这样丰富而卓有成效的校勘实践，不止在"二十四史"点校中，在其他类别的古籍整理中也大量存在，如史部书的《洛阳伽蓝

---

① 陈垣：《校勘学释例》，中华书局 2004 年版，第 129 页。
② 陈垣：《校勘学释例》，中华书局 2004 年版，第 130 页。

记校释》（周祖谟校释）；子部书的《管子集校》（郭沫若等撰）、《梦溪笔谈校证》（胡道静校注）等；集部的文学古籍的精校本就更多，如李一氓校的《花间集》，王仲闻校的《南唐二主集》，张友鹤辑校的《聊斋志异》（会校会注会评本），吴晓铃等编校的《关汉卿戏剧集》，徐沁君校的《新校元刊杂剧三十种》，钱南扬校的《汤显祖戏曲集》等。这里着重介绍一下瞿蜕园、朱金城的《李白集校注》。

《李白集校注》，校勘以清乾隆刊本王琦辑注《李太白文集》为底本，以宋刊本《李太白文集》、日本静嘉堂藏（皕宋楼旧藏）宋刊本《李太白文集》、元刊本《分类增注李太白集》、《四部丛刊》影印明本《李太白文集》、清刊本《李诗通》、清康熙缪曰芑刊本《李太白文集》、清何焯校明刊本《李翰林集》、清黄丕烈校缪曰芑刊本《李太白文集》、刘世珩影刻宋咸淳本《李翰林集》为主要校本，又以《唐人选唐诗》《河岳英灵集》《又玄集》《才调集》《唐文粹》《乐府诗集》《唐人万首绝句》及《文苑英华》等唐、宋两代重要总集及选本参校。注释及评笺更广搜历代李白诗注和诗话、笔记、考证资料及近人研究成果。全书搜罗、采摭的版本和有关资料宏富而完备。如此广采异本、汇为一炉的校勘，为之前历来李白诗文集所无。该书20世纪60年代即交稿，中华上编所于1965年付型，可惜遭遇"文革"，瞿蜕园1973年去世，该书亦稽至1980年方由上海古籍出版社出版。

二 校勘学理论的归纳和补充

这个时期，校勘学论著虽数量不多，但质量很高，价值很大，影响也不小。其中最突出的，就是王欣夫的《文献学讲义》和张舜徽的《中国古代史籍校读法》。

（一）王欣夫《文献学讲义》

王欣夫（1901—1966），名大隆，字欣夫，号补安，后以字行。

祖籍浙江秀水，自祖父移居江苏吴县。少时受学于曹元弼、金松岑，其父喜藏书，室名"二十八宿斋"，受此熏陶，遂亦喜藏书，擅目录版本校勘之学，曾编刊《己亥丛编》《辛巳丛编》、黄丕烈《荛圃藏书题识续录》、顾广圻《思适斋书跋》等多种，任上海圣约翰大学国文教授。1952 年转入复旦大学中文系，任教授。20 世纪 60 年代初，他抱病撰写《蛾术轩箧存善本书录》，著录古籍约一千种，其中稿本、抄本及精校本甚多。他为各书撰写提要，对书的版本、内容、流传及作者、批校者、抄写者、收藏者的生平行事都做了较为详尽的考索，为读者提供有关目录、版本、校勘等方面的丰富知识。

《文献学讲义》是他在讲授古文献学课程时的讲稿，当时虽未公开出版，但他生前一直在课堂上讲授，在复旦大学印过油印讲义。这个讲义从目录、版本、校雠三个方面，综合性地对古文献学的流变概况进行论述，是同时期最具古文献学实践操作和理性归纳的著作。"校雠"是全书四章的最后一章，也是分量最多的一章。全章共十节，第一节讲校雠的起源，解释什么是校雠。第二节讲校雠学的重要性，强调凡是古书，总是有错误的，精刻精校本的错误比较少些，但还是需要校勘，即使是宋版书也不可尽信，古书有因一字之误而造成种种谬误的。[1] 第三节讲校雠的必备条件，强调校书要"备具众本""应该就力之所及，目之所见，遇到一本便校一遍"；又强调文字、音韵、训诂在校勘中的重要作用，并列举了学习文字、音韵、训诂的主要书籍；还介绍了"校雠方法的派别"，指出"赏鉴家是用死校法的，这是一派；校雠家是用活校法的，这又是一派"[2]。第四节标题是"校雠所根据的材料"，实际上是讲校例，有据众本合校例，据本书互校例，据上下文互校例，据同类书互校例，

---

① 王欣夫：《文献学讲义》第四章第二节，上海古籍出版社 2005 年版，第 160—170 页。
② 王欣夫：《文献学讲义》第四章第三节，上海古籍出版社 2005 年版，第 170—181 页。

据本书古注校例，据古类书校例，据释、道藏书校例，据甲骨金文及古印、石刻等校例，提供了很多切实有用的校勘实例。另外，还讲了如何写校记和正误表。

该章从第五节开始讲授校勘学史。第五节讲汉代刘向、刘歆父子的校雠学，还以较长的篇幅介绍了今人孙德谦对刘向父子的研究，孙有《刘向校雠学纂微》一书。第六节讲东汉、魏、晋人的校雠学，重点介绍许慎、郑玄、高诱、荀勖、束晳等人的校勘成就。第七节讲南北朝和唐代人的校雠学，述及邢邵、颜之推、陆德明、颜师古、韩愈等人的校勘实践，指出陆德明《经典释文》"是一部内容很丰富、价值很高的校雠学巨著"①。认为唐人重视校勘，其时"政治由北并南，而学术则反由南并北"，"统治者的注意文化事业，一面征求遗书，建馆储藏；一面延聘通儒，从事校理"。"所以有唐一代，校雠的成绩仍是巨大的。"② 第八节讲宋、元、明人的校雠学，主要述及吴缜、洪兴祖、郑樵、彭叔夏、方崧卿、朱熹、张淳、岳珂、毛居正、刘世常、吴师道、刘绩、胡应麟诸位校勘名家。指出宋代不仅重义理，也重考据、校勘，如朱熹不仅是理学大师，也是校勘学大家。③ 他还着重评析了郑樵《校雠略》、彭叔夏《文苑英华辨证》和胡应麟《少室山房笔丛》诸作。第九节讲清代校勘学，论及卢文弨、戴震、钱大昕、段玉裁、章学诚、王念孙、王引之、阮元、顾广圻等名家，内容丰富，侧重明确。最后一节讲现代的校勘学，论及鲁迅、郭沫若、马叙论、陈垣、杨树达等人的校勘实践和理论。

（二）张舜徽《中国古代史籍校读法》及其他

张舜徽④的《中国古代史籍校读法》完成于 1958 年初，1962

---

① 王欣夫：《文献学讲义》第四章第七节，上海古籍出版社 2005 年版，第 216 页。
② 王欣夫：《文献学讲义》第四章第七节，上海古籍出版社 2005 年版，第 215 页。
③ 王欣夫：《文献学讲义》第四章第八节，上海古籍出版社 2005 年版，第 232 页。
④ 张舜徽生平详见本卷第七章。

年7月由中华上编所出版，全书分通论、分论上、分论下、附编四编。第一编通论分两章：第一章讲阅读古籍的技能，首先要识字，还要能句读，懂文章，会注释；第二章介绍古书流别、部类、传播和版本。

分论上下编各四章：分论上第一章讲古籍为什么要校勘，涉及校勘的定义、范围、内容。第二章讲校书的依据，也就是靠什么进行校勘，指出既要依据古本、古注和类书等资料，又不可尽据，强调应重视对清人精校精刊本及近人校勘成果的利用。第三章进一步讲校书中应注意的问题，例如：要尽量掌握古书衍、脱、讹、倒等错误产生的规律；要多读书，只有熟读才能理解文义，才能胜任校勘；还要掌握历代避讳等各个方面文史知识。第四章讲怎样进行校书，即校书的注意事项：一是不完全迷信所谓古本；二是不轻易改字；三是凡校改，必须有切实的理据；四是校勘的具体方法，综述了叶德辉、朱希祖二家之长，特别就陈垣的校勘法进行了论述。

分论下讲读书，这里的读书不是一般的随性而读，而是在校勘意识下的读书。第一章介绍古书的各种知识；第二章讲古人著述的体要，并再次指出古人书籍中不可能没有疏误；第三章强调读史书时阅读全史的重要性，以及各史的具体读法要点；第四章结合读书谈整理史料的方法。

附编分两章，一章讲辨伪，另一章讲辑佚。

1956年9月，湖北人民出版社出版了张舜徽的《中国史论文集》，其中《论宋代学者治学的广阔规模及替后世学术界所开辟的新途径》，以很长的篇幅谈了校勘问题。他说："校勘书籍的工作，自汉代以后，以宋人为之最勤，而范围也最广。"以下他称举了二十多位宋代校勘家，并着重指出："像郑樵、朱熹，是特别擅长于校勘的专门名家。郑樵在学术史上不可磨灭的功绩，是在于把'校雠'肯定为专门学问，列为《通志》二十略之一，篇帙虽不太多，但却对于书籍的编次、类例、存亡等问题，讨论得极其显豁，将校雠古书的作用，引入'辨章学术、考镜源流'这一条路上去，这是他的一种创见。"① "朱熹校勘群书，极其仔细审慎，首先提出不可随意改字的道理。……指出了在校书过程中，复不可盲目自信从古本。"他还提道："校勘书籍的工作，到宋代特别发达，这和当时印刷术的盛行是分不开的。"② 他强调"校勘学与训诂学，是关系最为密切的两种学术研究工作"。他以高邮王氏父子为例，指出王念孙"不独校勘《广雅》很精密，推之整理群经、子、史，在校勘方面，也取得辉煌成绩"。"王氏父子的校书工作，大部分精力集中在校订经典方面，同时也旁及周秦诸子。我们只看《经义述闻》和《读书杂志》二书中所取得的成绩，是十分令人叹服的。"③ 他还以清代刘文淇的一段话："昔宋彭叔夏作《文苑英华辨证》，其体例大约有三：实属承讹，在所当改；别有依据，不可妄改；义可两存，不必遽改。"再次强调校勘古书中不妄改字的原则。④

20 世纪 40 年代，张舜徽曾撰写《广校雠略》，有 1945 年长沙排印本。1963 年中华书局予以增订重版。张舜徽 1962 年 8 月在《广校雠略自序》中，再次重申校雠学应合目录、版本、校勘乃至传注之学于一炉，故称"广校雠略"⑤。

（三）其他论著

这个时期，涉及古籍校勘学研究的著作（依出版时间先后），

　　① 张舜徽：《论宋代学者治学的广阔规模及替后世学术界所开辟的新途径》，《张舜徽学术论著选》，华中师范大学出版社 1997 年版，第 197—198 页。
　　② 张舜徽：《论宋代学者治学的广阔规模及替后世学术界所开辟的新途径》，《张舜徽学术论著选》，华中师范大学出版社 1997 年版，第 198—200 页。
　　③ 张舜徽：《清代扬州学记》第三章三，《张舜徽集·清代扬州学记》，华中师范大学出版社 2005 年版，第 69—70 页。
　　④ 张舜徽：《清代扬州学记》第七章三，《张舜徽集·清代扬州学记》，华中师范大学出版社 2005 年版，第 172—173 页。
　　⑤ 张舜徽：《广校雠略自序》，《张舜徽集·广校雠略》，华中师范大学出版社 2004 年版，第 4—5 页。

还有王重民整理的《校雠通义》（古典文学出版社 1956 年 1 月出版），清人章学诚《校雠通义》是一部阐述目录校勘学方法、理论的重要著作，王重民以其渊博的学识对该书进行整理、诠释和串讲，总名之曰"通解"。并辑录章氏五篇有关目录校勘学论文，及所编《章学诚大事年表》附于书后。还有张元济撰、顾廷龙编的《涉园序跋集录》（古典文学出版社 1959 年 1 月出版）。

其间，报刊发表有关校勘学研究的文章有 20 余篇。其中，有的涉及校勘学的界义和功用，如校勘学与研究中国古籍文献的关系；有的涉及校勘学通例，如整理古籍能不能删改原文；有的涉及校雠史研究，如对郑樵及其《通志·校雠略》的论述；有的涉及校勘方法，既有泛论，也有专说某朝某人之校事，或兼及校勘、标点两方式；更多的是涉及校例的，或校考某类史料，或单说某个书篇，或订误指瑕，或有关通假字、古今字等异体字的处理。诸文虽长短不一，然多真知灼见，颇见当时业界求真务实的学风。①

中华书局主办的《文史》和中华上编所主办的《中华文史论丛》，分别在其"编者题论"和"编例"中明确规定刊物征稿范围包

---

① 涉及校勘通论的主要有：呼延虎《向删改古籍者进一言》（《人民文学》1956 年第 10 期）、何文广《校勘学对于研究中国古典的作用》（《光明日报》1957 年 3 月 31 日）、傅璇琮《关于古籍校勘工作的一点意见》（《光明日报》1957 年 10 月 27 日）、武雷《校勘小议》（《文史》1978 年第 5 期）；涉及校勘史研究的主要有：李希泌《郑樵与校雠学》（《图书馆》1962 年第 4 期）；涉及校勘方法的主要有：胡道静《关于校勘方面的问题——与俞平伯先生商榷》（《光明日报》1959 年 12 月 13 日）、彭铎《古籍校读法》（《光明日报》1961 年 11 月 18 日）、赵仲邑《校勘的方法》（《羊城晚报》1962 年 8 月 9 日）、曹济平《谈"校点"》（《光明日报》1963 年 3 月 10 日）、罗继祖《宋人校书》（《吉林大学学报》1963 年第 2 期）；涉及校例的主要有：李子春《三年来西安市郊出土碑志有关校补文史之资料》（《文史参考资料》1957 年第 9 期）、王佩净《汉魏两晋南北朝群书校释录要》（《华东师范大学学报》1957 年第 3 期、1958 年第 3 期）、老调《对一本讲校勘的书的校勘》（《文汇报》1962 年 8 月 29 日）、经君健《校对一条史料》（《历史研究》1962 年第 6 期）、许大龄《读〈校对一条史料〉》（《历史研究》1963 年第 3 期）、丁小先《从校点〈晋书〉谈起》（《文字改革》1963 年第 2 期）、熊仓《在重印非专业阅读的古籍中淘汰通假字》（《光明日报》1964 年 10 月 14 日）、雪克《孙籀顾校〈山海经〉错简例》（《杭州大学学报》1963 年第 2 期）、庞朴《〈白马论〉一勘》（《光明日报》1962 年 7 月 13 日）、王季思《整理〈西厢记〉异体字的几点经验》（《光明日报》1961 年 9 月 6 日）、高熙曾《马致远〈破幽梦孤雁汉宫秋〉杂剧校识》（《河北大学学报》1963 年第 4 期）等。

括"版本、目录、校勘、训诂的研究论文"与关于"古籍和古籍整
理工作的研究"。凡此，都对古籍校勘学起到促进作用。

三　校勘条例的规定

校点一部古书，首先要制订校点体例（或称凡例、条例等）。
无论是校点、校注，还是影印，也无论项目的篇幅大小和内容难
易，这都是开始整理古书时必须要做的。有了体例，就要按章实
施，在实施过程中，对体例会有不同程度修改，直至完善执行，有
条不紊。体例的制定，对一些大项目的整理，如《资治通鉴》、
"二十四史"之类尤其重要。

1954 年底，《资治通鉴》点校委员会组成后，首先就制定点
校《凡例》。同样，1958 年，"二十四史"整理甫一上马，很快就
制定了《二十四史使用标点符号示例》和《二十四史分段和提行
示例》，第二年又制定了《点校二十四史补例》。1963 年，"二十
四史"点校工作由"分散点校"改为"集中点校"后，又制定了
《关于校勘二十四史的几点意见》和《二十四史标点使用办法举
例》等条例。

条例中关于"校勘"的部分，明确了"二十四史"的校勘原则、
方法、步骤及校记的撰写等，如"三可改""五不改"原则。[①] 而且，
各史在点校中都制订了本史的点校体例和细则。

诸如此类的条文、体例还有不少，像《全宋词凡例》中关于校
勘就有四条之多，如规定："词集底本有讹夺者，尽可能以他本改
校补，并一一注明自出"；前人于宋词误题误收者，对"确知其误者
删归存目，凡其词非宋人作品，不见于是编其他作者名下者，另附录
备考。其疑不能决者互见之。有撰人姓氏可考而以为无名氏作品
者⋯⋯一一归入原作者名下"；还对因"文献不足，无从断其真伪"

---

① 详本卷第三章第二节二。

的词及宋人话本小说中所载的词，都有明确的处理规定。① 正是由于
这些校勘条例的制订并严格执行，为"二十四史"等诸多古籍整理
的优质完成起到了极其重要的作用，并为后来《古籍校点通则》这
样业界指导性文件的制定打下了良好的基础。

第四节　辑佚学与辨伪学的进展

一　对辑佚学的研究

辑佚，就是将已经亡佚，但仍然有散存于其他载体中的古籍零星
资料搜辑起来，经过考订，并按一定的体例整理编排，使之全部或部
分恢复原貌的工作；研究这项工作的目的、内容、类型、方法、成果
及其历史的学问称辑佚学。新中国前三十年的辑佚学研究主要停留在
叙述介绍的层面上，未能取得大的突破。其间，涉及对辑佚和辑佚学
研究的论著主要有张舜徽《中国古代史籍校读法》、胡道静《中国古
代的类书》、李宗邺《中国历史要籍介绍》、吴孟复《古书读校法》
中的部分章节，以及报刊上发表的一些论文。

（一）张舜徽《关于搜辑佚书的问题》

张舜徽在 1945 年撰成、1963 年增订出版的《广校雠略》中就载
有《搜辑佚书论》。该论共五篇，依次为《辑佚之依据》《古人援引
旧文不可尽据》《辑佚之难于别择》《辑佚之必须有识》《辑佚为学
成以后之事》，各篇分别就如何辑佚、辑佚要籍、辑佚应注意的事
项、辑佚的难度等问题做了阐释。

张舜徽在他 1962 年出版的《中国古代史籍校读法》第四编第二
章《关于搜辑佚书的问题》中，更深入地对辑佚和辑佚学进行了论
述。全章三节，第一节讲古书散佚的原因。他认为古书的散佚，不仅
因为历代王朝更替之际的祸乱，更是由于"书籍本身发生、发展、

---

① 唐圭璋编：《全宋词》，中华书局 1965 年版，第 1 册，"凡例"第 14—15 页。

变化的情况"，即"同内容的书籍……发展到了日益增多的阶段"，"每每新的代替了旧的，而旧的便渐由湮废以至于亡佚"；其次，历史上每当"由分裂发展为统一的局面的时候，便有人重新做一番综合整理的工作，把零散的旧史料编成综合体的新书。从这种新书通行于世以后，那些原有的许多片面记载，渐渐被人们扬弃了，这自然又要散失一部分书籍"①。指出古代书籍散佚的外在和内在原因，从总体上说是由于当时传播的艰难。

　　第二节讲辑佚工作的展开和取材的依据，其中涉及辑佚史的内容。他和前辈学者一样，认为"这一工作，是从宋代学者开始动手的"。"宋代学者不独已经动手搜辑佚书，并且还对这一工作，提出了指导性的理论"，在高度称道郑樵的同时，也指出了他关于辑佚论说的缺点，强调"真正从事搜辑佚书，便应该十分审慎精密"②。该节以较大的篇幅肯定了清代学者对辑佚工作所做的重要贡献，认为"清代学术界辑佚工作的能够普遍展开，和乾隆年间的修《四库全书》有着很密切的联系"，指出"先后从《永乐大典》中辑出之书录入《四库全书》和登记在《四库全书存目》中的，计经部六十六种，史部四十一种，子部一百三种，集部一百七十五种，共三百八十五种，四千九百二十六卷。……这是中国历史上空前的大规模的搜辑佚书的成果！"③ 他分析这些成果的取得，学术上的原因是当时"朴学家们实事求是的治学风气，用的方法比较过去精密多了。于是'辑佚'便成为当时学术界中心工作之一，取得的成果也特别显著"④。

---

　　① 张舜徽：《中国古代史籍校读法》第四编第二章第一节，《张舜徽集·中国古代史籍校读法》，华中师范大学出版社 2004 年版，第 445 页。

　　② 张舜徽：《中国古代史籍校读法》第四编第二章第二节，《张舜徽集·中国古代史籍校读法》，华中师范大学出版社 2004 年版，第 447—449 页。

　　③ 张舜徽：《中国古代史籍校读法》第四编第二章第二节，《张舜徽集·中国古代史籍校读法》，华中师范大学出版社 2004 年版，第 449—450 页。

　　④ 张舜徽：《中国古代史籍校读法》第四编第二章第二节，《张舜徽集·中国古代史籍校读法》，华中师范大学出版社 2004 年版，第 449 页。

这一节，张舜徽还讲了辑佚的途径和方法，指出辑周秦古书，要选取子史类书和汉人笺注；辑汉魏经书遗说，要选取唐人义疏；辑历代遗文，要选取诸史和总集；辑小学训诂书，要选取《一切经音义》；而唐宋类书，则是辑佚一切书的仓库。

第三节主要讲以往学者在辑佚中的错误和我们的应对。首先他肯定了近人刘咸炘《辑佚书纠缪》中指出的辑佚书四大弊端：第一是漏，第二是滥，第三是误，第四是陋，认为"这些，都切中了辑佚家的通病"。他论述道"从事辑佚工作，不但应该通校雠、精目录，对古书体例、学术流别有个了解；即古人写作的编排形式，也应该注意照顾每一时代的习惯和常例"；"其次，以他书所引用的材料作为辑佚的根据，如果审核不精，辨识不密，便容易误以他书为古书，妄加钞辑，和原书毫不相符"①。这里，他特别强调了辑佚者的学术功底和对所辑书的了解。同时他建议我们在利用前人辑佚成果时，如果发现一部古书有几个辑本，最好采用最后写成的本子。他还告诫学人如果从事辑佚工作，"必须在某一门学问已经取得基本知识以后，才能向这方面用功。不然，便容易流于舍近图远，不切实际，很难取得成就"②。

（二）其他论著

胡道静在 1962 年发表了《由地志的伏流谈清人辑佚工作——影印本〈汉唐地理书抄〉读后记》（《文汇报》1962 年 6 月 5 日）一文。他在 1966 年撰成的《中国古代的类书》中专门论述了类书在辑佚中的特殊作用。文中，他分析了历代古籍的散佚和类书在辑佚中的价值：

---

① 张舜徽：《中国古代史籍校读法》第四编第二章第三节，《张舜徽集·中国古代史籍校读法》，华中师范大学出版社 2004 年版，第 451—452 页。
② 张舜徽：《中国古代史籍校读法》第四编第二章第三节，《张舜徽集·中国古代史籍校读法》，华中师范大学出版社 2004 年版，第 455 页。

　　我国长期封建社会中所遗留下来的古籍很多，但历来保存不善，兵火涛多，散失的情况也极其严重。古籍之确实存在的，在比数上就显得很少。历代有些学者，因发见古类书、选本以及四部书的旧注中引用了不少已佚古籍的片段，特别是古类书中更为渊薮，若加以辑录（从工作方法上来说，这实际上是一种"变换装置"的手段，类书本身是以逐个部类来辑录，辑佚书则是以逐个书来辑录），尽可能的拼凑起来，便能回复不少已失去的古籍，就利用这种引书众多的书籍来做辑佚的工作。①

　　这里，作者指出正是类书的性质和特点，决定了它在辑佚中的重要作用。同时也简扼地讲到了利用类书辑佚的工作方法。

　　文中，他引据史例，说明："辑录佚书的实践，在北宋季年已开始。"② 并引用明代胡应麟、祁承㸁、吕兆禧等人的论述，在肯定明人的辑佚工作的同时，指出："明人辑佚的通病，是不把出处注明。"③

　　他以较大篇幅讲述清人利用类书辑佚的实践，肯定了他们所取得的成就，认为"清代辑佚之举，蔚成巨业"。究其原因，"一是，清代汉学家治经，欲恢复汉儒的原貌，而汉儒经注多已散佚，所以他们的研究工作，首先就要从辑佚着手"；"另一是，乾隆中官修《四库全书》，从《永乐大典》中辑出历代佚书特别是宋、元两代的佚书三百八十八种（下注连《四库存目》为五百十五种），大大地丰富了当时的书囊，给予辑佚工作者一大刺激"④。他列举了惠栋、余萧客、

---

① 胡道静：《中国古代的类书》第二章（二），中华书局1982年版，第24页。
② 胡道静：《中国古代的类书》第二章（二），中华书局1982年版，第25页。
③ 胡道静：《中国古代的类书》第二章（二），中华书局1982年版，第26页。
④ 胡道静：《中国古代的类书》第二章（二），中华书局1982年版，第26页。

王谟、洪颐煊、章宗源、严可均、黄奭、马国翰、王仁俊，乃至鲁迅、余嘉锡、朱启钤、刘敦桢、张国淦、范行准、赵万里、唐圭璋、隋树森等人的辑佚成果。

胡道静自己就是从类书中辑佚的实践者。他从《永乐大典》中辑得宋代吴怿的园艺学著作《种艺必用》及元代张福对此书的补遗，校录为一书，由农业出版社于 1963 年 2 月出版。

李宗邺在 20 世纪 50 年代撰成《中国历史要籍介绍》，该书 1957 年曾由沈阳师范学院内部刊印，"文革"后修订由上海古籍出版社出版。书中论述了《竹书纪年》《世本》《东观汉记》《帝王世纪》《旧五代史》等十余部史部辑佚书，并以史籍的角度涉及了辑佚史的知识，还以辑佚的眼光重新审视了"伪书"，启迪人们重新认识辑佚的内涵。

吴孟复的《古书读校法》始作于 20 世纪 60 年代，该书第四章《辨伪、辑佚与校雠、训诂》中将"辑佚与辑佚书"专列为一节。他首先考证了何为"辑佚"；指出"辑佚工作始于宋"，"现传的最早辑本当为王应麟之《三家诗考》、《周易郑康成注》"；"明代孙珏辑了一部《古微书》，是专辑'纬书'的，张溥的《汉魏百三名家集》则开始辑录诗文"；到了清代，辑佚的风气大盛。"清人辑佚，主要注意经说"，但也有史书、诸子和诗文集。现当代辑佚的范围就更广了。文中，他还介绍了辑佚资料的来源，一是类书，二是史书，三是总集，四是地志，五是古书注解，六是杂纂、杂钞，七是随笔、诗话、读书杂记等，八是金石，九是报刊。他着重介绍了几部大型的辑佚书，如《武英殿聚珍版书》、《经典集林》、《汉魏遗书抄》、《玉函山房辑逸书》、《黄氏逸书考》（即《汉学堂丛书》）等。强调从事辑佚工作"应知道辑佚中可能产生的错误，从而更加谨严从事"①。

---

① 吴孟复：《古书读校法》第四章二，安徽教育出版社 1983 年版，第 98—103 页。

　　单篇论文方面，许忆彭的《略谈辑佚书》，虽然只是简单性的介绍辑佚书，但却是新中国最早公开发表的研究辑佚学的文章。①该文从辑佚的角度重新审视"伪书"，认为所谓的《伪古文尚书》是一部辑佚书。关于辑佚学通论方面的论文，还有上文提到的胡道静《由地志的伏流谈清人辑佚工作》。这个时期，涉及辑佚学内容比较多的是关于个案和专题的研究，如陈梦家《〈世本〉考略》，②该文对先秦重要典籍《世本》的内容体例、史志著录、别本、流传、亡佚及南宋以后的辑刊等颇多发见，显现了陈氏史学大家风范。又如张涤华《〈别录〉的亡佚及其辑本》，③认为西汉刘向、刘歆的《别录》和《七略》是综合性解题目录的鼻祖，清人辑录《别录》者有多家，贡献很大。该文论述了《别录》的亡佚年代和各家辑本的优劣，是最早系统研究《别录》辑本的文章，于目录学、辑佚学研究有较高的参考价值。涉及个案辑佚的文章，还有端木蕻良《吴梅村佚诗八首》（《文汇报》1957年4月1日）、卞孝萱《发现一篇吴敬梓的骈文》（《文汇报》1961年8月6日）、范明桥《冯梦龙的〈春秋衡库〉及其遗文轶诗》（《江海学刊》1962年第9期）等。

　　这一时期，对鲁迅辑佚工作的研究还是比较突出的，有林辰的《鲁迅〈古小说钩沉〉的辑录年代及所收各书作者》《鲁迅计划中〈古小说钩沉〉的原貌》④和刘纪泽的《鲁迅对于校勘和辑佚的工作》⑤。林文考订了《古小说钩沉》的辑撰时间和古佚小说的作者、内容、流传，并对其在《鲁迅全集》中的编排次序提出异议。刘文

---

　　①　许忆彭：《略谈辑佚书》，《人文杂志》1957年第2期。
　　②　陈梦家：《〈世本〉考略》，《周叔弢先生六十生日纪念论文集》，1951年自印本，第263—270页。
　　③　张涤华：《〈别录〉的亡佚及其辑本》，《合肥师范学院学报》1963年第2期。
　　④　林辰：《鲁迅〈古小说钩沉〉的辑录年代及所收各书作者》，《光明日报》1956年10月21日；《鲁迅计划中〈古小说钩沉〉的原貌》，《光明日报》1960年10月30日。
　　⑤　刘纪泽：《鲁迅对于校勘和辑佚的工作》，《开封师范学院学报》1957年。

则对鲁迅的古籍校勘和辑佚工作做了较为全面的研究总结。

二 对辨伪学的研究

古文献学上所说的辨伪，就是对典籍文献的真伪进行鉴别考察，以认定该典籍文献的真实作者、年代，体现其原本的文献归属。辨伪学以辨伪工作和辨伪成果为研究对象，包括辨伪理论、辨伪方法和辨伪史的研究。新中国前三十年的辨伪学，与20世纪三四十年代及其后的20世纪80年代比，总体上处于相对停滞的时期，成果不是很突出。在论著方面，还是应提到张舜徽《中国古代史籍校读法》及其后吴孟复所撰的《古书读校法》中的部分章节。

（一）张舜徽《关于辨识伪书的问题》

张著在第四编第一章《关于辨识伪书的问题》中分三节讨论，第一节讲"伪书是怎样出现的"，分析了"究竟后人为什么要造伪书"。张氏分析主要原因有四种：一是为托古，因为在一般人的心里，多尊古而轻今、厚古而薄今，所以作伪者以古人而取重于当时。二是为邀赏，每逢朝廷下诏求书，献书有赏时，一些投机取巧者便制造伪书，以行欺牟利。三是为争胜，旧时学人往往相互轻视，每有学术争论，名齐才等之人"更猜忌如仇雠"，为取胜对方，便有伪造古书古说以为己证的。四是为了政治斗争，不同势力为"植党营私，各不相下，乃至伪造书籍，彼此诬蔑"①。还有挟私嫌而伪造书籍，以相毁谤的，如伪作《补江总白猿传》之诬陷欧阳询。第二节专门论述汉代学者为辨伪所做的开启工作。指出"辨伪工作，一开始便和校书工作结合在一起"，汉代学者正是"通过校书来考定古书真伪和时代的"。并以此总结出汉儒辨伪"六例"，一是"明定某书为依托，但未能的指其人"；二是"从文辞方面，审定系后人

---

① 张舜徽：《中国古代史籍校读法》第四编第一章第一节，《张舜徽集·中国古代史籍校读法》，华中师范大学出版社2004年版，第433页。

依托"；三是"从事实方面，审定系后人依托"；四是"明确指出依托之时代"；五是"明确指出系后世增加"；六是"不能肯定的，暂时存疑"。第三节讲辨伪方法。首先，他肯定了明人胡应麟在《四部正讹》中所说的考订伪书八法和梁启超在《中国历史研究法》中提出的辨识伪书的十二条公例，强调了"辨识伪书，是做学问的人必须学会的本领"。继之又"着重指出：'学者如遇伪书而能降低其时代，平心静气以察其得失利弊，虽晚出赝品犹有可观，又不容一概鄙弃。'"①。

（二）其他论著

吴孟复《古书读校法》是将"辨伪"与"校雠"放在一节中论述的。在"辨伪"中，他分三个方面进行了论述：首先对伪书情况，分"时代问题""作者问题""部分伪作""前人辨伪情况"四个方面进行了分析，涉及辨伪理论和辨伪历史的研究。文中，特别提到了有些伪书"也有采取了一些其他古书而加以拼凑，形成半真半假、有真有假的"。还指出："前人所论，也并非即系定论，《逸周书》、《晏子春秋》、《尉缭子》、《六韬》、过去均论定为伪书。近年来，由于帛书竹简的发现，已经证明了实非伪托。"② 接着讲解辨伪方法。作者从前人关于辨伪方法的论述中，综取其切实可行者，讲述了四个要点：一是要查书目著录与书刊考核之文，充分利用前人成果；二是查作者；三是查征引情况；四是查时代思潮、社会风尚和作者的文章风格。最后强调对伪书的利用，指出："有些伪书，成书于魏晋或唐宋，虽然是掇拾他书拼凑而成；但是，如果那些原书已经佚失，则这可看作佚书的部分材料。"③

---

① 张舜徽：《中国古代史籍校读法》第四编第一章第三节，《张舜徽集·中国古代史籍校读法》，华中师范大学出版社 2004 年版，第 438—441 页。

② 吴孟复：《古书读校法》第四章一，安徽教育出版社 1983 年版，第 92、93 页。

③ 吴孟复：《古书读校法》第四章一，安徽教育出版社 1983 年版，第 94—95 页。

1957 年，张心澂《伪书通考》修订本出版，该本共收书 1104 种，较初版增加 45 种。

辨伪既是古文献学中的专门之学，又是中国传统学问考据学中一项重要内容，所以有的学者认为它不属于古籍整理的方法和工序。但正是由于它与考据学的天然关系，所以这方面的论著虽不多，但价值颇高，如顾颉刚 1955 年所作的《〈古籍考辨丛刊〉（第一集）序》及"后记"，1957 年刊于《历史研究》的《〈战国策〉之古本与今本》，三联书店 1955 年出版的罗尔纲《太平天国史料辨伪集》，胡念贻 1957 年刊于《文学遗产》的《关于〈诗经〉大部分是否民歌的问题》等。

20 世纪 70 年代新出土一大批古文献，如：1971 年，安徽阜阳西汉汝阳侯夏侯灶墓出土了《晏子春秋》残简；1972 年，山东临沂银雀山汉墓出土了《孙子》《孙膑兵法》《管子》《六韬》《尉缭子》《晏子春秋》《墨子》等残简；同年，长沙马王堆汉墓出土了帛书《老子》《战国纵横家书》《易》以及阴阳、天文、五行、杂占等 10 余种 12 万余字；1973 年，河北定县汉墓出土了《晏子春秋》《论语》《儒家者言》《哀公问五义》《文子》《太公》等 8 种残简；1975 年，湖北云梦睡虎地出土了《编年纪》《日书》等 10 种秦简；1978 年，青海大通孙家寨汉墓出土了与《孙子》有关的汉简。这些新出土古文献，以实际证据冲击了辨伪学以往的一些考辨结论，像《文子》《尉缭子》《鹖冠子》等已不能再说是伪书了。新发现、新证据，促使学术界对前人的辨伪理论、辨伪方法、辨伪成果给予重新审视、考辨和修正。

第五节　对古籍注释与今译的研究

新中国前三十年，各类古籍注释本、今译本的整理出版是一个较为突出的现象。从大量的注释、今译实践中，总结经验，寻找规律，如确定注释、今译的主要功用就是重在普及，为中等文化程度读者服务，兼顾普及功用与学术品质，哪些内容需要注释，应该注释到什么程度，① 今译风格的多样化，② 等等，进一步推动了对注释、今译的研究。

――――――――――

① 其间，在报刊上发表关于注释研究的文章数量不少。其中，涉及通论的主要有 15 篇：郑振铎《为做好古典文学的普及工作而努力》（《人民日报》1953 年 10 月 21 日第 3 版）、吴伯林《古籍笺注问题》（《新建设》1958 年第 7 期）、尹一耕《谈"注释"》（《人民日报》1959 年 11 月 3 日）、江春《古书的注释和今译工作》（《新民晚报》1961 年 1 月 5 日）、柏园《替读者着想》（《光明日报》1961 年 4 月 4 日）、一知《发挥注释的作用》（《人民日报》1961 年 6 月 9 日）、耿介《力求避免对古代作品的误解》（《光明日报》1961 年 6 月 11 日）、束世澂《谈古书注释》（《文汇报》1961 年 8 月 27 日）、彭铎《古籍校注》（《光明日报》1961 年 11 月 18 日）、沈文卓《传记注音疏》（《光明日报》1962 年 1 月 27 日）、芮棘《也谈注释》（《光明日报》1962 年 3 月 11 日）、胡云翼《谈谈唐宋词的选注工作》（《光明日报》1962 年 6 月 15 日第 4 版）、亦怀《说注疏》（《文汇报》1962 年 8 月 10 日）、胡念贻《略谈古典文学选注工作中体现批判精神问题》（《文汇报》1963 年 9 月 16 日）、舒宝璋《请准确地为古籍难字注音》（《文字改革》1963 年第 5 期）、何善周《谈注解古书》（《吉林师大学报》1978 年第 3 期）。

结合选文、注释等具体案例研究的主要有 19 篇：尹士景《古农书今释》（《河北日报》1957 年 5 月）、"书讯"（《光明日报》1959 年 8 月 16 日）、柏园《替读者着想的一例（注释问题）》（《光明日报》1961 年 4 月 4 日）、张玫《建议古书用夹注》（《文汇报》1961 年 11 月 25 日）、马声健《古典作品选注工作的新收获——评〈李白诗选〉》（《光明日报》1961 年 12 月 24 日）、萧涤非《读〈唐诗选〉注释随笔》（《光明日报》1961 年 12 月 24 日、31 日）、叟甫《汉魏六朝文学读本中几条注释的商榷》（《光明日报》1962 年 1 月 7 日）、洪济《对古典文学选注工作的一些看法——摘自人民文学出版社的工作小结》（《光明日报》1962 年 1 月 21 日第 4 版）、杨梅《"注""疏"的例外》（《羊城晚报》1962 年 7 月 15 日）、茹辛《从"扬花复荜"谈到注本的引文问题（附：肖涤非关于"杜甫研究"注文的几点说明一文）》（《光明日报》1962 年 11 月 4 日）、马茂元《从胡云翼同志的〈宋词选〉来谈古典文学选注工作中的一些问题》（《光明日报》1963 年 2 月 17 日第 4 版、24 日第 4 版）、陈友琴《略评〈白居易诗选〉》（《光明日报》1963 年 3 月 24 日）、邹啸《读〈元剧俗语方言例释〉》（《戏剧论丛》1957 年第 2 期）、金少英《必须严肃认真地对待古史的注释工作——〈中国历史文选〉注释纠谬》[《西北师大学报》（社会科学版）1962 年第 3 期]、许政扬《宋元小说戏曲语释（一）》（《南开大学学报》1964 年第 1 期）、曹述敬《中学语文课本注释的详略问题》（《北京师大学报》1964 年第 1 期）、张喆生《古籍笺注中的注音问题》（《中国语文》1965 年第 2 期）、张鼎三《注释评议——往往》（《山东师院学报》1978 年第 6 期）、陈新《谈谈古典文学作品的注释问题》（《出版工作》1978 年第 11 期）等。

② 其间，在报刊上发表今译研究的文章，涉及通论的有 5 篇：兰虹《读〈古诗今译〉》（《人民日报》1956 年 11 月 16 日）、南榕《介绍〈先秦语言选释〉》（《光明日报》1960 年 10 月 23 日）、吕恢文《关于〈诗经〉的翻译》（《文史哲》1958 年第 8 期）、王健庵《谈古代作品今译》（《学语文》1960 年第 4 期）、李雁朝《漫谈古文今译》（《包头函授》1977 年第 2 期）。

涉及方法的有 1 篇：杨炳剡《关于郭化若"今译新编孙子兵法"之译文与所据原文的几点商榷》（《北京大学学报》1957 年第 4 期）等。

一　对古籍注释的研究

较早对古籍注释有关问题正式发表意见的，当属郑振铎《为做好古典文学的普及工作而努力》一文。① 首先，文章论述古典文学作品与当代生活的紧密联系，提出"做好古典文学遗产的注释工作乃是一切古典文学研究者必须用全心全意来从事的长期的事业"，高度肯定了古籍注释的重要意义。其次，关于怎样做好古籍注释工作，文章明确必须坚持运用马列主义、毛泽东思想，其后着重强调了三点：一，考订版本源流，理清"古典作品的本来面目"。二，广泛吸收前人的成果，尤其是前人的注释成果，注释力求"明白晓畅"，对原作者负责，对读者负责。三，不局限于对字词句的注释，还应该研究全书，研究作者，并给予恰当的评价。这指明了古籍注释的方向，也极大地推动了古籍注释的研究工作。

其后，系列文章及众多注释本的前言就注释的方法、注释的范围、注释需要达到的程度等相关问题展开讨论，深化了对注释的研究。人民文学出版社自 1954 年开始出版的《中国古典文学读本丛书》，因为众多大家名家的参与，从选文，到注释、今译，都不仅具有重要的普及意义，也具有较高的学术价值。《光明日报》曾介绍如下：

这套丛书的整理方法是：（1）每种都要校勘、标点。底本的选择，不拘泥古本，惟善是从。校勘的目的，在于汇集他本之长，切实订正原来的错误。（2）每种都要有语体的、通俗的、精当扼要的新注释，注释要求观点和资料密切结合，能够为读者切实解决问题。（3）每种都必须有一篇序言或后记，由选编整理者负责撰写。要求用马克思主义观点对作家、作品进行具体分

---

① 郑振铎：《为做好古典文学的普及工作而努力》，《人民日报》1953 年 10 月 21 日第 3 版。

析和批判，给予正确的评价；但在学术性的见解上，在文章结构和风格上，又必须体现百花齐放、百家争鸣的精神。①

其实，这也是本时期关于选注本的带有纲领性的提法，对重在普及的注释本，从底本的选择，到校勘、标点、注释，乃至前言的撰写，提出了原则性要求，对关于古籍注释的研究具有重要的借鉴作用。

其后，洪济《对古典文学选注工作的一些看法——摘自人民文学出版社的工作小结》，②是对人民文学出版社自 1953 年以来出版的古典文学选本的进一步总结，对选注本从总体要求、选目、校勘注释、序言四个方面做了全面系统的规定，科学合理，既有理论提炼，又富有操作性。（一）指出选注本在选目方面，必须政治标准和艺术标准相结合而以政治标准为第一；在序言方面，要力求贯彻马克思列宁主义观点、毛泽东文艺思想，贯彻批判性地继承古代文化遗产的方针；在注释方面，则要求准确、简明，避免繁琐的考证（为读者切实解决问题），并对原著做一些必要的串讲和分析批判。（二）关于选目的要求，大致可以归纳为四个方面，即政治标准和艺术标准相结合；突出重点和显示全面相结合；体现作家的个性和体现时代特征相结合；重新估价和慎重对待传统评价相结合。（三）

---

①　《光明日报》1959 年 8 月 16 日第 3 版"书讯"。

②　《光明日报》1962 年 1 月 21 日第 4 版。关于此文的撰写者，王士菁《背影——怀念齐燕铭同志》载："在《中国古典文学读本丛书》之外，我们又出版了一些其他选本，到了 60 年代，已经积累了三四十种。对于这一工作，他也是很重视的。他提出应该总结一下工作经验。我和陈迩冬、舒芜、顾学颉、周汝昌等同志，还有一些青年同志，共同来做这一工作。我们认真读了一些选本，写出了一个总结。（摘要部分曾在当时出版的《光明日报》副刊《文学遗产》上发表）"（《王士菁文集》第一卷，首都师范大学出版社 2009 年版，第 58 页）陈新《锦衣为有金针度（代序）》载："再就是关于古编室多年的工作经验，写成了一份材料，原是陈迩冬先生执笔的，由我修改了一下发表在《出版工作》上，《光明日报》'文学遗产'亦予转载。"（陈新著，漆永祥、王岚编：《锦衣为有金针度：陈新古籍整理与古典文学研究论集》，人民文学出版社 2023 年版，"锦衣为有金针度（代序）"第 3 页）如此，"洪济"应该只是一个化名，工作小结是人民文学出版社古典文学编辑室的集体成果。

关于注释和校勘工作则提出了十项具体办法，即：注字、诠词、解句、数典、征事、考证、辨析、阐义、谈艺、校勘。其中"阐义"和"谈艺"两项又是注释工作重点。（四）关于序言问题则要求做到以马克思列宁主义观点对作家作品进行具体和全面的分析，并做出正确评价。它应该和选目、注释相呼应，具体地贯彻批判地继承古代文化遗产的精神。同时，对于版本和校勘也应有所交代。该文虽系工作小结，实为研究古籍注释的重要文献。诚如郑振铎所说，古籍注释的任务不仅是要解释生僻词语、典故、名物等，扫除基本的阅读障碍，还要深入探讨作品的思想内容，评价作品的艺术风格。注释不仅重在普及，还应有更深层次的目标——在普及基础上的提高，力争使重在普及的注释本与元典一样，将来也成为经典文本。

诗词是深受广大读者喜爱的文学形式，对诗词的注释是那个时期注释本的重点，对诗词注释的研究也呈现出新的风貌，提出了一些既符合政策要求、学术规范，又有切合实践操作的见解。《唐诗选》的《前言》中说："选录的标准服从政治标准第一、艺术标准第二的原则。我们尽可能选取一些思想性和艺术性结合得好的作品，艺术标准中还考虑到能代表唐诗的特点。"这种既符合意识形态需求又不失学术性的选文标准极富代表性。"在注释中我们努力多注意解决疑难和关键的问题，在小传中希望除扼要叙述作家的生平之外也能扼要地说明他们的创作特点。"① 如前所述，注释的范围不仅仅局限于字、词、句，还应包含对作品、对作者的相关研究，要有整体观。

一些著名学者陆续就古诗词注释问题发声。胡云翼《谈谈唐宋词的选注工作》，② 针对旧时的选本，提出选词需要注意的几个问题：首先要打破文学史上把正宗和别派作为主次而定褒贬的成见。其次，必须纠正雅俚之争所导致的两种偏向。另外，必须注意到字句美和篇

---

① 中国社会科学院文学研究所编：《唐诗选》，人民文学出版社 1978 年版，"前言"第27 页。

② 《光明日报》1962 年 6 月 15 日第 4 版。

章结构完整的统一性。关于注释，也有值得注意的几点：（一）注释词句，首先是要求讲得通，讲得真确贴切，能够说明问题。（二）注释词句不仅要求讲得通，还要进一步发掘其真正意义之所在，避免简单化。（三）征引词句的来源，取其语言艺术上具有相承相因，或者推陈出新的关系。（四）引用资料必须翔实，有根据可以查考。再看胡云翼《宋词选》的《前言》说："本书的注释力求完备，并着重于词句的串解方面。某些词句的解释有纷歧的处所，必要时提出不同的说法。""词中用典，一律注明来源。有些词语的来源由于类书辞典征引不实或原书现在无法查考者，都尽可能予以改正。"① 马茂元《从胡云翼同志的〈宋词选〉来谈古典文学选注工作中的一些问题》，② 指出："文学作品，特别是诗词，有它不同于一般古籍的特点。注释诗词的更高要求，不仅是个知识性的正确，而是要掌握文学语言的特点，深入到作者思想和艺术的领域，从而提高读者理解和欣赏的水平，并扩大其知识面。"并从几个方面加以讨论，比如，诗词不同于散文，可能一句看似简单的话里，往往包孕着丰富的内涵。诗词的语言，就其句式结构及字的用法来说，千变万化，需要注释者细心体会。以上论述，诸如诗词的注释要讲得通（解释词句含义）、讲得透（说明词句蕴含的深层意义），要明来源（指明词句与前人的承袭关系）、明出处（征引材料真实可信），还要注意与同属文学作品的散文等的区别，进一步细化了诗词注释的方法与要求，有利于深化对古籍注释的研究。

对与诗、词同属韵文的赋、曲的注释，相关论述既注意相同点，也特别指明不同之处。如《汉魏六朝赋选》的《前言》中说："由于赋中所用的词汇往往与现代汉语距离过远，不能不要求详尽的解释。"兼顾"释事"与"释意"，即既"注重词藻的溯源"，也重视

---

① 胡云翼选注：《宋词选》，中华书局上海编辑所1962年版，"前言"第25页。
② 《光明日报》1963年2月17日第4版、24日第4版。

"词意的阐发"，揭示"作者的作意"。还说："赋中的名物训诂有不少还没有确切解决，经过清代以至近人的考证，对旧注也有不少的纠正或补充。本书则多采用传统上较为肯定的旧说。"① 《董解元西厢记》的《前言》中说："为了便利读者，本书对一些词语和典故作了简要通俗的注释。但书中保有许多当时的北方民间语言，在过去的作品或现存语言中都找不到解释根据，虽然也作了不少努力，并请教了国内有关专家，仍然没能完全解决。"② 两篇前言提及的名物、方言注释不够精准甚至尚无能力解决的问题，需要相关研究者进一步努力解决。

伴随着小说戏曲、古农书的整理出版，相关研究者亦发表文章，如尹士景《古农书今释》、许政扬《宋元小说戏曲语释（一）》、邹啸《读〈元剧俗语方言例释〉》等，对以前较少关注的小说戏曲、古农书的注释展开讨论，古籍注释研究的成果更加丰富。

二　对古籍今译的研究

这一时期，关于古籍今译的实践和相关论述，当以郭沫若等人为代表。1953 年郭沫若在《〈屈原赋〉今译》之《九歌》"解题"中述说了他对古籍今译的感悟：

> 诗歌的翻译是很困难的，译古代的诗歌尤其困难。古代的歌辞太简单，宾词每每没有主词。名词、代名词的单复数，动词的时调，也都了无分别。加上脱简、传写、翻刻、虫蛀、鼠咬、后人的任意改窜，经历了两千多年，也不知道有多少词句上和文字上的误夺、增益。过于胆大，强作解人，固然容易犯错误；过于胆小，拘泥成文，那也永远读不通。因此，只要有相当的根据，

---

① 瞿蜕园选注：《汉魏六朝赋选》，中华书局上海编辑所 1964 年版，"前言"第 5 页。
② 凌景埏校注：《董解元西厢记》，人民文学出版社 1962 年版，"前言"第 16 页。

只要在逻辑上、韵调上合乎情理，我倒赞成不妨稍微胆大一点。译诗是一种创作，读诗也是一种创作。

我自己应该是属于胆大派的一个。这些译文，有好些地方便是我的大胆的解释。原作是歌，译文也希望它是歌。这就不免更受了一层约束。凡和前人的解释有不同的地方，我大抵注出了，请读者参考。①

在此，郭氏主张：译诗也是一种创作。郭坚持"大胆"翻译，不主张直译。他提出：由于古诗赋语言精简，与现代汉语比较，尤其与英语比较，往往省略句子成分，人称单数、复数模糊难辨，时态不明，加上留传久远文字有讹脱衍倒者，想要逐字逐句一一对应翻译是不可能的。郭主张"大胆"翻译要有根据，要保证逻辑、语法上没有问题。当然，如果是翻译古诗，最好译文也要是诗歌，至少要押韵。

同年，郭沫若在《九章》"解题"中说：

我的翻译，自信是相当忠实的。经过仔细的斟酌，也得到了不少前人未到的发现。这些发现，我已经分别写在注文里面了。请读者仔细地读那些注文。我的译文，有些地方看来好像十分自由大胆。但如仔细读了注文，便可以知道，我并不是毫无根据。

自然，我也不敢断言：我的解释和翻译便绝对地没有主观成见夹杂在里面。把古人的文字翻成今文，把屈原的语言翻成我的语言，当然不能做到如像照像机那样的准确。

有人说：翻译是创作。这话含有部分的真理。既是译文而不

---

① 《郭沫若全集·文学编》第五卷，人民文学出版社 1984 年版，第 273 页。《〈屈原赋〉今译》1953 年人民文学出版社初版。1957 年版《沫若文集》编入第二卷，《全集》据此版编入。

是注疏，那你就须得使你的译文也成为艺术品。不仅求其"信"，不仅求其"达"，还要求其"雅"。这就是说，原作是诗，你的译文也应该是诗。为了达到这个目的，我们应该允许译者有部分的自由。有时候他不能逐字逐句地硬译。他可以统摄原意，另铸新辞。①

郭再次表达坚持翻译要大胆的主张，当然是有根据的大胆。所以在郭看来，翻译也是一种创作，至少部分是创作，故可"统摄原意，另铸新辞"，只要内容主旨一致，可以少量增加或者删减原诗的部分内容。但郭同时也主张：译文尽量信、达、雅。对字词的翻译要准确，语句通顺流畅，文句尽量要典雅生动。从郭所译作品实际来看，"大胆"者居多。

其实，郭氏这种主张由来已久。1922 年郭沫若于《〈卷耳集〉序》中说："我译述的方法，不是纯粹逐字逐句的直译。我译得非常自由，我也不相信译诗定要限于直译。"② 郭不主张"直译"，需要的是"译述"，比一般的意译更加自由：原诗有的，今译可以省略不译；原诗没有的，今译可以根据诗意适当增加内容。极端者，如《卷耳集》近于译者自己的重新创作了。

如关于《诗经》，"不但各家对原诗的理解不一致，译法也是彼此不同。有的译成散文，有的译成韵语。有的是意译，有的是直译，有的是'改作'式的翻译。其中有的是可以取法的，有的是可以借鉴的"③。经过一番摸索之后，余冠英 1955 年在《诗经选译》"后记"中对自己的翻译提出如下几点要求：

① 《郭沫若全集·文学编》第五卷，人民文学出版社 1984 年版，第 369 页。
② 《郭沫若全集·文学编》第五卷，人民文学出版社 1984 年版，第 157 页。
③ 余冠英译：《诗经选译》（增补本），人民文学出版社 1960 年版，第 238—239 页。该书最早为人民文学出版社 1956 年版。

一、原作如果是格律诗，译文也要是格律诗。

二、原作如果是歌谣，译文要尽可能保存歌谣体的风格。

三、逐句扣紧原诗的意思，但须少用直译，避免硬译、死译。

四、译文要读得上口，听得顺耳。

五、词汇和句法要有口语的根据。

这几条规定说明，除了符合自己所理解的原诗的意思这一基本要求而外，我还要求传达原诗的风味和情调，并且要求语言的自然流畅。①

归纳以上，在信、达、雅的观点上余冠英与郭沫若是一致的：既要准确表达译者所理解的原诗的意思，还要能传达原诗的风格，语言流畅，内容、形式、风格都要与原诗匹配。

类似的，杨伯峻在《〈论语译注〉例言》中说："译文在尽可能不走失原意并保持原来风格下力求流畅明白。但古人言辞简略，有时不得不加些词句。"② 杨伯峻也是将坚持忠实传达原文意思放在今译的第一位，在求得准确的基础上，还要讲求行文风格，尽量与原文一致，语言明白流畅，有较强的可读性。

关于郭沫若的"大胆""部分的自由"，余冠英是不赞成的，他说："这八五篇译诗不曾增减过行数，不曾颠倒过句子的次序，也不曾放弃过韵脚，这些都说明我的拘谨。"余冠英也自我剖析他所译诗的缺点："就是诗形太整齐，句式变化少，读多了也许会感到腻烦的。"③ 其实，余冠英是谦虚了，他的今译整体上还是非常成功的，从该书的一再刷印可见一斑。

---

① 余冠英译：《诗经选译》（增补本），人民文学出版社 1960 年版，第 239 页。

② 杨伯峻译注：《论语译注》，中华书局 1980 年版，"例言"第 34 页。

③ 余冠英译：《诗经选译》（增补本），人民文学出版社 1960 年版，第 240 页。

丰富的古籍注释、今译实践，诞生了一大批古籍整理精品，锻炼并提高了古籍工作者的能力，也从中积累了宝贵的经验。其相关论述，如高度重视古籍注释的普及功用，提倡兼顾普及与提高，注释要有整体观、全局观，对注释方法、范围、任务等的探讨，关于今译风格、方法的讨论，为改革开放后注释、今译研究成果的涌现积蓄了力量。

第六节　古文献学研究的发展特点

通过以上对古文献学研究成就的梳理和论述，我们可以清晰地总结出一些特点，并且从这些成就特点中感觉到古文献学这一古老而年轻的学科在这三十年中律动的脉搏和前行的步伐。

一　古文献学研究与古籍整理密不可分

回顾这三十年古文献研究成就，一个最大的特点就是：古籍整理实践促进了古文献学的研究，古文献学的研究成就也体现在古籍整理实践之中，二者密不可分。比如，在选定底本、校本时，就会考订该项古籍的版本源流，有的更兼及对该项古籍的刊刻、收藏、流通情况的研究；校勘时，就会写出对该项古籍的校勘长编；标点时，遇到疑难问题，就会考察相关文献，以求确解；整理中，对该项古籍应收而未收、不应收而已收等情况的处理，必然涉及辑佚学和辨伪学内容；也有因藏书而涉及版本学、目录学的。这些研究，如王重民的《中国善本书提要》《中国目录学史论丛》《敦煌古籍叙录》，赵万里的《中国印本书籍发展史》、《中国版刻图录》（说明文字），王欣夫的《文献学讲义》，张舜徽的《广校雠略》（修订本）、《中国古代史籍校读法》、《清人文集别录》等；而顾颉刚的《〈史记〉及三家注校证计划》《〈史记〉标点凡例》《整理国史计划书》、郑天挺的《〈明史〉读校拾零》、聂崇岐的《校勘〈宋史〉凡例》、王仲荦的《〈宋书〉校勘记长编》、唐长孺的《唐书兵志笺证》、王仲闻的《全宋词审稿笔记》等，更是古籍整理的直接成果。

同时，《资治通鉴》、"二十四史"及《清史稿》点校中所形成的系列业务文件，指导了"二十四史"等书的点校实践。设想，假如没有那些指导文件，即使点校者都是通儒硕学，即使各个单史的点校都无大错，但各行其是，条例不一，终究形成的也不是一部长达3249卷4110万字却浑然一体的二十四史长卷，也形成不了一套可指导当代古籍整理的体例。所以，从这个角度来说，一切古籍整理的成果，也都是古文献学研究的成果。

二　专业论著由以叙为主发展为叙论结合

旧时的古文献学论著以叙述为主，多罗列相关资料，这三十年的论著更讲求资料与论述的有机结合，重视分析、归纳，注重理论总结。

首先，以余嘉锡、张舜徽、王重民对《七略》的评析为例，看古文献学研究的进步。

刘向、刘歆父子，先后相继，撰成《七略》。该书惜散佚已久，今人根据《汉书·艺文志》，知《七略》著录图书38种，603家，13219卷，是中国历史上第一部有系统分类的图书目录。除"辑略"一篇作为全书的叙录，说明每个大类和小类的内容、意义，另有"六艺略""诸子略""诗赋略""兵书略""数术略""方技略"六略，兹列举类目如下：

六艺略（9种）：易、书、诗、礼、乐、春秋、论语、孝经、小学；

诸子略（10种）：儒家、道家、阴阳家、法家、名家、墨家、纵横家、杂家、农家、小说家；

诗赋略（5种）：屈原赋之属、陆贾赋之属、孙卿赋之属、杂赋、歌诗；

兵书略（4种）：权谋、形势、阴阳、技巧；

数术略（6种）：天文、历谱、五行、蓍龟、杂占、形法；

方技略（4种）：医经、经方、房中、神仙。

余嘉锡《目录学发微》总结《七略》分图书为六略的两大原因："一则因校书之分职，一则酌篇卷之多寡也。"① 并展开论述：第一，因为图书数量大，且学业有专攻，需要多人共同承担，故必须对所有的书籍进行分类。第二，根据图书数量的多少，适当归类。比如，四部分类法中，《春秋》入史部，诗赋入集部。《七略》中《春秋》归入六艺略，这是因为当时《春秋》类图书才8家411篇，不能单独成为一略，归入其他五略皆不合适，只好归入"六艺略"。诗赋出自《诗》，但《七略》未归入"六艺略"之《诗》，而是单独列为一类"诗赋略"，这是因为"六艺略"《诗》仅6家416卷，而"诗赋略"有5种106家1318卷，不宜附于"六艺略"《诗》后。而《论语》、《孝经》、小学归"六艺略"，"则因其皆当时学校诵习之书也"②。另外，《汉书·艺文志》认为阴阳、数术均出于羲和之官，③ 然阴阳家入"诸子略"，而"数术略"独立，为什么呢？余嘉锡认为阴阳家说理，而数术重在明数，且数术之书多达6种191家2528卷，不宜附于其他大类之后。余嘉锡总结道："大抵《七略》、《别录》，虽意在'辨章旧闻'，然于条别学术之中，亦兼顾事实。"④ 既按学理分类，又兼顾体量适中，科学合理且不失灵活变通。

---

① 余嘉锡：《目录学发微》卷4，《目录学发微 古书通例》，上海古籍出版社2014年版，第113页。

② 余嘉锡：《目录学发微》卷4，《目录学发微 古书通例》，上海古籍出版社2014年版，第115页。

③ （汉）班固：《汉书》卷30《艺文志》载："阴阳家者流，盖出于羲和之官。""数术者，皆明堂羲和史卜之职也。"中华书局1962年版，第1734、1775页。

④ 余嘉锡：《目录学发微》卷4，《目录学发微 古书通例》，上海古籍出版社2014年版，第117页。

　　比较起来，张舜徽《中国古代史籍校读法》对《七略》的评价
更富学理性，总结和提升了《七略》分类法的意义。《七略》的系统
图书分类法，"是一件伟大的创造。并且在分别部类之际，不是盲目
地乱排，而是按学术的源流、书籍的性质，各归其类。而部类的分
合，又是按照事物发展的实际情况来处理的"①。具体表现在四个方
面：第一，从书籍发展的实际情况来处理问题。如《七略》对篇幅
较少的书籍，归并于同性质的门类，史部书则附于《春秋》后；在
同性质的书籍中，如果某一部分书籍太多，便单独列为一类，如诗赋
类书籍较多，不是附于《诗》后而是单成"诗赋略"。"由此可见，
七略分类法的总原则，是辩证的，而不是死板的；是发展的，而不是
停滞的。"② 第二，重视书籍作用方面的联系性，而合其所当合者。
如"六艺"本指《易》《书》《诗》《礼》《乐》《春秋》，《七略》在
"六艺略"中还加入《论语》、《孝经》、小学，因为三者是汉代学童
的必读书，是阅读经典的基础。"这种分类法，不但能示人以治经的
门径，并且使读者能由此考见古人治学的规模次第。"③ 第三，重视
书籍性质方面的差异性，而分其所当分者。如兵书、数术、方技本应
为诸子的支流，宜入"诸子略"。然审定其内容确有所不同，如儒家
多系伦理政治方面的主张，各家自成一套体系，有一定的理论性；而
兵书、数术、方技，多重在技术层面，故兵书、数术、方技三者，各
独立为一大类，自有其合理性。第四，分类极其细密，部类之中，又
有子目，体现其系统性和科学性。比较《目录学发微》，《中国古代
史籍校读法》对《七略》的评价更富学理性，进一步揭示了《七略》
分类法在目录学上的创造性价值。

　　① 张舜徽：《中国古代史籍校读法》第一编第二章第二节，《张舜徽集·中国古代史籍校
读法》，华中师范大学出版社 2004 年版，第 263 页。
　　② 张舜徽：《中国古代史籍校读法》第一编第二章第二节，《张舜徽集·中国古代史籍校
读法》，华中师范大学出版社 2004 年版，第 263 页。
　　③ 张舜徽：《中国古代史籍校读法》第一编第二章第二节，《张舜徽集·中国古代史籍校
读法》，华中师范大学出版社 2004 年版，第 264 页。

分类法不同于以上二书重在分析《七略》的内在学理，王重民《中国目录学史》紧密结合汉代的政治背景、社会思潮、学术环境来评价《七略》的价值和意义，将《七略》置于更广阔的时代背景中来考察。例如：

> 《七略》以六经为首，诸子以儒家为首，都体现着汉武帝表彰六经定儒学于一尊的文化政策。但把诸子列为一大类，又在小类中将其它九家与儒家并列，给诸子百家的学术思想以很高的评价，这是他比较进步的地方，也是对于"罢黜百家"政策的应用，使这一政策更符合于汉家法。①

这段文字肯定了《七略》的分类既迎合了最高统治者的要求，又真实反映了当时学术发展的实际情况。接着，他又具体论述了《七略》的成就，以及对图书目录事业和学术思想的积极影响。

王重民认为："《七略》表现出了完整的严密的编制目录的方法和体式。它不但能够系统地著录、揭示并评论古代的重要文化典籍，还反映了当时的学术思想体系和流派。"②《七略》一直影响历代王朝官修目录，如阮孝绪撰《七录》、荀勖撰《晋中经簿》，就是对《七略》的继承与改进；班固据《七略》撰成《汉书·艺文志》，开辟历代王朝正史艺文志的编纂方法与方式；班固、王充等博学鸿儒善于利用《七略》读书治学，开创以目录指导读书的优良传统；《七略》对古文经本胜于今文经本的优点有所记载，在今古文经学的竞争中，有力支持了古文经学，促进学术思想的进步。这些多方位的分析体现了王重民宽广的学术视野。

此外，我们还可以比较叶德辉、王欣夫对汲古阁刻书的不同评

---

① 王重民：《中国目录学史论丛·中国目录学史》，中华书局 1984 年版，第 25 页。
② 王重民：《中国目录学史论丛·中国目录学史》，中华书局 1984 年版，第 28 页。

价，看新中国前三十年古文献学论著的列举资料与深度分析的有机结合。

叶德辉《书林清话》分七小节谈毛晋汲古阁刻书事。最后总结道：

> 略举黄、顾、陈、段诸家所纠，则其刻书之功，非独不能掩过，而且流传谬种，贻误后人。今所刻《十三经》、《十七史》、《说文解字》传本尤多，浅学者不知，或据其本以重雕，或奉其书为秘笈。昔人谓明人刻书而书亡，吾于毛氏不能不为贤者之责备矣。①

叶德辉引黄丕烈、顾广圻、陈鳣、段玉裁等对汲古阁刻本的纠谬，重在批评其流传后世所造成的不良影响。黄、顾、陈、段身处乾嘉时代，均重版本、擅校勘，自然不会看重汲古阁本的版本价值。综上可知，《书林清话》以叙为主，总体上对汲古阁刻书评价不高。

王欣夫《文献学讲义》，分两小节讲论毛晋汲古阁刻书：毛晋汲古阁的刻书事业；对汲古阁本的评价。一叙述，一评价，逻辑清晰。对毛刻本的评价，着眼于学术教化等大的方面，以正面为主：

> 尤其是刻《十三经注疏》，在举世溺没于宋明理学之时，而提倡汉唐旧学；刻《十七史》，在举世从事于详节选本之时，而提倡整部全史，这于清代学术的影响，是非常之大的。②

王欣夫以明清学术史为背景，指出毛刻《十三经注疏》、"十七史"的重大价值——不仅在于刊刻数量多，也不单是校刊质量高，

---

① 叶德辉：《（插图本）书林清话》卷7，上海古籍出版社2008年版，第142页。
② 王欣夫：《文献学讲义》第三章第七节，上海古籍出版社2005年版，第126页。

最重要的是影响了清代学术的转型。这一重大揭示似乎前人较少涉及，值得再深入挖掘。

清人多指责汲古阁刻本部分底本非善本、校勘不精，王欣夫分析其中的客观原因，主要有两点：一是汲古阁刻本在先，善本的获得在后，故无法以善本为底本。二是无善本可依据，只能据别本刊刻。段玉裁批评毛刻《说文》不精，对此，王欣夫有精到见解：

> 明代对于《说文》之学，除了赵宧光外，本来是很少有人注意的。所以连《说文》这部书，也几乎失传。以顾炎武的博学，生平尚未见过《说文》原本。经毛氏重刻才家有其书，蔚成清代许学的盛况，他的功绩就在这里。至于毛氏父子受主客观条件的限制，其许学的水平和成就，自不能与段玉裁这样的大专家来比；以许学极盛时的准绳，来衡量萌芽时的版本，是不适当的。①

由于受主客观条件限制，汲古阁刻本《说文》虽不够精善，但于清代许学的兴盛，汲古阁刊刻《说文》之功仍不可磨灭。王欣夫指出汲古阁刻本《说文》与清代朴学昌盛之间的关联，高度肯定汲古阁刻本的重大价值。这一揭示，亦发前人所未发。

三　探讨问题由单一视角转向综合考察

旧时的相关论著，多就目录、版本、校勘自身而言，较少关注其他因素。而本时期的古文献学论著除继续着重于古籍文献本身的研究外，还综合考察物质的、文化的等多重因素，从外在的经济发展、物质变化，到内在的社会思潮的变动、学科自身的发展多角度综合分析。试举两例论述之。

---

① 王欣夫：《文献学讲义》第三章第七节，上海古籍出版社2005年版，第127页。

其一，论古书的亡佚，除了天灾人祸等外部因素，古书自身的价值高低也是决定性因素之一。

关于古书散佚的原因，代表性说法是历代兵燹、祸乱。如《隋书·牛弘传》记载，牛弘上书说古今书籍曾经历了五次大的灾厄，是谓"五厄"。明代胡应麟在《少室山房笔丛》中，补加隋代以后图书经历的"五厄"。于是，便有"十厄"之说。凡此"十厄"都是就历代王朝兵败国破时，藏书遭受重大损失而言。这也是历代论古书亡佚的基本说法。

张舜徽从书籍本身发生、发展、变化的情况来考察典籍散佚的原因，归纳为两点：一是新的代替旧的，可以《后汉书》《晋书》为代表；二是整体的代替局部的，可以《三国志》《十六国春秋》为代表。

前一种，如3至6世纪，关于撰述东汉一朝历史的书籍，卷帙较大的有12部，而流传到今天的只有范晔《后汉书》与袁宏《后汉纪》。张舜徽分析：

> 范晔的写作，所以受到当时学者普遍欢迎的原因，一则由于范氏文笔很高，时人喜欢传抄；二则由于范书但有纪传而没有表志，易于诵习。大家都争先传抄这个本子，而其他诸家之书皆废。袁宏《后汉纪》，因体例不同，学者们还保存着它，并行不废。①

唐代以前修《晋书》的有20余种，后来因为唐太宗在唐初重修《晋书》的两本纪两列传后发表了4段议论，于是此《晋书》成为"御撰"，盛行于世。这是新书代替旧书，旧书无人阅读、传抄、留存，以致自然亡佚的典型。

---

① 张舜徽：《中国古代史籍校读法》第四编第二章第一节，《张舜徽集·中国古代史籍校读法》，华中师范大学出版社2004年版，第444页。

后一种就是综合性的集大成性的著作替代分散的局部的著作，以致后者逐渐散佚。如陈寿主要依据王沈《魏书》、鱼豢《魏略》、韦昭《吴书》，以及自行采集的 15 卷蜀国史料，撰成《三国志》。其后裴松之做注，博采有关三国时期的资料百余种。后人主要据此研究三国历史，其他零散资料渐渐亡佚。西晋灭亡后，有关十六国的史书曾多至数十家，后魏崔鸿综合这些史料写成《十六国春秋》，通行于世，其他单行本史书亦渐次散亡。正是基于以上考察，张舜徽总结说："总之，事物是不断前进的，有发展必有扬弃。况且用文字记录而成的书籍，由于为传播的方法和工具所限，不容易传之久远。"①

其二，论目录书籍著录格式的变化，除了学术思想的发展使然，有时还与物质条件的变化紧密相关。

王重民《中国目录学史》重视联系社会政治、经济、文化背景，把目录学放在广阔的社会大背景下去考察，比较清晰地说明目录学史诸现象产生的原因及对后世的影响。王重民根据甲骨文的发现和研究，认为中国古代目录学萌芽于殷商时期，形成于汉代。根据社会历史背景与文化、教育、图书、目录的发展，提出中国目录学史分期的六个阶段：从远古到西汉末年为古代上古时期，东汉至隋代为古代中古前期，唐宋元为古代中古后期，明清至鸦片战争为古代近古时期，鸦片战争至"五四"运动为近代时期，"五四"运动以后为现代时期。

如在论述古代中古时期目录学方法理论的发展时，王重民论述著录格式的变化，说道：

　　著录格式的规定，总是依据当时图书的物质条件和学术思想的习尚的。这一时期和前一时有所不同，也必然是根据这一类的

---

① 张舜徽：《中国古代史籍校读法》第四编第二章第一节，《张舜徽集·中国古代史籍校读法》，华中师范大学出版社 2004 年版，第 446 页。

条件和习尚而做出的相适应的改变。李充编的《晋元帝书目》把图书的帙数增入，作为书名项著录的内容之一，阮孝绪《七录》又把种数（即《七略》的家数，《晋中经簿》的部数）增入，帙数、卷数和种数并作为书名项的著录项目，著录形式发展到这个样子都是为了更符合当时的图书陈列（书架陈列以帙为单位，一帙一号）和取用上的方便（取用时以一部书为单位，一部书不一定只包括一个号码）。《史记·留侯世家》正义引《七录》云"太公兵法一帙三卷"，正是当时书名项的原来著录形式。《隋书·经籍志》易类有"周易一帙三卷，卢氏注"，"一帙"两字也应该是隋代旧录的原来著录形式，而为修《隋志》的人所删改未尽者。这都说明这样的著录形式是这一时期内所独有的。初唐可能还使用了一个较短的时期，但随着装潢制度的改变，卷轴书帙的废除，这样的著录格式失去了时效，就必然改变成为另一种形式了。①

王重民结合当时物质条件（如书籍装帧样式、陈列方式等）的变化和思想学术的发展，阐述从《晋元帝书目》至《七录》再至《隋志》著录格式演变（如是否著录帙数、卷数、种数等）背后的原因，令人信服。

以王重民、张舜徽、王欣夫、吴则虞等为代表的老一辈学者，通过长期的古籍整理实践和对古文献学及其分支学科的悉心研究，能够由单一视角转向综合考察，从而对古文献学中一些陈陈相因的论说，予以新的和更为全面的解析。

四　古文献学学科意识更为凸显

民国时期的古文献学发展处于新旧杂陈的阶段，既有沿袭传统模

---

① 王重民：《中国目录学史论丛·中国目录学史》，中华书局1984年版，第78页。

式的撰写，如叶德辉《书林清话》及范希曾《书目答问补正》，也有初具现代学科意识的著作，如钱基博《版本通义》，还有文献学科的开山之作，郑鹤声、郑鹤春所撰的《中国文献学概要》。比较起来，成书于20世纪五六十年代的王欣夫《文献学讲义》、张舜徽《中国古代史籍校读法》，现代学科意识更为凸显。

郑氏《中国文献学概要》是中国具有现代意义的第一部文献学著作，"也是在中西文化冲撞之下，对中国文献学的世界价值、地位重新审视的创新之作"①。该书分七章，依次是导言、结集、审订、讲习、翻译、编纂与刻印。"导言"把对中国文献学的研究放在世界文化大潮流中来审视。"结集"相当于今天的目录学，"审订"相当于今天的校勘学，"刻印"相当于今天的版本学。该书总结了古文献学的研究对象、范围、内容等，初步奠定其研究体系，然而其古文献学的范畴还是不清晰的，夹杂了一些非文献学的内容。

如前文所说，新中国前三十年最有代表性的古文献学论著当属王欣夫《文献学讲义》。《文献学讲义》为其长期收集、整理、研究古籍文献的心得和体会，全书从目录、版本、校雠三个方面，综合对文献学的起源、流变情况和文献学史上的代表人物及重要著作做了较为全面的论述。

作者从梳理"文献"二字的来源和意义入手，对广义与狭义的"文献学"概念做了区分，明确界定古文献学包括三个方面的内容：目录学、版本学、校勘学。三个内容三位一体，都十分重要。不过，对初学者而言，该书特别提醒：

应该先知道有什么书，就要翻查目录。得到了书，要知道有什么刻本和什么刻本比较可靠，就要检查版本。有了可靠的版

---

① 郑一奇：《〈中国文献学概要〉导读》，郑鹤声、郑鹤春《中国文献学概要》，上海古籍出版社2001年版，第1页。

本，然后再做研究工作，于是需要懂得怎样来校雠。①

三者之中，先要知道根据什么书目查书，然后比对不同的版本，辨别优劣，考证源流，最后才能更进一步做校勘做研究。

关于目录学，作者首先探讨"目录"的起源和流变。其次分析目录学的含义，提出目录学应该包含前人的四种概念："纲纪群籍，簿属甲乙"的目录家目录，"辨章学术，剖析源流"的史家目录，"鉴别旧椠，雠校异同"的藏书家目录，"提要钩玄，治学涉径"的读书家目录。并指出目录学的重要作用：判断古书的真伪，考定古书的分合，探求古书的性质，访求阙佚的古书等。最后阐述目录分类从《七略》到四部的历史演变、目录的著录体例。以下分述史家目录、补史目录、官家目录、私家目录、地方著述目录、专科分类目录的发展史、代表人物与代表著作。

关于版本学，作者首先介绍版本的起源和发展，其次讲述读书要辨别版本的重要性，在介绍甲骨、金石、简牍与写本这些刻本文献前的文献载体后，依次介绍宋版本、辽金元版本、明版本、清版本的形式、特点及代表作品。如介绍宋版本的特点，就从版式、行款、版口的各种专名、避讳、字体、版心高广等几方面做说明。最后，举例说明鉴别版本的方法。

关于校勘学，本章第三节已就王欣夫《文献学讲义》、张舜徽《中国古代史籍校读法》中的相关内容，展开了较为详尽的论述。书中对目录、版本、校勘等概念明晰厘定，对各历史时段代表人物和重要论著做个案剖析，对目录学史、版本学史、校勘学史等系统深入梳理，张著还从目录、版本、校勘、辑佚及辨伪各方面展示应如何研读古籍。凡此，皆既有理论的深度归纳，又极富实践指导功用，凸显了强烈的古文献学科意识。

---

① 王欣夫：《文献学讲义》第一章第一节，上海古籍出版社 2005 年版，第 4 页。

　　这个时期古文献学科意识的凸显不仅表现在相关论著的编撰，还突出表现在北京大学中文系古典文献专业的设置上。北大古典文献学专业的设立，从办学宗旨、培养计划、课程安排等方面，融传统文史研究之长与现代学科建设基因于一体，使古典文献专业成为一门独立的学科，标志着学界与教育管理者具备了更加自觉的古文献学科意识。诚如翦伯赞所说："现在北大设置的这个'古典文献专业'正是为了把整理古典文献工作变成科学。"① 有了"科学"的指导，古籍整理和古文献学研究的系统性、规律性大大提升，也更具有理论的深度。

　　这一时期，古籍整理从文献收集、版本稽考、校勘文本及辑佚、辨伪诸方面大大促进了古文献学的研究，古文献学的研究成果也有力指导了古籍整理的实践，二者紧密结合，相互融通，极大地促进了古籍整理质量的提高和古文献学研究的深入，从而不断完善。在古文献学的各个分支及具体问题的研究中，研究者视野不再局限于就文献论文献，而是广泛考察政治、经济，物质、文化及文献自身多种因素，分析目次著录的变化，先后版本的流变，校勘方法的进步，辑佚、辨伪的深入，从更广阔背景下展开对有关问题的探讨。这些必然使古文献学论著产生相应的变化：更多学理性探讨，更有深度的理论总结；因而较之旧时著作，本时期的许多论述令人耳目一新，古文献学科意识大为增强。这个时期，古文献学研究和古籍整理一样，也在曲折中前行，相关论著的编撰、专业人才的培养，都在艰难中取得了一些进步，凡此，都为改革开放后古文献学研究的发展打下了坚实的基础。

---

　　① 翦伯赞：《从北大古典文献专业谈到古籍整理问题》，《史学理念》，重庆出版社 2001 年版，第 63—64 页。

第 七 章
坚守与奉献的杰出代表

　　中华民族五千多年的文明积淀，创造出光辉灿烂的文化；浩如烟海的文献古籍，正是由于历代贤哲持续不断的整理、诠释、研究，方得留传至今，并充分展示其不朽的价值和深远的影响。中华人民共和国成立后，古籍整理事业走过了一条曲折前行的道路，前行中，一代代古籍工作者与古文献学研究者，虽历经艰难，但初心不改，孜孜不倦，潜心耕耘，为新中国古籍整理与古文献学科的逐步发展做出了巨大贡献。他们之中，有的是古籍工作的组织者，有的是重要古籍的整理者，有的是古文献学的研究者，有的是古籍出版编辑主要负责人，有的则身兼数种身份，为了纪念共和国古籍整理事业与古文献学科的这些可敬的前行者，我们选取了其中具有代表性的人物，辟以专章，予以记载。主要论述他们在古籍整理或古文献学研究上的业绩和建树，其他方面的内容则不做或少做论述；对兼有数种身份的代表性人物，如既是组织者又是整理研究者的郑振铎、魏建功等，既是整理者又是研究者的顾颉刚、王重民、郑天挺等，则依据他们在当时的主要贡献归入相应的系列。入选人物，除极少数外，其古籍整理与研究活动主要都发生在 1949 年后；对这些人物的业绩与本卷其他章节内容有交叉的地方，我们根据情况主要集中在一处论述，以免前后重复。

第一节　古籍整理工作的组织者

这里的"组织者"，指的是 1949 年到 1979 年这三十年中，直接领导、组织中国古籍整理出版工作的人，他们或参与党和国家古籍整理出版方针、路线、政策的制定，或直接领导这项工作，组织有关机构、部门及专家学者，制定规划，培养人才，落实重要举措。

一　齐燕铭

齐燕铭（1907—1978），蒙古族（镶蓝旗），姓齐利特氏，字振勋，又名齐震、齐震学，北京人。1924 年入中国大学预科读书，后转国文系。1930 年 6 月毕业，曾在北平大同中学、光华女中、保定第六中学、北平中法大学、中国大学等校任教，并从事进步文化活动。1933 年任中国大学讲师，曾在中国大学、中法大学、东北大学讲授中国文学史、戏曲史、文字学；编印了《中国文学史略》《中国戏剧源流》等讲义；曾任《文史》杂志编辑。1935 年参加革命活动，"一二·九"运动时加入新学联，主编《盍旦》《时代文化》杂志。1938 年 2 月加入中国共产党，历任鲁西北《抗战日报》主编、政治干部学校教务长，冀南行署太行办事处主任。1940 年后任延安中央研究院研究员，编写中国文学史，并在鲁迅艺术学院兼课；1943 年主持创作新编平剧《逼上梁山》，毛泽东曾亲笔书函予以高度评价。抗战胜利后，任中共赴重庆、南京代表团秘书长，中共中央城市工作部、统战部秘书长。中华人民共和国成立后，历任中央统战部副部长、中央人民政府办公厅主任、政务院副秘书长、总理办公室主任、国务院专家局局长、文化部副部长兼党组书记等职。1966 年 4 月至 1967 年 1 月，任济南市副市长。"文化大革命"中，遭受残酷迫害，被监禁在北京卫戍区长达 7 年。在周恩来总理的过问下，1974 年后复出，担任中国科学院及国家计委经济研究所顾问、第五届全国政协秘书长、中共中央统战部副部长和中国社会科学院顾问。1978 年 10 月去世。

齐燕铭是新中国古籍整理出版事业的卓越领导人。1956 年，国务院成立以聂荣臻为主任的科学规划委员会，时任国务院副秘书长的齐燕铭参与委员会工作。1957 年 12 月 10 日，齐燕铭在给聂荣臻报告中阐述了建立全国古籍整理出版规划小组的必要性、重要性和小组成立后的主要工作。这个报告很快得到了科学规划委员会的批准。1958 年 1 月 21 日，齐燕铭在上述报告的基础上，又向中共中央宣传部呈送报告。报告强调了党和政府应加强对古籍整理出版工作的领导和规划，为此，建议在国务院科学规划委员会下面建立古籍整理出版规划小组，"负责总揽全国古籍的整理和出版工作"。并就小组的任务和近期工作及组成人员提出建议。报告还从历史的角度强调了人才的重要性："古籍的整理是一件长期的工作。按照中国具体情况，在三十年后，培养出五百个乃至一千个程度不同古籍整理的专门人材是有必要的。"①

报告很快经中共中央书记处批准同意。1958 年 2 月 9 日至 11 日，国务院科学规划委员会古籍整理出版规划小组在北京召开成立会议，齐燕铭担任小组组长。

齐燕铭在成立大会上就古籍小组筹备经过、小组的工作任务和今后的方针、计划要点做了说明。针对当时在文化教育领域内开展的所谓拔白旗运动和对古代文化采取的简单否定的倾向，他在报告中指出对传统思想文化应该有足够的客观分析："文化建设是不能割断历史的，要在旧的历史基础上创造新的文化。我们反对脱离历史条件来评价古代文化的非历史主义观点。不能以为凡是封建社会的东西便一无可取，一无是处。古书中有精华也有糟粕，应该吸收其中可以教育人

---

① 《齐燕铭关于古籍整理和出版工作加强领导全面规划问题给中央宣传部的报告》（1 月 21 日），《中华人民共和国出版史料 1957—1958 年》，中国书籍出版社 2004 年版，第 336—341 页。

民的精华，扬弃其糟粕。还有凭主观臆断来擅改古书，也是一种非历史主义的做法。如对于戏曲，看见有两个老婆的情节便认为违反婚姻法，就要删去，就是这种观点。清代的朴学家，其治学的目的在追求先王之道，虽不足为训，但他们所用的方法还有可取之处。他们在研究某些具体问题上比较实事求是，比较科学。"①

为了尽可能地消减"反右"运动后一些专家学者所产生的思想疑惑，齐燕铭曾于 1958 年 6 月 7 日和 17 日分别在北京中华书局和上海出版局讲话，就古籍整理和文化传承等问题做了进一步说明，他在讲话中强调："历史遗产也是新文化的凭借，新文化要吸收历史东西，才能使新文化培养得更好。""一个国家的文化，不能把历史上的东西吸取，发扬光大，基础就不会很雄厚。""一个新的东西完全脱离旧的东西，也是不可能的，割断历史就毫无凭借，也是不可想象的。"②

针对所谓"厚今薄古"口号提出后一些思想波动，齐燕铭在 1958 年 7 月的一次讲话中说："'厚今薄古'并不等于把古代的东西抛弃不要。因为中国有几千年的历史……如果认为古籍的存在妨碍社会主义建设就应该消灭它，那就不是'厚'与'薄'的问题，而是'存'与'废'的问题了。从马列主义观点看古代历史文献资料、古典文艺与建设社会主义不是对立的，不是互相排斥的。有了这些古代文化，适当吸收，能使社会主义更加丰富多彩起来。"在上海出版系统召开的会上，他应邀讲话说："我们整理古籍，不是为了古人，是为了今人，为了服务于今天的社会，这就是厚今薄古。"他还以《资治通鉴》为例，说明文化遗产与批判继承的关系。他说："《资治通鉴》当时是为了'资'帝王之'治'，帮助宋朝帝王治国平天下的，是为帝王编的教科书。在司马光来说，也是'厚今薄古'。我们翻印

---

① 傅璇琮：《齐燕铭同志与古籍整理出版》，《古籍整理出版情况简报》1995 年第 3 期。

② 《齐燕铭关于整理出版古籍问题的两次讲话》（6 月 7 日、17 日），《中华人民共和国出版史料 1957—1958 年》，中国书籍出版社 2004 年版，第 449—457 页。

此书，目的是在从中取得借鉴，和他们有本质的不同。但这部书写的究竟是中国的历史，可吸取对我们今天有用的东西，可以用到革命斗争、生产建设上来。文学方面也是如此，这是继承。""后代总要继承前代的东西，新事物是从旧事物生长出来的。今天对不需要的就该丢掉，对有积极作用的就应加以发扬，这是必然的；同时一个新的东西完全脱离旧的东西，也是不可能的。割断历史就毫无凭借，也是不可想象的。"① 在当时，能说出这些话真是很不容易。由于齐燕铭讲得合情合理，令人信服，收到了很好的效果。

全国古籍整理出版规划小组成立后，齐燕铭即着手制定全国古籍整理出版规划，1958 年当年即完成了《整理和出版古籍计划草案》。草案由文、史、哲三个小组分头起草，分为文学、历史、哲学三个部分，其中文学部分 3383 种，历史部分 2095 种，哲学部分 1313 种，合计 6791 种。

1960 年，根据党和政府对文教事业"全面安排，保证重点，提高质量，突破尖端"的方针，经过反复酝酿讨论，又重新制定了一份《三年至八年（1960—1967）整理出版古籍的重点规划》（草案）。这个草案考虑了当时的读者对象，并制定了相应的整理方法。规划草案列入古籍选题 500 多项，读者对象分为"干部和学生读物""科学研究工作者和教学工作者参考书"两大类；前者又分为"古籍读本""古籍普及读物""古籍今译本和改写本"三部分，后者则分为"历史名著""专题史料汇编""工具书"三部分。此外，对一些珍本或少数有价值但排印困难的古籍和史料，则提倡影印的方式。②

在制订古籍规划的过程中，齐燕铭不仅从方针政策上，还从

---

① 俞筱尧：《齐燕铭对古籍整理出版工作的关怀》，《古籍整理出版情况简报》2001 年第 5 期。

② 俞筱尧：《齐燕铭对古籍整理出版工作的关怀》，《古籍整理出版情况简报》2001 年第 5 期。

具体项目和不同读者的接受上，都不厌其详地做了指示，对其后规划的实施，特别是"二十四史"等基本古籍的点校整理都起到了重要的指导作用，也为新时期古籍整理事业的发展打下了良好的基础。

1962 年 1 月 4 日，在中华书局成立 50 周年纪念会上，齐燕铭代表文化部表示祝贺。他在讲话中再一次陈述了古籍工作的重要意义："我国有丰富的文化遗产。整理出版古籍是批判地继承文化遗产的重要一环。古代的文化我们要加以咀嚼、消化，然后才能融会贯通。对于古籍，要做到这一步，一个必不可少的过程是把它整理出版出来。""我希望中华书局不仅是一个出版社，还要把整理古籍的力量团结起来。""要把目光放远一些，团结全国对古籍有素养的人们，形成一个全国整理古籍的中心。有了这个中心，一方面整理一些专著，供学者研究；一方面使古代文化通俗化，让广大人民作为营养去采择吸收。"① 会上他题诗祝贺，表达了对新中国古籍整理出版事业发展的殷切期盼："五十年来负盛名，当时共许椠刊精。人民作主开新纪，文采风流迈旧型。校理故籍千载业，切磋疑义百家鸣。社会主义光芒大，夕秀朝华启后生。"②

齐燕铭十分重视古籍整理人才培养和队伍建设。他在 1958 年 1 月给中共中央宣传部的报告中，就提议计划在北京大学开办古典文献专业；正是由于他和翦伯赞等人的不懈努力，并得到高教部的同意，才于 1959 年在北京大学建立了古典文献专业。

除从高校培养古文献专业人才外，齐燕铭还高度重视那些有真才实学的专家学者，哪怕他们身处逆境，为当时政治气候所不容。他在1958 年 2 月古籍整理出版规划小组成立会上，就正大光明地提出，"现在，古籍出版方面的人力还没有完全动员起来，还有遗材"，要

---

① 《齐燕铭同志在中华书局成立五十周年纪念会上的讲话》，《古籍整理出版情况简报》1962 年第 1 号。
② 齐燕铭：《为中华书局五十年题词》，《百年中华》，中华书局 2012 年版，第 48 页。

"注意吸收各方面的人才"。正是在齐燕铭的大力支持和积极促进下，金灿然提出的"人弃我取，乘时进用"的用人之道才得以实施，使当时被错化为右派的宋云彬、杨伯峻分别从杭州、兰州调到中华书局；原在历史博物馆的马非百、傅振伦也调到中华书局担任哲学、历史等古籍书稿编辑；傅璇琮、沈玉成等中青年人才得到信任，展其所长。齐燕铭在爱护人才、任用人才方面的事例还很多，而这些在"文革"中却成为他所谓"招降纳叛"的"罪证"。

作为著名经学家吴承仕的弟子和受党多年教育的优秀领导干部，齐燕铭一生热爱中华文化，他深深懂得知识和知识分子的重要性，所以他能够在"反右"之后那样特殊的政治氛围中，依然坚定地关心知识分子，重视知识分子。他对张宗祥、叶恭绰、陈汉章、陈垣、陈寅恪等前辈学者真心尊重，关心他们的生活，关心他们学术成果的流存和出版，而他们中除陈垣外，在当时是被列为旧派文人的。他在金灿然就中华书局向陈寅恪约稿的请示信上写道："可由'中华'提出向陈约稿，只告他文中如有涉及兄弟国家和东南亚国家的，请其慎重注意，以免引起不必要的麻烦。此外问题随其任何论点均不必干涉。"[1] 这样的决定，表现了他处理政务的高明和学术上的勇气。他听说吴则虞在作《论衡集释》，需要参考他早年写的《读论衡札记》，于是就毫无保留地将自己珍藏多年的旧稿借出。即使是不相识的学者，只要有困难，他都设法予以解决。1963 年夏，张舜徽来北京治病，住在北方饭店，因负担较重，就写信向齐燕铭求助，"房金每日五元，以一教书之人，如何能负担此数"，"甚盼执事转告有关部门代找一招待所暂住，以解决食宿问题"，并寄上一份他已完成的著作目录。齐燕铭接到信后，马上帮他在教育部招待所安排了住处，并给金灿然写了便函："看著述目录，是有学力的人。请你们联系一下，

---

[1]　傅璇琮：《齐燕铭同志与古籍整理出版》，《古籍整理出版情况简报》1995 年第 3 期。另见徐俊《一个未能实现的出版计划——1960 年代中华书局与陈寅恪先生的交往》，《翠微却顾集——中华书局与现代学术文化》，中华书局 2021 年版，第 67 页。

具体了解。"① 正是有了这样的联系，后来张舜徽的《清人文集别录》得以在中华书局出版。

齐燕铭在工作中既能高瞻远瞩，又能身体力行，他担任全国古籍整理出版规划小组组长虽然只有短短的几年时间，但在理论宣讲、政策制定、项目规划和人事配备等方面做了大量工作，取得了宝贵成就，为中国古籍整理出版事业和古文献学科的发展做出了杰出的贡献。

齐燕铭早年师事吴承仕，好学深思，学识渊博，在文学、戏剧、文物、书法、金石和经济研究等方面都有深湛造诣，撰有《史记发疑》《读论衡札记》等。

二　郑振铎

郑振铎（1898—1958），字警民、铎民，常用笔名西谛、C·T、郭源新等，祖籍福建长乐，出生于浙江永嘉（今温州市）。

1917 年，郑振铎入北京铁路管理传习所学习。1919 年，参加"五四运动"，后与瞿秋白等创办《新社会》旬刊。1920 年，与沈雁冰等在北京发起成立了"文学研究会"，参与主编《小说月报》，后由沈雁冰介绍进商务印书馆编译所工作。主编《文学旬刊》，并开始主编《文学研究会丛书》，参与主编《戏剧》月刊。1922 年，主编《儿童世界》周刊。

1922 年秋，任教上海大学中文系。1923 年，与周予同、顾颉刚发起成立"朴社"。1925 年与叶圣陶、胡愈之等创办《公理日报》；参与发起"中国济难会"，并与郭沫若等人签名发表《人权保障宣言》。

1927 年 2 月，与胡愈之等发起成立"上海著作人公会"。"四一二"事变后，他前往西欧。在法、英等国图书馆，他遍读有关中国古代小说、戏曲、变文等书籍，并研究希腊罗马文学。1928 年 10 月返回上海。

---

① 傅璇琮：《齐燕铭同志与古籍整理出版》，《古籍整理出版情况简报》1995 年第 3 期。

　　回国后，他仍在商务印书馆工作，并被复旦大学聘为中文系教授。1931年9月离开商务印书馆，去北平任燕京大学教授，代理中文系主任；一度兼任清华大学中文系教授，还在北京大学教书。1933年7月，《文学》创刊，他是编委会负责人之一。1934年1月，又与靳以在北平创办《文学季刊》；9月，参与创办《太白》半月刊；10月，参与创办《水星》月刊。其间，撰写出版了《插图本中国文学史》；与鲁迅合作编选了《北平笺谱》，重刻《十竹斋笺谱》；出版了《中国文学论集》《佝偻集》等论文集和小说集《取火者的逮捕》。

　　1935年春，举家南迁上海，任上海暨南大学文学院院长兼中文系主任。为生活书店主编《世界文库》，1936年10月，与鲁迅、郭沫若、茅盾等共同发表《文艺界同人为团结御侮与言论自由宣言》。

　　1937年7月，抗日战争全面爆发后，郑振铎参加组织"上海文化界救亡协会"，参编《救亡日报》及《呐喊》周刊、《战时联合旬刊》等，坚持在"孤岛"进行抗日救亡活动，与胡愈之、周建人等组织"复社"，先后出版了《鲁迅全集》《列宁选集》《西行漫记》等。

　　在上海租界坚守期间，他以坚韧不拔的精神，收集、保护了一批珍贵的古籍文献。1938年5月，他从劫火中收购了稀世孤本《脉望馆钞校本古今杂剧》，该本包括一百数十种未见流传的元明杂剧，具有极高的文献价值和版本价值。1940年春，与张元济等组成"文献保存同志会"，为保护未及运往后方的已购书籍做了大量工作；与耿济之、周予同等组织"中国百科全书刊行会"；还以"玄览居士""纫秋山馆主人"等名编纂影印了不少反映民族意识的古籍丛书，如《玄览堂丛书》《明季史料丛书》《长乐郑氏汇印传奇》等。

　　1945年抗战胜利后，郑振铎创办并主编了《民主》周刊，与马叙伦、周建人等发起成立了"中国民主促进会"。1947年3月，开始出版《中国历史参考图谱》（该书至1951年出齐），郭沫若称赞该书"是一项伟大的建设工程"，吴晗说："这部空前巨著的出版，不止填补了学术界的缺乏，而且也开阔了新史学的道路，滋育下一代人的历史兴趣，为中国人民史的写作奠下新基。"① 其间，他还先后编纂出版了《韫辉斋藏唐宋以来名画集》《西域画》《域外所藏中国古画集》等。

1949 年 3 月，郑振铎抵北平；4 月，到布拉格参加第一届世界保卫和平大会；7 月，参加中华全国文学艺术工作者第一届代表大会，被选为中华全国文学艺术界联合会和中华全国文学工作者协会的常务委员；9 月，参加中国人民政治协商会议第一届全体会议，被选为全国政协委员。

中华人民共和国成立后，历任文化部文物局局长、文化部副部长、中国科学院考古研究所所长及文学研究所所长、中国科学院哲学社会科学部常务委员、国务院科学规划委员会委员兼考古学组组长、全国古籍整理出版规划小组成员兼文学组召集人，还担任中国人民保卫世界和平委员会全国委员、中国人民对外文化协会常务理事、中国民间文艺研究会副主席、中缅友好协会会长、中印友好协会理事等职务。1958 年 10 月 17 日率中国文化代表团出访，因飞机失事遇难，终年六十岁。

郑振铎一生酷爱古籍，无论在何等艰难困苦或纷繁忙碌的情况下，都始终致力于古籍文献的搜集、整理。他一生搜藏中外古籍文献共 15000 多种，计 1 万多册。他曾在《〈劫中得书记〉序》里写道："余聚书二十余载，所得近万种。搜访所至，近自沪滨，远逮巴黎、伦敦、爱丁堡。凡一书出，为余所欲得者，苟力所能及，无不竭力以赴之，必得乃已，典衣节食不顾也。"② 为访书求书，他不怕苦不怕累，"每于诸肆残书堆中，搜掘终日。室暗如夜，鼠粪虫渍，遍于书

① 陈福康：《郑振铎传略》，《中国当代社会科学家》第八辑，书目文献出版社 1986 年版，第 277 页。

② 郑振铎：《〈劫中得书记〉序》，《郑振铎全集》第六卷，花山文艺出版社 1998 年版，第 780 页。

上。检竟而出，两手竟尘涴如染墨。辛勤一日，或竟一无所得，或亦得一帙半册之残本。偶一获见一二奇书，便大喜欲狂，大类于荒山野谷中寻掘古帝之陵墓"①。

对古籍整理，他是真正的行家。由于在商务印书馆的经历和长期搜书、访书的经验，他十分懂得目录版本之学，于明清典籍尤其小说戏曲、版画图录更是了然于胸。他曾讲："所以'版本''目录'的研究，虽不就是'学问'的本身，却是弄'学问'的门径。未有升堂入室而不由门循径者，也未有研究某种学问而不明了产于某种学问的书籍之'目录''版本'的。而于初学者，这种'版本''目录'，尤为导路之南针，照迷的明灯。有了一部良好的关于某种学问的书籍目录，可以省掉许多人的暗中摸索之苦。我们都是经过了'摸索'的境界，吃尽了苦的，故对于'版本''目录'的编著者，往往是抱着很大的敬意的。"② 他重视目录、提要、年表、索引的编制，自己就编制了《中国文学年表》《中国文学者生卒考》《文艺家生卒表》《中国小说提要》《西谛所藏散曲目录》《郑氏影印之杂剧传奇（明清杂剧）》《元明以来杂剧总目》《西谛所藏善本戏曲目录》《西谛所藏弹词目录》《佛曲叙录》等。

郑振铎是古籍整理的实践家，选编有《清人杂剧》（初集、二集)、《白雪遗音选》、《新编南九宫调》、《晚清文选》等，标点有明万历十七年（1589）汪道昆序本一百回和袁无涯刻本的后二十回本《水浒全传》，组织影印有宋版孤本《楚辞集注》和《楚辞图》等。1954 年，他与赵万里、吴晓铃、傅惜华等人组成"《古本戏曲丛刊》编委会"，全书原计划编辑十二集，郑振铎生前已编了四集，出版了三集，每集各十二函一百二十册，四集共四十八函四百八十册，几乎

---

① 郑振铎：《〈中国版画史图录〉自序》，《郑振铎全集》第十四卷，花山文艺出版社 1998 年版，第 246—247 页。

② 郑振铎：《中国小说史料序》，《郑振铎全集》第六卷，花山文艺出版社 1998 年版，第 730—731 页。

网罗了现存元代和元明之际、明清之际的传奇和杂剧。1956 年，他撰成《中国木刻史略》，共十二章，这是他三十多年搜集研究所得，是研究中国古代木刻图书乃至古籍整理出版史的重要成果。

他也是新中国古籍整理工作的理论指导者和积极倡导者。1951 年 8 月，《人民日报》发表了他写的《关于〈永乐大典〉》，文中强调了要"十分重视这些文化、艺术遗产，而且会十分珍重地保存、管理，供给人民大众加以应用与参考研究"[①]。这篇文章是中华人民共和国成立后党报发表的第一篇关于古籍和古籍整理的文章。1953 年 10 月，他又在《人民日报》发表了《为做好古典文学的普及工作而努力》一文，提出"我们将怎样把那么丰富的古典文学遗产加以普及"的问题，文中就版本的选择，古书真伪的考证，对古书原文的注释及研究批判等提出了自己的见解，强调"做好古典文学遗产的注释工作乃是一切古典文学研究者所必须用全心全意来从事的长期的事业"。并就如何做好古籍注释工作，提出："必须首先广泛地收集异本，多看过去的注释本。……第二是，把许多异本加以整理、研究，去其妄者、伪者，存其善者、真者。……第三是，不仅注释其文句，也应该研究、批判其内容。"[②]

他还为"二十四史"的点校提出了最初的倡议。1956 年 11 月 25 日，他在《人民日报》发文提到要有新中国版的"二十四史"的整理。1956 年 12 月 20 日、1957 年 2 月 8 日在给潘景郑的信中，更为具体地谈到了《十三经》、"二十四史"整理。1957 年 3 月，郑振铎在全国政协会上郑重提出"整理古书的建议"，强调了"二十四史"整理的必要性和紧迫性。这些论述可见本卷第三章第一节。

郑振铎作为全国古籍整理出版规划小组文学组的召集人，他主持

---

① 郑振铎：《关于〈永乐大典〉》，《郑振铎全集》第十四卷，花山文艺出版社 1998 年版，第 267—268 页。

② 郑振铎：《为做好古典文学的普及工作而努力》，《人民日报》1953 年 10 月 21 日第 3 版。

制定了新中国第一个《整理和出版古籍计划方案》的文学部分。他还参与制定了《古文化遗址及古墓葬之调查发掘暂行办法》《文物出口鉴定委员会暂行组织条例草案》《关于保护文物建筑的指示》《关于在基本建设工程中保护历史及革命文物的指示》等文件和《考古学研究工作十二年远景规划》等。

郑振铎藏书丰富，多珍本僻书，尤重戏曲、小说和版画的收藏。全部藏书在其遇难后由家属遵照其遗愿捐赠给文化部，现由国家图书馆收藏。他一生勤于撰辑，著述宏富，有《郑振铎全集》传世。

三　金灿然

金灿然（1913—1972），原名金心声，山东鱼台人。中学时代积极参加学生运动。1936年考入北京大学历史系。为了抗日救亡，他投身革命，先到临汾山西民族革命大学学习，1938年到延安，加入中国共产党。在抗日军政大学、马列学院学习，后任马列学院历史研究室研究员，曾参与《中国通史简编》的编写；抗战胜利后，任晋绥解放区绥蒙地区地委宣传部长等职，1948年在中共中央宣传部工作。1949年夏至1958年初，先后在华北人民政府教科书编审委员会、人民教育出版社、中央人民政府出版总署编审局、文化部出版局等单位工作，历任秘书主任、副司（局）长、局长等职，曾主编《人民日报》副刊《图书评论》，兼任文化部古籍出版委员会委员。[①]

1958年，金灿然任中华书局总经理兼总编辑、全国古籍整理出版规划小组成员兼办公室主任。他除负责书局的业务外，还要兼管古籍小组的日常工作，责任重大，工作异常繁忙。他积极协助齐燕铭，参与全国古籍整理出版规划的制定和"二十四史"点校等重点项目的实施。对规划内"每一类古籍，也都根据不同的内容和不同读者

---

① 《文化部党组关于重印古籍及近代、现代学术著作向中央宣传部的请示报告》，《中华人民共和国出版史料1954年》，中国书籍出版社1999年版，第601页。

的需要，提出了明确的要求和具体的整理办法。为了落实规划，对一些重要项目，请什么人整理，什么时候完成，几乎是逐项研究，逐项落实。"①

金灿然尊重知识，爱惜人才，善于用人所长，提出"人弃我取，乘时任用"主张，不拘一格广聚英才，除原有的如徐调孚、张静庐、卢文迪、章锡琛、陈乃乾、曾次亮、姚绍华、赵守俨等老编辑外，又从全国有关机构和大专院校调来宋云彬、杨伯峻、孙人和、马非百、马宗霍、傅振伦、陈驰等一批有真才实学的专家学者，加上傅璇琮、沈玉成等青年干才，在中华书局建立了一支年龄上老中青搭配、知识结构上多层次并进的精壮整齐的专业编辑队伍。从而在不到七年的时间内，整理出版了如"前四史"、《册府元龟》、《永乐大典》、《全上古三代秦汉三国六朝文》、《文苑英华》、《全唐诗》、《全宋词》等一大批基本古籍。老一代学者如王国维、朱希祖、孟森、杨树达、马叙伦、陈寅恪、顾颉刚、陈垣、岑仲勉、余嘉锡、李剑农、马衡、向达、梁启雄、于省吾、周一良、苏继顾、王力、孙楷第、胡厚宣、唐兰、周祖谟、陈乃乾等人的专著或论文集，也在有计划地组织编订和出版。但其后因为政治形势特别是"文革"的爆发，不少有价值的著作难以出版。②

金灿然针对当时的政治形势和舆论氛围，为了从理论和实践上理清批判和继承的关系，强调整理古籍的必要性和重要性，论述古籍整理的现状和前景，他于 1959 年 8 月 5 日在《人民日报》发表了《谈谈古典文献整理与出版的问题》。文中说："在批判地继承我们文化遗产的工作中，整理我国古典文献是一项不可缺少的基本工作。我国的古典文献数量很大……这样丰富的遗产，假使付出了一定的力量，以正确的方法加以整理，肯定的说，对于马克思主义的科学宝库，必

① 李侃：《回忆灿然同志》，中华书局编辑部编《回忆中华书局》（下编），中华书局 1987 年版，第 198 页。

② 俞筱尧：《金灿然与古籍整理出版工作》，《古籍整理出版情况简报》2000 年第 12 期。

须有很大的贡献"，"是一项建设社会主义文化所必须完成的光荣任务"。①

　　金灿然对中华书局那几年工作，总结出"出好书、培养干部、团结作家"三点要求，提倡尊重知识，爱惜人才，广泛团结和组织培养社会著作力量，扩大专业作者队伍；同时，在单位内提倡学习，注重业务，努力"把中华书局办成思想学术工作的机关"。他"提倡干部边干边学，不仅要求编辑人员钻研业务，也要求政工干部和行政干部学习同古籍整理出版工作有关的业务。他多次指出，政工干部和行政干部的本职工作固然有自己的规律，但如果不了解古籍整理出版工作和中华书局的方针任务，就不可能在中华书局这样的单位里真正作好各自的本职工作。……要把中华书局办成思想学术工作的机关，编辑要立志当编辑家，而不是当编辑匠"②。他为了给一位青年编辑创造"做些研究，写文章，编书"的条件，安排他搬到中华书局的空房子来住，以节省上下班路上耽搁的时间，并通过吴晗、翁独健等北京市领导的关系，将这位编辑在中学任教的妻子调到邻近中华书局的中学工作。

　　金灿然还为中华书局举办各种专题讲座和学习班，就古籍整理出版如何批判继承等展开热烈的讨论，如请启功讲八股文，请孙人和讲《三礼》。金灿然尽可能地抽时间参加这些学术会议，以了解"学术行情"，并在会后以简报的形式向书局传达。一时使书局形成了集出版、研究、教育于一体的"中华"气度。

　　1959 年，金灿然与齐燕铭、翦伯赞、吴晗、魏建功等一起倡议，推动了北京大学古典文献专业的创办。之后，还亲自去上课、听课，进行实地调查和了解教学效果。1964 年、1965 年先后安排该专业第一、第二届毕业生到中华书局工作，为古籍整理、研究、出版人才的

---

　　①　金灿然：《谈谈古典文献整理与出版的问题》，《人民日报》1959 年 8 月 5 日第 7 版。
　　②　俞筱尧：《金灿然和中华书局》，中华书局编辑部编《回忆中华书局》（下编），中华书局 1987 年版，第 28—29 页。

培养做出了极其重要的贡献。

在金灿然的直接组织和运作下，1958 年 12 月，古籍整理出版规划小组创办了《古籍整理出版动态》，后改名《古籍整理出版情况简报》；1962 年，中华书局与《新建设》杂志合作创办了《文史》杂志。

1963 年，金灿然积劳成疾。住院期间，仍坚持过问重要书籍的整理出版，定时听取工作汇报。

"文化大革命"爆发，当时整个文化领域被定性为"反革命修正主义路线"，中华书局被打成搞"复辟"的据点，是必须砸烂的"修正主义的黑窝子"。金灿然更是屡遭冲击，他对中华书局编辑队伍的建设被冠以"为复辟资本主义而集结反革命队伍"，虽生病，也难逃批斗之厄。中华书局名义上是"下放单位"，实际上成了撤销单位。金灿然先是被流放到湖北咸宁"五七干校"改造，历经苦难，后被送回北京，其时他病痛交加，在一次流落街头时竟凄然离世。

金灿然一生忠于党和人民的事业，全心全意对待工作，关心他人，鼓励青年，为人淳朴厚重，处处为作者、为编辑排忧解难，在他身上充分体现了共产党人的无私精神和知识分子的优良品行。虽然，他在不到五十九岁的盛年不幸去世，但却以对中华文化的热爱，对人民的忠诚和忘我的献身精神及高度的责任感，为中国的古籍整理事业做出了不朽的贡献，也为后人留下了永久的怀念。

四 翦伯赞

翦伯赞（1898—1968），名象时，笔名林零、太史简等，湖南桃源人，维吾尔族。远祖为西州回鹘，随蒙军南下，明初赐姓翦氏。

1916 年，翦伯赞考入北京政法专门学校，转武昌高等商业学校。1919 年毕业后任母校常德中学英语教员。1924 年夏，赴美国加利福尼亚大学研究经济。

1925 年归国后，参加国民革命军，投入北伐政治工作。1927 年，参加邓演达领导的国民革命军总政治部工作，担任该部特派员。曾受政治部委派，到山西和绥远去动员阎锡山和商震起义。为避逮捕，逃绥远。其后，在吕振羽等人影响下，他开始用马克思主义观点潜心研究中国社会和历史问题。先后发表了《中国农村社会之本质及其历史的发展阶段之划分》《前封建时期之中国农村社会》等论文，与吕振羽合著《最近之世界资本主义经济》一书。

1931 年，翦伯赞参加"广州政府"成立大会。1933 年春，在天津的意大利租界遭逮捕，后被驱离天津，前往上海。1934 年 5 月，翦伯赞随国民党元老覃振赴欧美考察司法，游历了亚、非、欧、美近二十个国家。考察结束后，他继续从事学术研究，发表了《殷代奴隶社会研究之批判》《关于"亚细亚的生产方法"问题》《商业资本主义社会问题之清算》等文章。

1937 年 5 月，翦伯赞在南京加入中国共产党。"七七事变"后，任南迁的北平民国大学教授，与吕振羽等发起组织"中苏文化协会"湖南分会和"湖南文化界抗敌后援会"等，主编《中苏半月刊》，出版《历史哲学教程》，积极参加抗日救援工作。1940 年 2 月到重庆，任"中苏文化协会"总会理事兼《中苏文化》副主编，同时担任冯玉祥的"中国通史"教师。

1946 年 5 月，翦伯赞与周谷城等组成上海"大学教授联谊会"，并与邓初民等主编和出版《大学月刊》。1947 年 10 月，任香港达德学院教授，曾与茅盾、侯外庐、千家驹等分别主编了香港《文汇报》的"史地""文艺""新思潮""经济"等副刊。

1948 年冬，翦伯赞离港北上；1949 年 1 月到解放区；9 月，出席中国人民政治协商会议第一届全体会议。不久被任命为政务院文化教育委员会和中央民族事务委员会委员。

1952 年高校学科调整后，任北京大学历史系教授兼主任，后任副校长；同时兼任政务院文教委员会委员、中央民族事务委员会委员、中央民族历史指导委员会副主任委员，中国科学院哲学社会科学部常务委员，文化部古籍出版委员会委员，① 第一届全国政协委员，第一、二届全国人大代表等。

翦伯赞是第一届全国古籍整理出版规划小组成员和历史组召集人，是建立北京大学古典文献学专业的筹划人，为中国高校第一个古文献专业的创立做出了重要贡献。古典文献专业 1959 年 6 月在北大中文系建立，为了说明该专业的建立对古籍整理人才培养和中华文化传承的重要意义，他在 1959 年 7 月 17 日的《光明日报》上发表了《从北大古典文献专业谈到古籍整理问题》一文，强调古籍整理的重要性和设立古典文献专业的必要性。他指出新中国的古籍整理工作还有很多工作要做，其中培养专门人才就是很重要的一个方面，北大古典文献专业的建立正是为了这一目的。他分析了整理古文献与当时文化政策的关系，阐述了人才教育工作与古文献整理的相互关系、内容要点和价值意义。这篇文章反映了他对古籍整理与人才培养的清晰思路和远见卓识。

翦伯赞是蜚声中外的学者，与郭沫若、范文澜、吕振羽、侯外庐并称当时史学界的"五老"。他长期从事理论宣传、学术研究和历史教学，重视国家的文化建设，特别是马克思主义新史学的建立；重视历史文献的搜集和整理工作，认为"历史是具体性的科学，论证历史，不要从概念出发，必须从具体的史实出发，从具体史实的科学分析中引出结论"。强调在研究历史时，"每一个论点，都要有论据，不要写空话。所有的论据都要注明出处，见何书何篇，哪种版本，何年出版等等。最好用第一手材料。所用的材料必须和原书核对，如因版本不同而有重要异同，亦须注明"②。

他组织并完成《中国近代史资料丛刊》11 种，2000 余万字，其

---

① 《文化部党组关于重印古籍及近代、现代学术著作向中央宣传部的请示报告》，《中华人民共和国出版史料 1954 年》，中国书籍出版社 1999 年版，第 601 页。

② 翦伯赞：《对处理若干历史问题的初步意见》，《史学理念》，重庆出版社 2001 年版，第 331 页。

中的《义和团》《戊戌变法》两个专题由他本人主编，又与人合作《历代各族传记汇编》等书。他重视高校文科教材的编写，曾担任历史专业教材编审组组长，主编通用教材《中国史纲要》，参与主编（与郑天挺）《中国古代史参考资料》《中外历史年表》等。虽然行政事务繁忙，他仍不忘学术研究的本行，撰有《历史哲学教程》《先秦史》《秦汉史》《中国史论集》《历史问题论丛》等专著和论集。其中《关于打破王朝体系问题》《目前历史教学中的几个问题》《对处理若干历史问题的初步意见》《目前史学研究中存在的几个问题》等论文，对当时的极"左"思潮进行一定的批判和抵制，尽可能地维护历史教学和研究的正常进行。

然而，随着极"左"思潮的日益严重，翦伯赞不断地遭受到严厉批判。先是1963年夏，关锋发表《在历史研究中运用阶级观点和历史主义的问题》，批判翦伯赞史学观点"脱离了马克思主义的阶级观点"，"不是马克思主义的历史主义"；其后于1965年底到1966年初，戚本禹等人在《红旗》杂志、《人民日报》等发表《为革命而研究历史》和《翦伯赞同志的历史观点应该批判》，诬陷翦伯赞的文章是"反马克思主义的史学纲领"，翦本人是"资产阶级史学的代表人物"。1965年11月，姚文元《评新编历史剧〈海瑞罢官〉》发表，翦伯赞感到困惑和不安，为此他也受到严厉批判。

"文革"爆发后，《人民日报》社论以《夺取资产阶级霸占的史学阵地》为题，号召打倒翦伯赞等"史学界里的'保皇党'"。1966年6月1日翦伯赞被揪出批斗，罪名是所谓"资产阶级反动学术权威""漏网大右派""反共老手""蒋介石的走卒"等。1968年夏，红卫兵到他家抄家，他与夫人被扫地出门，赶出居住了近20年的燕东园28号，被囿禁于街道上的一间小黑屋中。后因拒绝提供所谓刘少奇在1935年冬至1936年春"勾结国民党CC派特务妄图取消苏区、消灭红军"的假材料，被专案组辱骂恐吓；12月18日翦伯赞与夫人戴淑婉无奈之下饮药离世。①

1978 年 8 月，中共中央领导人邓小平亲自批示为翦伯赞彻底平反昭雪。1998 年 4 月 14 日，北京大学召开"翦伯赞先生诞辰百年纪念学术研讨会"，会上，曾任全国政协副主席的赛福鼎·艾则孜动情地说："翦伯赞教授留给我们的是他光彩夺目的学术思想，是他博大深远的人格力量，是他追求真理的勇敢精神。可以说，翦伯赞教授是我们伟大中华民族传统的一个化身。翦伯赞教授的道德和文章堪称楷模，他将永远垂范后人。"②

五　魏建功

魏建功（1901—1980），字天行，江苏海安人，当代语言文字学家、教育家，也是北京大学古典文献专业的奠基人。

1919 年，魏建功考入北京大学预科乙部英文班，积极参加新文化运动。1921 年，进北大研究所国学门，在钱玄同、沈兼士、马裕藻、沈尹默等名家指导下，熟悉文字、音韵、训诂等专业知识，打下了厚实的学术基础。其间，他为顾颉刚审订北京《晨报》登载的歌谣注音，考证方言本字；参加收集歌谣、编印《歌谣周刊》、整理有关明清档案、方音调查及民俗调查等活动。1923 年，撰写《搜集歌谣应全注音并标语调之提议》，认为歌谣的采录应注意声音的还原，对歌唱时的实际语音要加注，并标语调。

1925 年，北京大学中文系毕业后，留校任助教，协助刘半农做"语音乐律实验室"工作，并为《国语周刊》撰稿人。1928 年，参加"国语统一筹备委员会"，被推选为常务委员。期间，参与决定用北京语音为国语标准（今称普通话），推行注音字母和国语罗马字方案。

① 张传玺：《翦伯赞传》，《古籍整理出版情况简报》1996 年第 4 期。
② 张传玺：《学习翦老，坚持用马列主义指导的历史研究》，《古籍整理出版情况简报》1998 年第 5 期。

1929 年，魏建功重返北大中文系，历任助教、副教授、教授。其后，他潜心于教学与科研，在文字音韵训诂研究上，注重结合现实的语文工作，提倡为实际需要服务。他通过对北平音系形成历史的研究，断定北平音系是中国标准语演变最晚出的结果。为此，他发表了《说辙儿》《张询如〈北平音系十三辙〉序》等相关论文。

1930 年后，在研究韵书系统方面，他先后发表了《陆法言〈切韵〉以前的几种韵书》《唐宋两系韵书体制之演变》等论文，补充发展了前人的学说。1935 年，出版《古音系研究》，这是魏建功研究音韵学史的代表作。全书约三十万字，分别就古音系的分期，古音系的内容，研究古音系的材料、方法和条件，以及古音系研究的实际问题，阐述了自己的见解。该书除了音韵学上的价值外，对研究汉语语音、方言和文字训诂也是不可或缺的参考书。这一时期，魏建功先后开设了声韵学概论、方言研究、等韵研究、民间文艺讲话、声韵学史、古音乐研究等课程。

1940 年，"国语统一筹备委员会"改名为"国语推行委员会"。魏建功在国立西南女子师范学院创办了"国语专修科"，这是国语推行委员会在全国设立的三个"国语专修科"之一。1941 年，参与编订《中华新韵》，该书为当时的国家韵书。1945 年 8 月，魏建功以"国语会常委"的身份，被台湾行政长官公署教育处"借调"去台湾推行国语，后任"台湾国语推广运动委员会"主任委员。他拟定了台湾国语运动的六条纲领，提出了"以台湾方言对应普通话规律学习国语"的方法，并连续在报刊上发表了《何以要提倡从台湾话学习国语》等多篇文章，从理论上指导国语运动在台湾的开展，为台湾地区倡导国语竭尽全力，使台湾地区成为全国最早普及汉语国语的省份。1946 年 11 月，魏建功还专程回到北平招聘"国语推行员"赴台，分派到台湾各地民众教育馆去协助开展国语运动。

1948 年，魏建功回到北京大学，任中文系教授。1949 年 7 月至

1950 年 7 月任中文系主任。曾应邀牵头组建新华辞书社并兼任社长。魏建功在兼任新华辞书社社长时，主持编纂了《新华字典》，全书收录 6840 个字，其特色为"以音统字，以字统义，以义统词"①。他在被聘为中国文字改革研究会委员及"汉字简化方案七人小组"成员时，参加了《汉字简化方案》的制订。

1952 年高校院系调整后，历任北京大学教授、中文系古典文献教研室主任、副系主任、副校长、校学术委员会委员；中国科学院哲学社会科学部委员、语言所学术委员兼审音工作委员会委员，国务院科学规划委员会委员，全国古籍整理出版规划小组成员，中央推广普通话委员会委员，《中国语文》杂志常务编委；第一、二届北京市政协委员，第二届全国政协委员，第三、四届全国人大代表，九三学社中央委员、常委等职。

1959 年，他协助齐燕铭、翦伯赞等在北京大学建立古典文献专业，以中文系副主任兼古典文献教研室主任主持日常工作。为了提高青年教师的业务素质，他每周亲自给他们讲一次《说文解字》，还请王重民给他们讲授目录学课。该专业开学前后，他针对该专业的培养目标、学科特点和学生的毕业去向，对教学计划和课程安排极为用心，设置的课程既有语言、文学、历史、哲学、外语等一般基础课，又有文字、音韵、训诂、目录、版本、校勘等专业基础课，还有古书校点等专业实践课及各种增进学生知识面、学术视野的文化讲座。由著名教授游国恩、林焘、朱德熙、冯友兰、邓广铭、陆宗达等授课，还亲自出马延请顾颉刚、吴晗、唐兰、商承祚、刘国钧、侯仁之、向达、任继愈、聂崇岐、张政烺、启功等名家做专题讲座，为培养古籍整理出版和古文献学研究人才付出了大量心血。该专业 1964 届、1965 届学生如期毕业，1966 届学生因"文革"延至 1968 年方毕业。

---

① 魏建功：《编辑字典计划》，王均主编《语文现代化论丛》第二辑，语文出版社 1996 年版，第 297 页。

这些毕业生，后来多成为中国古籍整理和古文献学研究及其他涉古专业的重要人才。

"文革"中，他先是被批判，后又被利用，历经曲折。"1970 年秋，周恩来总理要国务院科教组组织班子修订《新华字典》，'以应中小学生和工农兵急需'，魏建功为《新华字典》修订组七人领导小组成员。"① 1979 年，他在肾功能严重损伤的情况下，坚持审定《辞源》的稿件，经常工作至深夜。1980 年 2 月 18 日因病故去。其老友王西徵挽联：

大千界桃李芳菲讲坛由来多花雨；

五十年风云变幻老友毕竟是书生。

魏建功早年随钱玄同等研习声韵训诂之学，能会通中西、融合古今，为汉语规范、汉字改革、辞书编纂和古籍整理研究做出了重要贡献。著有《古音系研究》《中国声韵学概要》《中国声韵学史纲》《汉字形体变迁史》等力作，有《魏建功文集》传世。②

六　李俊民

李俊民（1905—1993），学名李守章，笔名十音、风灰等，江苏南通人。1923 年考入武昌高等师范学校国文系。1925 年 9 月加入中国共产党，任中共湖北省委组织部干事、秘书。1927 年 2 月，国民政府由广州迁武汉，他应聘为黄埔军校第六期教员；同年 5 月任中共武昌市委宣传部副部长。宁汉合流后，他奉命转移到上海。1928 年 8 月，被任命为团中央宣传部秘书，后因所属党支部书记失踪，与党组织中断联系。再后由台静农介绍，在北平翊教女子中学任教，并在北平郁文大学讲授中国文学史。其间，与台静农、冯雪峰、王冶秋等组建中国左翼作家联盟北方分盟，被选为秘书长。1932 年至 1937 年 6

① 安平秋：《我的教师魏建功先生》，《中国典籍与文化》1993 年第 1 期。
② 魏至：《君子以果行育德——记魏建功先生的治学与为人》，张世林编《学林往事》，朝华出版社 2000 年版，中册，第 797—817 页。

月，他先后任教于山东聊城省立第三师范、山东济南省立第一师范、济南省立高级中学，并在齐鲁大学兼课。

1937 年"七七事变"后，他返回老家南通从事抗日救亡工作。1940 年 10 月，根据陈毅指示，在苏北担任联合抗日部队副司令。1941 年 2 月，经粟裕、刘炎介绍，再次加入中国共产党。后历任苏中四分区专署主任秘书、苏北行署文教处长、苏北行署支前司令部政治部主任等职。

中华人民共和国成立后，李俊民历任苏北行署文化局局长、江苏省文化局局长；1953 年 10 月奉调至上海，任新文艺出版社社长。1956 年 11 月，在新文艺出版社中国古典文学编辑组的基础上，成立古典文学出版社，他任社长兼总编辑。1958 年 6 月，在全国古籍整理出版规划小组的统一规划下，古典文学出版社与中华书局上海办事处合并成立中华书局上海编辑所，李俊民任副主任、总编辑。同年，为修订《辞海》，成立中华书局辞海编辑所，李俊民先任主任，后主动提出由前辈舒新城任主任，自己改任副主任。

1966 年"文革"开始，李俊民便成为上海第一批被"打倒的对象"，受到残酷迫害。党的十一届三中全会后，得以平反昭雪。1978 年 1 月，成立上海古籍出版社，他任社长兼总编辑。1980 年，当选上海市文联副主席、上海市政协副主席。1984 年 10 月，改任上海古籍出版社名誉社长。

李俊民十分重视古籍整理研究和出版。1954 年中华书局和商务印书馆由上海迁往北京后，上海没有一家出版古籍的出版社，对此，专家很着急，读者有需求，李俊民便在新文艺出版社内成立了"中国古典文学编辑组"；并于 1956 年在此基础上成立了古典文学出版社。这在当时厚今薄古的政治氛围中，是十分难能可贵的。古典文学出版社成立后，当年就出版了《水浒后传》《平妖传》《四游记》等 17 种古代文学作品，第二年更一口气出版了《韩昌黎诗系年集释》《稼轩词编年笺注》《唐音癸签》《词林纪事》等 50 种古籍图书，创造了 1949 年后小型出版社出版多种古籍的奇迹。也正是这个良好的基础，才有之后中华书局上海编辑所的建立。党的十一届三中全会后思想文化领域拨乱反正，李俊民在原中华上编所的基础上，重振旗鼓，组织队伍，克服困难，成立了上海古籍出版社，从而与中华书局南北和鸣，携手共进，为新时期的中国古籍整理出版事业做出了重要贡献。

李俊民坚持古籍整理出版应遵循"批判继承，古为今用"的原则。他认为："尽管出版古籍有自己的特点，但同样必须坚持为工农兵服务，为社会主义事业服务。这种服务的性能表现在批判继承和吸收我国历史文化中的宝贵遗产，发扬我国优秀的民族传统和民族形式，为当前发展的社会主义的民族的新文化服务。"[1] 他特别强调古籍整理出版物要认真写好前言、后记，作为出版一本古籍的灵魂和前提。他为古籍出版社拟定了正确的办社宗旨和出版方针，并动手制定从出版规划到图书出版各个环节的一套完整的规章制度。他提倡学术性和思想性结合，提高与普及共存，铅印与影印并行，同时采取措施实行出版、印制、发行"一条龙"。从古典文学出版社到上海古籍出版社，既为科学研究和教育工作者提供了经过整理的一大批文史哲优秀古籍，又向广大读者贡献了许多高质量的古代文史普及读物，如《中国古典文学丛书》《中国古典文学基本知识丛书》《古典文学作品选读》《中华活页文选》等，都受到广大读者的热烈欢迎。

作为老出版人，他认为要抓好出版，重在出书出人："出版社的职责在于出好书，而关键在于出人。没有人就没有书。关于人的问题，从古籍出版的角度上看，首先是出版社的编辑。"[2] 他在用人方面更是不拘一格，广纳人才。当时中华上编所的编辑队伍（包括外聘人员）堪称强大，其中著名的文史专家有：瞿兑之、吕贞白、刘

---

① 李国章：《青松挺直秉高洁——记李俊民》，《春华秋实六十载：上海古籍出版社同仁回忆录》，上海古籍出版社 2016 年版，第 118—119 页。
② 高克勤：《中华上编的"三驾马车"》，《古籍新书报》2012 年 3 月 28 日第 7 版。

哲民、胡道静、于在春、刘拜山、金性尧、何满子、陈奇猷、富寿荪，还有当时比较年轻的钱伯城、朱金城等。为了进用人才，他不计困难，甚至不避嫌疑，何满子因胡风案被捕，1956 年释放，他得知后，就要求把何分配到古典文学出版社；1978 年，他刚出任上海古籍出版社社长，就把被赶回农村十二年的何满子召回，为他落实政策，安排编辑工作。

李俊民一贯注重书稿的学术质量，对名家名著的编纂倾注全力，先后出版了梁启超、章太炎、黄侃、陈寅恪、顾颉刚、胡适、朱自清等一大批近代学者的著作。他创办的《中华文史论丛》，以"言之有物，不尚空论"为宗旨，倡导理论与考据相结合，重视对文史哲的贯通研究，发表了一大批著名学者的扛鼎之作和中青年学者重要的有影响的处女作。

李俊民不仅是著名的编辑出版家，是当代中国古籍整理出版杰出的组织者，还是优秀的文学家。他对文艺、对古典文学都有造诣，早年即以小说集《跋涉的人们》享名文坛，又有《李白研究》专著，还写过被诬陷为"大毒草"的《杜甫回家》。半个世纪以来，他留下的各类作品近百万字，但却一心为公，淡泊名利，一再婉谢出版自己的文集。直到中风后已不能继续阅读和执笔，方由家人整理他的旧稿，稿件还被他删去了大半。虽然上海古籍出版社加紧编刊，但最终他还是未能看到《李俊民文集》的出版。

第二节　古籍整理专家

这里的"整理者"，指的是 1949 年至 1979 年这三十年中重要古籍的整理人，他们或是在民国时期即以古籍校勘成名而 1949 年后仍持续于斯的老一辈专家，如杨树达、刘文典；或一生主要从事于古籍整理及相关工作的，如顾颉刚、王伯祥、杨伯峻；或负责承担重大古籍整理项目（如"二十四史"等）的，如郑天挺、王仲荦、唐长孺、聂崇岐、向达、唐圭璋。以下各节诸家排列以出生年月为序。

一　杨树达

杨树达（1885—1956），字遇夫，号积微、耐林翁，湖南长沙人。少时曾从教于叶德辉，受《说文》《四库提要》之学；后入求实书院，学经史、算学、英文等课。1904 年为湖南省院试第一名，次年被派往日本留学。1911 年回国，先后任教于湖南省立第一师范学校、湖南省立女子第一师范学校、北京高等师范、清华大学、湖南大学。曾参与组织发起九三学社。中华人民共和国成立后，被聘为中国科学院哲学社会科学学部委员，苏联科学院通讯院士，湖南省文史研究馆馆长，第二届全国政协委员等。

杨树达早年曾治《易》，仿阮元《诗书古训》例，辑有《周易古义》文稿。1918 年辑《老子古义》。后陆续撰成《马氏文通刊误》《中国语法纲要》《高等国文法》诸书。1922 年参加吴承仕发起的"思辨社"，参与集会的先后有程炎震、洪泽丞、邵瑞彭、孙人和、陈垣、高步瀛、陈匪石等名家。1925 年，出版《汉书补注补正》，是书纠正王先谦《汉书补注》六百余事，为杨氏代表作之一。余嘉锡称赞说："杨诵班孟坚书，不复持本，终卷不失一字。古所谓汉圣者，无以远过。"黄侃说："遇夫于《汉书》有发疑正读之功。"[1] 同年，《周易古义》《老子古义》相继出版。1928 年，《词诠》出版。是书收集汉语虚词 470 余字，依王引之《经传释词》体例，抉择各家学说编辑而成。胡适称赞此书为传世之作，并将它列入他当时新编的中学生参考书目中。1930 年，《高等国文法》出版。是书资料丰富，比较详细地订正了《马氏文通》之误，树立了以划分词类为中心的语法体系。他在序言中说："治国学者必明训诂，通文法。明训

---

① 白吉庵：《杨树达传略》，《中国当代社会科学家》第八辑，书目文献出版社 1986 年版，第 140 页。

诂而不通文法，其训诂之学必不精，通文法而不明训诂，则其文法之学亦必不至也。"贺昌群称此书"取刘（淇）王（引之）俞（樾）之旧迹，循《马氏文通》之新法，折衷其间，最为杰出"①。1931年，《马氏文通刊误》出版。是书在举评马氏失误的同时，也充分肯定了《马氏文通》的历史意义与价值。自文法三书（《高等国文学》《词诠》《文通刊误》）出版后，杨氏的汉语语法研究工作遂告一段落，此后主要转向甲骨、金石领域的研究。自1934年起，嗣后二十余年，成论文百余篇、专著四种。

1942年，杨树达被评为部聘教授。1943年，陈寅恪在为杨树达《积微居小学金石论丛续稿》作序中称"先生讲授于南北诸学校，寂寞勤苦，逾三十年，不少间辍。持短笔，照孤灯，先后著书高数尺，传诵于海内外学术之林"②。1947年，被评为中央研究院院士，称其"继承清代朴学风气，整理古书，研究古文法与古文字学，皆有显著成绩"。其间，他曾提出"拟整理古籍计划草案"，希望能编纂"经籍异文假字误字考""名物制度通考""新经义丛钞"三书。③

1949年9月中国人民政治协商会议在北平召开，杨树达谓"衰暮之年，或可及见升平，余之幸也"。1950年中国科学院成立，他被聘为语言研究所学术委员，后为院学部委员。1952年，《积微居金文说》出版。是书释金文约三百字，对前人解释不当之处多有驳正，为研究金石学开拓了新的境界。1953年，《积微居甲文说·卜辞琐记》《耐林顾甲文说·卜辞求义》先后出版。他的研究方法是依据《说文》求其形，以古韵求其声之通假，再据经史以明史实，从而知其义而得条贯。

　　① 白吉庵：《杨树达传略》，《中国当代社会科学家》第八辑，书目文献出版社1986年版，第142页。

　　② 陈寅恪：《杨树达〈积微居小学金石论丛续稿〉序》，《金明馆丛稿二编》，上海古籍出版社1980年版，第230页。

　　③ 杨树达：《拟整理古籍计划草案》，《积微居小学述林》卷7，中华书局1983年版，第312—313页。

1954 年，中国科学院拟调杨树达来京工作，他以年老多病辞谢。同年，他将以往研究古文字的成果，分门别类整理成三卷，共释一百二十余字，定名为《积微居小学述林》，交科学院出版。在序言中，他说：我研究文字学的方法，略而言之可分为六项：一进行比较研究；二务求不受前人之束缚；三批判地研究《说文》；四除经传外，尽量采用现代语言材料；五运用古韵及甲文金文；六紧扣形义密合之法。"以上六项，可以说是我研究方法的总纲。"① 这一年，他还将《论语疏证》交由出版。陈寅恪写序称道此书："自来诂释论语者所未有，诚可为治经者辟一新途径，树一新模楷也。"②

1955 年 10 月，杨树达应邀参加中国科学院"现代汉语规范问题学术会议"。其间，他受到毛泽东的接见，并接受了中科院哲学所委托校注《盐铁论》和语言所《说文今语疏证》的任务。11 月返湘后，他只用了五十天时间，就完成了《盐铁论校注》。次年 2 月 14 日，竟一病不起，与世长辞，毛泽东致唁电，周恩来送了花圈。

杨树达一生勤勉治学，专著二十余部，论文百余篇，着力精微，创获甚多，为中国语言文字学和古籍整理事业做出了卓越贡献。

二　刘文典

刘文典（1890—1958），字叔雅，室名松雅斋等，安徽合肥人，祖籍怀宁。幼年入教会学校；1906 年入安徽公学，积极参加反清活动，并加入同盟会。后东渡日本，就读于早稻田大学，曾随章太炎习文字音韵之学。其间积极投身民主革命。1912 年回国，在上海同于右任、邵力子等创办《民立报》，任编辑和翻译。1913 年，袁世凯派人暗杀宋教仁、范鸿仙，刘文典同时遇刺。同年，孙中山发动二次革命失败，刘文

① 杨树达：《积微居小学述林自序》，《积微居小学述林》，中华书局 1983 年版，第 5 页。
② 陈寅恪：《杨树达〈论语疏证〉序》，《金明馆丛稿二编》，上海古籍出版社 1980 年版，第 232 页。

典再度赴日，加入中华革命党，并任孙中山秘书处秘书。

1916 年，刘文典回国，次年被聘为北京大学中文系教授，并担任《新青年》编辑部英文编辑和翻译。后潜心古籍校理，历时五载撰成《淮南鸿烈集解》。1927 年，参与创办安徽大学，推为文学院院长兼预科筹备主任，行校长职责。1928 年，因保护学生，顶撞蒋介石而被关押；后经保获释，应蔡元培邀，回北京大学任教。1929 年，任清华大学国文系教授兼主任。在这以后的十年中，他除主持系务、从事教学外，继续进行古籍校订工作，先后完成了《三馀札记》《庄子补正》《说苑斠补》《宣南杂志》等。

1937 年，北平沦陷，刘文典未能及时南下，日人曾通过他人多次请其出任伪职，均遭拒绝。1938 年，他自北平辗转抵昆明，任教西南联大。南渡中，其寄存在香港的 6 箱 646 册古籍藏书，在香港沦陷后被劫往日本；日本战败，又辗转运往台湾。这批藏书中就有他的《论衡校注》稿本。1943 年，应邀往磨黑中学任教，此举在联大内外引起一些非议，半年后被西南联大解聘，后被聘为云南大学教授。抗战期间，他还积极为报刊撰写政论文章，分析时局，预测战事，表现了强烈的民族气节和必胜的信念。

中华人民共和国成立后，刘文典被评为一级教授，为九三学社成员，被推选为全国政协第一、二届委员，受到毛泽东和中央其他领导人亲切接见。他虽年高体弱，但教学积极努力，先后开出了"杜诗研究""温李诗""文选学"等课程，并为青年教师讲授古籍校勘学；同时，他赶写《杜甫年谱》《王子安集校注》《文心雕龙研究》以及规模较大的《群书校补》等著作。正当他意气风发地准备完成这些工作时，不意 1957 年后身心俱损，不到半年即颓然离世。1959 年，遵照他的遗愿，夫人张秋华将他们多年收藏的 16 件 80 余幅文物无偿捐献给安徽省人民政府。

刘文典曾先后师从刘师培、章太炎，得其经学、小学、考据学之精义，于乾嘉诸老中，他最服膺高邮王氏父子（王念孙、王引之）；

具备扎实的文字、音韵、训诂、目录、版本、校勘学功底和对文、史、哲诸学科融会贯通的能力，在学术实践中，他既继承了皖派朴学传统，又融会了晚清以来的新学风气，在新的时代条件下形成了自己的学术特色。

"五四"新文化运动以后，中国学术界兴起了一股对儒家学说批判的思潮，在这个思潮中，学人对以儒学为中心的传统文化进行反思和扬弃，而对长期以来重视不够的子部典籍显现了较大的关注，刘文典对诸子之学的校订及研究正体现了这种学术风气。

刘文典校理古籍，从不避难就易。在秦汉子书中，他之所以最初选定《淮南子》，就因为该书难度大，不仅"博极古今，总统仁义"，"诚眇义之渊丛、嘉言之林府"，而且"钞刊屡改，流失遂多"，前人考订亦每有缺失。正如他给胡适信中所说"《淮南子》虽是汉朝人著的书，却比先秦诸子还要难弄些"①。为此，刘文典采摭历代考注，"搆会甄实，取其要指"，潜心五年，终于撰成《淮南鸿烈集解》。

此后的几年中，刘文典又有《庄子补正》等书陆续问世。刘文典于《庄》学最为用力，亦最为自矜，他认为"《庄子》这部书，注的人虽然很多"，但是"好像没有人用王氏父子的方法校过"②。他所做的《庄子补正》，收列《庄子》内、外、杂篇全部原文和郭象注、成玄英疏及陆德明《经典释文》中的《庄子音义》，校以《庄子》历代重要版本，并广泛征引清代及民国学者的校勘成果，而将其补正之文分系于各篇相关内容之下。

他在抗战期间，选择校注的《大唐西域记》《大慈恩寺三藏法师传》，难度都较大，涉及宗教、历史、地理、中外语言文字等多方面

---

① 诸伟奇：《〈刘文典全集〉前言》，《刘文典全集》（增订本），安徽大学出版社 2013 年版，第 1 册，第 7 页。

② 刘文典：《致胡适》十五，《刘文典全集》（增订本），安徽大学出版社 2013 年版，第 5 册，第 472 页。

内容，他在校注中参考了多种资料，还请教了懂梵文的陈寅恪、吴宓。

刘文典校书，十分重视底本的选定。他喜藏书，有版本癖，曾从傅增湘学习古籍目录版本之学。凡其所校之书，必尽量罗列各种有代表性的版本，比较异同，然后定是非。为减少整理中的抄写错误，他不惜用自己所藏的本子直接作为校勘工作本，如《淮南鸿烈集解》，用高诱注、庄逵吉校本；《庄子补正》，以明世德堂本为底本；《论衡校注》，则在自己所藏清雍正本上施以标点和批注。

刘文典校书，既重外证，亦重内证。他能够从对书的意旨、内容、写法的分析和文意、文法、字词的比较中去判定是非优劣。如《庄子补正·人间世》："彼且为无崖，亦与之为无崖。"刘文典按："无崖"即"无涯"也。他除了引《说文》、《尔雅》、《淮南子》、《文选》注等为外证，又引《庄子·养生主》"吾生也有涯，而知也无涯。以有涯随无涯，殆已"为内证。

校勘中，他高度重视别书的异同。凡遇一书内容，别书亦有记载的，他皆悉事征核，以判别异同，对有疑义的文字，更须征引他书，以求确诂。如《庄子·徐无鬼》："其于不己若者不比之，又一闻人之过，终身不忘。"历代版本皆如此，唯刘文典提出疑问，他认为，"又"当为"人"，字错了，所以断句也错了，正确的应该是："其于不己若者不比之人，一闻人之过，终身不忘。"他还找出两条证据，一条是《列子·力命》篇正作"不比之人"，另一条是《吕氏春秋·贵公》篇作"不比于人"。刘文典很喜欢《文选》，他校《文选》，除校勘《文选》的不同版本外，还校阅有关的魏、晋集部之书。

刘文典校书，能充分利用类书材料又不尽恃类书。无论是《淮南鸿烈集解》《庄子补正》，还是《三馀札记》，他引用类书都达数十种之多，且同一条校文，往往征引数种类书，如《淮南鸿烈集解》，仅《太平御览》就引了1026条，《文选注》引了500多条。同时，他又强调："类书引文，实不可尽恃。往往有数书所引文句相同，犹未可据以订正者。……故虽隋、唐、宋诸类书引文并同者，亦未可尽恃。讲校勘者，不可不察也。"①

刘文典校书，能广泛吸收前人和今人的校勘考证成果。如《说苑斠补》中，他广引卢文弨、钱大昕、王念孙、惠栋、孙诒让、俞樾等人校语，对这些校语必反复推求，是者从之，疑者考之，非者否之。对今人考校成果，也注意吸纳，如《集解》《补正》二书，即多次征引章太炎、刘师培、马叙伦诸家之说；《大唐西域记简端记》更是直接征求吴宓的意见。

在校勘实践中，他还能吸收域外版本资料和学术观点。如他在解释《庄子·寓言》所载"万物皆种也，以不同形相禅，始卒若环，莫得其伦，是谓天均"时，使用了一个西方哲学用语，说"均就是Natural balance"，而 Natural balance 正是现代人们常说的生态平衡。在《庄子补正》中，他引用了日本高山寺本并数次征引日人之说；在《大唐西域记简端记》中，他引用法国人 Grousset《远东史》的提法。

刘文典校理古籍之所以如此用心，正是他们那一代学者学术视野和抱负的体现。1943 年他在致胡适的信中写道："弟自北平沦陷后备历艰危，次年春间始由叶企孙先生派人设法，脱离险境，经天津、香港、安南到昆明。始则整理旧稿，就《庄子》一书与日本之武内义雄、狩野直喜交战，幸胜过之；继则在《大唐西域记》、《慈恩大师传》与前人竞争。"②

刘文典古籍校勘之学得到了学术界的肯定。当年《淮南鸿烈集解》甫一出版，胡适即称赞道："吾友刘叔雅教授新著《淮南鸿烈集

---

① 刘文典：《三馀札记》卷1《类书》，《刘文典全集》（增订本），安徽大学出版社 2013 年版，第 3 册，第 348 页。

② 刘文典：《致胡适》四十三，《刘文典全集》（增订本），安徽大学出版社 2013 年版，第 5 册，第 506 页。

解》，乃吾所谓总账式之国故整理也。……叔雅治此书，最精严有法……其功力之坚苦如此，宜其成就独多也。"① 陈寅恪在《刘叔雅〈庄子补正〉序》中说："先生之作，可谓天下之至慎矣。其著书之例，虽能确证其有所脱，然无书本可依者，则不之补。虽能确证其有所误，然不详其所以致误之由者，亦不之正。……先生此书之刊布，盖将一匡当世之学风，示人以准则，岂仅供治庄子者之所必读而已哉？"②

刘文典一生著述，其要者除上文所列外，还有诗文集及译作《进化与人生》《生命之不可思议》《进化论讲话》等多种。有《刘文典全集》传世。

三　王伯祥

王伯祥（1890—1975），名钟麟，字伯祥，50 岁后以字行，别号碧庄、容曳、巽斋等，室名小雅一廛。江苏苏州人。幼承庭训，长益好学。1906 年入苏州中西学堂，1907 年考入苏州公立中学即草桥中学，先后受教于程瑛、程镳、孙宗弼诸师，深读《段注说文》《经典释文》《四库简明目录》《书目答问》《纲鉴易知录》《爵秩便览》诸籍，于目录、训诂及历史地理之学打下了坚实的基础。在校期间，与叶圣陶、顾颉刚、吴宾若等组织诗社——放社，创办《学艺日刊》。毕业后入苏州角直镇县立第五高等小学任教，同时任北京大学国学门通讯研究员。1919 年冬，又与叶圣陶等创办《直声》文艺周刊。其后受厦门集美学校的聘请，任教国文。1921 年应北京大学中文系之聘，任北大中文系预科讲师。为文学研究会成员。1922 年起，担任商务印书馆史地部编辑；1932 年任开明书店编辑，后为开明书店秘

---

① 胡适：《〈淮南鸿烈集解〉序》，《刘文典全集》（增订本），安徽大学出版社 2013 年版，第 1 册，第 6—7 页。

② 陈寅恪：《刘叔雅〈庄子补正〉序》，《金明馆丛稿二编》，上海古籍出版社 1980 年版，第 229 页。

书长，成为开明书店核心人物之一。1950 年后，开明书店与中国青年出版社合并，王伯祥任第一届中国青年出版社秘书长，举家迁往北京。1953 年应郑振铎之邀，任北京大学文学研究所研究员，该所后改属中国科学院哲学社会科学部领导。为中国民主促进会成员，并先后任全国政协第三、四届委员。

王伯祥一生热爱中华文化，孜孜矻矻，严谨求实，既博且精，为当代古籍整理出版做出了可贵的贡献。在商务印书馆史地部工作的十余年间，他除编辑了不少史、地教科书外，还撰写了《三国史略》《郑成功》《太平天国革命史》《中日战争》等专著及《四库全书述略》《清史稿述臆》《古史辩今古文学》等论文。在开明书店期间，曾编辑出版了《二十五史》《二十五史补编》等古籍，还选注了《春秋左传读本》等书。在《二十五史》的出版中，王伯祥为每一部史书都编了参考书目，罗列了该史的主要版本及有关该史的重要研究著作，附印在各史正文之后，以方便研究使用。又同周振甫、卢芷芬编制了《二十五史人名索引》，为查检各史人物提供了很大的方便。《补编》搜采前人为各史所缺的书志表谱所增补、注释、考订、校勘诸作，凡 245 种。其中不少通行本原来残缺不全，这次都尽力觅得全帙；一些仅有稿本或抄本未能刊行的著作，也经过协商，借来原稿，抄录付印。王伯祥撰写了其中的一些跋文，如清吴卓信 103 卷的《汉书地理志补注》，《补编》的出版于史学研究及文献考订功用甚大。

1953 年王伯祥到文研所后，从事的第一项工作就是研究《史记》，选注了《史记选》。他先从校勘入手，选定张文虎校本作为底本，将宋蜀大字本、百衲宋本、南宋黄善夫本、汲古阁本、日本泷川资言的会注考证本等一一会校于底本上。根据人民文学出版社全套选本的体例要求，该书选取了《史记》本纪、世家、列传共二十篇，入选文章都具有故事性强且描写生动的特色；为方便广大读者，各篇还做了详尽而准确的注释，全书共 5382 条，其中仅《项羽本纪》的注解就有 622 条之多。该书校释合一，深稳平实，既有古为今用的普及性，又体现了史书的学术性，是特色鲜明、影响很大的《史记》选本，同时也对当代古籍注释具有引导作用。

后来王伯祥还参加了文研所的《唐诗选》的选注工作。他把《全唐诗》仔细点读了一遍，初步圈出选定的诗篇，又与大家切磋讨论选注体例等问题。后因"文革"爆发，工作被迫中断，《唐诗选》直至王伯祥去世后方得以出版。其间，为了进一步搞清唐代一些大诗人的身世，王伯祥取《李青莲全集辑注》三十六卷作校阅底本，与元萧士赟、清缪曰芑等本对勘，朱笔校记于眉端；为王琦注本《李太白全集》所附《李白年谱》做了增订工作，于 1957 年完成了《增订李太白年谱》初稿。

应出版社之约，王伯祥校点了王夫之《黄书》《噩梦》《思问录》《俟解》四种，1956 年由古籍出版社出版，后由中华书局多次再版。1960 年 11 月，他开始点读明人严衍所撰的《资治通鉴补》。该书二百九十四卷，清光绪二年武进盛氏思补楼校印本，凡 80 册，王伯祥于 1964 年 1 月断句完毕，前后耗时三年多。① 接着，他取《四部备要》本《续资治通鉴》点读，该书二百二十卷，清人毕沅撰，王伯祥于 1966 年 2 月完成断句，"先后历一年有八月十三天"②。

王伯祥早年即对《四库全书》的编纂过程及《四库全书总目提要》进行过认真研究，除曾撰写《四库全书述略》外，他还从《清实录》中将有关编纂《四库全书》的记载辑录出来。他认为《四库提要》"纵未能包举典籍之全，而数千年学术之渊源，文章之流别，要亦揽其纲领，得其指归矣"③。他在 1932 年"一·二八"以前就通点过一遍，因原购袖珍石印本字太小，又在重购的粤刻本上再次点读一遍。20 世纪 60 年代初，中华书局要影印出版《四库提要》，约请王伯祥做断句工作，他遂再次复校，将原来的纯朱点改为圈与点，该

---

① 王伯祥：《庋榢偶识》卷 2，中华书局 2008 年版，第 47 页。
② 王伯祥：《庋榢偶识》卷 3，中华书局 2008 年版，第 71 页。
③ 王伯祥：《庋榢偶识》卷 3，中华书局 2008 年版，第 103 页。

书于 1965 年 6 月出版。王伯祥对《四库提要》的准确断句，基本解决了读者对这部重要著作的阅读困难，对文史研究工作者是一件功德无量的好事。他还打算将《四库提要》特别是集部中精华部分，尤其是评论之语，辑录为书，并取名为《书林蠡酌》。

1964 年，他曾与顾颉刚、俞平伯共商，拟编印《吴门风土丛刊》，收录《清嘉录》《桐桥倚棹录》《吴歈百绝》《苏台揽胜词》《虎丘杂事诗》《田家四时诗》《姑苏竹枝词》《吴门新年杂咏》《岁暮杂咏》诸种。

对于古籍整理质量，他对民国时期一些坊贾射利，"妄施标点，破句讹植"的现象深恶痛绝；对新社会古籍整理工作予以充分肯定，并亲身参与，同时也指出"近年整理故籍，颇具成绩，顾加工之际，每多忽略，破句讹字，往往而有"①，并谆谆告诫："读书施用标点，即章句文学，贵在节解分明，助人理会。语气抑扬，固须传神，引用它著，尤宜提清。而主要关节，仍在句读。若句读不明，必致舛伪。"②

王伯祥一生嗜书，早年积藏近二万册典籍，于"一·二八"淞沪之役，尽付劫火，架书片楮不存，其后又节衣缩食，陆续储书一万五千余册，每得一书，多有题跋。这些题跋后抄汇成册，署名《庋㭬偶识》，已由中华书局出版。③ 张廷银等整理的《王伯祥日记》亦于 2020 年由中华书局出版。

四 顾颉刚

顾颉刚（1893—1980），原名诵坤，字铭坚，江苏苏州人。1912年秋，入上海神州大学。1913 年，入北京大学预科；1915 年，因病休学；1916 年，转北大文科中国哲学门；1920 年毕业，留校任图书

① 王伯祥：《庋㭬偶识续编》卷 1，《庋㭬偶识》，中华书局 2008 年版，第 125 页。
② 王伯祥：《庋㭬偶识》卷 2，中华书局 2008 年版，第 63 页。
③ 本部分参考了王湜华《王伯祥先生传略》，《中国当代社会科学家》第六辑，书目文献出版社 1983 年版，第 29—44 页。

馆编目员。1921 年，改任北大研究所国学门助教，兼任《国学季刊》编委，编辑《辨伪丛刊》。

1922 年，为商务印书馆编纂中学历史教科书。1923 年底，回北大研究所，担任《歌谣》周刊编辑。此后，陆续发表《吴歌甲集》《孟姜女故事的转变》《妙峰山的香气》等文，学术界反响热烈。

1923 年顾颉刚在《与钱玄同先生论古史书》中，提出"层累地造成的中国古史"观。此论谓时代愈后，传说的古史期愈长；时代愈后，传说中的中心人物愈放愈大；我们即不能知道某一件事的真确的状况，但可以知道某一件事在传说中的最早的状况。此论一出，遂在史学界引起了激烈辩论。顾颉刚在辩论中又提出打破民族出于一元、地域向来统一、古史人化、古代为黄金世界四个传统观念，再发展为打破帝系、王制、道统、经学四个偶像。顾颉刚将自己与他人研讨争论的文章编为《古史辨》，共七册，于 1926 年至 1941 年先后出版。他在第一册自序中，从时势、个性、境遇三方面表明了自己所论的由来。以他为代表的"古史辨派"，在 20 世纪的学术史、思想史、文化史上建树了具有里程碑意义的业绩，为创建现代中国历史学奠定了基础。

1927 年 4 月起，任广州中山大学历史系教授兼主任、图书馆中文部主任，代理语言历史研究所主任，主编《中山大学语言历史学研究所周刊》，并任《语言历史学丛书》总编辑；创办民俗学会和《民俗》周刊，并编辑"民俗学会丛书"，倾力以民俗资料来印证古史传说。

1929 年 5 月，顾颉刚回到北京，任燕京大学国学研究所研究员兼历史系教授，并在北京大学兼课，主编《燕京学报》。期间，讲授《书·禹贡》，开设"中国古代地理沿革史"等课程，考辨历史地理。1934 年创办《禹贡半月刊》，1935 年，担任北平研究院史学研究会历史组主任，主编《史学集刊》，其间曾调查河北省古迹，编纂《北平志》。1936 年成立禹贡学会，制定"禹贡学会研究边疆计划书"。

随着民族危机的加深，顾颉刚由沿革地理的研究侧重到边疆地理与民族的研究。1936 年创立边疆问题研究会。

1937 年到兰州，考察西北等地教育。1938 年到昆明，任云南大学文史教授，在《益世报》上辟办《边疆》周刊。1939 年到成都，任齐鲁大学国学研究所主任。其间，提出"汉人是许多民族混合起来的，他不是一个民族"的见解。1940 年 3 月，创办《责善》半月刊；4 月，被聘为教育部史地教育委员会委员。1941 年春，赴重庆主编《文史杂志》；5 月，任边疆语文编译委员会副主任委员；8 月，任中央大学中文系、历史系教授兼出版部主任。是年冬，任中国史地图表编纂社社长、中国史学会常务理事、复旦大学教授等职。1944 年秋，任齐鲁大学国学研究所主任，参与主编《风物志集刊》。

1945 年，任交通书局总编辑。1948 年 7 月，任兰州大学历史系教授兼主任；并任复旦大学教授。1949 年秋，任诚明文学院中国语文系教授兼主任，又兼震旦大学教授。

中华人民共和国成立后，先后担任上海市文管会委员、上海学院中文系教授、复旦大学教授、中国科学院历史研究所第一所研究员、中国民间文艺研究会常务理事、全国古籍整理出版规划小组成员、全国政协文史资料委员会副主任等职。

1954 年，参与主持校点《资治通鉴》。《通鉴》的校点工作，是由毛泽东倡议和交办的，当时成立了组织工作委员会和标点工作小组。顾颉刚原在上海，应邀来京任职中国科学院历史所，他在《通鉴》标点小组中，年岁最长，且从事过《史记》白文的标点，故担任《通鉴》点校书稿的总校。《通鉴》点校，任务紧，难度大，各人承担的工作量都很大，"予任总校，要在十个月内整理出二百九十四卷之书，一一校正他人之误点，其不复喘息可知也"[1]。顾颉刚提出延长计划或增加人力，于是商定由王崇武、聂崇岐、容肇祖与他本人

---

① 蔡美彪：《〈资治通鉴〉标点工作回顾》，《书品》2008 年第 3 辑。

分任校阅工作。改变总校对制，组成四人校阅小组，分工复校其他校
点者的书稿；四人各自的标点稿，相互校阅。加快了工作进程后，书
稿于1955年11月全部交齐，实现了原定计划。校点本《资治通鉴》，
开创了应用出版总署1951年公布的新式标点符号标点重大史籍的先
例，推动了新中国古籍整理事业的开展。

　　1954年10月，顾颉刚拟定了《整理〈史记〉计划》，计划列了
十条，主要有：整理本包括《史记》正文加裴骃《集解》、司马贞
《索隐》、张守节《正义》；以"商务"《百衲本二十四史》中的南宋
建安黄善夫刻本作底本，以日本古写本、宋蜀大字本、明南北监本及
清武英殿本为主要校本，《集解》用蜀大字本校，《索隐》用汲古阁
单刻本校，《正义》用日本泷川龟太郎《史记会注考证》所引古写本
校；对历代《史记》校勘成果，要择善而从；书后附索引，分为人
名、地名、书名三种。①

　　1957年11月，顾颉刚应科学出版社之约，起草了《〈史记〉及
三家注校证计划》。该计划还是主张《史记》本文选用黄善夫刊本
为底本，汇合唐宋以来各种钞本、刻本来校勘黄本。顾氏所列主要
校本有38种之多，他期望："拿这三十几种不同的珍贵版本为《史
记》做一次比较彻底的校勘，可以说是完成前代学者想做而做不到
的工作。"要求校勘中，要"分别清楚传世各种版本的流传系统，
再比较研究各本的异文异字，把它分别记录出来，做到绝对忠实，
尽量减少遗漏。即或各种本子都错得一样，再从《史记》本身其它
相同的记载去采取论证，弄清楚它的一字一句，是不是有错的，又
是怎样致错的"。对诸本异字不得结论，"而《史记》本身又无可采
取论证的"，则从《史记》援引的古籍或其他古籍征引《史记》的
文句作为外证。强调"对于《汉书》与今本《史记》所有的异文异
字"，要"特别重视，在校勘时，同其它《史记》旧本一般看待"。

---

① 顾颉刚：《整理〈史记〉计划》，《古籍整理出版情况简报》2012年第9期。

对三家注，该计划提出："裴骃《史记集解》，以毛氏汲古阁刊《集解》单行本为底本"，"司马贞《史记索隐》以毛氏汲古阁刊宋秘省大字本为底本"，"张守节《正义》用南宋黄善夫本为底本"，以宋、元、明、清其他刊本及日本《史记会注》本参校。该计划原打算"把《集解》《索隐》《正义》成为单独的三种本子，名为《史记集解校证》、《史记索隐校证》、《史记正义校证》"①。1958 年 8 月，又起草了两万余字的《〈史记〉标点凡例》。以上计划是顾颉刚最终形成的理想的《史记》整理方案。但是，由于当时需要赶时间完成《史记》的校点，加上其他一些原因，对该计划未能全部采用，但他写的"标点凡例"，为当时及其后的古籍整理体例的规范起到了重要的指导作用。

自 1959 年始，顾颉刚应中国科学院与中华书局之邀，整理《尚书》。1961 年，中华书局出版了他的《尚书今译》和《史林杂识》。

1971 年 4 月，周恩来总理在批示恢复"二十四史"点校工作时指出："由顾颉刚总其成。"顾颉刚遂写出《整理国史计划书》。但是，由于当时的客观形势，加上顾颉刚体力、精力方面的限制，未能实际主持工作。

顾颉刚生平著述宏富，除大量专著外，还有《顾颉刚全集》传世。②

五　郑天挺

郑天挺（1899—1981），原名庆甡，字毅生，福建长乐人，生于北京。1917 年，入北京大学国文系，参加过五四运动；1921 年秋入北大国学门研究所读研究生，曾师从钱玄同。1924 年秋至 1927 年，任北大预科讲师，教授人文地理及国文。1928 年任教浙江大学。

① 《顾颉刚先生〈史记〉及三家注校证计划》，《书品》2007 年第 6 辑。
② 本部分参考了《顾颉刚全集》（中华书局 2010 年版）、《顾颉刚日记》（中华书局 2011 年版）、顾潮编著《顾颉刚年谱》（中华书局 2011 年版）等文献。

1930 年冬再回北京大学任教兼任校长办公室秘书。1933 年起任北大秘书长，中文系副教授、教授，先后讲授古地理学、校勘学、魏晋南北朝史、隋唐五代史等。1937 年抗日战争全面爆发后，他千方百计保护北大部分师生安全离校；1938 年至昆明，任西南联大总务长。抗战胜利后，筹办北大返校事宜，任秘书长，并任史学系教授、系主任，兼北大文科研究所明清史料整理室主任。1949 年北平解放后，任北大校务委员会委员、副校长及历史系教授等。1952 年调南开大学，任历史系主任、教授；1963 年任副校长。1980 年任中国史学会常务理事，1981 年任中国史学会主席团执行主席。曾任国务院学位委员会历史组负责人。为第三、五届全国人大代表，天津市政协副主席。

郑天挺一生致力于中国古代史，特别是明清史的教学和研究。1956 年，他创建了南开大学明清史研究室，培养了大批明清史专业人才，先后讲授"明史专题""清史专题""史料学""明清土地制度""清史制度"等十几门课程。他除了指导明清史研究室的青年教师和研究生外，还要指导外校的进修教师。在教学中，他注意讲述明清史的历史特点、分期、地位、影响，重视对明清史主要史籍、史料和研究著作的学习。他对史料的分析极为重视，"在讲正课之前，照例先介绍这一课程的资料目录学，光用板书写出明史的史例和参考书刊，就足足花去了两个小时"[1]。在对史料的分析和解读中，他将历史事实与原始史料结合起来，以使学生在接受历史事实的同时，也指示他们以继续研习的治学门径。教学中，他还重视学术动态的介绍，尤其是不同观点、不同见解的介绍，使学生掌握最新的学术信息，从而在获取知识的同时，得以开阔学术视野，启发独立思考。

从 20 世纪 20 年代开始，一直到八十岁还登堂授课，郑天挺一生

---

[1] 孙卫国：《郑天挺先生与二十世纪的明史研究》，《中国文化》2012 年第 1 期。

未离开讲台，培养了一代又一代人才。任继愈说："郑先生工作忙，但从未放弃教学工作，他讲授校勘学、明清史。"① 田余庆说："郑师的教学工作，并没有由于行政负担太重而有所减免，他的明清断代史课程年年照开。"1981 年秋，庆祝郑天挺执教六十周年时，西南联大校友会和南开大学全体师生向他献上了"春风化雨"和"桃李增华"的条幅。

在他六十多年的学术生涯中，他十分重视明清史料的整理和研究，他强调："对于同一件事情，有不同的记载，这就是差异，差异就是矛盾，就要解决，就是史料批判。"② 针对当时只重理论、不顾史料的倾向，他指出："历史专家发现一条史料，和发明一个创见，功绩是一样的，我们对这方面劳动的尊重是不够的，几乎没有人在引用史料时提到某人首先发现。这是不公道的。"③

1954 年秋天，他参加了《资治通鉴》标点工作，1955 年冬天全书完成点校。从 1959 年起，他参加了"二十四史"点校工作。《明史》的点校，指定由南开大学明清史研究室承担，郑天挺负责。郑天挺制定点校体例，解决点校疑难，审定成稿。为加快进度，确保点校质量，1963 年秋，"二十四史"点校工作由原来的"分散点校"改为"集中点校"，郑天挺与负责其他各史的点校学者一样，以借调的方式被集中到中华书局工作。在"中华"校史专家中，"以郑教授年最高，又谦和善下，因共推为祭酒"④。他对《明史》点校极其负责，凡有疑难，必检索诸籍，考核以定。其间，他还以札记的形式写成《明史零拾》数十篇，内容涉及《明史》的成书过程、史实考订、

① 任继愈：《西南联大时期的郑天挺先生》，封越健、孙卫国编《郑天挺先生学行录》，中华书局 2009 年版，第 200 页。

② 冯尔康：《从学琐记》，封越健、孙卫国编《郑天挺先生学行录》，中华书局 2009 年版，第 325 页。

③ 郑天挺：《关于中国资本主义萌芽问题史料处理的初步意见》，《及时学人谈丛》，中华书局 2002 年版，第 243 页。

④ 罗继祖：《学林往事》，张世林编《学林往事》，朝华出版社 2000 年版，下册，第 1230 页。

与它书的比对、字词纠谬及文字标点等。其中部分内容以《明史读校拾零》，收入《探微集》。《明史读校拾零》虽名为"拾零"，实际上是以百衲本《明史》为底本，与明代历朝"实录"及《明一统志》为主要校本，并与《太平寰宇记》《辽东志》《元史》，还有《礼记》、《汉书》等经史典籍，互相参正，校勘出全书数百条不同之处。《拾零》虽只有四十多页，但学术含量颇大，是《明史》校勘的一部有着重要价值的著作。

如《明史·太祖本纪一》载："是年，张士诚据高邮，自称诚王。"① 这里的"是年"，系于元至正十三年下，当指至正十三年，似乎无疑；而郑天挺经过考证，提出疑问："《太祖实录》卷一，'张士诚据高邮'系于至正十三年五月，'称诚王'系于十四年正月，《［明］史稿》纪一与《实录》同，惟十四年正月作'十四年春'。《明史》卷一二三《张士诚传》作'袭据高邮，自称诚王，僭号大周，建元天祐，是岁至正十三年也'。案：《元史》卷四三，张士诚据高邮，称诚王，建国、建元均系于至正十三年五月乙未，《明史》纪传均从《元史》。"为考证《明史》所记张士诚据高邮称王的时间，郑天挺查考了多种资料，发现此条史料与《明实录》《明史稿》不符，而与《元史》相合，从而既坐实了《明史》的载述，又揭示了《元史》对于清修《明史》的重要价值。

正当郑天挺潜心点校《明史》之际，"文革"开始，1966 年 6 月他被迫离开北京，回到南开大学接受批判。1971 年，中断了五年的"二十四史"及《清史稿》点校工作得以重新启动，一些校史专家又被集中到北京中华书局，郑天挺因尚未"解放"，南开大学革委会不同意他来京，《明史》只能改由王毓铨、周振甫继续点校。在点校过程中，他们严格按原定体例行事，并时常与郑天挺联系，往来商榷，以确保点校工作正常有序地进行。1974 年 4 月，三百三十二卷的

---

① （清）张廷玉等：《明史》卷 1《太祖本纪一》，中华书局 1974 年版，第 3 页。

《明史》终于得以公开出版，且在先后出版的"二十四史"中以质量良好著称。点校本《明史》的出版，不仅是古籍整理的重大成果，也是那个时期明史研究最重要的学术贡献。

郑天挺在教学、行政工作之余，始终未放松对明清史的研究，积淀了一批重要的学术成果，撰有《清史探微》《清史简述》《元史讲义》《探微集》，主编《史学名著选读》《明清史料》《明末农民起义史料》《宋景诗起义史料》及《中国历史大辞典》等，与翦伯赞共同主编了《中国通史参考资料》。①

六　向达

向达（1900—1966），字觉明，笔名方回等，湖南溆浦人，土家族。自幼喜读书，小学以优异成绩毕业，入长沙明德中学，毕业后以第一名考入东南高师数理化部专攻化学。当时正值"五四"时期，向达积极投入，并从化学转入高师文史部，其间受到柳诒徵、陈鹤琴等名师的赏识。大三时，东南高师改为东南大学。向达于东南大学史地系毕业后，任商务印书馆英文编辑。在此期间，向达刻苦工作，曾翻译勒柯克的《高昌考古记》，这是他接触中西交通史的开始。又翻译了《印度现代史》等多种论著，并与梁思成共同翻译了韦尔斯的《世界史纲》。

1930 年，向达经赵万里介绍，出任北平图书馆编纂委员会委员。他利用北平图书馆的条件，工作学习更加刻苦，经常伏案工作至午夜一两点钟；同时，他还向冯承钧、陈垣等知名学者请教，并与赵万里、王以中、王重民、孙楷弟、贺昌群等年轻学者一起讨论问题、研究学术。

这个时期，也是他专心致力于中西交通史研究的重要时期。他26 岁时就撰写了《龟兹苏祗婆琵琶七调考原》一文，论述了龟兹人苏祗婆入中原所弹琵琶七调与印度北宗古乐的关系，对清人凌廷堪

---

① 本部分参考了吴廷璆、陈生玺、冯尔康、郑可晟编《郑天挺纪念论文集》，中华书局1990 年版。

《燕乐考原》所论进行了补正。1929 年，他撰写了《三宝太监下西洋的几种资料》，文中论述了《星槎胜览》《瀛涯胜览》《西洋番国志》等著作的内容和价值。其后所写的《论唐代佛曲》，论述了中原乐曲与西域龟兹乐乃至印度北宗古乐的关系，提出“佛曲”发源于印度北宗说，并因之认为唐代俗文学的发生或亦渊源于佛曲。1933 年，他发表了《唐代长安与西域文明》，论述了于阗、龟兹和昭武九姓各国居住中国的西域人的渊源及状况。文中还论述了当时在长安的胡店与胡姬、食品与酒酿，还有由西域传来的画派与乐舞以及西域人入中原后改姓的情况，从而证实了唐代音乐、舞蹈、绘画以及唐人的文化生活与西域民族间的交往、融合的关系。该篇也是向达的学术代表作。

　　1935 年，向达与王重民被委派到英、法、德等国进行学术考察。其间，他潜心于流散国外的敦煌卷子及其他古文献的研究和收集工作，仅 1936 年至 1937 年一年之中，他就看了 500 份左右卷子，重要卷子还照了相，并抄录了数百万字的原始资料，写出了《记伦敦俗文学》和《伦敦所藏敦煌卷子经眼目录》，其中俗文学作品有《目连变》《降魔变》《舜子变》《昭君变》等文和《维摩诘唱文》《秋胡小说》《伍子胥小说》《太公家教》等通俗书，合计 40 余篇。1936 年他还写了《牛津所藏中文书》，著录了牛津所藏明版书 200 余部。他又查阅了被德国人从新疆窃去的石窟壁画和唐人写本，并把劫去的《太平天国文书》做了部分抄录，带回国内，在域外汉籍的搜求上做出了重要贡献。

　　1938 年秋，向达从欧洲回国，应浙江大学之聘任史地系教授；半年后又应北京大学文科研究所之聘，往昆明任“中西交通史”导师，其间还在西南联大历史系教授中西交通史课。1941 年，受中央研究院历史语言研究所之约，考察莫高窟，并呼吁成立敦煌艺术研究所。

　　1943 年，任西北科学考察团历史考古组组长，再次赴河西敦煌，在千佛洞仔细考察了壁画艺术。其后发表了《记敦煌石室之晋天福十年写本寿昌县地境》《西征小记》《两关杂考》等文。①

中华人民共和国成立后，先后担任北京大学教授兼图书馆馆长、中国科学院历史研究所二所副所长等职，曾兼任文化部古籍出版委员会委员，②继续致力于中外交通史、边疆史和敦煌学的研究及中外交通史古籍的整理。

1957年4月，三联书店出版了他以"唐代长安与西域文明"为书名的论文集。该论文集按照论文内容，分为四个部分，其中第四部分《汉唐间西域及海南诸国古地理书叙录》等6篇，都是和目录学有关的文章。作者在该书卷首，从自身的研究出发，对"敦煌学"做了有意思的总结：

> 自一八九九年发现了敦煌石室的藏书以后，便在东方学的研究中添上了一个新的部门。我之参加了这一方面的研究，最初是从敦煌所出通俗文学入手的。开始接触到佛曲这样一个名词，于是追溯到音乐方面，提出了龟兹苏祗婆琵琶七调渊源于印度北宗音乐的假设。后来逐渐明白佛曲与敦煌所出通俗文学中的变文是两回事，佛曲与龟兹乐有关，而变文一类的通俗文学乃是唐代通行的一种讲唱文学即俗讲文学的话本。……一九五一年又去新疆，巡礼了古代高昌（今吐鲁番）、焉耆（今焉耆）、龟兹（今库车、拜城）诸地的石窟寺；于是对于"敦煌学"才算是有了进一步的认识。这距我开始作这一方面的研究，已经有二十多年了。二十多年来，"敦煌学"，特别是音乐和俗讲文学方面的研究，已有很大的进步。③

---

① 万钧：《向达——敦煌艺术的拓荒者、西域文明的采珠人》，《中国当代社会科学家》第三辑，书目文献出版社1983年版，第66—87页。

② 《文化部党组关于重印古籍及近代、现代学术著作向中央宣传部的请示报告》，《中华人民共和国出版史料1954年》，中国书籍出版社1999年版，第601页。

③ 向达：《作者致辞》，《唐代长安与西域文明》，生活·读书·新知三联书店1957年版，第1—2页。

向达曾负责《中外交通史籍丛刊》的编纂，校注有《蛮书》《西洋番国志》《郑和航海图》《两种海道针经》。他一生著述极其勤奋，除上述提及的诸书和校注几种的序言外，还有《中西交通史》《敦煌学导论》《唐代刊书考》《中国雕版印刷之全盛时期》《明清之际之宝卷文学与白莲教》《明清之际公教史话》《唐代俗讲考》《新疆考古概况》《记现存几个古本〈大唐西域记〉》《西域见闻琐记》等论著。影印本《大唐西域记古本三种》和耶律楚材的《西游记》也基本整理完稿。①

正当他发愤要在有生之年做出更大贡献之际，"文革"这场浩劫的发生，使他在 1966 年 66 岁时含冤离世。

七　唐圭璋

唐圭璋（1901—1990），字季特，号梦桐，江苏南京人。十岁丧父，十二岁丧母，曾寄生于舅父之家。十三岁入南京市立奇望街小学，受校长陈荣之爱护，资助一切费用。1915 年，小学毕业，获南京市会考第一名。1922 年考入东南大学（中央大学前身），师从吴梅，学词曲。参加吴梅组织的"潜社"活动，曾刻过《潜社词丛》《潜社曲刊》。1928 年毕业后，曾任南京第一女中、钟英中学、安徽中学、中央军校教师。1935 年，任国立编译馆编纂。教学之余，继续研究词学。1939 年后，历任中央大学讲师、副教授、教授。1945 年返回南京，任南京通志馆编纂兼金陵大学教授。

1950 年参加华东革命大学政治研究院学习，曾往东北师范大学任教。1953 年后一直在南京师范大学，任教授。历任南京市人大代表、江苏省政协委员等，兼任全国古籍整理出版规划小组顾问、中华词学会名誉会长、《词学》主编等。

---

① 谢方：《忆我和向达先生的首次见面》，张世林编《学林往事》，朝华出版社 2000 年版，中册，第 656 页。

唐圭璋自 1931 年起，开始编纂《全宋词》；1937 年完成初稿，交商务印书馆；因抗战爆发，"商务"移至香港排印，于 1940 年出版线装书，全书共辑得两宋词人一千余家，词二万余首。1965 年，经过与王仲闻的进一步修订和增补，全新版《全宋词》由中华书局出版。是编汇辑有宋一代词作，网罗散佚，虽断句零章，亦加摭拾，共收录词人 1330 余家，词作 19900 余首，残篇 530 余首。所采词集，以存世单行词集和汇刻词集为主，多以善本、足本为底本；底本有讹夺者，尽可能以他本校改补正。所收词作之时间断限，上继《全唐诗》中的五代词，下止 1276 年南宋之亡。凡唐五代词人入宋者，俱以为唐五代人；凡宋亡时年满二十者，俱以为宋人；无确切年代可考者，依旧说以为宋人。凡生年可考者，以生年为序；生年不可考而卒年可考者，以卒年为参；生卒年不可考而知其登第年者，以登第年为序；三者俱无可考而知其交往酬和者，以所交往酬和者之时代为参；一无可考者，参其作品所出之书先后为序。对前人于词人姓名错误、行实讹阙及词作排序错误，皆着力予以考订纠正。误题误收者，经考订后多归于原作者名下。① 其后的十几年里，唐圭璋仍不断蒐集材料，对该书进行增补和修订。1979 年中华书局将他编的"《订补续记》附于书后，以反映这些新的成果"②。

1979 年，中华书局又出版了唐圭璋的《全金元词》。此书是继《全宋词》之后，整理词学文献的又一重要成果，共收录金元词作 7293 首，作者 282 人。其中，金 70 人，3572 首；元 212 人，3721 首。③ 以作者时代先后排列，每家各附小传，词末注明出处，以便查检。

在汇编宋词的同时，他还致力于词话的搜集。民国时期，唐圭璋

---

① 唐圭璋编：《全宋词》，中华书局 1965 年版，第 1 册，"凡例"第 11—15 页。
② 中华书局编辑部：《全宋词重印说明》，《全宋词》，中华书局 1965 年版，第 1 册，第 1 页。
③ 中华书局编辑部：《全金元词出版说明》，《全金元词》，中华书局 1979 年版，上册，第 1 页。

就以一人之力，广罗群籍，于 1934 年完成《词话丛编》初稿，辑录宋至清及民国词话 60 种。吴梅为之作序，称此书"洵词林之巨制，艺苑之功臣"①。此后他又不断搜集，完善校勘，增补词话达 25 种，中华书局于 1986 年出版《词话丛编》（修订本），全书 220 卷，近 400 万字，共收录词话 85 种。所收范围，以言本事、评艺文为主，词律、词谱、词韵及研讨词乐之书，概不列入。所收词话，或采自丛书，或采自全集，或采自选集，多采用精校本、增补本，或罕见珍本。凡诗词杂陈、非专论词者，不予入录。全书堪称集历代词话之大成。②《全宋词》《全金元词》《词话丛编》的编纂出版，极大地便利了词学乃至古代文学的研究，堪称丰碑之作。同时，也为一代总集在当代的编纂树立了规范。

唐圭璋长期从事中国古代文学的教学和词籍整理及词学研究工作。其中在词籍整理方面，通过词集汇编、辑佚、笺订，进行大量校注、考证等工作，传承保护了中国古代的词学遗产。在词学理论研究方面，既继承了清乾嘉学派的朴学要旨与晚清词学的传统，注重材料，注重实证；又兼采清代常州词派的理论，去粗取精，扬弃得法，形成东南词学独有的特色。他治学严谨，被誉为词学界一代宗师。除《全宋词》《全金元词》《词话丛编》外，另编著有《宋词三百首笺注》《南唐二主词汇笺》《辛弃疾》《元人小令格律》《词苑丛谈校注》《宋词纪事》《宋词四考》《梦桐词》《词学论丛》等著述。同时，也教育、培养了一批词学及古代文学的教学与研究人才，形成了一支有学术传承力的队伍。

八 聂崇岐

聂崇岐（1903—1962），字筱山，一作筱珊，河北蓟县（今属天

---

① 吴梅：《词话丛编序》，《词话丛编》，中华书局 1986 年版，第 1 册，第 3 页。
② 唐圭璋：《词话丛编例言》，《词话丛编》，中华书局 1986 年版，第 1 册，第 6—7 页。

津）人。七岁时父亲过世，在艰难中读完中学。1921 年考取燕京大学。初修天算，后转入历史系。由于经济困难，他靠打工维持生活，并积攒学费，前后用了七年才完成大学学业。1928 年大学毕业后，任教于汇文中学，兼任中国地学会《地学杂志》编辑。

1930 年，哈佛燕京学社引得编纂处成立，洪业将聂崇岐调入，任编辑。1933 年升任编纂处副主任兼副主编，逐渐成为编纂处的实际负责人，兢兢业业前后达二十年。他对编纂工作非常执着，极其负责，"每年计划要出的书，即使一个人工作到深夜，也一定要争取如期交稿出书。如果你被他约定撰稿，每到交稿之期，他也会来到你家坐催，坐着不走，一直等到你把稿交到他手，他才会走"①。根据引得的编制体例，每种引得的前面都要有一篇序，介绍该种古籍的撰述情况、内容价值和版本流传，其中一些史部和集部的古籍引得的序就是聂崇岐撰写的。如他写的《〈艺文志二十种综合引得〉序》，分别论述各史艺文志和历代藏书概况及各志优劣，兼及目录学和史学知识，并介绍本引得的编制和使用方法，洋洋数万字，不啻一部中国古籍目录学简史。近二十年（1931—1951）中，共编成经、史、子、集等基本文献之引得 64 种，其中 41 种正刊，23 种特刊（即附原文）。

编纂引得之所以取得如此巨大的成功，乃得力于在编纂实践中形成和制定了一套科学的编纂程序、方法和管理制度。包括选书（选出应引得之书）、择本（选择引得之书的版本）、钩标（钩标出索引的内容）、抄卡、校卡、编号等工作，要求极其细致、严密，十分耗费精力。这项工作大家都认为重要，但没多少人愿意做，因为有大学问的人不屑于做，没有学问的又做不了；而只有像洪业、聂崇岐这样有极强事业心、极高业务水平，又甘于寂寞的人才愿意做并把它做好。这套古籍引得的编纂，被学术界赞誉为"功著当代"的"奠基

---

① 王锺翰：《洪煨莲先生与引得编纂处》，《学林漫录》八集，中华书局 1983 年版，第 57 页。

工程"，而聂崇岐在其中居功甚伟。①

在日军查封燕京大学，引得编纂处工作被迫中断时期，聂崇岐和编纂处8名工作人员，转入中法汉学研究所工作，负责古籍"通检"的编纂。从1942年秋到1945年底，共编纂《论衡通检》等10种（其中两种在完成中）。自20世纪30年代起，在洪业的指导下，聂崇岐在紧张地从事引得编纂的同时，又专攻宋史研究，其研究涉及宋代政治、军事、地理、文化、科举等诸多方面，先后发表了《宋史地理志考异》《宋代府州军监之分析》《宋役法述》《宋词科考》《宋代制举考略》《宋辽交聘考》《论宋太祖收兵权》等十余篇高水平的宋史研究专题论文。

1952年，高校院系调整，经翦伯赞推荐、范文澜邀请，聂崇岐调任中国科学院历史研究第三所，主要从事近代史料编辑工作。他与编辑室同事一起，定选题，列大纲，从资料的收集、整理、标点、编校，包括从极为繁冗的史料中汰选、鉴定，还有数量相当的外文资料翻译等，工作量极大。他们平均每年编纂并翻译出版上百万字的史料，成为近代史所人数最少而成绩最大的编辑室。在短短几年内，编纂并出版了《捻军》《中法战争》《中日战争》《洋务运动》等《中国近代史资料丛刊》11部，以及《金钱会资料》《刘坤一选集》等专题资料。其中，《捻军》由聂崇岐单独完成；《金钱会资料》，更是从这个新课题的选定，到资料的搜集、整理，皆由他一人承担。

在古籍整理方面，他协助顾颉刚，与王崇武、容肇祖、张政烺等完成了《资治通鉴》的点校，是全书标点和复校工作的主要承担人。中华书局"二十四史"点校工作开始后，由他负责《宋史》的点校。1961年1月，他草拟了《校勘宋史凡例》共七条，说明他所依据的《宋史》点校底本是元至正本；校勘中主要采用"本校"和"他校"

---

① 夏自强：《功不可没的聂崇岐教授》，张世林编《学林往事》，朝华出版社2000年版，中册，第996—1000页。

方法，并举例说明；对于前人校勘或考证成果，"应当充分利用"，并"在校勘记中予以注明"；要处理好校勘与考证的关系，"守定校勘范围，尽力避免流入考据"；对明显的板刻错字如"颖"误为"颕"，拟径改。① 他根据中华书局所拟点校体例，完成了《宋史》的初点；还承担了《续资治通鉴》点校稿的审阅工作。在担任全国古籍整理出版规划小组成员期间，他应邀到北京大学古典文献专业授课，教授中国职官制度史。

聂崇岐有着深厚的学术功力、博古通今的学识和勤奋严谨的学风。他曾说，做学问"既要专心，尚需清心"。清心者，就是要摒弃名利的困扰。他还说："文艺搞好是需要天才的，还有理由自负；研究历史不是靠天才，而是靠功夫，没有自负的理由。"②

1962 年春，聂崇岐开始撰写《中国政治制度史》，并编纂《中国职官大辞典》。4 月 17 日凌晨 3 时许，他又像往常一样伏案工作时，心脏病突然发作，经抢救无效，与世长辞。

九　杨伯峻

杨伯峻（1909—1992），原名德崇，杨树达之侄，湖南长沙人。幼承家学，打下了扎实的学术功底。1926 年在北大预科上学时加入中国共产党，后因北平地下党组织遭破坏，而失去党组织关系。1932年毕业于北京大学中文系，曾任教天津南开中学，后在冯玉祥研究室工作，前后两次共达 10 年之久。1948 年任中山大学讲师，积极从事民主活动，重新加入中国共产党，并奉命回长沙协助筹建民盟湖南省委。

中华人民共和国成立后，他历任湖南省政协委员、民盟湖南省委委员兼宣传部部长、《民主报》社社长，并在中共湖南省委统战部工

---

① 《聂崇岐先生校勘宋史凡例》，《书品》2007 年第 2 辑。

② 夏自强：《功不可没的聂崇岐教授》，张世林编《学林往事》，朝华出版社 2000 年版，中册，第 1009 页。

作。1953 年到北京大学任教，1957 年被划为"右派"，调入兰州大学；1960 年调任中华书局历史编辑室编辑，后任编审；晚年又为北京大学历史系兼职教授、全国古籍整理出版规划小组顾问等。

他身体羸弱，但一生勤学不懈，著述不辍，于古文献学与语言文字领域的贡献尤为突出，这主要体现在古汉语语法和虚词的研究及古籍整理译注方面。他大学时代即在杨树达指导下撰成《列子集释》。《集释》以清人王继培校正的《湖海楼丛书》本《列子》为底本，参校他本而成，并辑得有关资料为附录。书中，他论证了今本《列子》8 篇，并非《汉书·艺文志》所载刘向父子校读的原文，而是魏晋人托名之作。20 世纪 40 年代撰写了《中国文法语文通解》；20 世纪 50 年代初又完成了体系较为严密的《文言语法》。该书很快即被翻译成日语本。

他认为研究中国古代文化，不能离开孔子，而要研究孔子，不能离开《论语》。自汉初以来，《论语》已成为学子的必读书，历代有关《论语》的著作很多，但一些书征引浩博，内容繁冗，不适合一般读者阅读。于是他决心做出一部能接近原著本意而又比较通俗的《论语》注释本。他从 1955 年起，用了两年工夫，完成了《论语译注》，于 1958 年 6 月由古籍出版社出版。该书卷首有《试论孔子》，论述了孔子身世，孔子思想体系的渊源，孔子论天、命、鬼神和卜筮，孔子的政治观和人生观，关于忠恕和仁，孔子对后代的贡献。全书导言，论述了《论语》命名的意义和来由、《论语》的作者和编著年代、《论语》的版本和真伪，并评述了古今《论语》的注释书籍。正文二十篇，每篇按段先列《论语》原文，次为译文，再为注释。并编制《论语词典》附于卷末。"词典"收列《论语》中成词的字、词或词组，依笔画排列，便于读者检索利用。此书是新中国成立后最早对于《论语》的注释、今译及编制词典，对读者了解孔子、了解儒学发挥了作用。

1957 年秋，他被调到兰州大学后，虽然科研条件远不如从前，但他并没有放弃古籍整理的责任,一如既往,孜孜以求,又完成了《孟子译注》一书。该书宗旨、体例、范式、注释、译文等内容基本同《论语译注》。但限于他当时的身份,该书1960年1月中华书局出版时,著者署名只能用了"兰州大学中文系《孟子译注》小组",直到1981年6月修订重印才改过来。《论语译注》《孟子译注》的出版,不仅是对这两部典籍的比较接近原著本意又较为通俗的注解,也以此为当代中国古籍整理译注探索出了新的路径。

1960年10月,杨伯峻调来中华书局后,在齐燕铭、金灿然的关心支持下,专心从事《春秋左传》的研究和《春秋左传注》的编著。杨伯峻早年读过《左传》,进入北大中文系后再读《左传》,并深受刘文琪、刘师培等"仪征刘氏"《左传》之学的影响。在研读中,他首先熟读该书,搞清"经""传"的体例,他认为"这是注解任何一部古书最必要的基础条件"①;第二步,便是访求《左传》的各种版本,然后广泛阅览经史百家之书,重新研究并充分利用甲骨、金文及出土相关文献等资料。他把辛苦收集到的这些资料,作成《春秋左传》的"注释长编"。只可惜这个宝贵的"长编",写到"襄公"时遭遇到"文革",而被迫中断;更可惜的是,在"文革"动乱中又散失了一部分书稿。

1972年,杨伯峻从下放地湖北咸宁干校回到北京,继续《春秋左传注》的撰写,历经艰难,终于在几年后完成初稿,并于1981年3月由中华书局出版。《春秋左传注》中,凡经、传原文,以阮元刻《十三经注疏》本为底本,以杨守敬在日本所见藏本及日本金泽文库本为主要校本;对三《传》经文略有歧义之处,必具列《公羊》《榖梁》之文,以论其是非;对《三礼》和《史记》之《十二诸侯年表》、春秋各国《世家》等与《左传》相关的内容,亦一一与《左

---

① 杨伯峻:《我和〈左传〉》,张世林编《学林春秋》初编,朝华出版社1999年版,上册,第201页。

传》相对勘，以说明同异；注释中，还参考了各种类书和其他唐宋以前文、史、哲书籍引文，广泛采取前人及今人研究成果及近代发掘资料。注释体例，极具条理，凡"前人解说，论证可信而文字不繁者，则引用原文。不然，则加改写。若于原文有所删削，便注明'详'某人某书；若于原文略有增改，则注明'见'某人某书；若因前人之说启我之心，论证多自己出，则注明'本'某人某书；若于原说有所订正，则注明'参'某人某书"①。该书是 20 世纪整理注释《左传》的最高成就之一，1992 年荣获"全国首届古籍整理图书奖"一等奖。

其后，杨伯峻又与夫人徐提合编了《春秋左传辞典》。另有《杨伯峻学术论文集》《杨伯峻治学论稿》及《白话四书》等著作。

十　王仲荦

王仲荦（1913—1986），祖籍浙江余姚，出生于上海。1935 年毕业于上海正风文学院，得章太炎赏识，遂为章门弟子。1938 年，任上海太炎文学院院长秘书室主任兼中国通史教授。1940 年离开上海去昆明，任云贵监察使李印泉的秘书，参加抗日战争。1942 年赴重庆，先后任中央大学讲师、副教授；1946 年随中央大学回到南京。1947 年春，任山东大学中文系副教授，自此直到逝世，在山东任教近四十年。山大历史系成立，转为历史系教授，1977 年兼任系主任。此后又曾任校学术委员会副主任委员、《文史哲》编辑委员会副主任，中国唐史学会第一、二届副理事长，山东省史学会第一、二届理事长，全国古籍整理出版规划小组成员，国务院学位委员会第一届学科评议组成员。

作为章门弟子，王仲荦深受章太炎的影响，既得其经学真传，又受到爱国主义和民族气节教育。从青年时代起，王仲荦就熟读经史，

---

① 杨伯峻：《〈春秋左传注〉凡例》，《春秋左传注》，中华书局 1981 年版，第 1 册，第 60 页。

博览群书，十八岁开始注《西昆酬唱集》。《西昆酬唱集》，北宋杨亿编撰，辑录北宋诗人17名、诗250首，书虽不大，但诗中用典甚多。为了注好这部诗集，王仲荦广泛查阅《毛诗》《左传》《史记》《汉书》及《初学记》《太平御览》等类书，对书中疑难一一笺注。其后，他又投入为正史补辑书志工作，着手编撰《北周职官志》《北周地理志》。《北周职官志》后易名《北周六典》，是叙述南北朝时北周王朝政府组织形式的一部书。全书十卷，收列北周宇文氏一朝天官、地官、春官、夏官、秋官、冬官等六府及相关诸官，于每官之下，先叙其设置沿革，然后叙其职责，并详载某人何时任某官等项内容，书后附《北周六典事类索引》。举凡北周一代的典章制度，巨细无遗，几乎网罗殆尽，既是北周职官志，又起到"北周会要"的作用。王仲荦编写此书实际工作日是三年多，但从编写到出版整整经过了四十多年，其间四易其稿。

《北周地理志》全书十卷，附录三卷，也是他历经四十余年潜心研究，四次增删修订而成的一部重要著作。北周在南北朝历史上是个很短的王朝，虽然前后不足五十年，但它的历史地位却很重要。北周时，北朝的疆域达到极盛，但对其疆域沿革，历史记载却很不完备，《魏书·地形志》《隋书·地理志》，对西魏、北周的州郡县设置沿革的记述多不详不确，给后世历史地理研究带来很大的困惑。王仲荦克服诸多困难，广泛搜集《水经注》《魏书》《北史》《隋书》《旧唐书》《通典》《元和郡县图志》《太平寰宇记》等典籍及碑志史料，细心考证，逐州逐郡进行复原，厘清了北周一代的疆域发展、州郡变化过程。全书共载录215州、552郡、1056县，述其沿革、地望，兼及当地发生的重大事件，并注出今名，较之其后的《隋书·地理志》中记录的北周211州、508郡的数目有了不少增补。《北周地理志》不仅补《周书》之阙，记北周疆域之沿革，书中还汇集了丰富的史料，可资南北朝战争史之研究，为一些战事的发生、地理环境、双方的态势及战后的变化，提供了大量的背景资料。

　　王仲荦不仅致力于南北朝史的整理补编，而且于魏晋南北朝、隋唐五代史研究贡献也大。从 20 世纪 50 年代开始，王仲荦就在山大历史系教授魏晋南北朝隋唐史课，写了 80 万字的讲稿，之后整理成《魏晋南北朝隋初唐史》书稿，由上海人民出版社于 1961 年出版了《魏晋南北朝隋初唐史》上册，下册因"文革"爆发而未能出版。1979 年后，出版社再次约稿，王仲荦对旧稿进行了较大修补，拆成《魏晋南北朝史》和《隋唐五代史》两书，仍由上海人民出版社出版。修订中，他对正史、典章、文集、笔记、碑刻、出土文献等方面的资料，如敦煌文书、吐鲁番出土文书、《房山石经题记》等，都一一穷尽，不使遗漏。正如他自己慨叹的："十年精力，瘁于两书。"①两书体例严谨，资料丰富，无论在政治、经济、军事、文化，还是民族交融、对外交流方面都有独到的见解，是中国中古史研究的力作。

　　1958 年，国家正式启动"二十四史"的点校，南朝五史《宋书》《南齐书》《梁书》《陈书》《南史》由山东大学历史系承担，王仲荦负责。1963 年，为了加快进度，保证点校质量，王仲荦和其他专家一样，以借调的方式，被集中到中华书局，点校未完成的史书。他所承担的《南齐书》是"南朝五史"中最早开始整理的一部，1964 年 9 月即完成点校初稿。正当他意气风发、潜心校史之际，1966 年夏天，随着"文革"全面爆发，"二十四史"点校工作被迫停止，王仲荦也返回山大接受批判。

　　1970 年 5 月，中断了五年的"二十四史"及《清史稿》点校工作得以重新启动。次年王仲荦又被集中到中华书局。虽然人员和过去已有不同，但南朝五史仍由王仲荦负责。南朝五史中，《宋书》《南齐书》由王仲荦负责；《梁书》《南史》由卢振华点校，王仲荦覆阅；《陈书》由张维华点校，王仲荦覆阅。以上五史分别于 1972 年至

---

　　① 王仲荦：《〈隋唐五代史〉序言》，《隋唐五代史》，上海人民出版社 2016 年版，上册，第 1 页。

1975 年出版，在点校的各史中以质量良好著称。点校中，王仲荦写下了百余万字的《〈宋书〉校勘记长编》。《长编》是点校本《宋书》校勘工作的原始记录，它以"百衲本"《宋书》为工作本，依原文顺序详细记录了在版本对校、本校和他校过程中发现的问题，并综合前人的考辨，提出校改等处理意见。《长编》共出校 9100 余条，为《宋书》的整理提供了重要的学术支撑，具有古籍整理学和史学的重要价值，是"二十四史"点校史上的一份珍贵文件；同时，它"在融汇了历代学者相关考订成果的基础上，对《宋书》作了全面的校勘和整理，创获空前，体例完善，已经形成了一部独立的专著"①。该书已于 2009 年由中华书局据手稿影印出版。

除上文提到的著作外，王仲荦另有《鹊华山馆丛稿》及《续编》等。有《王仲荦著作集》传世。

十一　唐长孺

唐长孺（1919—1994），号格庐，江苏吴江人。早年曾学诗于同里诗文大家金松岑。1932 年毕业于上海大同大学文科，曾受教于吕思勉，先后在上海光华大学、湖南蓝田国立师范学院任教。从 1944 年起，长期执教于武汉大学，曾担任历史系主任，并创立中国三至九世纪研究所；还先后兼任文化部文物局古文献研究室主任、《中国大百科全书》总编委员及历史卷副主编，中国唐史学会会长、中国敦煌吐鲁番学会副会长，湖北省历史学会、考古学会会长等学术职务。唐长孺学识渊博，文史兼通，在学术研究上，深受吕思勉、陈寅恪影响，严谨求实，能博采众长，又独辟新径，形成自己独特的治学理路与学术风格，在魏晋隋唐史研究和古籍整理领域取得杰出成就。②

他早年从事中国辽、金、元史的研究，1944 年后专注于魏晋南

---

① 杜泽逊、孙齐：《读王仲荦先生〈宋书校勘记长编〉》，《书品》2010 年第 4 辑。
② 中华书局编辑部：《〈唐长孺文集〉出版座谈会会议记录（摘录）》，《书品》2011 年第 4 辑。

北朝隋唐史，并从事敦煌吐鲁番出土文书的整理与研究。自1955年以来，三联书店、中华书局等先后出版他的《魏晋南北朝史论丛》《三至六世纪江南大土地所有制的发展》《唐书兵志笺证》《魏晋南北朝史论丛续编》《魏晋南北朝史论丛拾遗》等学术专著。发表研究魏晋南北朝隋唐时期历史和敦煌吐鲁番文书及相关论文100余篇。

在研究中，他注重对史料进行严谨的去伪存真的鉴别和分析，从而得出相对科学的结论。如：在《唐书兵志笺证》中，他旁征博引，溯源比对，条分辨析，弥补并纠正了《唐书兵志》记载上的许多疏漏和错误。又如：以往据《张怀深墓志铭》《张氏勋德记》以及《张怀深变文》的记载，似乎在唐懿宗咸通十三年（872）张义潮去世后，其侄怀深即被任命为归义军节度使，可是在敦煌文书S.1156号文中，却发现一件唐僖宗光启三年（887）的《沙州进奏院上本使状》，状文中仍有继续请节的事。据此，唐长孺认为：许多文书所见的张怀深"加授户部尚书、充河西节度"称号，只是一种自称。由此，他又结合相关文书，对莫高窟中索勋、张奉承的题衔做出分析，指出索勋之衔也是自封。

他十分重视出土文献的整理和研究。20世纪50年代中期，他即已关注敦煌文书，在教学中引用，并撰写论文发表。1957年夏，在得知北京图书馆有与英、法等国交换的斯坦因、伯希和敦煌文书的缩微交卷后，遂赴京阅读抄录。1961年，由他建议成立的"魏晋南北朝隋唐史研究室"被武汉大学批准。1975年，由他倡议，经国务院批准，成立了"吐鲁番文书整理组"。经国家文物局委托，从1959年到1975年的13次吐鲁番墓葬发掘，其2000多件文书的整理工作由唐长孺主持。经过十年的努力，他所主编的《吐鲁番出土文书》，最终由文物出版社出齐，其中释文本10册，图录本4册，受到海内外学术界的重视和赞誉，获得多个奖项，成为吐鲁番文书整理在20世纪的里程碑。①

---

① 郁麒：《吐鲁番学的新起点》，《书品》2008年第4辑。

从 1959 年开始，他参加了"二十四史"及《清史稿》的点校工作。其中，"北朝四史"《魏书》《北齐书》《周书》《北史》由武汉大学历史系承担，唐长孺负责。他于 1963 年、1967 年、1971 年先后三次借调到中华书局，经历了从分散点校到集中点校，从"文革"中断到恢复点校的全部过程。他凭着深厚的学术积累和对南北朝史烂熟于胸的专业能力及极为专注的工作态度，与助手陈仲安一道，全力投入对"北朝四史"的版本调查、底本选定、诸本校勘、标点分段及点校说明的撰写，他们排除干扰，克服困难，历经十余年，终于完成"北朝四史"的全部点校工作。《周书》于 1971 年由中华书局出版，《北齐书》于 1972 年出版，《魏书》《北史》于 1974 年出版。"北朝四史"与"南朝五史"一样，其点校质量在全部点校本"二十四史"中堪称上乘。而"北朝四史""最得学术界盛誉，被称为古籍整理的范本"，其"最鲜明的特点，就是学术界常称道的校勘与研究的结合，用古籍整理的通常表述是校史与考史结合"①。"其引书之富、校勘之细、考证之精和标点之难，在整个《二十四史》点校本中是首屈一指的。"②

无论是教学研究，还是古籍整理，唐长孺都极端认真负责，一丝不苟。传本《魏书》的《礼志》《刑罚志》中有些文字似乎能前后衔接，实际上却有脱页、脱文，对此却从未有人提出异议。唐长孺在点校中察觉了这个问题，他根据《册府元龟》《通典》做了增补，仅一处即辑补脱文达数百字之多。在吐鲁番出土文书整理的过程中，有许多断片残纸，需要大量地缀合拼接。他对此特别重视，凡缀合的文书，他都要仔细复核，并要求：文书拼接除考虑纸质、墨色和茬口外，还要考虑内容；如有一点不合，就不要勉强，宁可将其散片各各放在一

---

① 徐俊：《〈魏书〉及"北朝四史"的点校与修订》，《翠微却顾集——中华书局与现代学术文化》，中华书局 2021 年版，第 403 页。

② 高敏：《〈魏书〉说略》，《经史说略·二十五史说略》，北京燕山出版社 2002 年版，第 204 页。

起，留待将来人们再做研究，也不可以主观认定，强行拼接。作为《吐鲁番出土文书》的主编，每份卷子的释读、拼接，每件文书的断代、拟题及注释，他都要亲自过目，最后裁夺。① 他是新中国较早开始对出土文书进行整理的学者，不仅积累了对出土文书连缀、考释的一套方法和经验，而且带出了一支学风严谨、成果显著的专业队伍。

第三节　古文献学专家

这里的"专家"，不是泛指文、史、哲的研究专家，而是专指对古籍整理和古文献学科，如古籍目录学、古籍版本学、古籍校勘学等有专门研究和精深造诣的学者，他们的研究，引领了那个领域的学术风气，对当代古籍整理与古文献学研究产生过较大的影响。

一　徐森玉

徐森玉（1881—1971），名鸿宝，以字行，浙江吴兴（今属湖州市）人。7 岁丧父，从小聪颖，其母闵氏授其诗文。1893 年，入白鹿洞书院，受业于晚清名士、曾任京师大学堂总教习的于式枚之门，打下了扎实的国学基础。1900 年，考入山西大学堂，读化学，得到学堂监督宝熙的赏识。宝熙曾任内阁学士兼礼部侍郎，精古物鉴定，擅金石、版本目录之学。徐森玉受其影响很大。

徐森玉毕业后，历任奉天测绘学校及实业学校监督（校长），奉天测图局局长，清廷学部图书局编译员。民国建立后，任教育部佥事、北京大学图书馆馆长。曾受清史馆聘，参修《清史稿·职官志》。1924 年 11 月，被派驻清室善后委员会工作，担任古物保管委员会顾问及东陵盗案审委会委员。是年，被任命为故宫博物院古物馆馆长。

---

① 参见王素《唐长孺先生与〈吐鲁番出土文书〉》，《古籍整理出版情况简报》2008 年第 1 期。

抗日战争期间，为抢救沦陷区古籍，保护国家图书文物，艰辛备尝，做出了极其宝贵的贡献。早在 1933 年，徐森玉就参与故宫部分文物迁往上海的工作。1937 年 8 月，故宫文物迁往西南，徐森玉奉命率队由南京出发，溯江至武汉，再由武汉由铁路到长沙；11 月，他由长沙潜赴天津，以抢救居延汉简。1939 年春，他继续主持故宫古物从湘地的迁移，先在贵州安顺逗留经年，后因日寇又将西侵，只得与馆中同仁携带文物进行更为艰难的转移，一路上翻越数十道大山，途中曾覆车折腿，仍间关奔走，历时两月，终于到达重庆。

1940 年 12 月，为抢救流散的文物图书，徐森玉又赶往上海，与郑振铎、张元济、张寿镛、何炳松竭力收购古籍善本。1941 年 7 月，他共携带 80 箱孤本、善本先赴香港，再经桂林到重庆。1941 年，徐森玉将他们在上海所收购的古籍，精选后编为《玄览堂丛书初集》。"玄览"二字，取意陆机《文赋》："伫中区以玄览，移情志于典坟。"1942 年，他为抢救《赵城藏》献策，从而使这部 4 千多卷的珍贵佛藏得以由山西八路军成功抢救。《赵城藏》现藏北京国家图书馆。

1948 年底，国民党行政院下令故宫博物院将珍贵文物造册上报，拟装运台湾，遭到徐森玉反对。国民党五个部门联合聘请他赴台湾主持文物工作，他婉言谢绝，毅然留在上海。

中华人民共和国成立后，徐森玉历任上海市文物保管委员会主任、上海博物馆馆长，中央文史馆副馆长，国务院第一届古籍整理出版规划小组成员，并当选为第二、三届全国人大代表、上海人民委员会委员。曾主持筹建上海博物馆和上海图书馆，他运用自己与国内收藏家的关系和文物古籍鉴别专长，全力以赴展开文物征集工作，访求文物珍品、善本图书，为博物馆、图书馆收购了大量稀世之宝。1951 年，为了征购晋王献之《中秋帖》和王珣《伯远帖》，他陪同国家文物局局长王冶秋赴澳门，将《三希堂石渠宝笈法帖》中的"二希"购归。他还在上海的银行保险柜中，发现了太平天国的重要文物"天王玉玺"两方，玉玺后调拨中国革命历史博物馆收藏。1953 年，他曾收购刘体智所藏甲骨文 1 万片，并购得殷墟南小屯出土商代帝乙帝辛时期之宰丰骨一枚。其间他策杖四处走访，为国家征集、鉴定了大量具有重要价值的文物，特别是晋王献之《鸭头丸帖》、唐怀素《苦笋帖》、宋司马光手迹、宋苏轼《文同合卷》、宋拓孤本《凤墅帖》《郁孤台帖》和明天启刻《萝轩变古笺谱》等稀世珍品。

他对古籍整理、善本影印工作也十分重视，曾参与明正统《道藏》重印和《宋会要辑稿》的影印。本人也选择一些古籍进行校读，其中有《晋书》一百三十卷、宋贾昌朝《群经音辨》七卷、《东坡集》等苏轼诸集九十余卷、宋陈栖《负暄野录》二卷、《墨子》六卷、宋楼钥《攻媿集》一百一十二卷等。这些经他校勘的古书，现都藏于国家图书馆。[①] 1962 年经他动议和督促，将密封在铁箱内 30 多年的宋刻龙舒本《王文公文集》的玻璃版底片从故宫博物院觅出，由中华书局上海编辑所予以影印出版。

1966 年夏天，"文革"伊始，徐森玉便被打入"十大反动学术权威"之列，备受抄家、批斗之辱。1971 年 5 月 19 日，被迫害去世。1979 年 2 月 16 日，上海市为徐森玉举行骨灰安放仪式，郑重地平反昭雪。几年后，其子女遵照他的遗愿，将他生前的一万余册藏书全部捐赠给上海博物馆。

徐森玉一生致力于目录、版本、校勘之学，于金石学和文物鉴定造诣深湛；擅书法；兼通佛学。他博学多识，谦虚低调，不轻易著作。早年著有《无机化学》《定性分析》等，晚年著有《〈郁孤台帖〉和〈凤墅帖〉》《蜀石经和北宋二体石经》《〈宝晋斋帖〉考》《兰亭续帖》《西汉石刻文字初探》《兰亭序真伪的我见》等。曾主编《历代石刻图录》，惜未成书。

---

① 王菡：《学者徐森玉古籍整理事略》，《上海文博论丛》2011 年第 4 期。

二 周予同

周予同（1898—1981），初名周毓懋，学名周蘧、周豫桐，浙江瑞安人。少年时代，就读于晚清经学大师孙诒让创办的蒙学堂。毕业后，入瑞安中学。1916 年，考取北京高等师范学校（北师大前身）国文部。1919 年 5 月 4 日，北京各校代表数十人举行联合大会，他是高师的代表之一，并参加"火烧赵家楼"壮举。

1920 年，周予同以第一名的优异成绩毕业。1921 年到上海工作，直至 1932 年。其间，曾任商务印书馆编辑、教育杂志社主编，并一度在上海大学执教。这十余年也是他学术上大有建树的时期。1925 年二三月，他在《民铎》杂志上发表了《经今古文之争及其异同》，次年改题名《经今古文学》出版。1926 年 10 月，发表了论文《僵尸的出祟》，猛烈地抨击北洋军阀政府的"读经"之说。1928 年，出版了对清代学者皮锡瑞《经学历史》的注释本，之后又出版了《朱熹》等著作。

1932 年，周予同离开上海，回乡省亲，一度在浙江十中任教。1933 年，应邀到安徽大学任教，曾兼中文系主任、文学院院长。1935 年返回上海，在暨南大学任教。他一方面继续研究经学史，出版了《群经概论》《孔子》《汉学师承记选注》等著作；另一方面为编写教材花了大量心血，编写《本国史》《国文教科书》等教材。此外，撰写了《中国现代教育史》。

1937 至 1941 年，周予同继续在暨南大学任教，兼史地系主任、南洋研究馆主任、教务长等职。1945 年任复旦大学教授。1946 年，他与张志让、蔡尚思、沈体兰等发起组织上海大学教授联谊会。

中华人民共和国成立后，任复旦大学教授兼历史系主任、副教务长、华东军政委员会文教委员会委员、上海市文教委员会副主任、民盟上海市委副主任等职。1957 年任上海市历史研究所副所长。1963 年，当选为第三届全国人民代表大会代表。曾主编文科教材《中国历史文选》和《辞海》经学史全部条目。1965 年，举国批判吴晗

《海瑞罢官》时，他在《文汇报》编辑部举行的座谈会上，痛斥姚文元"乱箭射人"，"乱打一通"。"文革"伊始，即遭受残酷磨难，以至瘫痪卧床，双目失明，直到改革开放后，冤案始得昭雪。其后，他虽病魔缠身，无法执笔，却仍然指点助手撰写论文，选编论著。

周予同是中国经学史研究的著名学者，他的著作代表了当时学术界对经学史研究的最高水平之一。在《经今古文学》中，他首先对经今古文的异同，展示了历代的有关争论，并从现代学术意义上指出了经今古文相互混淆的地方，论述了经今古文学与其他学术的关系及其在学术思想史上的评价，并专辟一节讲了经今古文学的复兴，还介绍了有关经今古文学的重要书目。在《纬书与经今古文学》中，他论述了纬书的界说、纬书的起源、纬书的变迁、纬书产生的原因、汉代今古文学家对于谶纬的关系、近代今古文学家对于纬书的见解，并介绍了纬书的书目。在《〈经学历史〉序言》中，对经学史进行了较为准确地分析和归纳，指出中国经学，从西汉初年起，已有两千一百多年的历史，经学书籍汗牛充栋。"这许多繁重的著作，也不过可以归纳为三大派，所谓'经学的三大派'。这三大派都显然自有它的立场和特色；就我的私意，可称为一、'西汉今文学'，二、'东汉古文学'，三、'宋学'。"① 并对这三大派的产生、发展演变、异同及利弊进行了简要的论述，指出："我们如果说，因经今文学的产生而后中国的社会哲学、政治哲学以明，因经古文学的产生而后中国的文字学、考古学以立，因宋学的产生而后中国的形而上学、伦理学以成，决不是什么武断或附会的话。"② 在这篇序言的第二部分，他以现代学术意识论述了经学史研究在中国学术史研究中的重要作用与价值；并从历代有关经学的著作入手，阐述了经学史研究的分类，即以经师

---

① 周予同：《〈经学历史〉序言》，（清）皮锡瑞著，周予同注释《经学历史》，中华书局1959年版，第1页。

② 周予同：《〈经学历史〉序言》，（清）皮锡瑞著，周予同注释《经学历史》，中华书局1959年版，第4页。

为中心，以书籍为中心和以典章制度为中心三大类，并冀望写出一部经学通史。序言中他还介绍了皮锡瑞的生平、学术，特别是他的经今文背景，着重评价了《经学历史》的主要内容、价值。最后他还针对当时的学术背景，批判了所谓"孔教救国""六经致用""纬候足征"之说，表现了他在新旧思想交替之际对经学批判继承、革故鼎新的思想。

周予同是民国时期最早为朱熹写论传的。他写的《朱熹》，全书共八章，对朱熹的学术贡献和历史地位予以充分肯定，特别是从认识论的角度诠释朱熹的格物致知论，指出"其论理的方法为归纳，而含有近代科学之精神"[①]；朱熹的《诗经》学的怀疑精神"在经学史上实罕俦匹"；朱熹的《伊洛渊源录》"为治学术思想史之要籍"[②]。书中对朱熹学术的不足之处也提出了合理的批评。

他在经学史研究中，首先着力于经学典籍本身的分析、归纳及对相关史料的对比、鉴别，如此，则必然要对经学文献学予以足够的重视，从而在认识和实践上，会对经学乃至整个古文献学都有着新的梳理和提高。他对皮锡瑞《经学历史》的注释，既是经学研究著作，也是一部古籍整理著作。他所制定的《经学历史》注释凡例，于《经学历史》的版本选定、校勘原则、标点细则、注释标准，乃至原文引用他书的删节、皮氏偶误偶遗、人名、书名及避讳等都有着明确的规定，言简意赅，是那个时期古籍整理可资参照执行的文本。[③]

三　王重民

王重民（1903—1975），字有三，原名鉴，室名冷庐，河北高阳人。1921 年，入保定直隶第六中学读书。1923 年参加社会主义青年

---

① 周予同：《朱熹》，《万有文库》第一集，上海：商务印书馆 1929 年版，第 47 页。
② 周予同：《朱熹》，《万有文库》第一集，上海：商务印书馆 1929 年版，第 79 页。
③ 周予同：《〈经学历史〉凡例》，（清）皮锡瑞著，周予同注释《经学历史》，中华书局 1959 年版，第 17—18 页。

团。1924 年改名王重民，取国家三宝，以民为贵之义。同年考入北京高等师范学校（后改为北京师范大学），读书期间，异常刻苦，既勤且博，于古文献学及文献整理尤为着力，深为高步瀛、陈垣、杨树达诸师器重。在校时，即编制《国学论文索引》，撰写《杨惺吾先生著述考》，并移录杨守敬《群书题跋》不见于《日本访书志》者，作《日本访书志补》。1928 年北京师范大学国文系毕业，曾到河北大学任教一年。

1929 年，应馆长袁同礼之聘，到北海图书馆（该馆后与京师图书馆合并，改名北平图书馆）工作，后任编纂委员兼索引组组长。在他主持下，数年时间编制了十多种索引，有：《清代文集篇目分类索引》《石刻题跋索引》《清代耆献类征索引》《碑传集、续集、集补索引》《国朝先正事略索引》及《国学论文索引》（续编、三编）、《文学论文索引》（正编、续编）等。他还辑录李慈铭著作，编成《越缦堂读史札记》十九卷、《越缦堂文集》十二卷、《越缦堂文集补遗》一卷、《杏花香雪斋诗二集》；编成《孙渊如外集》五卷、《续修小学考》一百卷等。

1934 年，他受北平图书馆指派，历游法、英、德、意、美各国著名图书馆；在其后的十余年间，他着重搜集与研究敦煌遗书、太平天国文献、明清之际来华天主教士的译著，借取各馆所藏中国古籍善本或稀见之本，精心抄录，或复制，或撰写叙录、提要，并编辑书目，成《伯希和劫经录》、《巴黎敦煌残卷叙录》（第一辑、第二辑）、《柏林访书记》、《国会图书馆馆藏中国善本书录》诸书。在民国时期对海外汉籍的搜访活动中，王重民成绩最为突出。

1947 年，王重民从美国回国，仍在北平图书馆工作，兼任北京大学教授。在王重民建议下，北大成立图书馆学系，并由他任系主任。

1949 年后，王重民任北京大学教授及图书馆学系主任，北京图书馆代理馆长。1952 年高校院系调整后，他辞去北京图书馆代馆长之职，专力于图书馆学、文献学的教学和研究，先后讲授《中国工具书使用法》《历史书籍目录学》《中国目录学史》《中国书史》等课，并主持制订全国图书馆学发展规划，为中国图书馆事业培养了一大批高深人才和业务骨干。1957 年，他被错误地打成右派，受到降级、降薪、撤掉系主任职务的处分，至 1961 年才摘去"右派"帽子。"文革"期间遭受残酷迫害。因指出《史纲评要》非李贽之作，而惹怒当权集团，被迫于 1975 年 4 月 6 日含恨自尽。

王重民一生勤勉，著述宏富，有专著、论文 160 余部（篇）。其学术成就主要在：文献学、敦煌学和古籍整理研究。正如傅振伦所说："综其平生论著，以目录学者为最，敦煌学次之。关于目录学者有索引、有书目、艺文目、书目考证、备征目录，有题跋、书评、访书志，有古籍的整理、校释、辑佚，有板本学、校勘学。有三推崇郑樵、章学诚校雠之学。论章氏《史籍考》及《校雠通义通解》尤可传。"①

王重民在 1939 至 1949 年间写成了宋、元、明刻本及名校精抄本提要 4900 余篇，计有北京图书馆所藏 2100 余种，北京大学图书馆所藏的 600 余种，还有美国国会图书馆所藏 1600 余篇，这些原稿略有散轶，后经其夫人刘修业整理，删其重复，共得 4200 余篇，再经傅振伦、杨殿珣复审，取名《中国善本书提要》，由上海古籍出版社于 1982 年出版。该书对《四库全书总目》中已有提要者，不再重复其内容，仅于缺略者补充或修正其讹误，侧重于著录版本及增删文字；于各善本书皆详其卷数、册数，每半页行数，每行字数及板框高下大小等版式行款情况；各书原作者姓名（含字号）、籍贯、子孙、好友及编者、校者、刊者、刻工等人的一应资料尽行载录；各书再印、翻印及相关编、校、刊、刻者情况亦详做载录；各书历次收藏者印章并

---

① 傅振伦：《王重民别传》，《中国当代社会科学家》第一辑，书目文献出版社 1983 年版，第 12 页。

识语及版本的序、跋、题识皆备加载录。凡此，皆有助于读者考辨各书的版本源流，知晓各书的异同，求得接近各书之原来面目，并正前人著录之得失与刊印之精疏。该书不仅是古籍善本书之提要，亦为古籍目录学之要籍，为今人之古籍目录版本研究，从内容到方法、技艺都示以规范。

王重民敦煌学研究成就，主要体现在海外敦煌遗书的寻访和编目、索引、叙录等工作上。他在欧美十年访学中，先后搜集、整理并发表《巴黎敦煌残卷叙录》第一辑、《敦煌本尚书六跋》《英伦所藏敦煌经卷访问记》《敦煌本历日之研究》《巴黎伦敦所藏敦煌残卷叙录十二篇》《巴黎敦煌残卷叙录》第二辑、《伦敦所见敦煌群书叙录》等成果，为此后的敦煌学研究提供了大量极为珍贵的基本资料。

他编撰的《敦煌古籍叙录》五卷，按经、史、子、集编排，共收录敦煌古籍文书 199 卷、研究论文并题跋 257 篇。在《敦煌遗书总目索引》中，总目分两大部分，一是北京、伦敦、巴黎三处的馆藏目录，二是从各处搜集的被称为"敦煌遗书散录"的 19 种目录。其后是王重民撰写的《后记》，对"总目部分"的 4 种专门目录依次做了说明和评论。《敦煌遗书总目索引》《敦煌古籍叙录》的编撰，为敦煌学研究指示了门径和方向，提供大量重要的研究资料，在中国敦煌学的发展进程中起到承前启后的重要作用。他辑录的《敦煌曲子词集》，成书于 1940 年，1950 年初版，1956 年修订再版，1957 年重印。此集所辑曲子词，均著录自敦煌所出残卷，其中伯希和劫走的 17 卷，斯坦因劫走的 11 卷，罗振玉所藏 3 卷，日人桥川氏所藏 1 卷，共计 32 卷，曲子词 213 首，内 13 首残，又校出 51 首重复，实际为 162 首（内 7 首残）。他主持校编的《敦煌变文集》，1957 年出版。全书 8 卷，据国内外公私所藏 187 个写本校定成 78 种，再依内容分卷排列：卷一至卷六收变文 63 篇，卷七收押座文及其他短文 12 篇，卷八收《搜神记》《孝子传》中所含变文的原始资料。该书是当时海内外收罗变文最为完备的汇编本。

在其他古籍整理方面，除了 20 世纪 30 年代的《越缦堂文集》《孙渊如外集》《太平天国官书》，还有《徐光启集》和《补全唐诗》。《徐光启集》12 卷，据明刻、明抄本为整理底本，卷后附录有徐光启佚文及其传记资料。《补全唐诗》补出诗 97 首又残者 3 首，附者 4 首；作者 50 人，其中 19 人为《全唐诗》所未载。

北京大学古典文献专业建立后，王重民应邀于 1962 年为学生讲授"中国目录学史"课程，深受学生欢迎。《中国目录学史》讲义稿只写到宋末元初，后辑入其《中国目录学史论丛》一书，于 1984 年由中华书局出版。对该书的价值和意义，本卷第六章第一节已有论述。

王重民的文献学研究涉及多个重要领域和多门学科，在以目录学为中心的研究基础上，广涉版本、校勘、注释、辨伪和辑佚，并在这些门类上都有重要成果。他重视实践，在海外不辞辛苦，搜集大量珍贵文献资料；他亲自动手编目提要，考校整理大批古籍。他还重视文献学史、书史的研究，撰写许多这方面的论著。他的文献学研究不仅继承传统，而且能超越传统，早在 20 世纪 30 年代，他就非常重视敦煌学研究和域外汉籍的研究，并做出重要贡献，为这两个领域的发展奠定坚实的基础。他的文献学成就在 20 世纪中国学术史上占有非常重要的地位。[①]

四　顾廷龙

顾廷龙（1904—1998），字起潜，号匋諓，别署隶古定居主人、小晚成堂主人等，江苏苏州人。1931 年，毕业于上海持志大学，授文学学士；1932 年，毕业于燕京大学研究院国文系，授文学硕士。1939 年，应叶景葵、张元济的邀请，到上海筹建私立合众图书馆，任总干事。1953 年合众图书馆董事会将该馆捐献给上海市人民政府，

[①]　本文对王重民著作的记载，参阅刘脩业编，杨殿珣校订《王重民著述目录》。见王重民《中国目录学史论丛》附录，中华书局 1984 年版，第 319—340 页。

1955 年改名为上海历史文献图书馆。1956 年，顾廷龙任上海历史文献图书馆馆长，1962 年任上海图书馆馆长，1985 年后改任名誉馆长。其间，兼任文化部国家文物鉴定委员会委员、全国古籍整理出版规划小组顾问，中国图书馆学会第一、二、三届副理事长，中国书法家协会名誉理事，复旦大学、华东师范大学兼职教授等。

顾廷龙自幼承外祖父王同愈授目录版本之学，王曾任清末湖北学政；入大学，先后受胡朴安、闻宥、姚明辉、容庚、郭绍虞、魏建功、黎锦熙诸师的悉心教导。在燕大读书和工作时，对顾廷龙影响最大的有两人，一是章钰，另一是顾颉刚。章钰对好学的顾廷龙很是赞赏，教导他读书当求之善本，将自己所藏孤拓珍本、名书法绘拿给他研习，并经常向他讲述乡邦掌故和前朝旧闻，对他发表的《晋临雍碑跋》更是赞赏有加。顾颉刚因为曾兼任中山大学图书馆中文部主任，所以与顾廷龙于图书馆学，特别是在古籍的分类、采编等方面有着较多的互通。顾颉刚所写《购求中国图书计划书》详列许多应当收购却往往被人忽略的资料，如稿本、档案、哀启、账簿、戏本、歌谣、宝卷、金石拓片、宗教书刊及记载性的图画照片等，顾廷龙对这个计划书的内容及顾颉刚关于图书资料的认知十分推崇，将之"作为一生办馆治学的方向"①。

顾廷龙一生沉酣图书馆事业垂七十年，为抢救、保护、鉴识、整理古代典籍和培养人才做了大量的极其宝贵的工作，影响大而久远。他是个谦虚的人，在总结自己一生时，他写道："说起来，我做的工作却很普通，归结一下只有六个字：收书，编书，印书。谈不上成就与贡献，只是在主观上一直努力认真地去做，总希望把事情做好，如此而已。"②

---

① 顾廷龙：《我和图书馆》，张世林编《学林春秋》初编，朝华出版社 1999 年版，上册，第 57 页。

② 顾廷龙：《我和图书馆》，张世林编《学林春秋》初编，朝华出版社 1999 年版，上册，第 56 页。

　　在古籍文献的搜集、保存、利用和研究上，顾廷龙十分重视那些具有重要价值的未刊稿本、精抄本和名校本。当年他在为叶景葵代购图书时，就曾先后觅得钱大昕、臧庸笺注段玉裁原稿副本《古文尚书撰异》、王朝璩写定稿本《王氏遗书二种》（《十三经遗文》《唐石经考正》）、明人评点及清宗源瀚跋万历本《客座赘语》等书，极获叶氏的赞赏。他所主编的《合众图书馆丛书》一、二集，多为清人未刻稿本和抄本。其中稿本有罗以智《恬养斋文钞》、徐坚《馀冬璅录》、焦循《里堂家训》、丁晏《论语孔注证伪》；抄本有陈骥德《吉云居书画录》、潘奕隽《三松堂书画记》、许兆熊《凫舟谮柄》、张鸣珂《寒松阁题跋》、黄锡蕃《闽中书画录》等。这些书大都经他校勘整理，当时是 20 世纪 40 年代中后期，物价常有异动，为省工省钱，有些书则由他手书上版。20 世纪 70 年代初，上海图书馆发现一部破烂的稿本，书名题作《声韵考》，作者不明，他经过内容、笔迹等方面的考证，证实该书为清代著名学者戴震所撰，且为李元藻墨版底本，并鉴定出书中有段玉裁手书及孔广森注语，具有极高的学术价值和文献价值。顾廷龙在评价古书价值及对古书的收采上十分重视稿、抄、校本。他在评论清代八旗藏书家麟庆的藏书价值时，就充分肯定了他所藏的稿抄本特色："麟氏藏书之可贵者，其一自为宋、元椠本，其二则为稿本、抄本也。"① 他之所以不惜重资收购《映雪楼藏书目录》，就因该目录是重要的未刊稿本，"关系浙中文献，备藏书家之掌故，收归本馆，以资永保"②。正是由于他的重视、专业和不懈努力，使上海图书馆保存有 2000 余种各家批校本、1800 余种稿本，历代抄本更不计其数，成为海内外珍藏古籍稿、抄、校本最具特色的图书馆。

　　顾廷龙十分重视历史文献的抢救和搜集，片纸只字都不轻易放

---

　　① 顾廷龙：《嫏嬛妙境藏书目跋》，《顾廷龙文集》，上海科学技术文献出版社 2002 年版，第 126 页。

　　② 顾廷龙：《映雪楼藏书目录跋》，《顾廷龙文集》，上海科学技术文献出版社 2002 年版，第 128 页。

过。他说："古代文献，为研究历史、保护文物者所重视，即片纸只字，亦均珍同球璧。"① 1955 年秋，顾廷龙听说上海造纸工业原料联购处从浙江遂安县收购了一批约两万担的废纸，里面可能有线装书的消息，就立即带人前往翻检查看，现场纸屑尘灰四处飞扬，他全然不顾，解捆拆包，翻册阅页。经过连续 11 天的劳作，共抢救出 2000 多斤有价值的资料，其中家谱就有三四万册，包括珍贵的《沈阳洪氏宗谱》。除家谱外，从这些废纸中抢救出来的还包括史书、方志、小说、笔记、医书等相关图书资料，其中不乏珍贵文献，如传世孤本明万历十九年（1591）刻的《三峡通志》，明本《国史纪闻》、《城守验方》、《万宝全书》等，其中还有不少稿本、抄本及明末版画。

鉴于那个时期古籍散落的特殊情况，顾廷龙还特别注意从废纸收购站里发现有价值的文献资料。他曾从废纸收购站觅得《庄子膺斋口义》一书；从旧夹板中觅得唐若营写的《五言千字文》册页一本；从包裹旧书的废纸上发现《强学报》第一期，后来又配齐了第二期；从鞭炮作场找出《票拟簿》三册，经查核，该簿系明末温体仁内阁代拟批示的底簿。1968 年，在"接受再教育"的名义下，他被派往上海文物清理小组工作了三年。在那里，他发现了大批珍贵历史文献，并艰难地予以保护，其中有陈元龙、屠寄、姚石子、刘半农等人的日记，鲁迅的手札，老舍《骆驼祥子》手稿，张元济批注的《邵亭知见传本书目》等。

顾廷龙在主持上海图书馆期间，十分重视家谱的搜罗和收藏，1959—1964 年，上图从屯溪等地专门采购了 5700 余种、25700 余册家谱，之前在上海造纸工业原料联购处所抢救的文献中有家谱 8011 种、59000 册。上海图书馆现藏有家谱 17000 种、110000 余册，成为国内外所藏中国纸本家谱数量最多的单位。这些家谱，最早的本子是宋代内府写本《仙缘类谱》残页，还有近三百部明代刊本和抄本，

---

①　顾廷龙：《宋人佚简序》，《顾廷龙文集》，上海科学技术文献出版社 2002 年版，第 337 页。

其余是清代和民国时期的刊本。

1964 年，北京中国书店积存了很多家谱、鱼鳞册，滞留库房，上海古旧书店、安徽屯溪古旧书店也有一大批鱼鳞册待售，顾廷龙得知消息后，马上决定将这批文献购入上图收藏。抢救来的这些鱼鳞册文书，时代从明万历至民国初年，其中仅《万历九年丈量鱼鳞清册》即达 40 余册，均为填写本，按《千字文》排列。现在这些，已成为历史学、社会学特别是徽学研究的极其重要的资料。

上海图书馆还是名人尺牍和名人日记收藏的重镇，所藏明清名人尺牍简帖约有 11 万件，诸如《颜氏家藏尺牍》《王阳明先生尺牍》《八大山人手札》等，就全国范围来说，没有哪一家收藏单位能与之匹敌。其中渗透了顾廷龙的心血。他说："名人书牍，笺纸精良，书法洒脱，文字隽永，如能择优影印，熔书、文、纸于一炉，不其美哉！"① 为了摸清这批信札的家底，方便利用这些信札，顾廷龙找人设计了专门著录尺牍简帖的卡片，并将尺牍简帖的下款即寄信人全部制成卡片，每札一张，列出在何种书札之内，用四角号码排列。在他的努力下，上图馆藏名人日记、手札等皆极具价值，如清末孙宝瑄的《忘山庐日记》，何绍基、王韬、李维格（汉冶萍公司经理）的日记；汪康年的《师友手札》、缪荃孙的《艺风堂友朋书札》、叶瀚的《块肉余生自记》《陆谨庭自订年谱》，还有方功惠的《碧琳琅馆书目》和陈田所编的《听诗斋所藏明人集目》等。

顾廷龙还十分重视盛宣怀档案的整理。盛宣怀驰骋政坛四十余年，是中国近代史上的重要人物，"盛档"指自 1850 年至 1936 年间盛宣怀家族的文书记录。盛宣怀留下的文书甚多，与中国近代史上的重大事件和知名人物几乎都有涉及。盛氏逝世后，除已成书的《愚斋存稿》及《补编》外，其他"盛档"由盛氏后人捐献合众图书馆，

---

① 顾廷龙：《近代名人手札真迹序》，《顾廷龙文集》，上海科学技术文献出版社 2002 年版，第 350 页。

由顾廷龙亲自接收。于是上海图书馆成了现在保存"盛档"最多的地方，总计 17.5 万件，1 亿余字。20 世纪 50 年代末邵循正所编《盛宣怀未刊信稿》，20 世纪 70 年代后期出版的《盛宣怀档案资料选辑》，都是从上海图书馆所藏"盛档"中辑得，顾廷龙皆参与其中，悉心指导。顾廷龙主张将这批档案尽快复制，不能只留孤本，要开发出来，为社会所用。

顾廷龙重视古籍藏书特别是善本的编印和利用。他说："窃谓今日之管理善本，重在重印，使其化身千百，代代相传，不至湮没。"他在上海图书馆提出使"孤本不孤"的印书计划，建立了影印工厂，使大批珍贵古籍得以化身千百，服务社会。从 20 世纪 50 年代末至"文革"前，复制了 30 余种珍贵古籍，其中有宋本《唐鉴》《孔丛子》《侍郎葛公归愚集》《韵语阳秋》，明本《松江府志》《三峡通志》，清本《康熙台湾府志》；稿本《古刻丛钞》《刍牧要诀》《稼圃辑》及《纳兰成德手简》《龚自珍魏源手批简学斋诗》等，① 这在当时影印文献还未形成风气之际，实在难能可贵。

由于早年的扎实功底和几十年对图书馆事业的浸润沉酣，顾廷龙对古籍目录版本之学极为精熟，正如他自己所说："我一生中在学术方面用心最多的，毕竟在古籍版本目录方面。"在这个方面，他最大的成就是主编了《中国丛书综录》和《中国古籍善本书目》两大著作。顾廷龙主编的《中国丛书综录》，集合了国家图书馆等全国 41 家图书馆的馆藏，共收录丛书 2797 种，经、史、子、集等各种子书 38891 种，成为文史工作者不可或缺的工具书。《中国古籍善本书目》的编纂，是周恩来总理生前关注并指示"要尽快"完成的文化工程，顾廷龙作为该书编辑委员会副主任委员兼主编，为了这部大型书目的编纂，他亲自执笔写出上海市在普查古籍善本、编目制卡上的工作体会，供其他省市参考；从上图馆藏中选出一些宋、元、明、清刻本和抄、校、稿

---

① 顾廷龙：《我和图书馆》，《顾廷龙文集》，上海科学技术文献出版社 2002 年版，第 600 页。

本，编成"善本书影"，附以简说，作为编稿的参考。经过全体编纂人员的不懈努力，《中国古籍善本书目》终于在 1995 年全部出版。《中国丛书综录》《中国古籍善本书目》，是中华人民共和国成立后古籍目录学上的重大成果，对古籍整理工作有着极其重要的价值和意义。

顾廷龙一生都践行了当年主持合众图书馆馆务时的理念："编纂目的，专事整理，不为新作；专为前贤形役，不为个人张本。"①他不重个人的撰述，其学术成就，除主持编纂《中国丛书综录》《中国古籍善本书目》及大型丛书《续修四库全书》外，还撰有《吴窗斋先生年谱》、《古匋文舂录》、《章氏四当斋藏书书目》、《明代版刻图录初编》（与潘景郑合作）等，有《顾廷龙文集》传世。他平日生活俭朴，但晚年却将自己珍藏数十年的清顾嗣立《元诗选》未刊稿本、《明四皇甫诗书卷》及清初顾祖禹、朱用纯、余怀等题诗的《马藩侯像赞册》等珍贵文献无偿捐献给上海图书馆。②

五　赵万里

赵万里（1905—1980），字斐云，别署芸盦、舜盦，浙江海宁人。1921 年入东南大学国文系，曾师从吴梅研究词曲。1925 年到清华大学国学研究院师从王国维，后留院任助教。1928 年到北海图书馆（后并为北平图书馆）工作，历任中文采访组和善本考订组组长、编纂委员、研究员、善本特藏部主任等职。从 1929 年到 1949 年，他还兼任中央研究院历史语言研究所特约研究员、故宫博物院图书馆和文献馆专门委员，并在北京大学、清华大学、辅仁大学、中国大学等高校讲授目录、版本、校勘等课程。

中华人民共和国建立后，他专职于北京图书馆工作，为第一届古籍整理出版规划小组组员，1964 年当选为第三届全国人大代表。"文

① 顾廷龙：《创办合众图书馆意见书》，《顾廷龙文集》，上海科学技术文献出版社 2002 年版，第 604 页。
② 陈先行：《纪念图书馆事业家顾廷龙先生》，《古籍整理出版情况简报》2009 年第 1 期。

革"中，遭受残酷迫害，以致卧病不起，于1980年6月辞世。

赵万里毕生致力于善本古籍的访求、鉴定、整理、保存和研究，在版本学上有精湛的造诣。在北京图书馆工作期间，他主持对馆藏古籍善本进行整理编目，协助郑振铎、徐森玉等访求、征集名家藏书、稿本、精刊及碑刻拓片等，并千方百计寻回流散在海内外的敦煌写本和其他珍本秘籍。他主持四千三百余卷《赵城金藏》的修复和目录、传记、著述的展览及《永乐大典》的辑佚、研究等工作，先后撰写了《中国印本书籍发展简史》《〈中国版刻图录〉序》两部古籍版本学力作。

赵万里在著作中系统而清晰地论述了中国印本书籍发展历史，重点记述了雕版从兴起到兴盛的进程，充分肯定了宋金元雕版事业的发达和明清两代刻书的盛况；介绍了活字印刷术、活字本、木刻画和彩色套印本的发明和发展；强调了中国是最早发明造纸术和印刷术的国家，"活字版印刷术是公元1045年前后即北宋庆历年间毕昇发明的。它比德国的谷腾堡早了四百年"[1]。文中，还结合内容，准确地介绍了历代版刻的名称和特点，于读者和专业研究都有很大的帮助。

周叔弢曾称："斐云版本目录之学，既博且精，当代一人，当之无愧。"[2]他编纂的《北平图书馆善本书目》（后改名《北京图书馆善本书目》）甲编四卷，以经史子集四部分类，收宋元明刊本及精校、名钞、稿本总计3796种，其中经部200种、史部1256种、子部707种、集部1633种，并著录各书书名、卷数、撰者、序跋批校者、版本及完缺情况，十分方便读者的检阅和研究。正如傅增湘序中所称誉的"以抱残守阙之笃，终成鸿博巨丽之观"。

除此之外，赵万里还编撰了《中国版刻图录》《馆藏善本书提要》《海源阁遗书经眼录》《影印四库全书罕传本拟目》《芸盦群书题记》

① 赵万里：《〈中国版刻图录〉序》，《南京大学百年学术精品·图书馆学卷》，南京大学出版社2002年版，第709页。

② 黄裳：《太和正音谱》，《春夜随笔》，安徽教育出版社2006年版，第168页。

《刘申叔先生著述目录》《渑水燕谈录佚文辑补》等版本目录学著作。其中《中国版刻图录》价值最高、影响最巨。它以图版形式，按版刻时代和雕版地区编排，系统而具体地介绍了中国雕版印刷的起源和发展，展示了不同时代不同地区雕版印刷的特点，其中还引证了不少刻工资料。全书收录历代善本书影及重要版画共 550 种、图 724 幅，分为三个部分：一是刻版，收唐、五代、宋金、元、明、清各代刻本书影 460 种、图 598 幅；二是活字版，收明、清两代活字本书影 40 种、图 50 幅；三是版画，收宋、元、明、清四朝版画 50 种、图 76 幅。①

　　他十分重视对《永乐大典》的整理、研究和利用。在他的倡导下，北京图书馆开始编制《永乐大典》引用书卡片索引，开展辑佚工作，先后编成《永乐大典内之周美成佚诗》《永乐大典七皆台字韵残帙跋》《永乐大典内辑出之佚书目》《馆藏永乐大典提要》《记永乐大典内之戏曲》《校辑宋金元人词》《元一统志》《析津志》及其他待编方志、文集多种。其中《校辑宋金元人词》系赵万里早年成果（1931 年由中央研究院历史语言研究所出版），这次又利用《永乐大典》材料以求更为完备。全书辑出宋元以来散佚的词集，收录词人 70 家，得词 1500 余首，引用的材料不限于《永乐大典》，每条均详举出处，注明引用的原书。

　　赵万里早年师从王国维，在治学态度上深受静安先生熏陶。王国维去世后，他倾力投入其遗著的编纂，陆续发表与出版了《王观堂先生校本批本目录》《王静安先生著作目录》《王静安先生手校手批书目》《王静安先生年谱》《海宁王静安先生遗书》等著作。

　　他还曾收集自汉迄隋之墓志、墓记、神座、柩铭等拓本，加以考释，以地下材料与文献资料互证，编为《汉魏南北朝墓志集释》，此书自 1936 年编定，二十年中又经增删修订，于 1956 年始由中国科学

---

　　① 赵万里：《〈中国版刻图录〉序》，《南京大学百年学术精品·图书馆学卷》，南京大学出版社 2002 年版，第 704—712 页。

院考古所编入"考古学专刊"出版。

赵万里治学严谨，工作极其认真，"他不只见闻广，又极用功。南北访书，随身都带有纸笔，凡有未见之书，都详记行款序跋藏印以去"①。他不仅在版本、校勘、辑佚、辨伪等古文献学上成就斐然，而且对事务性工作也极为细致周密。如对书库装修的严格要求、书架间空隙的设定、善本修缮的用纸用料等，均用心筹划，一丝不苟。工作中，他十分重视对新生力量的培养，以期后继有人。平时注意加强年轻同志的业务能力，为他们开班讲授"应用目录学"、文史知识等课程，又专门举办"古籍装修培训班"，以求特殊技能不断档。②

六　张舜徽

张舜徽（1911—1992），湖南沅江人。出身书香世家，幼承家学，刻苦自励。早年曾游学长沙、北京，受到姑父余嘉锡的学术影响，学问日有长进。自1932年起，先后担任长沙文艺、兑泽、雅礼等中学教师，蓝田国立师范学院中文系讲师、北平民国学院中文系教授、兰州大学中文系教授兼主任。1951年后一直任华中师范学院（后改大学）历史系教授，1981年创办该校历史文献研究所，并任所长。同年被国务院评定为首批博士生导师，为中国历史文献研究会创建人及首任会长。

他一生勤奋治学，博涉四部，在传统学术文献学、历史学、语言文字学、经学、诸子学等诸多领域造诣精深，建树卓著。

他自幼喜好《说文》之学，15—20岁时，即阅读了清人的多种《说文》注本，并在崇文书局版《说文解字》四周写满批文。之后读丁福保《说文解字诂林》，"既叹其搜采弥富，复病其丛杂猥多。以为罗列众家而无论断，徒令人望洋兴叹，不知何所适从。宜就此编，

① 黄裳：《太和正音谱》，《春夜随笔》，安徽教育出版社2006年版，第166页。
② 本部分参考了冀淑英《保护古籍　继往开来——记著名版本目录学家赵万里先生》，张世林编《学林往事》，朝华出版社2000年版，下册，第1136—1143页。

删繁存简，取其义之精者，别为一书，以便初学"①。直到 50 岁以后，方费时数年，撰成《说文解字约注》一书。全书 30 卷，广泛吸取汉唐以来特别是清人研究《说文》的成果，又参考了 20 世纪《说文》学、甲骨学、金石学、考古学、民俗学等方面的新材料，对《说文》的 9000 多字都做了注释。这些注释，或采旧说，或立新见，皆要言不烦；且全书采用新式标点，书末附有索引，十分便利读者阅读和检索。书名中的"约"字，乃释义精要、表述简约、文字音义相通之谓，在内容上却非常丰富，引用材料十分全面，是当代《说文解字》研究的集大成之作。

除《说文解字约注》外，文字学方面，他还撰有《广文字蒙求》《唐写本玉篇残卷校说文记》《急就篇疏记》《说文解字导读》等数种；音韵学方面，则有《说文声韵谱》《声论集要》《说文谐声转纽谱》；训诂学方面，撰有《尔雅释亲答问》《小尔雅补释》《导语疏证》《释疾》《字义反训集证》等著述。

《广校雠略》是张舜徽 30 岁前后写的第一部学术著作，也是他在古文献学科的滥觞之作。正如他在《广校雠略自序》所说："于汉、宋诸儒，独宗二郑，以为康成经术，渔仲史裁，譬诸灵海乔岳，无以益其崇深。"② 全书推衍宋人郑樵《校雠略》理论与方法，旨在探究校勘学古义，阐述学术源流和著述体例，兼及目录、版本诸端，因论立题，共 100 篇，是当时给大学文科讲授的教本。此后所撰《汉书艺文志释例》旨在阐明刘向与班固叙录群书的要义及异同；《毛诗故训传释例》，旨在探究郑氏注之原旨，注《诗》之义例。

张舜徽平生治学，对汉代郑玄、宋代郑樵最为服膺，年轻时即于郑玄《三礼注》《毛诗笺》多有研习，写下了很多札记，将郑氏校经

---

① 张舜徽：《〈说文解字约注〉自序》，《说文解字约注》，中州书画社 1983 年版，上册，第 1 页。

② 张舜徽：《广校雠略自序》，《张舜徽集·广校雠略》，华中师范大学出版社 2004 年版，第 3 页。

的方法、注经的体例及郑学的传授本末等总结下来，成为《郑学叙录》《郑氏校雠学发微》《郑氏经注释例》《郑学传述考》《郑雅》五种，合刊为《郑学丛著》。

他的《中国古代史籍校读法》，1962年由中华书局上海编辑所出版后，深受学术界的欢迎。该书分为通论、分论、附论三大部，共成四编。第一编是"校读古代史籍的基本条件"；第二编，即分论上，是"关于校书"；第三编，即分论下，是"关于读书"，着重介绍如何阅读全史及整理史料的方法；第四编是讲"辨伪和辑佚"。① 虽然，此书和1955年出版的《中国历史要籍介绍》（后易名为《中国古代史籍举要》），两书在当年的时代背景下，较多地带有普及中华传统史学知识的性质，但通过介绍古书的流别、部类、版本、传播，特别是校书的内容及具体方法，论述了历史文献学的方法和理论，为读者尤其是年轻的专业工作者补给了重要的学科营养。

《清人文集别录》，1963年由中华书局出版。该书分为24卷，选择清人文集六百家，一一为之提要叙录。张舜徽重视清代学术，浸润其间三十余年，寓目之文集达一千一百余家。该书"虽未足以概有清一代文集之全，然而三百年间儒林文苑之选，多在其中矣"②。每篇叙录，先介绍文集作者生平；继而述其内容要旨，究其论证得失，评其学行高下，并以推见清代学术之兴替；最后是介绍该文集的成书经过及版本、刊刻、流传情况。作为集部目录之学的代表作，此书不仅体现了他在古文献学科上的重要建树，也反映了他在清代学术史上的渊博和精深。其后所成的《清人笔记条辨》10卷，取清人学术笔记一百种进行评介，其中有关于笔记作者的生平、成书经过、版本、刊刻、流传等项情况介绍，重点是对笔记内容分条进行考辨，"有辨章学术者，有考论经籍者，有证说名物制度者，有订正文字音义者，

---

① 该书本卷第六章第三节已有论述。
② 张舜徽：《清人文集别录自序》，《清人文集别录》，中华书局1963年版，上册，第1页。

有品定文艺高下者，有阐述养生方术者"①，或引申发明，或考订驳正。

正是基于这样的认识，他于其后出版的《中国文献学》和《文献学论著辑要》，力图构建文献学的学科体系，其中许多创新见解，突破以往成见，为新时期古文献学科的发展提出了努力的方向。

张舜徽在治学上有两大特点，一是刻苦，二是博通。他认为："一个人在学术上取得辉煌成就，一方面固决定于有阔大的规模，但更重要的，还在于有恓恓无华、坚忍不拔的治学精神，作持久奋斗。"②他说："学问之事，必须有恒心、有毅力、屏绝俗好、自甘寂寞者，而后能坚持终始，以获成功。"③他提倡一苦、二勤、三多、四不、五有的作风，"一苦"就是苦学；"二勤"是勤于求教，勤跑图书馆；"三多"是多练基本功，多读有用书，多接近通人；"四不"是不晚起，不近烟酒，不浪费时间，不看无益之书；"五有"是指对于学问要有恒心、有毅力、有耐心、有信心、有傻气。他从 24 岁起，连续 10 年以朱墨圈点和札记，把三千二百五十九卷"二十四史"校读一遍；40 岁时，用 50 天时间，日尽十卷，读完五百零四卷的《明经世文编》，并从中摘选 304 篇精要之作，分类撰成《明经世文编选目》发表。他曾整整花了三年半的时间，写秃了几十支小楷羊毫笔，书写《说文解字约注》中的古、籀、篆文以及繁体生僻字。他一生自强不息，惜时如金，"黾勉从事，不敢暇逸，即至晚暮，犹惜分阴"④。

张舜徽向以著述宏富、学问渊博蜚声海内外学术界。他尝说：

---

① 张舜徽：《〈清人笔记条辨〉自序》，《张舜徽学术论著选》，华中师范大学出版社 1997 年版，第 559 页。

② 张舜徽：《〈顾亭林学记〉自序》，《张舜徽学术论著选》，华中师范大学出版社 1997 年版，第 526 页。

③ 张舜徽：《爱晚庐随笔》，《张舜徽集·爱晚庐随笔》，华中师范大学出版社 2005 年版，第 292 页。

④ 张舜徽：《八十自叙》，《张舜徽学术论著选》，华中师范大学出版社 1997 年版，第 1 页。

"为学而不厚植其基，则无以规远大。""故平生自勖及所以教人者，期于淹贯博通，而不限于一曲。"[①] 他指出史上学术界有"两种弊短：一是局隘，二是破碎。所谓局隘，便是此经不通于彼经，此说不通于彼说。……所谓破碎，便是死板地从文字上作些繁琐考证"[②]。他肯定了汉代司马迁、扬雄、刘向、郑玄，宋代郑樵、朱熹，明清之际顾炎武、黄宗羲、王夫之的博通，期望当世学者治学路途尽量宽广一些。他自幼仰慕司马迁、郑樵两位史家的会通之学和宏大气魄，一生治学由小学入经学，由经学入史学，又兼涉子、集，遂淹贯四部。"他不仅在各个学术领域皆有传世佳作，而且在其著述中多能打通四部之学，提出博通识见。比如他的《周秦道论发微》、《清代扬州学记》、《清儒学记》，就是这样的博通之作。正是由于他有严谨精神和广阔视域，方能形成通人之学的博大气象。"[③]

第四节　古籍整理图书出版家

这里的古籍整理"出版家"，主要指重大古籍整理项目的编辑出版负责人或主要负责人，他们或制订项目规划、策划选题，或制定编纂体例，或为古籍的编刊做出了极大乃至毕生的贡献。

一　陈乃乾

陈乃乾（1896—1971），名乾，字乃乾，以字行。室名共读楼、慎初堂，浙江海宁人。1916 年毕业于东吴大学国文系，任上海进步

---

① 张舜徽：《〈旧学辑存〉叙目》，《张舜徽学术论著选》，华中师范大学出版社 1997 年版，第 561 页。

② 张舜徽：《〈顾亭林学记〉自序》，《张舜徽学术论著选》，华中师范大学出版社 1997 年版，第 523 页。

③ 周少川：《继承弘扬张舜徽先生的优良学风》，《历史文献研究》（总第 31 辑），华东师范大学出版社 2012 年版，第 4 页。

书店编辑。1921 年，曾任上海南洋中学图书馆主任。20 世纪 20 年代中期，与金诵清在上海合办中国书店。1926 年任大东书局编辑、发行所长；其间，兼任持志学院、国民大学教授。20 世纪 30 年代，任开明书店编辑。1949 年后，任上海市社会文化事业管理处编纂。1956 年调往北京，任职古籍出版社；1957 年该社与中华书局合并，陈乃乾任中华书局编辑、编审委员会委员，后又任影印组组长。为全国古籍整理出版规划小组成员。"文革"中受迫害，被遣送浙江天台女儿家，1971 年 2 月逝世于浙东偏僻山村。

陈乃乾是清代著名藏书家陈鳢后裔，鳢字仲鱼，其藏书楼向山阁曾享名东南。因得先世沾溉，又受同乡徐客初、费景韩影响，其早年即对藏书及版本之学产生浓厚兴趣。在东吴大学读书期间，常留恋于玄妙观、大成坊各书肆中；毕业后入职书业，与南北书商多有往来，过眼古籍甚多，曾博览抱经楼、积学斋、测海楼诸家藏书。正如他自叙所说："乌乎，二十年来，若四明沈氏（德寿）、独山莫氏（友芝）、江阴缪氏（荃孙）诸家之藏，先后星散，无一不经吾眼。事后追维，恍同梦影。"[①] 又因同乡之谊，在学术上得到国学大师王国维的教诲；因在徐氏"积学斋"整理书籍，又受到藏书大家徐乃昌的点拨指教。如此，于目录版本之学，益发精湛，在古籍版本的鉴识上，遂有"北赵（万里）南陈"之称。多年来，他自己也收藏了不少古籍珍本、善本和名著，其《共读楼藏书年谱目录》著录年谱 700 余种，《慎初堂所藏书目》收书目类图书 134 种。1956 年移调北京时，他特地包了一节车皮为之运书。

他在任南洋中学图书馆主任时，编有《南洋中学藏书目》。该书目将图书分为十四大类：一、周秦古籍，下分历史、礼制、易、诸子、诗文、古籍总义、古籍合刻共七小类；二、历史类，下分官修

---

① 胡道静：《片断回忆业师陈乃乾》，中华书局编辑部编《回忆中华书局》（上编），中华书局 1987 年版，第 134 页。

史、私人撰述、传记、谱牒、论述共五小类；三、政典类，下分总志、礼乐、职官仕进、兵制屯防、刑法、盐法、农政水利共七小类；四、地方志乘类，下分区域、山川、古迹、居处共四小类；五、小学类，下分《说文》、字书、音韵、训诂、汇刻共五小类；六、金石书画类，下分金石、书画、书目、杂录共四小类；七、记述类，下分读书论学、修身治家、游宦旅行、名物、掌故、杂论共六小类；八、天文算法类，下分中法、西法、中西合参共三小类；九、医药术数类，下分医经、本草、术数共三小类；十、佛学类，下分经藏大乘、经藏小乘、论藏大乘、论藏小乘、杂藏共五小类；十一、类书；十二、诗文类，下分各家著述、选本、评论共三小类；十三、词曲小说类，下分词曲小说共三小类；十四、汇刻类，下分一人著述、数家著述两小类。他又为南洋中学图书馆编制了珍本书录，将珍本分为八种：一、抄本；二、名人手校、手跋本；三、明刻本；四、清刻本；五、明清官书；六、朱墨套印本；七、活字本；八、日本、高丽、安南古刻本。以上分类，体现了陈乃乾对图书及善本分类的独到见解，其中，虽然有相互交叉的地方，但却有它的实用性。

在书业经营中，他以对学术的高度重视、对典籍的满腔情感和对版本的独到见解，不仅收购了一大批有价值的好书，还编印了一批善本珍籍，如《经典集林》《清代学术丛书》《百一庐金石丛书》《周秦诸子斠注十种》《重订曲苑》等。抗战期间，他还协助郑振铎搜购古籍，抢救"国宝"，如极其珍贵的《脉望馆抄校本古今杂剧》，就是陈乃乾先得到消息后告知郑振铎，方得以成功购藏的。他好版本之学，但反对"玩物丧志"，主张实际效用。"说版本之学不定是宋元珍本、名钞宝册，只是要从实际的校勘价值与是否逸书、足本而定。"①

---

①　胡道静：《片断回忆业师陈乃乾》，中华书局编辑部编《回忆中华书局》（上编），中华书局1987年版，第132页。

　　陈乃乾在中华书局主要从事古籍影印工作，由他主持影印的古籍有《永乐大典》《册府元龟》《太平御览》《三国志集解》《汉唐地理书抄》《史通》《明经世文编》《文字蒙求》《楚辞集注》等。从影印书目的确定、版本的选择，到出版说明或序言的撰写，多由他担当。他工作极端负责，为了完成《永乐大典》的影印，他特地从北京赶到上海，审阅影印样书，从版式到用纸，从封套到装订，都细加检查，还几乎每天都写信与中华书局总部商议。

　　1958 年，中华书局正式启动"二十四史"整理工作，陈乃乾与顾颉刚、宋云彬、章锡琛等共同参与制订"二十四史"整理计划，并承担《三国志》的点校工作。他以百衲本（据宋绍兴、绍熙两种刻本配合影印）、清武英殿本（据明北监本校刻）、金陵活字本（据明南监冯梦祯本校印）、江南书局本（据毛氏汲古阁本校刻）四种版本互相校勘，择善而从，并抓紧时间很快完成，使该书于 1959 年 12 月出版。之后，又参与了《旧唐书》的点校工作，一直到 1966 年 5 月 "文革"爆发。

　　无论是在开明书店，还是在中华书局，陈乃乾工作效率都很高，而且在工作中毫无保留地关心他人、帮助他人，尤其是年轻的同事。程毅中 1959 年刚来中华书局工作不久，就被分配了编辑海瑞文集的任务。陈乃乾帮助调查收集海瑞集子的一些版本，在决定用嘉靖本《海刚峰集》作为整理底本后，他又给程毅中写了份长长的意见书，指出这个版本的优点和缺点，并提出了校订的方法和应该注意的地方。[1]

　　他编著有《四库全书总目提要索引》《室名别号索引》《清代碑传文通检》，还有《元人小令集》《越缦堂读书记》《赵惠普年谱》《谭嗣同年谱》《上海地方志综录》《禁书总录》等；校订过《西溪丛语》《野客丛书》《上海县志》《艺文类聚》等书；[2] 发表过许多版

---

　　① 程毅中：《编校〈海瑞集〉追记》，中华书局编辑部编《我与中华书局》，中华书局2002 年版，第 215—216 页。

　　② 参见陈乃乾著，虞坤林整理《陈乃乾日记》，中华书局 2018 年版，第 6、10、45、188、192、320、355 页。

本目录学、历史掌故等方面的学术文章，如前人对正史注补资料的介绍等，其中对《史记》即提供了 79 种参考著作，《唐书》则提供了 36 种参考著作，为"二十四史"的整理和研究起到了很大的作用。

二　宋云彬

宋云彬（1897—1979），字佩韦，浙江海宁人。早岁师从训诂学家朱起凤，遂喜文史之学。"五四"运动后，深受新文化、新思想的影响。1921 年 11 月至 1924 年夏，先后在杭州任《杭州报》《浙江民报》《新浙江报》编辑。1924 年 8 月加入中国共产党，曾在上海国民新闻社工作。1926 年调往广州，担任黄埔军校政治部编纂股股长，编辑《黄埔日刊》。1927 年担任武汉《民国日报》编辑，兼任武汉国民政府劳工部秘书。宁汉合流后遭通缉，脱党避居上海。经王伯祥介绍，担任商务印书馆的馆外编辑，为《国学基本丛书》编著了《东汉之宗教》《王守仁与明理学》《明文学史》《资治通鉴选注》等书。1930 年，入上海开明书店，参与编刊《辞通》（朱起凤编著），编辑《开明国文讲义》等。1938 年在武汉任职军委政治部第三厅第五处；后赴桂林，继续从事抗日救亡运动。1939 年 7 月，任文化供应社编辑兼出版部主任。曾与夏衍等共编《野草》月刊，还担任过桂林师院教授。1945 年 6 月，加入中国民主同盟，曾任民盟《民主与生活》主编。1947 年赴香港，任文化供应社总编辑，兼任达德学院教授，讲授中国近代史。1949 年初，受中共中央统战部邀请，与郑振铎、叶圣陶等由香港抵北京，9 月出席第一届中国人民政治协商会议，见证了中华人民共和国的成立，任出版总署编审局第一处处长。1950 年 12 月，人民教育出版社成立，任副总编辑。1951 年调杭州，先后任浙江省人民政府委员、省政协副主席、省文联主席、省文史馆副馆长兼浙江师范学院教授等职，为民盟二届中央委员、省民盟副主任委员和全国政协第一、三、四、五届委员。1957 年，被划为右派，遭罢官撤职降薪。1958 年，经叶圣陶、金灿然等人努力和中央有关部门"审批"，调中华书局工作，在古代史组担任编辑。

当时，"二十四史"点校工作刚刚启动，《史记》点校稿问题不少，而之前宋云彬正致力于编纂《史记集注》，于是书局决定由宋云彬参考顾颉刚、贺次君标点本《史记》，予以重新标点并编辑加工。宋云彬接受这项工作后，先草拟了《标点"二十四史"凡例》《"二十四史"分段提行说明》《（关于）标点〈史记〉及其三家说的若干问题》《标点〈史记〉凡例》等文件，又提议并两次召开了由点校者和书局及有关专家参加的会议，讨论《史记》的点校问题。使大家对点校体例、内容、问题、要求等有了明确而一致的认识。由于点校本《史记》是作为国庆 10 周年献礼的项目，而要在不到一年的时间内拿出来，难度很大。此时宋云彬已年逾花甲，却为了《史记》的点校夜以继日地工作，连日记都中断了两个多月未写。1959 年 4 月 17 日，宋云彬在日记里写道："《史记》一百三十卷于昨日点校完毕"，而日记中断原因，则是"标点《史记》工作紧张，每夜工作到十点钟左右，精疲力竭，无兴趣写日记了"。在同年 7 月的日记中，可以看到点校本《史记》稿最后读校阶段极为紧张的状况，7 月 13 日记："《史记》校样积压甚多，今日校出百余页。"次日："《史记》校样积压千余面，今日校出百余面。"16 日，致函叶圣陶，谈对《史记·汲黯传》和《卫青传》标点的意见；17 日，叶圣陶就上述标点做了回复。宋云彬 7 月 18 日日记："早上接圣陶复信。整日校《史记》。"23 日："看《史记》清样百余页，又发现标点欠妥处不少，甚矣古书之难读也。"① 从这里可以看出，宋云彬对《史记》的标点断句的修正几乎一直做到付印之前。遇到点校中的疑难问题，除由书局召开必要的会议外，宋云彬还不时与叶圣陶、王伯祥、陈乃乾等专家、老友交换意见以求确解。

书稿排版后，他又抓紧写出《〈史记〉点校说明》，并根据领导

---

① 海宁市档案局（馆）整理：《宋云彬日记》1959 年 7 月 13 日至 23 日，中华书局 2016 年版，中册，第 691—693 页。

和专家意见反复修改。1959 年 9 月，点校本《史记》由中华书局出版。点校本校勘审慎，标点妥帖，分段准确，是点校本"二十四史"系列最先出版的一种，也是半个世纪以来最为通行的《史记》整理本。除原标点者顾颉刚、贺次君和最后覆校者聂崇岐外，作为全书的主要点校者和责任编辑，宋云彬居功甚伟。

点校本《史记》出版后，宋云彬又马不停蹄地投入《后汉书》的点校。《后汉书》原定贺次君点校，后改为宋云彬点校。"二十四史"点校计划《后汉书》最初是以王先谦《后汉书集解》为底本，宋云彬点校后，不断发现《集解》本误而宋绍兴本不误的例证，致其在日记中屡屡感叹"古本之可贵"。经与有关方面商议，最后决定改用南宋绍兴年间江东路转运司刊本（简称绍兴本）作底本；当年商务印书馆百衲本《后汉书》即以此本影印，原缺五卷，以别本残册予以补齐。从 1960 年 2 月起，宋云彬全力投入《后汉书》的点校，无论是上班下班，还是星期天节假日，除去单位安排和他作为全国政协委员必须参加的政治学习及外出活动，即使生病他也从未放下这项工作。1961 年 12 月 12 日，全部 12 卷、200 余万字的《后汉书》点校任务终于完成。当天他在日记中写道："上午校《后汉书》，全部校毕，月内可发排最后一批稿矣，如释重负，精神为之一爽。下午休息。"① 但他顾不得休息，就又投入《后汉书》的校勘记和《出版说明》的撰写以及全书的校对等一系列工作。在古籍整理中，校勘工作十分重要，又非常繁难，从底本的选择到全书杀青，贯穿于点校的全过程；而校勘记是条列校勘异同得失的文字，点校本"二十四史"校勘记是"二十四史"点校质量的重要体现。宋云彬参与了"二十四史"点校体例的制定，《后汉书》在整理出版计划上又比较靠前，所以他对标点和校勘的处理，就具有检验体例和点校示例的意义。点

---

① 海宁市档案局（馆）整理：《宋云彬日记》1961 年 12 月 12 日，中华书局 2016 年版，下册，第 800 页。

校中，他以"商务"影印南宋绍兴本为底本，以明末毛氏汲古阁本和清武英殿本与之对校，还参考吸收了刘攽《东汉刊误》、王先谦《后汉书集解》、黄山《后汉书集解校补》、张森楷《十七史校勘记》等前人研究成果。他吸取了《史记》点校的经验和教训，竭力改进，对"《后汉书》的标点工作和校勘各本的异同，都十分小心谨慎。在审阅方面，不放过每一个字，每一句句子。一定要自己懂了，读通了，才算数。在校勘方面，和宋茂华同志分工合作，由他对校各本异同，由我参考了张森楷的校勘记和王先谦的《集解》，决定哪一处应当改，哪一处应当补，哪一处不必改或补，但作一条校记就是"①。全书校勘记达六千余条，校勘成果，包括存疑待考的问题，都用校文反映出来，其中一些校勘记不啻一篇简短的文史考证，点校者付出的艰辛可想而知！经过他五年不懈的努力，在书局老编辑宋茂华的配合下，书稿又经孙毓棠、曾次亮、孙人和等老专家的协助审订，点校本《后汉书》终于在1965年5月由中华书局出版了。

《后汉书》付印后，他又先后参与了《南齐书》《梁书》《陈书》《晋书》的编辑。在此期间，他还将《史记·项羽本纪》《汉书·高帝纪》译成白话文并加注释，题名《项羽》《刘邦》，列入中华书局出版的《历代政治人物传记译注》丛书，于1962年12月和1964年8月出版。

他还兼任北京大学古典文献专业教授，为他们讲授《史记》专题课。每次讲课前，他都花数倍的时间编写讲稿。

"文革"爆发后，中华书局古籍整理出版业务停顿，宋云彬不再能从事这项他所热爱的工作了。在多次批斗中，他的身体和精神都遭受极度的摧残。1969年12月，他虽已年逾古稀，仍随同中华书局全体干部和部分家属一起下放湖北咸宁文化部干校劳动改造。1970年8月，他因病回到北京，从此，这个通昆曲、善围棋、喜花草、懂中医的风度潇洒的老人，便常常一言不发，1979年4月在沉默中长逝。

①《宋云彬先生关于〈史记〉标点错误的检讨》，《书品》2008年第1辑。

宋云彬"右派"摘帽，见于文件是 1960 年 10 月 29 日，《人民日报》发消息稿是 12 月 25 日。当时他"心情激动，热泪欲夺眶而出，哽咽几不能成声"①，感动是真诚的。而 1979 年 2 月，当关于他被错划右派，"予以改正，恢复名誉，恢复原行政（9 级）工资"的文件放在他病榻前时，他拿起这张抄件"注视了许久，然后眼睛看着京其说道：'哦，改正了，就是字写错了，拿橡皮擦一擦，改正了。'脸上露出一丝惨淡的苦笑，随即不再对此有任何评价"②。

宋云彬喜收藏书画，其后人将其书画拍卖所得全部无偿捐出，交由中华书局设立"宋云彬古籍整理出版基金"，以表彰古籍整理优秀成果和优秀编辑人员。

三　徐调孚

徐调孚（1901—1981），原名名骥，字调孚，以字行，浙江平湖人。其父徐敦定精于古籍目录学，调孚自幼即深受熏陶；后又得到章太炎弟子朱蓬仙和词学家刘毓盘的指教，为他此后的学术打下了坚实的基础。他 1919 年毕业于浙江省立第二中学，1921 年考入商务印书馆英文函授学校部工作，后入商务印书馆编译所。1923 年加入文学研究会，1924 年参与编辑《小说月报》；1931 年 9 月接替郑振铎主编《小说月报》，至次年停刊。

1932 年，徐调孚加入开明书店，历任出版部、编审部、推广部主任。他待人友善，广交朋友，茅盾、巴金、夏衍、丁玲、赵景深、吴祖光等作者的著名作品大多由他约稿和编辑出版。开明书店兼出古籍后，他即着手刊行《六十种曲》，精心考证版本，补订残阙，并于书后《叙录》介绍各曲作者和内容特色；之后又精心策划出版了

---

① 海宁市档案局（馆）整理：《宋云彬日记》1960 年 10 月 29 日，中华书局 2016 年版，下册，第 728—729 页。

② 宋京毅、宋京其：《永远的怀念》，《宋云彬日记》附录，中华书局 2016 年版，下册，第 1020 页。

《辞通》和《二十五史》，这三部书被称为"开明"的"扛鼎之作"。他在开明书店还做了许多文学古籍的整理出版工作，其中《校注人间词话》，更是他最为倾注心力的一部。他把王国维的手定本，加上赵万里的补辑本，又将从王国维著作中辑得的论词文字，以及陈乃乾从王氏所藏各种词集中的眉批作为补遗附后，使之成为当时最为完备的《人间词话》本。

《中学生》是当时开明书店颇具影响的一本杂志，徐调孚在担任该杂志编辑时，为推广优秀古籍的阅读，他写了《中国文学名著讲话》，在《中学生》上分期发表。这些评介文章，从《诗经》《离骚》《乐府诗集》到《唐诗三百首》，从宋元话本到《水浒传》《三国演义》《西游记》《红楼梦》，除介绍重点名著外，还分别介绍宋词、元代散曲、杂剧和明代传奇，谈各种文学样式的特点和演变。这些连贯性文章熔介绍与解说于一炉，很有特色，深受读者的欢迎。后经读者要求，这些文章结集成书，仍名《中国文学名著讲话》，由中华书局出版。

中华人民共和国成立后，徐调孚随开明书店调入北京，为该社先行设立的古籍编辑室主要成员。1954 年 9 月，国家出版总署向中共中央宣传部并政务院文教委员会党组请示成立古籍出版社的报告中，将其列入筹备委员会八人名单。古籍出版社并入中华书局后，担任书局编审委员会委员、文学组组长，是第一届全国古籍整理出版规划小组成员。他积极协助齐燕铭、金灿然多次制订古籍整理出版规划，一些重要的文学古籍，如《全上古三代秦汉三国六朝文》《全唐诗》《全宋词》《全元散曲》《文苑英华》等，从选题、组稿、审读，到封面、版式的设计，都由他亲自擘划。他把全部心力都付给了出版工作，根本没有业内和业余的概念。

徐调孚为人平易，事必躬亲，更乐于提携后进，无私相助，同事们都敬称他为"调老"。他知人善任，对青年同志分配工作既尽量照顾个人的爱好和专长，调动各人的积极性，也考虑工作的需要，要求各人能全面发展，以适应各类书稿的任务。他十分注意发挥团体内每个成员的积极性和业务上的长处，即使对所谓"有政治问题"的人，也绝不歧视，如对王仲闻除激励他做好《全宋词》订补工作外，还经常分配给他一些难度较大的工作，并支持他从事学术研究。① 他还关心作者，爱护人才，"对于自发的投稿，都认真负责地处理并及时答复，唯恐遗漏了真才，误弃了卞璞，挫伤了作者的积极性"②。

徐调孚一贯节约俭朴，"他起草的文稿都是用废纸写的，经常把废稿上裁下的残纸留着作为便条纸用，见到别人丢弃的包书纸、旧绳子，就收集起来以备不时之需。……如果在校样上发现有一页只排一两行字，就想方设法压缩掉这一两行，省出这一页纸来。他告诉我们，一本书如果多费一页纸，如果印三万册，就要多用一令纸；他还告诉我们，封面上如果留着白地，就可以多一种色彩，少一个印次。他经常考虑的是节约国家的物资，减轻读者的负担"③。

"文化大革命"中，一贯低调和忍让的徐调孚也备受冲击，先是被迫退休，后又以战备疏散为由令其全家前往四川江油他儿子处。1971 年 3 月，由周恩来总理做出了对"二十四史"和《柳文指要》的出版指示，又因《柳文指要》的作者章士钊执意要由徐调孚来担任责任编辑，徐调孚方重新返京。经过半年的精心编校（该书"文革"前有编辑基础），14 册的皇皇巨著于是年 9 月得以出版。然书成之后，他仍以退休人员的身份返回江油，在那里度过了枯索、沉寂且渐为病魔缠身的日子，直到 1981 年 5 月 9 日逝世。

徐调孚逝世后，周振甫在怀念文章中写道："他把毕业所从事的出版事业当作自己的事业，此外没有自己的打算。他从大量来稿中发现有才华的新作家，给他们发表作品，使他们成名。他自己却只知埋头

---

① 程毅中、傅璇琮、沈玉成：《追忆调老》，中华书局编辑部编《回忆中华书局》（下编），中华书局 1987 年版，第 234—236 页。

② 程毅中：《徐调孚：具有丰富经验的"编辑专家"》，《书品》2012 年第 2 辑。

③ 程毅中、傅璇琮、沈玉成：《追忆调老》，中华书局编辑部编《回忆中华书局》（下编），中华书局 1987 年版，第 236 页。

工作。"① 确实，在古籍整理上"他为读者提供了不少有用的书，为作者做了许多订补润饰的工作，既有功于古人，也将有益于后人"②。

四　王仲闻

王仲闻（1901—1969），名高明，以字行；笔名王学初、王幼安，浙江海宁人。王国维次子。幼时曾随父居日本京都，十四岁回国，就读海宁第一小学，十五岁入上海工部局育才公学。1920 年，入上海邮局为邮务生，次年升等为邮务员。1922 年与陈慎初结婚，后有三子二女。1927 年，父亲王国维自沉于昆明湖，遗稿谓其"不必奔丧"。1931 年，调入上海邮政总局；1932 年随邮政总局迁居南京；1941 年，升任副邮务长；次年随邮政总局迁居重庆；1945 年冬，随邮政总局返回南京。

1949 年，王仲闻未随邮政总局迁台北，留上海；后迁北京，任改组后的邮电部秘书处副处长。1950 年"镇反"中，因"曾经受过特务训练"而"撤职登记"。次年，"审干"中被定为"特务嫌疑"，被惩罚从事竖电线杆等重体力劳动。1953 年，被调往地安门外邮局，收寄邮件。期间，王子野、范用拟将其调入人民出版社而未果。1957 年欲调往兰州大学，夏承焘又推荐入科学院文学所，皆未果。却因拟办同人刊物《艺文志》，在"反右"运动中遭受不公正处理，除被追究"历史反革命"问题外，还被强制退职。1959 年，经徐调孚等推荐，被爱才若渴的齐燕铭、金灿然安排为中华书局"临时"编辑，在文学组工作。

王仲闻被揽入中华书局，不仅因他是"名父之子"，也不仅因他当时被"强制退职"，生活无着，更重要的是他有真才实学，是胜任中华书局古籍整理出版工作的上佳人选。早在 1953 年，他就对人民出版社出版物多次提出书面意见，而受到社领导的关注；同年，他在《中国

---

① 周振甫：《作者的知音——记徐调孚同志》，中华书局编辑部编《回忆中华书局》（下编），中华书局 1987 年版，第 231—232 页。

② 程毅中、傅璇琮、沈玉成：《追忆调老》，中华书局编辑部编《回忆中华书局》（下编），中华书局 1987 年版，第 235 页。

语文》第八期发表《统一译名的迫切需要》。1955 年，他为人民文学出版社标点《唐才子传》，该书 1957 年由古典文学出版社出版。1956 年 7 月 23 日，他在《光明日报》发表《关于李煜词的考证问题》。1957 年 1 月 6 日，他在《光明日报》副刊《文学遗产》发表《改编全唐诗草案的补充意见》。同年，他的《南唐二主词校订》由人民文学出版社出版。该书以明万历庚申吕远墨华斋本为主要校本，以所见各本互校，参考其父《南唐二主词校勘记》，并以各种选本、笔记、诗话、词话及互见各词之总集、别集参校，"综合旧说，间参新见"。1958 年，他点校的《诗人玉屑》由古典文学出版社出版。

王仲闻在中华书局文学组的第一项工作是审订《全唐诗》的标点，1960 年 4 月《全唐诗》标点本出版，出版说明署"王全"，即王仲闻、傅璇琮。同年同月，他之前校点的《渚山堂词话》《词品》由人民文学出版社出版，署"王幼安校点"；《蕙风词话》由人民文学出版社出版，署"王幼安校订"。

王仲闻在中华书局所付出心力最多的工作无疑是《全宋词》订补。《全宋词》，唐圭璋辑纂，1940 年国立编译馆出版，全书 300 卷，收入宋代词人 1330 余人，词作 19900 余首，残篇 530 余首，附作者小传，并对部分互见或误题作品做了考证。唐圭璋以一己之力，钩沉索隐，遂使"一代文献，举而不废"，于词学研究乃至中国学术确是一种极为可贵的事。但初版的诸多局限也不可避免地留下时代的遗憾，内容的疏漏、编次的淆乱等不足，必须在再版中得到修订，而这些工作的难度可想而知。1958 年 6 月，唐圭璋完成《全宋词》初步修订，交稿中华书局，并建议由王仲闻担任责任编辑。王仲闻没有辜负老友的嘱托和中华书局的信任，"倾其全部心力足足工作了四年，几乎踏破了北京图书馆的门槛，举凡有关的总集、别集、史籍、方志、类书、笔记、道藏、佛典，几乎一网打尽，只要翻一下（《全宋词》）卷首所列的引用书目，任何人都会理解到需要花费多少日以继夜的辛勤。王先生的劳动，补充了唐先生所不及见到或无法见到的不少材料，并且以他山之石的精神，和唐先生共同修订了原稿中的若干考据结论"①。唐圭璋也充分肯定了王仲闻编补工作的辛劳和价值："《全宋词》弟亦无力整理，去年交与北京中华书局修订，编辑部托王仲闻整理，费尽他九牛二虎之力。彻底修订，修改小传（本来只是沿袭朱、厉之书），增补遗词，删去错误，校对原书，重排目次，改分卷书，在在需时。"② 修订本于 1965 年出版，全书收入词人 1330 余家，较旧版增补 240 余家；词作 19900 余首，较旧版增补 1400 余首，另有残篇 530 余首。修订本删去可以考得的唐五代、金元明词人和作品；全书共 370 余万字，引用书目达 542 种。王仲闻对修订本所做的贡献，主要体现在对词作的辑补与校正、词人生平的考证与修改、内容体例的调整与编次等方面，其中考证词人生平、改写作者小传，包括补充作者事迹，纠订原传缺误，考证相互关系，涉及面甚广，耗力极多。另外，在择取善本代替以前的底本，注重以第一手材料和相关文献的引用，以及全书行文的统一上都做了大量细致的工作，全方位地提升了书稿质量。

在修订《全宋词》过程中，他撰写了近 20 万字的审稿笔记（这部笔记，2009 年由中华书局以《全宋词审稿笔记》为书名影印出版）。他还写下了大量关于宋词的笔记，内容有关作家生平、作品真伪、作品归属、词牌、版本及相关问题的考订，札记有二十余万字，极其谨严和精审。曾经审读该书稿的钱锺书评价说："这是一部奇书，一定要快出版。"③ 正当中华书局文学编辑室认真编稿、完成技术加工时，却因当时政治形势而未能出版，之后原稿又在"文革"中遗失。

《全宋词》修订期间，王仲闻还参与完成了《读杜心解》的标点，该书于 1961 年 10 月由中华书局出版。1962 年，他完成了《李

---

① 沈玉成：《自称"宋朝人"的王仲闻先生》，中华书局编辑部编《回忆中华书局》（下编），中华书局 1987 年版，第 257 页。

② 唐圭璋：《致龙榆生》，龙沐勋等著，张寿平辑释《近代词人手札墨迹》（中）将之系于 1961 年 9 月 1 日，台北："中研院"中国文哲研究所 2005 年版，第 510 页。

③ 沈玉成：《自称"宋朝人"的王仲闻先生》，中华书局编辑部编《回忆中华书局》（下编），中华书局 1987 年版，第 258 页。

清照集校注》，该稿辑词、诗、文为三卷，附录《李清照事迹编年》
与《李清照著作考》。该书延迟至 1979 年方由人民文学出版社出版，
学者称之"博大精深"，为"古籍整理之典范"。1963 年，《李清照
事迹作品杂考》刊载于《文史》第二辑。1964 年，他所辑的《古典
文学研究资料汇编·杜甫卷》由中华书局出版，署名"华文轩"。
1965 年，他为逯钦立编的《先秦汉魏晋南北朝诗》提交了审稿意见。
另外，他还参与了《元诗选》初、二、三集的编辑，完成了《夷坚
志》的校点。这些书在他生前都未能出版。

"文革"爆发后，中华书局受到直接冲击，王仲闻被清退；1969
年冬，因所谓"特务"案牵连，被隔离审查；11 月 12 日，服毒自
尽。他已基本完稿的《唐五代词新编》和其他已写好的部分书稿都
在劫难中遗失，家中图书亦散失殆尽。

五　赵守俨

赵守俨（1926—1994），黑龙江齐齐哈尔人，满族。于经史之
学，有家学渊源。1936 年至 1941 年，先后就读于北京美国学校和天
津圣路易学校，受过正规的西方语言文化训练。1943 年考入辅仁大
学，1947 年毕业于辅仁大学经济系。

1951 年春，赵守俨进入商务印书馆，从事编辑工作。1953 年，
商务印书馆改组为高等教育出版社，"商务"只保留副牌。赵守俨被
编入工具书组，专门处理商务印书馆副牌下的一些业务。当时文化教
育事业正趋于欣欣向荣的态势，社会对基本文史典籍需求正旺，"商
务"虽是副牌，但毕竟保留了良好的出书传统，赵守俨在袁瀚青、
吴泽炎等老编辑的指导帮助下，先后编辑出版了一些有价值的古籍，
如历史类的《唐大诏令集》、类书《初学记》、学术考订笔记类的俞
正燮《癸巳类稿》《癸巳存稿》、科技古籍类的吴其濬《植物名实图
考》、今人学术著作陈梦家的《尚书通论》、邓之诚的《东京梦华录
注》和岑仲勉的《通鉴隋唐纪比事质疑》等。在商务工作的八年经

验，为他后来古籍整理出版事业奠定了扎实的基础。①

随着全国出版社按专业分工原则进行调整，1958 年 12 月，赵守俨调入中华书局，担任古代史组编辑。当时，全国古籍整理出版规划小组成立，"二十四史"及《清史稿》点校工作正式启动。赵守俨以其业务水平、工作能力、做事效率，获得金灿然的激赏，很快便被任命为古代史编辑组副组长，并且负责草拟整理"二十四史"的具体方案和组织工作。

之前这套书在质量上没有明确的要求，工作方法也尚未做出切合实际的规定。针对这种情况，赵守俨等人对各史具体情况和工作上的问题做了全面了解和研究，首先确定了各史的整理人，纠正了有些史书"大兵团作战"的方式；在校勘方面提出了新的要求，除做好版本对校外，还要比较系统地进行本校和他校，并强调要汲取前人对本史的研究成果。为了使标点、分段更为合理，使各史之间大体统一，重新拟定了基本适合于《晋书》以下二十史的标点和分段体例，形成了几个至关重要的文件：《使用标点符号示例》《分段空行和提行低格示例》和《点校二十四史补例》。古籍整理出版规划小组要求新整理的"二十四史"应成为代表国家水平、超越前人的最好的本子，赵守俨认为："这只有在校勘上提出更高的要求，标点和分段规定出更精细的办法才能达到。"② 这些意见，他以工作小结方法寄给承担点校的有关专家征求意见，得到他们的一致赞同。

为了加快进度，确保点校质量，针对校史专家多数分散在外地院校，而工作时做时辍的状况，赵守俨向金灿然反映，希望专家能集中到北京。经过齐燕铭、金灿然的努力，在周扬的大力支持下，于1963 年秋，各地专家以借调的方式，被集中到中华书局大院以专心校史。赵守俨全身心投入这项工作，从组织人选、联系借调，专家饮

---

① 赵守俨：《五十年代商务整理出版古籍杂忆》，《赵守俨文存》，中华书局 1998 年版，第273—279 页。

② 熊国祯：《赵守俨："二十四史"整理工作的灵魂人物》，《书品》2012 年第 2 辑。

食起居，包括他们因事离京和返京的安排，图书资料的供给和借阅，到起草制定校勘标点体例，研究版本，审阅样稿，商榷疑难，直到版式设计，用纸用料，他都亲力亲为，辛勤谋划，尽力把各项工作做到最好。"可是 1966 年的 5 月，风云变幻，史无前例的日子到来了。……从此《二十四史》的整理即被迫停顿。"①

　　1971 年 5 月，中断了五年的"二十四史"及《清史稿》点校工作得以重新启动，赵守俨从咸宁"五七"干校调回。由于当时的政治形势，这个阶段的点校工作，无论是工作内容、工作方法、参加工作的人员都与以往有所不同，整个"二十四史"及《清史稿》的点校组，由白寿彝任组长，吴树平、赵守俨任副组长。赵守俨是点校工作的实际主持人。尽管当时在人员的借调、资料的汇集、工作的协调，特别是在学术规范、点校质量要求上，都存在一定的困难和压力，但他始终克己敬业，恪尽职守，在各方面的支持下，终于使这项工作走上了正常的轨道。他还和以前一样，经常加班到深夜，在家看稿，作为"最终审读的责任者，总是能在关键时发现书稿中遗留的某些体例问题、技术问题和学术问题，作出最终的决定"②。1978 年，点校本"二十四史"及《清史稿》全部出齐，一代古籍整理出版工作者为之默默奉献、倾尽全力的伟大工程终于完成，赵守俨自始至终参与并实际主持这项工作，殚精竭虑，淡泊名利，鞠躬尽瘁。

　　自 1979 年，他先后担任古代史编辑室主任、中华书局副总编辑，评为编审职称，享受政府特殊津贴，兼任《书品》首任主编；为第七届、第八届全国人大代表，国家古籍整理出版规划小组成员。他参与中华书局并全国古籍整理出版规划的制定，为中华书局"二十四史研究资料丛刊""唐宋史料笔记丛刊""元明清笔记丛刊""中国

---

　　① 赵守俨：《雨雨风风二十年——〈二十四史〉点校始末记略》，《赵守俨文存》，中华书局 1998 年版，第 254 页。

　　② 程毅中：《鼙鼓声中思老将——怀念赵守俨先生》，《古籍整理出版情况简报》2008 年第 2 期。

古代地理总志丛刊""历代都城资料选刊"等系列选题策划拟目，编审书稿。以其在"二十四史"及《清史稿》工作中所积累的丰富经验，确立了现代意义上的古籍整理的基本范式和科学标准，与有关专家一起制定了《古籍校点释例》。

赵守俨文史兼通，治学谨严，谙熟史料，见识通达，在已发表的数十篇专题论文中，无论是理论探讨，还是资料考证都有着较高的学术价值，在隋唐史研究中尤为突出，例如：《唐代婚姻礼俗考略》《略论唐代科举制度的历史作用》《〈旧唐书·章怀太子传〉辨疑》等。他的有些文章，当时是以出版社或编辑室名义写的，如《〈唐大诏令集〉出版说明》《〈癸巳类稿〉〈存稿〉出版说明》是以商务印书馆名义发表的，《〈初学记〉点校说明》是"司义组"（即中华书局历史一组）名义发表的。即使这些以"公家"名义发表的文章，也写得认真周全，体现了他扎实丰厚的学术功底和谨严细致的学风。如他在《〈唐大诏令集〉出版说明》对该书内容特点、文献价值、作者、版本的论述；《〈癸巳类稿〉〈存稿〉出版说明》对清代学者俞正燮及嘉道学风转变的论述，都不仅承继了"辨章学术，考镜源流"的传统家数，也体现了一定的思辨意识。

他一贯严于律己，谦诚待人，尊重作者，关怀和培养青年编辑。他强调：图书评论要诚恳平实，与人为善，以理服人。千万不要盛气凌人，求全责备。看到别人的疏误时，要设身处地了解致误的缘由，善意地帮助人，切忌自以为是，刻意伤人。古籍整理的工作本来就比较繁难，要注意团结和鼓励更多的人参加到我们这个队伍里来。组稿、选稿和改稿，都要注意这个问题。①

他还点校了《汉书·艺文志》《隋书·经籍志》《朝野佥载》《登科记考》等古籍。有《赵守俨文存》传世。

_____

① 熊国祯：《"二十四史"整理工作的灵魂人物——深切怀念古籍整理大家赵守俨先生》，《中华读书报》2011年12月14日第7版。

结　语

　　中华人民共和国前三十年，古籍整理与古文献学科与时代同步，经历了曲折前行的历程，其间虽然有历次运动的干扰，尤其是"文化大革命"的巨大破坏，但由于党和政府对这项工作的重视，加上古籍整理、古文献学与现实政治较少关涉的属性，所以总体上还是保持着发展的态势。

　　这个时期，在国家层面上为这一领域做了两件具有根本性意义的大事，一是成立了全国古籍整理出版规划小组，使我国古籍整理出版事业进入一个有领导、有组织、有规划和出成果的崭新阶段；二是建立了北京大学古典文献专业，创建了一个既有现代教育科学理念，又具有中华民族文化优良传承的崭新学科，从而在组织规划和人才培养两个重要方面为我国古籍整理事业和古文献学科建设做出了历史性的贡献。这个时期，整理出版了各类古书近2000种，其中包括点校本"二十四史"在内的一大批重要古籍，较好地满足了文化教育、学术研究以及广大读者的需求，较好地弘扬了中华优秀传统文化，展现了中国学术文化的进步；同时，也逐步规范了古籍整理的方法和体式，并为当代古文献学科提供了发展的契机。古籍整理事业的进展推动了古文献学科的确立与建设，古文献学科的进步又在理论和实践上孳乳了古籍整理新的成果。这个时期，作为古文献学科分支的古籍目录学、版本学、校勘学、辨伪学、辑佚学以及古籍整理方法的研究上，都有不同程度的归纳和总结，古籍整理事业和古文献学科建设的不断前进成为中国文化学术发展的重要篇章。

当然，我们在充分肯定这三十年古籍整理与古文献学科所取得的成绩的同时，对存在的问题乃至遭受的重大挫折也应该有着清醒的认识。由于本书前面章节对此未有直接论述，故在此应有适当说明。

1949 年后的最初几年，民间古籍损毁散失严重，主要有三个方面：一是用古书作造纸原料。这在民间古籍藏量最丰富的江苏、浙江、安徽、四川等省尤为突出，仅安徽歙县的一个纸坊，一年就要销毁五六万斤古书。二是许多商店、摊贩拆散古书作为商品包装用纸。这种情况当时各地很普遍，被损毁的古书，数量也很大。三是土改后，农村中所藏古书大量被毁。为此，《光明日报》于 1956 年 10 月 25 日发表社论《古旧图书不应再任令损毁》，指出了这些惨痛的损失，强调"中国的古典文籍是我们历代祖先遗留下来的文化遗产，是几千年来中国人民的生活记录，是发扬中国文化不可缺少的重要资料，它的价值是无法以金钱来估计的，每个人都有爱护保存的责任，而无损毁破坏的权利"①。同时，政府也严令相关部门采取措施，加以保护。

对古籍整理和古文献学科而言，"文革"更是一场浩劫。批判"封、资、修"，大破"四旧"，古籍都首当其冲，不仅书店不能出售，图书馆不能借阅，更有大批古籍图书被付之一炬。古籍整理、古籍出版完全被停顿；专家学者遭受残酷迫害，有的被批斗至死，有的被迫下放、回乡，不仅不能从事业务，连专业书也不让看。在"批林批孔""评法批儒"中，更是不顾历史，颠倒黑白，竭力把批判"孔孟之道"引导到现实政治斗争中，毫无学术可言，既歪曲了中华优秀传统文化，又搞乱了人们的思想理念。

其间，古籍整理事业和古文献学科建设在学术上也存在一些问题和不足。

一是过度的政治化。当时凡出一书，在其前言（或前言性质的

---

① 《光明日报》社论：《古旧图书不应再任令损毁》，《光明日报》1956 年 10 月 25 日。

文字）中必须进行政治分析，突出阶级斗争意识。点校前言，选本的注释，以及报刊的宣介文章，往往过度强调"人民性"，强调对封建社会与旧时文化的批判，而这种批判又往往脱离历史实际，主观片面，有的更是空话、套话连篇。这在"文革""批儒评法"中更是达到极致，当时将所有的古代名人名家，几乎都划分为"儒""法"两大家，对法家是大捧特捧，个个"高大全"；对儒家则大批特批，几乎一无是处。

二是整理质量参差不齐，存在缺陷和差错。质量上的欠缺主要表现在：对一些书的版本选择不当，有的不注明采用的底本和校本，有的不考证版本源流，有的放着较好的本子不用而以劣本出版；由于版本选择有误，正确的校勘也就无从谈起；有的虽然所用版本无误，但校勘体例前后不一，出校没有章法；更多的还是标点失误，因不明词义、句义、语法，不明史实、礼仪、职官、历法、地理及人物的别名、别号所造成的误标、漏标等。凡此，不仅所整理出版的一般书籍存在，连"二十四史"、《资治通鉴》这类重要的标志性的古籍也难免，这在中华书局后来汇编的多册《古籍点校疑误汇录》及历年报刊所载指谬文章中多有指出。多年后中华书局负责同志在回顾当初"二十四史"点校工作时，在充满深情地肯定之后，也总结了点校本"二十四史"的五点缺憾：第一，"是成书时间跨度大，整理标准和体例不统一"；第二，"是采用了'不主一本，择善而从'的校勘方法"；第三，"是各史所用版本、善本情况不均衡"；第四，"是当时的文献检索途径十分单一"，使一些标点的精确度受到影响；第五，"是当时的印刷技术的限制"，一些极生僻的字未能刻出。[①]

三是古文献学科未能得到应有的发展。这个时期对古文献学的研究，总体上看不仅数量不多，而且缺乏系统、全面、深入的论述和有

---

① 徐俊：《"二十四史"点校整理的回顾与现状》，《翠微却顾集——中华书局与现代学术文化》，中华书局2021年版，第454—456页。

影响的大著作。北京大学古典文献专业，在课程设置、教材教法上本有特色，可惜一直未能沉淀总结，形成公众文本，从而未完全发挥出其应有的引领作用，以带动其他高校的学科建设和发展。

然而，经过曲折，历史终归前进。代表中国先进文化前进方向的中国共产党，始终不忘复兴民族文化的历史责任。特别是 1976 年粉碎"四人帮"以后，党中央拨乱反正，重新为古籍整理事业和古文献学科指明了发展方向，从而奏响了其后几十年大繁荣、大发展的序曲。回顾中华人民共和国前三十年古籍整理史和古文献学科发展状况，有两点感受最为深刻：一个是古籍整理事业是马克思主义基本原理同中华优秀传统文化相结合的重要体现，而党的正确领导和社会的稳定繁荣，是古籍整理事业和古文献学科发展的根本保障；另一个是老一代学者对古籍整理与古文献学的炽热情怀、奉献精神和严谨学风，是这项事业得以在曲折中前行的重要依靠。一代丹铅留信史，千秋功过待平章。三十年古籍整理与古文献学科发展的经验和教训值得总结，而在曲折中奋力前行，不懈坚守与奉献的一代菁英则值得后人永远铭记。

主要参考文献

一　古籍

（明）罗贯中：《三国演义》，作家出版社1953年版。

（明）施耐庵、罗贯中：《水浒全传》，人民文学出版社1954年版。

（明）吴承恩：《西游记》（一百回），作家出版社1954年版。

（南朝梁）徐陵辑：《玉台新咏》，文学古籍刊行社1955年版。

（明）殷仲春：《医藏书目（附疹子心法）》，群联出版社1955年版。

（宋）司马光编著，（元）胡三省音注：《资治通鉴》，古籍出版社
　　1956年版。

任继愈译：《老子今译》，古籍出版社1956年版。

（明）李念莪辑：《内经知要》，人民卫生出版社1956年版。

冯至编选，浦江清、吴天五注释：《杜甫诗选》，作家出版社1956
　　年版。

钱南扬辑录：《宋元戏文辑佚》，上海古典文学出版社1956年版。

《拼音文字史料丛书》（影印），文字改革出版社1956—1958年版。

（清）毕沅编著，"标点续资治通鉴小组"校点：《续资治通鉴》，古
　　籍出版社1957年版。

钱仲联集释：《韩昌黎诗系年集释》，古典文学出版社1957年版。

（宋）沈括撰，胡道静校注：《新校正梦溪笔谈》，中华书局1957年版。

万国鼎辑释：《氾胜之书辑释》，中华书局1957年版。

石声汉校释：《齐民要术今释》，科学出版社1957—1958年版。

杨伯峻：《论语译注》，古籍出版社 1958 年版。

周祖谟校释：《洛阳伽蓝记校释》，科学出版社 1958 年版。

（明）毛晋撰，潘景郑校订：《汲古阁书跋》，古典文学出版社 1958
　　年版。

（清）钱曾著，瞿凤起编：《虞山钱遵王藏书目录汇编》，古典文学出
　　版社 1958 年版。

（清）严可均校辑：《全上古三代秦汉三国六朝文》，中华书局 1958
　　年版。

钱锺书选注：《宋诗选注》，人民文学出版社 1958 年版。

（清）曹雪芹著，俞平伯校订，王惜时参校：《红楼梦八十回校本》，
　　人民文学出版社 1958 年版。

（汉）司马迁：《史记》，中华书局 1959 年版点校本。

（晋）陈寿撰，陈乃乾校点：《三国志》，中华书局 1959 年版点校本。

（元）陶宗仪：《南村辍耕录》，中华书局 1959 年版。

方薰撰，郑拙庐标点注译：《山静居画论》，人民美术出版社 1959
　　年版。

南京中医学院医经教研组编著：《黄帝内经素问译释》，上海科学技
　　术出版社 1959 年版。

（清）孔尚任著，王季思等注：《桃花扇》，人民文学出版社 1959 年版。

（明）解缙等纂：《永乐大典》（影印卷 2345 至 2357、20 函），中华
　　书局 1959、1960 年版。

（宋）李昉等：《太平御览》（影印），中华书局 1960 年版。

（北宋）王钦若等编：《册府元龟》（影印），中华书局 1960 年版。

（唐）王维撰，（清）赵殿成笺注：《王右丞集笺注》，中华书局上海
　　编辑所 1961 年版。

刘公纯等点校：《叶适集》，中华书局 1961 年版。

（汉）班固：《汉书》，中华书局 1962 年版点校本。

（唐）徐坚等：《初学记》，中华书局 1962 年版。

杨伯峻编著：《孟子译注》，中华书局 1962 年版。

（南朝宋）刘义庆撰，（南朝梁）刘孝标注：《世说新语》，中华书局
　上海编辑所 1962 年版。

胡云翼选注：《宋词选》，中华书局上海编辑所 1962 年版。

凌景埏校注：《董解元西厢记》，人民文学出版社 1962 年版。

范希曾编：《书目答问补正》，中华书局 1963 年版。

（唐）王冰：《黄帝内经素问》，人民卫生出版社 1963 年版。

（宋）袁枢：《通鉴纪事本末》，中华书局 1964 年版。

徐宗元辑：《帝王世纪辑存》，中华书局 1964 年版。

（宋）郭若虚著，俞剑华注释：《图画见闻志》，上海人民美术出版社
　1964 年版。

瞿蜕园选注：《汉魏六朝赋选》，中华书局上海编辑所 1964 年版。

（南朝宋）范晔撰，（唐）李贤等注：《后汉书》，中华书局 1965 年版
　点校本。

（唐）欧阳询撰，汪绍楹校：《艺文类聚》，中华书局上海编辑所 1965
　年版。

（清）永瑢等：《四库全书总目》，中华书局 1965 年版。

《诸子集成》，中华书局 1965 年版。

唐圭璋编：《全宋词》，中华书局 1965 年版。

（唐）令狐德棻等：《周书》，中华书局 1971 年版点校本。

（南朝梁）萧子显：《南齐书》，中华书局 1972 年版点校本。

（唐）姚思廉：《陈书》，中华书局 1972 年版点校本。

（唐）李百药：《北齐书》，中华书局 1972 年版点校本。

（唐）姚思廉：《梁书》，中华书局 1973 年版点校本。

（唐）魏徵等：《隋书》，中华书局 1973 年版点校本。

（唐）房玄龄等：《晋书》，中华书局 1974 年版点校本。

（南朝梁）沈约：《宋书》，中华书局 1974 年版点校本。

（北齐）魏收：《魏书》，中华书局 1974 年版点校本。

（唐）李延寿：《北史》，中华书局 1974 年版点校本。

（元）脱脱等：《辽史》，中华书局 1974 年版点校本。

（宋）欧阳修撰，（宋）徐无党注：《新五代史》，中华书局 1974 年版点校本。

（清）张廷玉等：《明史》，中华书局 1974 年版点校本。

陈奇猷校注：《韩非子集释》，上海人民出版社 1974 年版。

（唐）李延寿：《南史》，中华书局 1975 年版点校本。

（后晋）刘昫等：《旧唐书》，中华书局 1975 年版点校本。

（宋）欧阳修、宋祁：《新唐书》，中华书局 1975 年版点校本。

（元）脱脱等：《金史》，中华书局 1975 年版点校本。

罗贯中：《三国志通俗演义》，人民文学出版社 1975 年版。

（宋）薛居正等：《旧五代史》，中华书局 1976 年版点校本。

（明）宋濂等：《元史》，中华书局 1976 年版点校本。

《陆游集》，中华书局 1976 年版。

赵尔巽等：《清史稿》，中华书局 1976 年版点校本。

（元）脱脱等：《宋史》，中华书局 1977 年版点校本。

邓广铭笺注：《稼轩词编年笺注》，上海古籍出版社 1978 年版。

中国社会科学院文学研究所编：《唐诗选》，人民文学出版社 1978 年版。

（唐）杜甫著，（清）仇兆鳌注：《杜诗详注》，中华书局 1979 年版。

王学初校注：《李清照集校注》，人民文学出版社 1979 年版。

（清）阮元校刻：《十三经注疏》，中华书局 1980 年版。

瞿蜕园、朱金城校注：《李白集校注》，上海古籍出版社 1980 年版。

杨伯峻编著：《春秋左传注》，中华书局 1981 年版。

（明）李时珍：《本草纲目》（校点本），人民卫生出版社 1982 年版。

逯钦立辑校：《先秦汉魏晋南北朝诗》，中华书局 1983 年版。

（春秋）孙武撰，郭化若译：《孙子译注》，上海古籍出版社 1984 年版。

《新编诸子集成》，中华书局2001年版等。

（清）上彊村民重编，唐圭璋笺注：《宋词三百首笺注》，人民文学出
　版社2005年版。

叶德辉：《（插图本）书林清话》，上海古籍出版社2008年版。

《新编诸子集成续编》，中华书局2010年版等。

余冠英选注：《诗经选》，中华书局2012年版。

余冠英选注：《三曹诗选》，中华书局2012年版。

（清）曹雪芹：《红楼梦》（120回本），人民文学出版社2013年版。

王水照主编：《王安石全集》，复旦大学出版社2016年版。

二　古文献学著作

王重民：《敦煌古籍叙录》，中华书局1979年版。

余嘉锡：《四库提要辨证》，中华书局1980年版。

王重民：《中国善本书提要》，上海古籍出版社1983年版。

王重民：《中国目录学史论丛》，中华书局1984年版。

吕绍虞：《中国目录学史稿》，安徽教育出版社1984年版。

潘树广编著：《古籍索引概论》，书目文献出版社1984年版。

倪其心：《校勘学大纲》，北京大学出版社1987年版。

蒋伯潜：《校雠目录学纂要》，北京大学出版社1990年版。

程千帆、徐有富：《校雠广义》（目录编）、（版本编）、（校勘编）、
　（典藏编），齐鲁书社1998年版。

汪辟疆：《目录学研究》，华东师范大学出版社2000年版。

黄永年：《古籍整理概论》，上海书店出版社2001年版。

郑鹤声、郑鹤春：《中国文献学概要》，上海古籍出版社2001年版。

黄永年：《古文献学四讲》，鹭江出版社2003年版。

王欣夫：《文献学讲义》，上海古籍出版社2005年版。

赵国璋、潘树广主编：《文献学大辞典》，广陵书社2005年版。

王瑞祥主编：《中国古医籍书目提要》，中医古籍出版社2009年版。

钱基博：《古籍举要　版本通义》，上海古籍出版社 2011 年版。

郝润华、侯富芳编著：《二十世纪以来中国古籍目录提要》，华东师
　范大学出版社 2012 年版。

余嘉锡：《目录学发微　古书通例》，上海古籍出版社 2014 年版。

赵万里主编：《中国版刻图录》（修订本），文物出版社 2015 年版。

　　三　其他著作

周予同：《朱熹》，《万有文库》第一集，商务印书馆 1929 年版。

作家出版社编辑部编：《水浒研究论文集》，作家出版社 1957 年版。

作家出版社编辑部编：《西游记研究论文集》，作家出版社 1957 年版。

向达：《唐代长安与西域文明》，生活·读书·新知三联书店 1957 年版。

文化部出版事业管理局办公室编印：《出版工作文件初编（1949—
　1957)》（内部文件），1958 年 8 月。

［英］汤因比：《历史研究》，曹未风等译，上海人民出版社 1959—
　1964 年版。

上海图书馆编：《中国丛书综录》，中华书局上海编辑所 1959—1962
　年版。

《马克思恩格斯书信选集》，人民出版社 1962 年版。

商务印书馆编：《敦煌遗书总目索引》，商务印书馆 1962 年版。

余嘉锡：《余嘉锡论学杂著》，中华书局 1963 年版。

《周恩来选集》，人民出版社 1980、1984 年版。

万曼：《唐集叙录》，中华书局 1980 年版。

国家出版局版本图书馆编：《古籍目录（1949 年 10 月至 1976 年 12
　月）》，中华书局 1980 年版。

古籍整理出版规划小组编：《古籍整理编目（1949—1981)》，中华书
　局 1981 年版。

《刘少奇选集》，人民出版社 1981、1985 年版。

柴德赓：《史籍举要》，北京出版社 1982 年版。

胡道静：《中国古代的类书》，中华书局 1982 年版。

北京图书馆文献丛刊编辑部编：《中国当代社会科学家》第一、二、三、四、五、六、七、八、九、十辑，书目文献出版社 1982、1982、1983、1983、1983、1984、1986、1986、1986、1987 年版。

文化部出版事业管理局办公室编：《出版工作文件选编（1958—1961）》，文化部出版事业管理局办公室 1982 年版。

《郭沫若全集》，人民出版社 1982—1985 年版。

《毛泽东书信选集》，人民出版社 1983 年版。

郑振铎：《西谛书话》，生活·读书·新知三联书店 1983 年版。

《郭绍虞文集》，上海古籍出版社 1983—1986 年版。

国务院古籍整理出版规划小组编：《古籍点校疑误汇录》（一）、（二）、（三）、（四）、（五），中华书局 1984、1985、1989、1990、1990 年版。

《周扬文集》，人民文学出版社 1984—1994 年版。

《杨伯峻学术论文集》，岳麓书社 1984 年版。

徐调孚：《中国文学名著讲话》，中华书局 1984 年版。

中山大学中文系资料室编：《1949—1980 中国古典文学研究论文索引》，广西人民出版社 1984 年版。

李一氓：《存在集》，生活·读书·新知三联书店 1985 年版。

中华书局编辑部编：《回忆中华书局》（上编）、（下编），中华书局 1987 年版。

张秀民：《中国印刷史》，上海人民出版社 1989 年版。

《王利器论学杂著》，北京师范学院出版社 1990 年版。

吴廷璆、陈生玺、冯尔康、郑可晟编：《郑天挺纪念论文集》，中华书局 1990 年版。

［美］R. 麦克法夸尔、［美］费正清编：《剑桥中华人民共和国史（上卷）：革命的中国的兴起 1949—1965 年》，谢亮生等译，中国社会科学出版社 1990 年版。

东北师大古籍整理研究所辞书编辑室编著：《中国古籍整理研究论文
　　索引（清末——一九八三年)》，江苏古籍出版社 1990 年版。

陈翔华等编：《中国当代社会科学家传略》第十一辑，书目文献出版
　　社 1990 年版。

胡绳主编：《中国共产党的七十年》，中共党史出版社 1991 年版。

《毛泽东选集》第一、二、三、四卷，人民出版社 1991 年版。

杨伯峻：《杨伯峻治学论稿》，岳麓书社 1992 年版。

［美］R. 麦克法夸尔、［美］费正清编：《剑桥中华人民共和国史
　　（下卷）：中国革命内部的革命 1966—1982 年》，俞金尧等译，中
　　国社会科学出版社 1992 年版。

国务院古籍整理出版规划小组办公室编：《古籍整理图书目录
　　（1949—1991）》，中华书局 1992 年版。

张海惠、王玉芝编：《建国以来中国史学论文集篇目索引初编》，中
　　华书局 1992 年版。

《李俊民文集》，上海古籍出版社 1993 年版。

《邓小平文选》第一、二、三卷，人民出版社 1994、1993 年版。

袁亮主编，中国出版科学研究所、中央档案馆编：《中华人民共和国
　　出版史料》1949 年至 1976 年多卷本，中国书籍出版社 1995 年至
　　2013 年版。

《习仲勋文选》，中央文献出版社 1995 年版。

中共中央文献研究室编：《周恩来年谱（1949—1976)》，中央文献出
　　版社 1997 年版。

国家教委全国高校古籍整理研究工作委员会编，曹亦冰主编：《中国
　　当代古籍整理研究学者名录》，北京图书馆出版社 1997 年版。

张元济撰，张树年等导读：《校史随笔》，上海古籍出版社 1998
　　年版。

《周恩来文化文选》，中央文献出版社 1998 年版。

《郑振铎全集》，花山文艺出版社 1998 年版。

国家文物局编：《郑振铎文博文集》，文物出版社 1998 年版。

《赵守俨文存》，中华书局 1998 年版。

刘乃和：《历史文献研究论丛》，广西师范大学出版社 1998 年版。

李一氓：《存在集（续编）》，生活·读书·新知三联书店 1998 年版。

《当代学者自选文库》（全十九卷），安徽教育出版社 1998—1999
　　年版。

罗继祖：《蜉寄留痕》，上海古籍出版社 1999 年版。

张世林编：《学林春秋》（初编）、（二编）、（三编），朝华出版社
　　1999 年版。

戴舟主编：《中华人民共和国大事记（1949—1999）》，光明日报出版
　　社 2000 年版。

张世林编：《学林往事》，朝华出版社 2000 年版。

孙殿起辑：《琉璃厂小志》，北京古籍出版社 2001 年版。

《魏建功文集》，江苏教育出版社 2001 年版。

翦伯赞：《史学理念》，重庆出版社 2001 年版。

《顾廷龙文集》，上海科学技术文献出版社 2002 年版。

叶继元主编：《南京大学百年学术精品·图书馆学卷》，南京大学出
　　版社 2002 年版。

李庆：《日本汉学史》第一、二、三部，上海外语教育出版社 2002、
　　2004 年版。

逄先知、金冲及主编：《毛泽东传（1949—1976）》，中央文献出版社
　　2003 年版。

全国古籍整理出版规划领导小组办公室编：《功在千秋的事业——新
　　中国古籍整理出版成就》，中华书局 2003 年版。

《周祖谟语言文史论集》，学苑出版社 2004 年版。

《张舜徽集》，华中师范大学出版社 2004、2005 年版。

鲁迅：《中国小说史略》，人民文学出版社 2006 年版。

黄裳：《榆下说书》《榆下杂说》《银鱼集》《翠墨集》《河里子集》

《拾落红集》《春夜随笔》《过去的足迹》，安徽教育出版社2006
　年版。

宋原放主编：《中国出版史料》（现代部分·补卷），山东教育出版
　社、湖北教育出版社2006年版。

《黄永年古籍序跋述论集》，中华书局2007年版。

《王仲荦著作集》，中华书局2007年版。

全国古籍整理出版规划领导小组办公室编：《新中国古籍整理图书总
　目录》，岳麓书社2007年版。

《刘永济集》，中华书局2007—2010年版。

王伯祥：《庋榢偶识》，中华书局2008年版。

方厚枢、魏玉山：《中国出版通史·中华人民共和国卷》，中国书籍
　出版社2008年版。

中华书局编辑部编：《守正出新：中华书局》，中华书局2008年版。

《陈垣全集》，安徽大学出版社2009年版。

王仲闻撰，唐圭璋批注：《全宋词审稿笔记》，中华书局2009年版。

苗怀明：《二十世纪中国小说文献学述略》，中华书局2009年版。

封越健、孙卫国编：《郑天挺先生学行录》，中华书局2009年版。

《顾颉刚全集》，中华书局2010年版。

上海博物馆编：《徐森玉文集》，上海书画出版社2011年版。

顾潮编著：《顾颉刚年谱》，中华书局2011年版。

《唐长孺文集》，中华书局2011年版。

邓之诚著，邓瑞整理：《邓之诚文史札记》，凤凰出版社2012年版。

刘敬圻主编：《20世纪中国古典文学学科通志》，山东教育出版社
　2012年版。

蔡美彪：《学林旧事》，中华书局2012年版。

中华书局编辑部编：《中华书局百年大事记（1912—2011）》，中华书
　局2012年版。

《百年中华》，中华书局2012年版。

中华书局编辑部编：《中华书局百年总书目（1912—2011）》，中华书局 2012 年版。

《杨树达文集》，上海古籍出版社 2013 年版。

诸伟奇、刘平章主编：《刘文典全集》（增订本），安徽大学出版社 2013 年版。

《习仲勋传》编委会编：《习仲勋传》，中央文献出版社 2013 年版。

《中国共产党章程汇编》（一大—十八大），中共中央党校出版社 2013 年版。

中共中央文献研究室编：《毛泽东年谱（1949—1976）》，中央文献出版社 2013 年版。

《中华人民共和国宪法》（宣誓版），法律出版社 2015 年版。

海宁市档案局（馆）整理：《宋云彬日记》，中华书局 2016 年版。

清华大学国学研究院主编，付佳选编：《赵万里文存》，江苏人民出版社 2016 年版。

上海古籍出版社编：《春华秋实六十载：上海古籍出版社同仁回忆录》，上海古籍出版社 2016 年版。

《中华大典》工作委员会、《中华大典》编纂委员会编纂：《中华大典·文献目录典》，广西师范大学出版社 2016 年版。

陈乃乾著，虞坤林整理：《陈乃乾日记》，中华书局 2018 年版。

张国淦编著：《中国古方志考》，上海古籍出版社 2019 年版。

徐俊：《翠微却顾集——中华书局与现代学术文化》，中华书局 2021 年版。

陈新著，漆永祥、王岚编：《锦衣为有金针度：陈新古籍整理与古典文学研究论集》，人民文学出版社 2023 年版。

刘琳、吴洪泽：《古籍整理学导论》，上海古籍出版社 2023 年版。

四　论文

《庆贺〈水浒〉的重新出版》，《人民日报》1952 年 10 月 27 日第 3 版。

郑振铎：《为做好古典文学的普及工作而努力》，《人民日报》1953
　　年 10 月 21 日第 3 版。

王崇武：《我国古典历史巨著——资治通鉴》，《人民日报》1956 年 8
　　月 30 日第 7 版。

《光明日报》社论：《古旧图书不应再任令损毁》，《光明日报》1956 年
　　10 月 25 日。

应杰、安伦：《整理和研究我国古典文艺理论的遗产》，《新建设》
　　（学术性月刊）1957 年第 8 期。

《继承文化遗产　发展社会主义新文化——科学规划委员会成立古籍
　　整理出版规划小组》，《人民日报》1958 年 2 月 25 日第 7 版。

陈太伦：《为什么要设古典文献专业》，《文汇报》1959 年 7 月 20 日。

吴晗：《北京大学古典文献专业招生志喜》，《中国青年报》1959 年 7
　　月 21 日。

金灿然：《谈谈古典文献整理与出版的问题》，《人民日报》1959 年 8
　　月 5 日第 7 版。

《我国学术界　积极开展古籍整理出版工作》，《人民日报》1960 年 12
　　月 19 日第 7 版。

《齐燕铭同志在中华书局成立五十周年纪念会上的讲话》，《古籍整理
　　出版情况简报》1962 年第 1 号。

洪济：《对古典文学选注工作的一些看法——摘自人民文学出版社的
　　工作小结》，《光明日报》1962 年 1 月 21 日第 4 版。

胡云翼：《谈谈唐宋词的选注工作》，《光明日报》1962 年 6 月 15 日
　　第 4 版。

金少英：《必须严肃认真地对待古史的注释工作——〈中国历史文
　　选〉注释纠谬》，《西北师大学报》（社会科学版）1962 年第 3 期。

马茂元：《从胡云翼同志的〈宋词选〉来谈古典文学选注工作中的一
　　些问题》，《光明日报》1963 年 2 月 17 日第 4 版、24 日第 4 版。

中华书局：《二十四史标点使用办法举例》，《古籍整理出版情况简

报》1963 年第 3、4 号合刊。

程毅中、白化文：《略谈李善注〈文选〉的尤刻本》，《文物》1976 年第 11 期。

朱天俊：《郑樵目录学思想初探》，《社会科学战线》1978 年第 3 期。

李致忠：《"善本"浅论》，《文物》1978 年第 12 期。

严一萍：《评〈甲骨文合集〉》《再评〈甲骨文合集〉》，《中国文字》（台）1980 年新一期、新二期。

胡厚宣：《〈甲骨文合集〉的编辑和内容》，《历史教学》1982 年第 9 期。

王锺翰：《洪煨莲先生与引得编纂处》，《学林漫录》八集，中华书局 1983 年版。

傅振伦：《王重民别传》，《中国当代社会科学家》第一辑，书目文献出版社 1983 年版。

万钧：《向达——敦煌艺术的拓荒者、西域文明的采珠人》，《中国当代社会科学家》第三辑，书目文献出版社 1983 年版。

王湜华：《王伯祥先生传略》，《中国当代社会科学家》第六辑，书目文献出版社 1983 年版。

陈福康：《郑振铎传略》，《中国当代社会科学家》第八辑，书目文献出版社 1986 年版。

白化文：《简评〈敦煌劫余录〉和〈敦煌遗书总目索引〉》，《社会科学战线》1989 年第 1 期。

孙钦善：《北京大学古典文献专业与北京大学古文献研究所》，《古籍整理出版情况简报》1989 年总第 213 期。

陈福康：《最早提出点校〈二十四史〉的是谁》，《古籍整理出版情况简报》1990 年总第 225 期。

陈建根：《人民文学出版社古典文学编辑室概况》，《古籍整理出版情况简报》1993 年总第 267 期。

傅璇琮：《齐燕铭同志与古籍整理出版》，《古籍整理出版情况简报》

1995 年第 3 期。

张传玺：《翦伯赞传》，《古籍整理出版情况简报》1996 年第 4 期。

王春：《古籍出版社与〈资治通鉴〉标点本》，《北京文史资料》第
58 辑，北京出版社 1998 年版。

张稚枫：《二十四史和〈清史稿〉的校点出版》，《出版科学》1999
年第 2 期。

俞筱尧：《金灿然与古籍整理出版工作》，《古籍整理出版情况简报》
2000 年第 12 期。

林申清整理：《郑振铎致潘景郑论书尺牍》，上海图书馆历史文献研
究所编《历史文献》第 4 辑，上海科学技术文献出版社 2001 年版。

俞筱尧：《齐燕铭对古籍整理出版工作的关怀》，《古籍整理出版情况
简报》2001 年第 5 期。

《二十四史整理计划》（约 1958 年 10 月），《书品》2006 年第 2 辑。

《点校二十四史补例》，《书品》2006 年第 4 辑。

《顾颉刚先生〈史记〉及三家注校证计划》，《书品》2007 年第 6 辑。

李致忠：《周总理嘱托我们编书目》，《人民政协报》2007 年 4 月 5 日。

《宋云彬先生关于〈史记〉标点错误的检讨》，《书品》2008 年第 1 辑。

程毅中：《鼙鼓声中思老将——怀念赵守俨先生》，《古籍整理出版情
况简报》2008 年第 2 期。

陈尚君：《逆境中成就大事业》，《书品》2010 年第 1 辑。

崔文印：《以"三负责"精神指导点校"二十四史"——敬谈白寿彝
先生》，《史学史研究》2010 年第 2 期。

中华书局编辑部：《〈唐长孺文集〉出版座谈会会议记录（摘录）》，
《书品》2011 年第 4 辑。

熊国祯：《"二十四史"整理工作的灵魂人物——深切怀念古籍整理
大家赵守俨先生》，《中华读书报》2011 年 12 月 14 日第 7 版。

程毅中：《徐调孚：具有丰富经验的"编辑专家"》，《书品》2012 年
第 2 辑。

潘建国：《日本尊经阁文库藏宋本〈世说新语〉考辨》，《中国典籍与文化》2012 年第 1 期。

徐俊：《宋云彬：点校本"二十四史"责任编辑第一人》，《中华读书报》2012 年 2 月 22 日第 7 版。

周少川：《继承弘扬张舜徽先生的优良学风》，《历史文献研究》（总第 31 辑），华东师范大学出版社 2012 年版。

孙卫国：《郑天挺先生与二十世纪的明史研究》，《中国文化》2012 年第 1 期。

高克勤：《中华上编的"三驾马车"》，《古籍新书报》2012 年 3 月 28 日第 7 版。

赵守俨：《整理"二十四史"工作情况简介》（撰于 1971 年），《书品》2013 年第 2 辑。

陈允吉：《上海参与点校本二十四史整理的往事》，《文汇学人》2015 年 8 月 14 日。

诸伟奇：《曲折与前行：新中国前 30 年古籍整理历程》，《安徽史学》2017 年第 2 期。

诸伟奇、周挺启：《"二十四史"及〈清史稿〉的整理出版》，《中国出版史研究》2017 年第 3 期。

周挺启：《中华人民共和国前 30 年古文献学研究的特点》，《天中学刊》2022 年第 3 期。

周挺启：《论人民文学出版社早期的古籍工作》，《历史文献研究》（总第 50 辑），广陵书社 2023 年版。

五　报刊

《人民日报》，1949 年 5 月 1 日至 1978 年 12 月 31 日。

《光明日报》，1949 年 6 月 16 日至 1978 年 12 月 31 日。

《古籍整理出版情况简报》（及前身《古籍整理出版动态》），1958 年至 2019 年。

《文史》，1962 年至 2019 年。

《中华文史论丛》，1962 年至 2019 年。

《学林漫录》，一至十八集（1980—2011 年）。

《历史文献研究》，1—40 辑（1986—2018 年）。

《书品》，1986 年至 2019 年。